2020

中国农村贫困监测报告

POVERTY MONITORING REPORT OF RURAL CHINA

国家统计局住户调查办公室

COMPILED BY
Department of Household Surveys
National Bureau of Statistics of China

图书在版编目（CIP）数据

中国农村贫困监测报告．2020 / 国家统计局住户调查办公室编．-- 北京 : 中国统计出版社，2020.12
ISBN 978-7-5037-9397-4

Ⅰ．①中… Ⅱ．①国… Ⅲ．①贫困－农村调查－调查报告－中国－2020 Ⅳ．①F323.8

中国版本图书馆 CIP 数据核字（2020）第 240972 号

中国农村贫困监测报告 -2020

作　　者 / 国家统计局住户调查办公室
责任编辑 / 冯燕玲
装帧设计 / 黄　晨　李雪燕
出版发行 / 中国统计出版社
通信地址 / 北京市丰台区西三环南路甲 6 号　邮政编码 /100073
电　　话 / 邮购（010）63376909　书店（010）68783171
网　　址 /http://www.zgtjcbs.com/
印　　刷 / 河北鑫兆源印刷有限公司
经　　销 / 新华书店
开　　本 /880mm×1230mm　1/16
字　　数 /720 千字
印　　张 /23
版　　别 /2020 年 12 月第 1 版
版　　次 /2020 年 12 月第 1 次印刷
定　　价 /198.00 元

《中国农村贫困监测报告—2020》
编委会成员

编 委 会

前　言

2019年，在以习近平同志为核心的党中央坚强领导下，各地区、各部门认真贯彻精准扶贫方略，扎实推进脱贫攻坚，扶贫工作力度、深度和精准度都达到了新的水平，为2020年如期实现打赢脱贫攻坚战、全面建成小康社会的战略目标打下了坚实基础。国家统计局按照《中共中央国务院关于打赢脱贫攻坚战的决定》要求，围绕脱贫攻坚总目标修订完善贫困监测调查制度，不断提高监测能力和数据质量，加强数据共享，切实加强农村贫困监测体系建设，努力为制定相关政策、打赢脱贫攻坚战提供真实可靠的统计数据。

《中国农村贫困监测报告》以农村贫困监测调查统计和各部门扶贫实践为基础，目的是如实记录脱贫攻坚总体目标实现进程、客观评价农村减贫成效、全面反映各地区、各部门实施精准扶贫工作实际及成果。报告分四篇，全国篇主要包括全国农村减贫情况，2019年全国农村及贫困地区、连片特困地区和扶贫重点县农村减贫情况、2019年农业生产发展情况；部门篇包括国家相关部委扶贫工作开展情况；地区篇包括中西部22个省份2019年减贫情况；统计资料篇主要包括国家统计局贫困监测调查主要结果数据。

本报告编写过程中得到了国务院扶贫领导小组各成员单位的大力支持，在此，特别感谢国务院扶贫办、国家发展改革委、教育部、科学技术部、工业和信息化部、国家民委、民政部、财政部、自然资源部、住房城乡建设部、交通运输部、水利部、农业农村部、卫生健康委、审计署、林草局、铁路局、全国妇联、中国残联、国铁集团、中国农业银行等有关部门为本报告提供相关稿件，也衷心感谢国家统计局相关司局及各调查总队的积极参与。

限于水平和经验，本报告难免有不足之处，真诚欢迎大家提出批评和建议。

编　者

2020年10月

目录

Contents

全国篇

部门篇

地区篇

统计资料篇

目

Contents

目

Contents

全国篇

2019年全国农村贫困状况

2019年，在以习近平同志为核心的党中央坚强领导下，各地区各部门认真贯彻精准扶贫方略，扎实推进脱贫攻坚，扶贫工作力度、深度和精准度都达到了新的水平，为2020年如期实现打赢脱贫攻坚战、全面建成小康社会的战略目标打下了坚实基础。全国农村贫困人口继续大幅减少，贫困发生率显著下降，农村居民收入持续较快增长，消费结构和生活状况明显改善。

一、农村贫困人口规模与分布

（一）贫困人口规模。

1.2019年全国农村贫困人口减少1109万人。

据对全国31个省（自治区、直辖市）16万户居民家庭的抽样调查，按现行国家农村贫困标准[①]测算，2019年全国农村贫困人口551万人，比上年减少1109万人，下降66.8%；贫困发生率0.6%，比上年下降1.1个百分点。

2. 九年来全国农村贫困人口共减少1.60亿人。

按现行国家农村贫困标准测算，2010年全国农村贫困人口1.66亿人，贫困发生率17.2%。与2010年相比，九年来全国农村贫困人口共减少1.60亿人，年均减贫人口规模1780万人；贫困发生率下降16.6个百分点，年均下降1.8个百分点。

①现行国家农村贫困标准为：2010年价格每人每年生活水平2300元，2019年现价农村贫困标准为每人每年生活水平3218元。

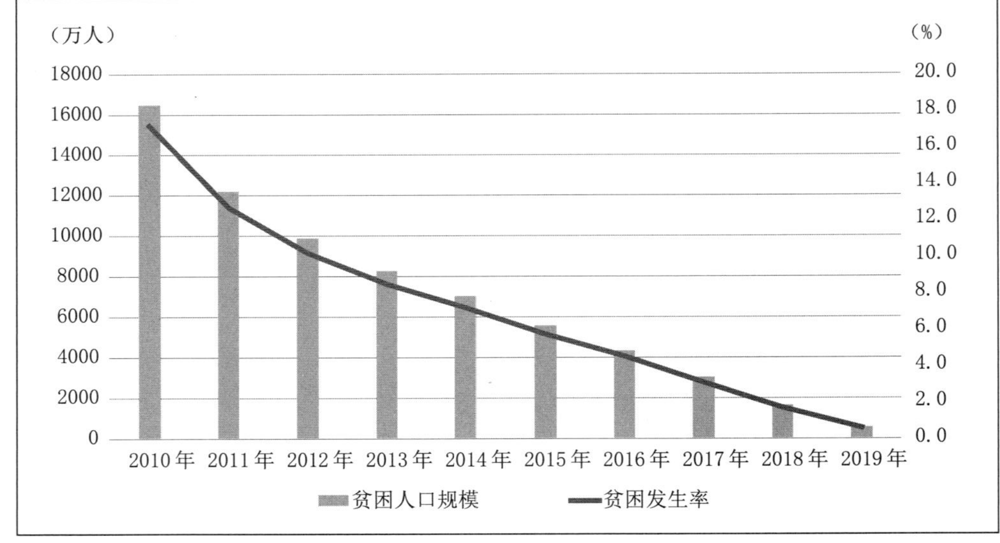

图1　2010-2019年全国农村贫困状况

数据来源：国家统计局住户收支与生活状况调查

（二）区域分布。

1. 一半以上的农村贫困人口仍集中在西部地区。

按现行国家农村贫困标准测算，一半以上的农村贫困人口仍集中在西部地区①。2019年，东部地区农村贫困人口47万人，贫困发生率为0.1%，贫困人口占全国农村贫困人口的比重为8.5%；中部地区农村贫困人口181万人，贫困发生率为0.6%，贫困人口占全国农村贫困人口的比重为32.9%；西部地区农村贫困人口323万人，贫困发生率为1.1%，贫困人口占全国农村贫困人口的比重为58.7%。

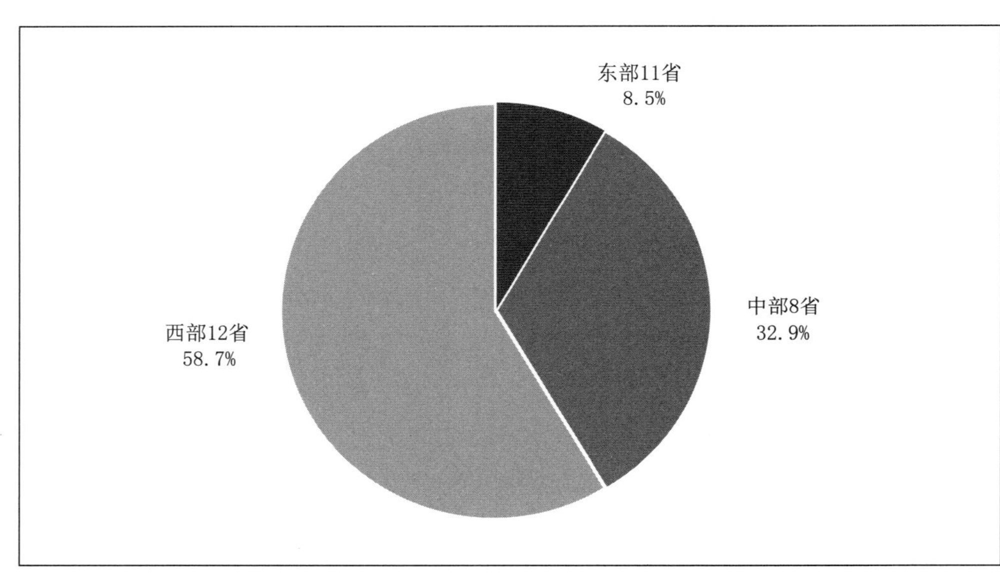

图2　2019年农村贫困人口的地区分布

数据来源：国家统计局住户收支与生活状况调查

① 东部地区：包括北京、天津、河北、辽宁、上海、江苏、浙江、福建、山东、广东、海南11省份。
中部地区：包括山西、吉林、黑龙江、安徽、江西、河南、湖北、湖南8省份。
西部地区：包括内蒙古、广西、重庆、四川、贵州、云南、西藏、陕西、甘肃、青海、宁夏、新疆12省份。

与上年相比，2019 年东、中、西部地区农村贫困人口全面减少。其中，西部地区农村贫困人口减少数量最多，中部地区减贫速度最快。具体来看：2019 年东、中、西部地区贫困人口分别比上年减少 100 万、416 万和 593 万人，减贫速度分别比上年加快 17.1、23.4 和 20.8 个百分点，贫困发生率分别比上年下降 0.3、1.2 和 2.1 个百分点。全国农村贫困人口中，东、中部地区贫困人口比重分别比上年下降 0.3 和 3.1 个百分点，西部地区贫困人口比重比上年提高 3.5 个百分点。

与 2010 年相比，2019 年东、中、西部地区农村贫困人口分别减少 2540 万、5370 万和 8106 万人，贫困发生率分别下降 7.3、16.6 和 28.1 个百分点。

表 1　2010-2019 年分地区农村贫困人口情况

年　份	贫困人口规模（万人）			贫困发生率（%）		
	东部	中部	西部	东部	中部	西部
2010	2587	5551	8429	7.4	17.2	29.2
2011	1655	4238	6345	4.7	13.1	21.9
2012	1367	3446	5086	3.9	10.6	17.5
2013	1171	2869	4209	3.3	8.8	14.5
2014	956	2461	3600	2.7	7.5	12.4
2015	653	2007	2914	1.8	6.2	10.0
2016	490	1594	2251	1.4	4.9	7.8
2017	300	1112	1634	0.8	3.4	5.6
2018	147	597	916	0.4	1.8	3.2
2019	47	181	323	0.1	0.6	1.1

数据来源：国家统计局住户收支与生活状况调查

2. 有 5 个省农村贫困人口在 50 万以上，各省贫困发生率均下降至 2.2% 及以下。

2019 年，按现行国家农村贫困标准测算，农村贫困人口在 50 万人以上的省份有 5 个，比上年减少 9 个；在 10 万 ~50 万人之间的省份有 5 个；其余省份贫困人口均在 10 万人以下。

2019 年，各省贫困发生率普遍下降至 2.2% 及以下。其中，贫困发生率在 1% 以上的省份有 7 个，包括广西、贵州、云南、西藏、甘肃、青海、新疆；贫困发生率在 0.5%~1% 的省份有 7 个，包括山西、吉林、河南、湖南、四川、陕西、宁夏；北京、天津、河北、内蒙古、辽宁、黑龙江、上海、江苏、浙江、安徽、福建、江西、山东、湖北、广东、海南、重庆等 17 个省份的贫困发生率均在 0.5% 以下。

图 3　2019 年分省农村贫困人口情况

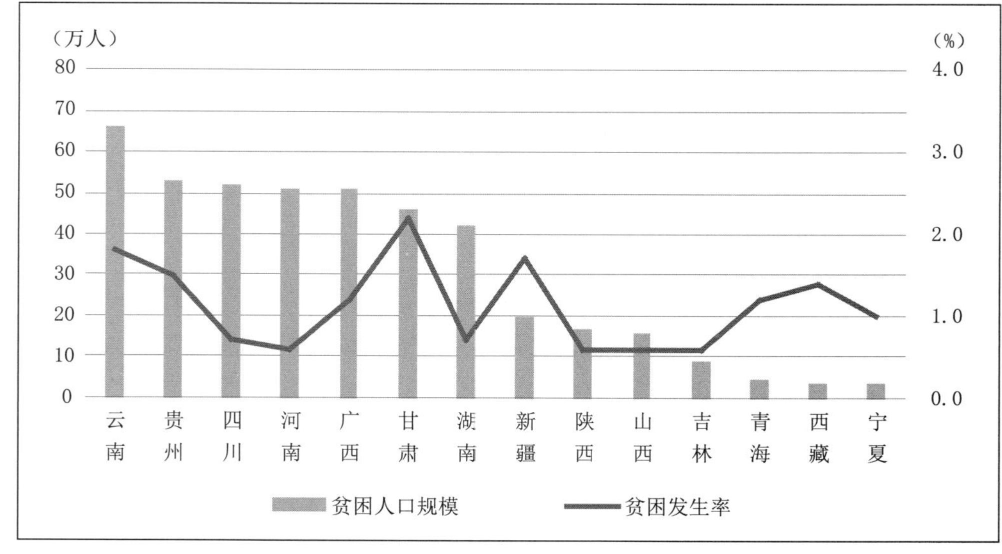

数据来源：国家统计局住户收支与生活状况调查

（三）群体分布。

1. 农村老人和儿童贫困发生率相对较高。

将所有人按每 20 岁为一组分组，分年龄组贫困发生率分布总体呈现两边高中间低的特点，老人和儿童贫困发生率相对较高。2019 年 0-20 岁、21-40 岁、41-60 岁、61-80 岁、81 岁及以上农村人口贫困发生率分别为 0.6%、0.5%、0.4%、0.8%、1.5%。其中，17 岁及以下青少年儿童贫困发生率为 0.6%，60 岁以上老人贫困发生率为 0.8%。按性别分组看，2019 年女性群体贫困发生率与男性群体贫困发生率没有明显差异。

图 4　2019 年分年龄段农村贫困发生率

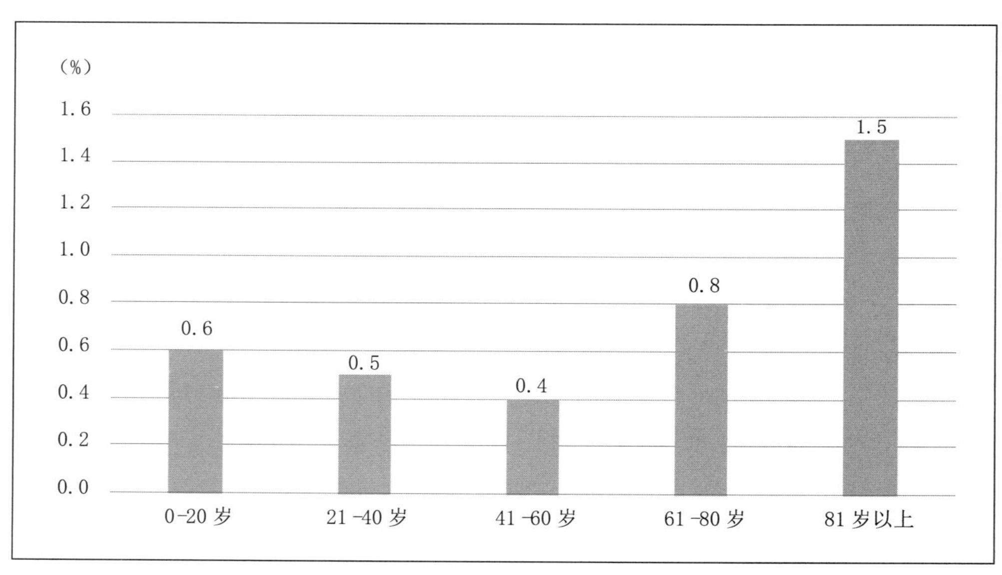

数据来源：国家统计局住户收支与生活状况调查

2. 农村受教育程度较低的群体贫困发生率相对较高。

按户主受教育程度分组看，贫困发生率与户主受教育程度呈负相关，户主受教育程度较低的群体贫困发生率相对较高。2019 年户主受教育程度为未上过学的群体中贫困发生率为 2.0%，户主受教育程度为小学的群体中贫困发生率为 0.9%，户主受教育程度为初中的群体中贫困发生率为 0.4%，户主受教育程度为高中及以上的群体中贫困发生率为 0.2%。

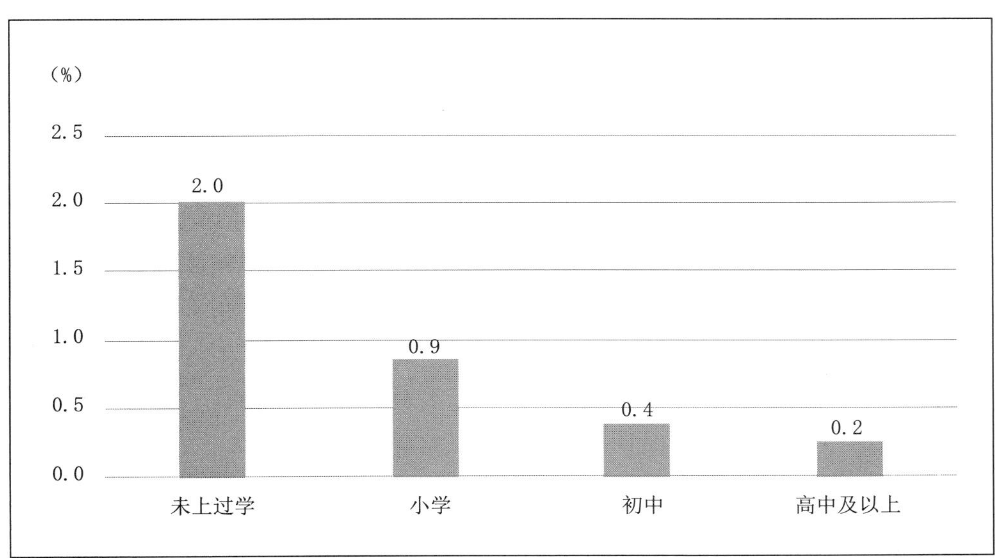

图 5 2019 年按户主受教育程度分组农村贫困发生率

数据来源：国家统计局住户收支与生活状况调查

3. 农村健康程度较差的人群贫困发生率相对较高。

从健康状况分组看，农村身体健康程度与贫困发生率呈负相关。2019 年身体健康的人群贫困发生率为 0.5%；身体基本健康的人群贫困发生率为 1.1%，身体健康状况较差①的人群贫困发生率为 1.5%。

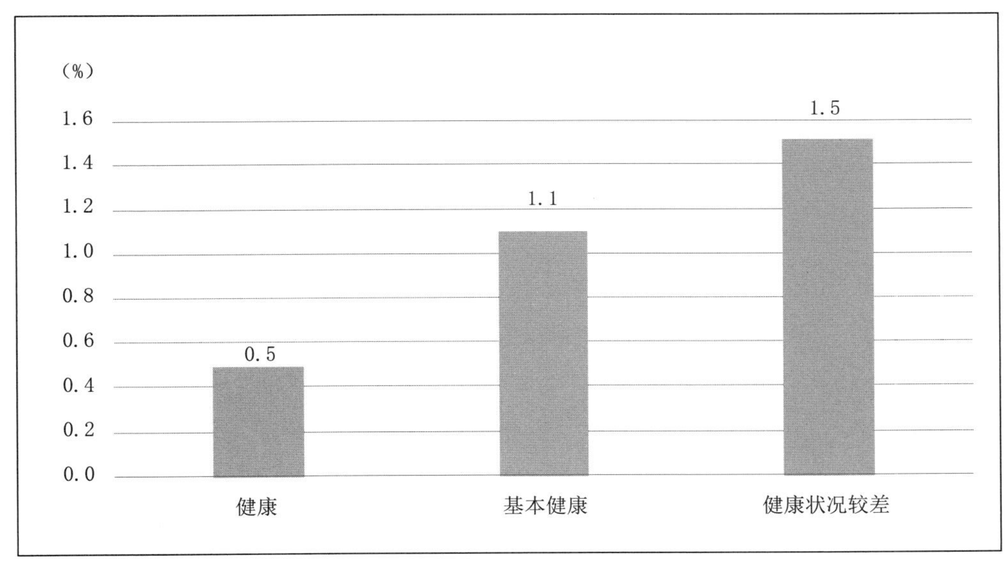

图 6 2019 年按照健康程度分组的农村贫困发生率

数据来源：国家统计局住户收支与生活状况调查

二、农村居民收支状况

（一）2019 年农村居民收入较快增长。

2019 年，全国农村居民人均可支配收入 16021 元，比上年名义增长 9.6%，扣除

① 身体健康状况较差，包括身体不健康但生活能自理和生活不能自理两类。

价格因素影响，实际增长 6.2%。

1. 工资、经营、转移三项收入加快增长。

2019 年，农村居民人均工资性收入、经营净收入、转移净收入分别为 6583 元、5762 元和 3298 元，与上年相比分别增长[①] 9.8%、7.5% 和 12.9%，增速分别比上年加快 0.7、0.9 和 0.7 个百分点。

农村居民收入继续增长，一是农民工就业人数增长 0.8%，增速比上年加快 0.2 个百分点。二是 2019 年粮食总产量增长 0.9%，创历史最高水平，以及部分农牧产品价格上涨，都拉动了农村居民经营净收入的增长。三是精准扶贫工作持续推进，各地继续加大社会救助力度，人均社会救济和补助收入增长 14.6%；医疗保障体系持续完善，报销药品目录进一步扩大，居民医保报销比例继续提高，人均报销医疗费增长 16.4%；部分地区提高稻谷补贴、农机补贴等标准，人均政策性惠农补贴增长 16.5%。

表 2　2019 年全国农村居民收入增长情况

指　标	水平（元）	名义增速（%）
人均可支配收入	16021	9.6
1. 工资性收入	6583	9.8
2. 经营净收入	5762	7.5
（1）一产净收入	3730	6.9
# 农业	2740	5.1
牧业	657	14.3
（2）二三产净收入	2032	8.7
3. 财产净收入	377	10.3
4. 转移净收入	3298	12.9

数据来源：国家统计局住户收支与生活状况调查

2. 财产净收入增长有所放缓。

2019 年，农村居民人均财产净收入 377 元，增长 10.3%，增速比上年回落 2.6 个百分点。其中，人均转让承包土地经营权租金净收入和人均出租房屋净收入分别增长 12.3% 和 11.3%。

3. 工资性收入对增收贡献最大，工资、财产、转移三项收入占比提高。

2019 年全国农村居民人均可支配收入中，人均工资性收入占人均可支配收入的比重为 41.1%，比上年提高 0.1 个百分点；人均经营净收入占比为 36.0%，比上年下降 0.7 个百分点；人均财产净收入占比为 2.4%，比上年提高 0.1 个百分点；人均转移净收入占比为 20.6%，比上年提高 0.6 个百分点。

人均工资性收入对农村居民增收的贡献率为 41.8%，比上年下降 0.2 个百分点；人均经营净收入对农村居民增收的贡献率为 28.8%，比上年提高 0.9 个百分点；人均

① 以下如无特殊说明，均为比上年名义增长。

财产净收入对农村居民增收的贡献率为 2.5%，比上年下降 0.8 个百分点；人均转移净收入对农村居民增收的贡献率为 26.9%，比上年提高 0.1 个百分点。

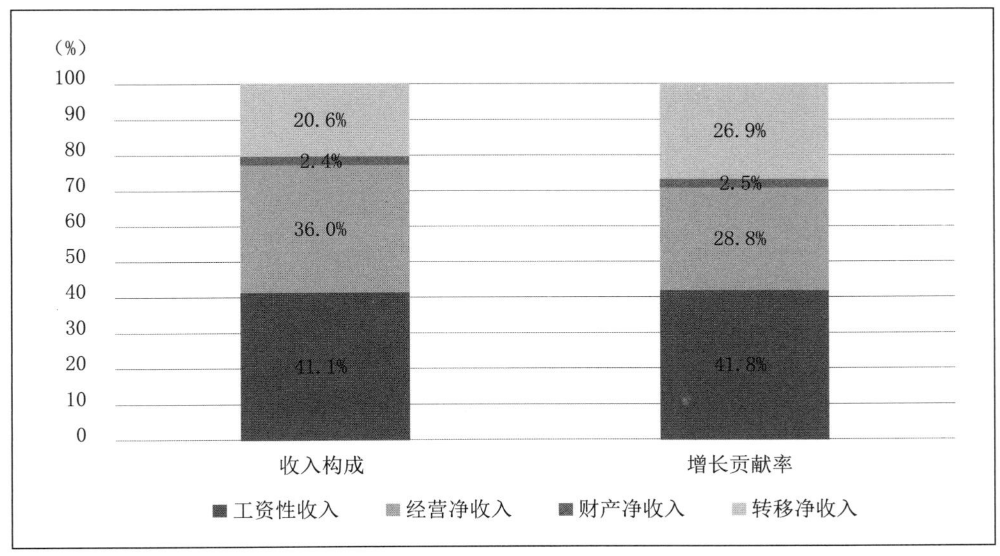

图 7　2019 年农村居民收入构成和各项收入增长贡献率

数据来源：国家统计局住户收支与生活状况调查

4. 七年来农村居民收入年均实际增长 7.5%。

2013-2019 年，农村居民收入保持较快的增长速度，人均可支配收入增速分别为 12.4%、11.2%、8.9%、8.2%、8.6%、8.8% 和 9.6%，实际增速分别为 9.3%、9.2%、7.5%、6.2%、7.3%、6.6% 和 6.2%。七年来农村居民人均收入累计实际增长 65.5%，年均实际增长 7.5%，为决战决胜脱贫攻坚打下了坚实的基础。

表 3　2013-2019 年农村居民可支配收入情况

年　份	水平（元）	名义增速（%）	实际增速（%）
2013	9430	12.4	9.3
2014	10489	11.2	9.2
2015	11422	8.9	7.5
2016	12363	8.2	6.2
2017	13432	8.6	7.3
2018	14617	8.8	6.6
2019	16021	9.6	6.2

数据来源：国家统计局住户收支与生活状况调查

（二）农村居民消费支出增长较快。

2019 年，全国农村居民人均消费支出 13328 元，名义增长 9.9%，实际增长 6.5%。总体来看，农村居民人均消费支出较快增长，生活质量明显改善。

1. 消费支出较快增长，衣着、教育文化娱乐、医疗保健、其他用品及服务支出增长均超过 10%。

从消费结构来看，2019 年农村居民人均食品烟酒支出 3998 元，增长 9.7%；人均衣着支出 713 元，增长 10.1%；人均居住支出 2871 元，增长 7.9%；人均生活用品及服务支出 764 元，增长 6.0%；人均交通通信支出 1837 元，增长 8.7%；人均教育文化娱乐支出 1482 元，增长 13.8%；人均医疗保健支出 1421 元，增长 14.6%；人均其他用品及服务支出 241 元，增长 10.6%。

表 4　2019 年全国农村居民消费支出增长情况

指标名称	水平（元）	名义增速（%）
人均消费支出	13328	9.9
1. 食品烟酒	3998	9.7
2. 衣着	713	10.1
3. 居住	2871	7.9
4. 生活用品及服务	764	6.0
5. 交通通信	1837	8.7
6. 教育文化娱乐	1482	13.8
7. 医疗保健	1421	14.6
8. 其他用品及服务	241	10.6

数据来源：国家统计局住户收支与生活状况调查

2. 恩格尔系数进一步降低，发展享受型消费比重提高。

2019 年，农村居民的食品烟酒支出比重（恩格尔系数）为 30.0%，比上年下降 0.1 个百分点。教育文化娱乐、医疗保健等发展享受型消费占比提高较快。2019 年农村居民人均消费支出中，人均教育文化娱乐支出占比为 11.1%，比上年提高 0.4 个百分点；医疗保健支出占比为 10.7%，比上年提高 0.5 个百分点。

图 8　2019 年全国农村居民消费支出结构

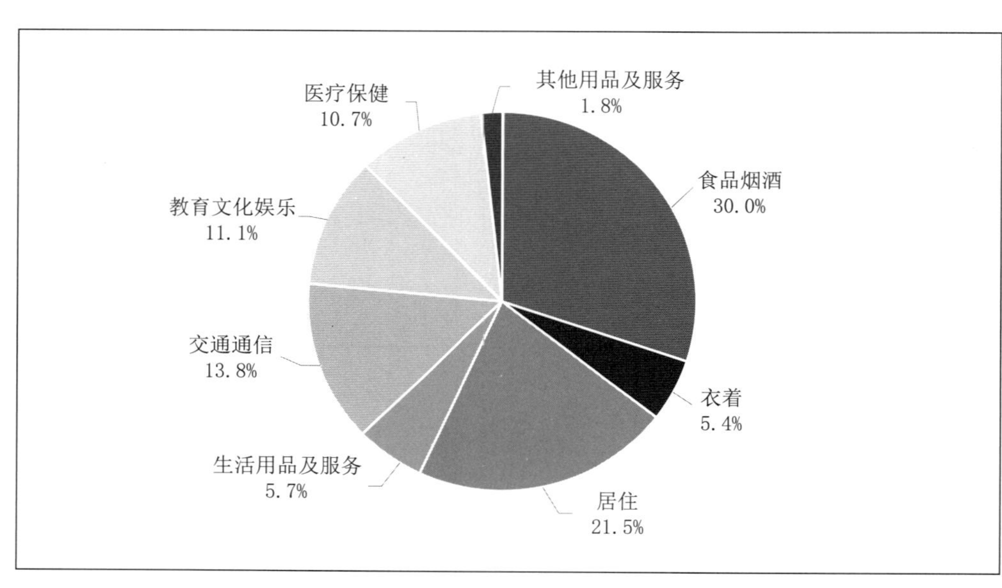

数据来源：国家统计局住户收支与生活状况调查。

3. 水产品、水果、蛋、奶等食品消费增加。

2019 年，农村居民人均水产品、水果、蛋、奶等消费量增加，食品消费更加均衡营养。农村居民人均水产品消费量 9.6 公斤，增长 23.6%；人均干鲜瓜果类消费量 43.3 公斤，增长 8.6%；人均蛋类消费量 9.6 公斤，增长 14.3%；人均奶类消费量 7.3 公斤，增长 5.2%。此外，农村居民人均饮食服务支出 489 元，增长 24.1%。

三、收入差距

2019 年，农村居民人均可支配收入名义增速和实际增速分别快于城镇居民 1.7 和 1.2 个百分点，城乡居民收入比进一步下降。农村居民高、低收入组相对差距缩小，低收入组收入加快增长。

（一）城乡居民收入相对差距继续缩小。

2019 年，城镇居民人均可支配收入 42359 元，比上年名义增长 7.9%，实际增长 5.0%；农村居民人均可支配收入 16021 元，比上年名义增长 9.6%，实际增长 6.2%。农村居民人均可支配收入名义增速和实际增速分别快于城镇居民 1.7 和 1.2 个百分点。2019 年，城乡居民人均可支配收入之比为 2.64，比上年下降 0.05，比 2010 年下降 0.35，城乡居民间收入差距继续缩小。

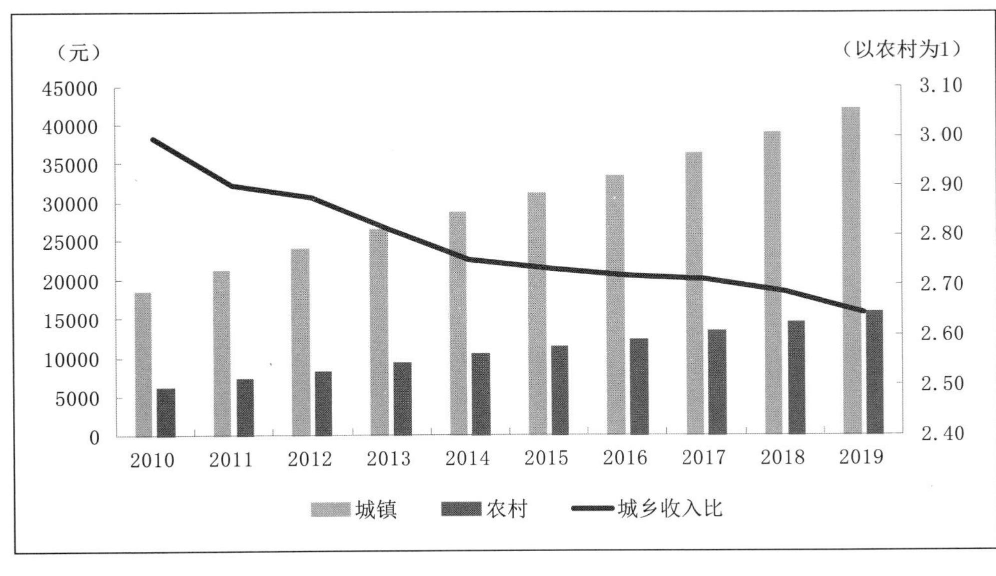

图 9　2010—2019 年城乡居民收入水平及收入比

数据来源：国家统计局住户收支与生活状况调查

（二）农村居民高、低收入组相对差距缩小。

按农村居民人均可支配收入从低到高进行五等份分组，全国农村居民低收入组人均可支配收入为 4263 元，增长 16.3%；中间偏下组人均可支配收入为 9754 元，增长 14.6%；中间收入组人均可支配收入为 13984 元，增长 11.6%；中间偏上组人均可支配收入为 19732 元，增长 9.3%；高收入组人均可支配收入为 36049 元，增长 5.9%。2019 年，各地持续落实精准扶贫、精准脱贫方略，因地制宜、精准施策，聚焦脱贫质量，不断加大扶贫力度，为高质量打赢脱贫攻坚战、如期全面建成小康社会打下坚实基础。

全年农村居民低收入组人均可支配收入增长 16.3%，增速高于全国农村居民 6.7 个百分点。

表 5　2019 年全国农村居民人均可支配收入分组情况

组　别	水平（元）	名义增速（%）
低收入组	4263	16.3
中间偏下组	9754	14.6
中间收入组	13984	11.6
中间偏上组	19732	9.3
高收入组	36049	5.9

数据来源：国家统计局住户收支与生活状况调查

（三）西部地区[①]与其他地区收入差距缩小。

分区域看，东部地区农村居民人均可支配收入 19989 元，增长 9.3%；中部地区农村居民人均可支配收入 15290 元，增长 9.6%；西部地区农村居民人均可支配收入 13035 元，增长 10.2%；东北地区农村居民人均可支配收入 15357 元，增长 9.1%。以西部地区为 1，东部、中部、东北地区与西部地区农村居民人均可支配收入之比分别为 1.53、1.17 和 1.18，分别比上年下降 0.02、0.01 和 0.01，西部地区与其他地区差距有所缩小。

表 6　2019 年东、中、西部及东北地区农村居民人均可支配收入

组　别	水平（元）	名义增速（%）
东部地区	19989	9.3
中部地区	15290	9.6
西部地区	13035	10.2
东北地区	15357	9.1

数据来源：国家统计局住户收支与生活状况调查

四、多元生活状况

（一）居住条件。

2019 年，农村居民住房结构、住宅外道路、卫生等生活居住条件进一步改善。从住房面积和结构看，2019 年农村居民人均住房建筑面积 48.9 平方米，居住在钢筋混凝土和砖混材料结构住房的农户比重为 72.4%，比上年提高 1.2 个百分点。从住宅外道路条件看，2019 年农村地区住宅外道路硬化[②]的农户比重为 92.6%，比上年提

① 这里的东、中、西、东北地区是按照《中国统计年鉴》发布的四个地区的划分标准。其中，东部地区包括北京、天津、河北、上海、江苏、浙江、福建、山东、广东、海南 10 省份；中部地区包括山西、安徽、江西、河南、湖北、湖南 6 省；西部地区包括内蒙古、广西、重庆、四川、贵州、云南、西藏、陕西、甘肃、青海、宁夏、新疆 12 省份；东北地区包括辽宁、吉林、黑龙江 3 省。文中其余部分为按照东中西分组。

② 住宅外道路硬化指的是住宅外道路为水泥、柏油、沙石或石板等硬质路面。

高 1.7 个百分点。从卫生设备看，2019 年农村地区有水冲式卫生厕所的农户比重为 58.4%，比上年提高 16.3 个百分点；无洗澡设施的农户比重为 25.6%，比上年下降 2.8 个百分点。从能源使用情况看，2019 年农村地区炊用主要能源为柴草的农户比重为 27.9%，比上年下降 1.9 个百分点。

表 7　2018-2019 年农村居民居住条件

单位：%

指　标	2018 年	2019 年
居住钢筋混凝土和砖混材料结构住房的农户比重	71.2	72.4
住宅外道路硬化的农户比重	90.9	92.6
有水冲式卫生厕所的农户比重	42.1	58.4
无洗澡设施的农户比重	28.4	25.6
炊用主要能源为柴草的农户比重	29.8	27.9

数据来源：国家统计局住户收支与生活状况调查

（二）耐用消费品拥有情况。

2019 年，农村居民家庭年末拥有的主要传统耐用消费品持续增加，家用汽车等新型耐用消费品需求更旺。一是交通类耐用消费品较快增加。2019 年全国农村居民平均每百户拥有家用汽车 24.7 辆，比上年增加 2.4 辆，增长 10.7%；平均每百户拥有助力车 70.1 台，比上年增加 5.2 台，增长 8.0%。二是空调、热水器、排油烟机等家电较快增加。2019 年全国农村居民平均每百户拥有空调 71.3 台，比上年增加 6.1 台，增长 9.3%；平均每百户拥有热水器 71.7 台，比上年增加 3.0 台，增长 4.4%；平均每百户拥有排油烟机 29.0 台，比上年增加 3.0 台，增长 11.4%。三是洗衣机、电冰箱、彩色电视机等普及率相对较高的传统家电继续增加。2019 年全国农村居民平均每百户拥有洗衣机 91.6 台，比上年增加 3.1 台，增长 3.4%；平均每百户拥有电冰箱 98.6 台，比上年增加 2.7 台，增长 2.9%；平均每百户拥有彩色电视机 117.6 台，比上年增加 1.0 台，增长 0.8%。

表 8　2018-2019 年农村居民百户耐用消费品拥有情况

指　标	单位	2018 年	2019 年	增加量	增长幅度（%）
家用汽车	辆 / 百户	22.3	24.7	2.4	10.7
摩托车	辆 / 百户	57.4	55.1	-2.3	-4.0
助力车	台 / 百户	64.9	70.1	5.2	8.0
洗衣机	台 / 百户	88.5	91.6	3.1	3.4
电冰箱（柜）	台 / 百户	95.9	98.6	2.7	2.9
彩色电视机	台 / 百户	116.6	117.6	1.0	0.8
空调	台 / 百户	65.2	71.3	6.1	9.3
热水器	台 / 百户	68.7	71.7	3.0	4.4
排油烟机	台 / 百户	26.0	29.0	3.0	11.4
移动电话	部 / 百户	257.0	261.2	4.2	1.6
计算机	台 / 百户	26.9	27.5	0.6	2.5

数据来源：国家统计局住户收支与生活状况调查

（三）交通通信条件。

从交通通信条件看，2019 年农村地区通公路基本接近全覆盖，通讯基础设施条件持续改善，居民移动电话等拥有量继续增加。2019 年，71.7% 的农户所在自然村能便利的乘坐公共汽车，比上年提高 3.8 个百分点；97.1% 的农户所在自然村已通宽带，比上年提高 1.4 个百分点。2019 年全国农村居民平均每百户拥有移动电话 261.2 部，比上年增加 4.2 部，增长 1.6%。

（四）社区环境条件。

从社区环境条件看，98.9% 的农户所在自然村内主要道路路面为硬化路面，比上年提高 0.9 个百分点；71.5% 的农户所在自然村主要道路有路灯，比上年提高 6.1 个百分点；87.9% 的农户所在自然村内垃圾能够做到集中处理，比上年提高 4.3 个百分点；71.2% 的农户所在自然村有健身器材，比上年提高 7.1 个百分点；34.5% 的农户所在自然村有绿化园林景观设计，比上年提高 5.1 个百分点；91.0% 的农户所在自然村有卫生站，比上年提高 1.4 个百分点。

表 9　2018-2019 年农户所在社区环境条件

单位：%

指　标	2018 年	2019 年
所在自然村内主要道路硬化路面的农户比重	98.0	98.9
所在自然村主要道路有路灯的农户比重	65.4	71.5
所在自然村垃圾集中处理的农户比重	83.6	87.9
所在自然村有健身器材的农户比重	64.1	71.2
所在自然村有绿化园林景观设计的农户比重	29.4	34.5
所在自然村有卫生站（室）的农户比重	89.6	91.0

数据来源：国家统计局住户收支与生活状况调查

（国家统计局住户调查办公室 张嘉佩、贺欣）

2019年贫困地区[①]农村贫困状况

2019年是决战决胜脱贫攻坚的关键之年，在以习近平同志为核心的党中央坚强领导下，各地区、各部门继续坚持目标导向、问题导向，不断提高扶贫质量，创新脱贫长效机制，脱贫攻坚取得显著成效。据国家统计局开展的农村贫困监测调查显示，2019年末现行农村贫困标准下（每人每年生活水平在2300元以下，2010年不变价）全国贫困地区农村贫困人口362万人，比上年末减少753万人，占全国农村减贫总规模的67.9%；贫困地区农村居民人均可支配收入增长11.5%，快于全国农村1.9个百分点；贫困地区农村居民人均消费支出增长11.8%，快于全国农村1.9个百分点，扣除价格因素，贫困地区农村居民人均收入和消费分别实际增长8.0%和8.3%。贫困地区农村居民生活质量继续提升，农村基础设施和公共服务持续改善。

一、贫困地区基本情况[②]

2018年贫困地区行政区划面积450万平方公里；户籍人口数30808万人，占全国总人口的22.1%。

据国家统计局县（市）社会经济基本情况统计数据直接加总，2018年贫困地区生产总值69560亿元，名义值比上年增长7.7%。其中，第一产业、第二产业、第三产业增加值分别为14168亿元、26501亿元和28891亿元，分别增长5.3%、4.9%和11.6%。贫困地区产业结构不断优化，第一产业、第二产业、第三产业增加值占地区生产总值的比重分别为20.4%、38.1%和41.5%，二、三产业增加值所占比重比上年提高0.4个百分点。

2018年贫困地区普通小学在校学生数2237万人，占全国普通小学在校学生数的21.6%；普通中学在校学生数1490万人，占全国普通中学在校学生数的21.2%。医疗卫生机构床位数128万张，增长5.8%，占全国医疗卫生机构床位数的15.2%。

二、贫困地区贫困变化情况

（一）贫困人口规模继续缩小，减贫成效显著。

据全国农村贫困监测调查，按照现行农村贫困标准测算，2019年末，贫困地区农村贫困人口362万人，比上年末减少753万人。贫困发生率为1.4%，下降2.8个百分点。

①贫困地区，包括集中连片特困地区和片区外的国家扶贫开发工作重点县，共832个县。2017年开始将新疆阿克苏地区纳入贫困监测范围。

②贫困地区基本情况包括贫困地区共811个县（旗、县级市）数据，不包括21个区县改区的区数据。

党的十八大以来，贫困地区农村贫困人口已经从 2012 年末的 6039 万人减少到 2019 年末的 362 万人，年均减少近 811 万人，2019 年末贫困地区农村贫困人口占全国农村贫困人口的比重为 65.7%，比 2012 年末提高 4.7 个百分点。贫困发生率较 2012 年的 23.2% 下降到 2019 年的 1.4%，下降了 21.8 个百分点。

表 1　2012-2019 年贫困地区农村贫困状况

年　份	贫困人口		贫困发生率	
	数量（万人）	比上年下降（万人）	水平（%）	比上年下降（个百分点）
2012	6039	--	23.2	--
2013	5070	969	19.3	3.9
2014	4317	753	16.6	2.7
2015	3490	827	13.3	3.3
2016	2654	836	10.1	3.2
2017	1900	760	7.2	2.9
2018	1115	785	4.2	3.0
2019	362	753	1.4	2.8

数据来源：国家统计局农村贫困监测调查。

（二）各地贫困情况持续改善。

从贫困人口规模来看，2019 年末贫困地区农村贫困人口在 50 万以上的省份仅 1 个，为云南 56 万人；在 10 万 -50 万的省份有 12 个，包括贵州 46 万人、甘肃 41 万人、河南 38 万人、湖南 33 万人、四川 25 万人、广西 17 万人、安徽 16 万人、湖北 14 万人、陕西 14 万人、新疆 12 万人、江西 11 万人、河北 10 万人；其余 9 个省份均在 10 万人以下。

图 1　2019 年贫困地区分地区农村贫困人口和贫困发生率

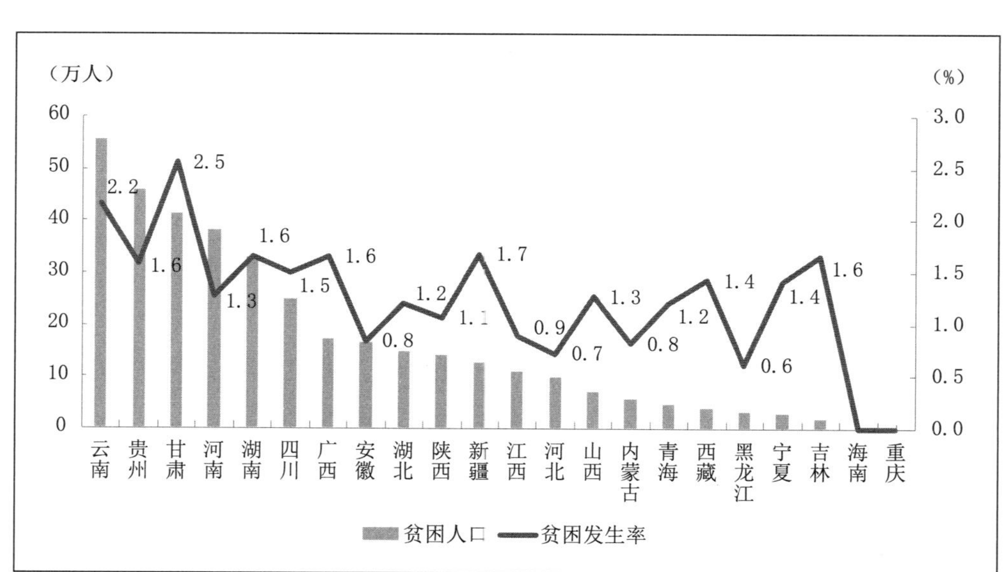

数据来源：国家统计局农村贫困监测调查。

从贫困发生率来看，2019 年末贫困地区农村贫困发生率均下降至 2.5% 及以下。贫困发生率下降至 1.0% 以内的省份有 7 个，分别为海南、重庆、黑龙江、河北、内蒙古、安徽、江西；贫困发生率在 1.0%-2.0% 的省份有 13 个，分别为陕西、湖北、青海、河南、山西、宁夏、西藏、四川、贵州、湖南、广西、吉林、新疆；贫困发生率在 2.0% 以上的省份有 2 个，分别为云南、甘肃。

三、贫困地区农村居民收入

2019 年贫困地区农村居民人均可支配收入 11567 元，比上年名义增长 11.5%，扣除价格因素，实际增长 8.0%，实际增速高于全国农村增速 1.8 个百分点。党的十八大以来，贫困地区农村居民人均可支配收入年均实际增速为 9.7%，比全国农村高 2.2 个百分点。

（一）2019 年贫困地区农村居民收入增速快于上年。

2019 年贫困地区农村居民人均可支配收入名义增速比上年加快 0.9 个百分点。工资性收入和转移净收入是贫困地区农村居民增收主要来源。工资、转移、财产三项收入增速均快于全国农村居民该项收入增速。2019 年贫困地区农村居民人均工资性收入 4082 元，增长 12.5%，增速比全国农村高 2.7 个百分点；人均转移净收入 3163 元，增长 16.3%，增速比全国农村高 3.4 个百分点；人均财产净收入 159 元，增长 16.5%，增速比全国农村高 6.2 个百分点。

经营净收入比上年加快增长。2019 年贫困地区农村居民人均经营净收入 4163 元，增长 7.1%，增速比上年加快 2.7 个百分点。其中，人均第一产业经营净收入 2986 元，增速由上年的下降 1.1% 转为增长 6.9%，主要是农业净收入增速由上年的下降 2.5% 转为增长 1.8%；牧业净收入增长 23.2%，增速比上年提高 20.4 个百分点。人均二三产经营净收入 1177 元，比上年增长 7.6%。

（二）中西部 22 个省份均实现贫困地区农民增收目标。

中西部地区 22 个省（区、市）中，全省（区）农村为贫困地区的西藏和青海农村居民人均可支配收入比上年分别增长 13.1% 和 10.6%，分别高于全国农村增速 3.5 和 1.0 个百分点；其余 20 个省（区、市）贫困地区农村居民人均可支配收入增速均高于本省农村增速。

（三）贫困地区农村居民收入与全国农村差距缩小。

贫困地区农村居民收入名义增速快于全国农村 1.9 个百分点，相对差距继续缩小。2019 年贫困地区农村居民人均可支配收入占全国农村居民人均可支配收入的比重为 72.2%，比 2018 年提高 1.2 个百分点。

表 2　2019 年贫困地区与全国农村收入水平和结构对比

指　标	贫困地区农村			全国农村		
	收入水平（元）	结构（%）	增速（%）	收入水平（元）	结构（%）	增速（%）
人均可支配收入	11567	100.0	11.5	16021	100.0	9.6
1. 工资性收入	4082	35.3	12.5	6583	41.1	9.8
2. 经营净收入	4163	36.0	7.1	5762	36.0	7.5
（1）一产净收入	2986	25.8	6.9	3730	23.3	6.9
# 农业	2045	17.7	1.8	2740	17.1	5.1
牧业	711	6.1	23.2	657	4.1	14.3
（2）二三产净收入	1177	10.2	7.6	2032	12.7	8.7
3. 财产净收入	159	1.4	16.5	377	2.4	10.3
4. 转移净收入	3163	27.3	16.3	3298	20.6	12.9

数据来源：国家统计局全国住户收支与生活状况调查、农村贫困监测调查

四、贫困地区农村居民消费

据全国农村贫困监测调查，2019 年贫困地区农村居民人均消费支出 10011 元，比上年增长 11.8%，扣除价格因素，实际增长 8.3%，快于全国农村 1.8 个百分点。衣食消费支出加快增长，居住和生活用品消费支出平稳增长，交通通信、教育文化娱乐和医疗保健等发展改善型消费支出继续较快增长，消费结构进一步优化。

表 3　2019 年贫困地区与全国农村消费水平和结构对比

指　标	贫困地区农村			全国农村		
	水平（元）	结构（%）	名义增速（%）	水平（元）	结构（%）	名义增速（%）
人均消费支出	10011	100.0	11.8	13328	100.0	9.9
1. 食品烟酒	3121	31.2	11.2	3998	30.0	9.7
2. 衣着	549	5.5	12.4	713	5.4	10.1
3. 居住	2173	21.7	8.9	2871	21.5	7.9
4. 生活用品及服务	585	5.8	9.0	764	5.7	6.0
5. 交通通信	1200	12.0	14.8	1837	13.8	8.7
6. 教育文化娱乐	1163	11.6	14.3	1482	11.1	13.8
7. 医疗保健	1054	10.5	14.7	1421	10.7	14.6
8. 其他用品和服务	166	1.7	12.9	241	1.8	10.6

数据来源：国家统计局农村贫困监测调查、全国住户收支与生活状况调查。

（一）衣食消费支出加快增长。

2019 年贫困地区农村居民人均食品烟酒消费支出 3121 元，增长 11.2%，增速比上年加快 6.8 个百分点。其中，人均食品和饮食服务消费支出 2621 元，增长 11.1%；人均烟酒饮料消费支出 500 元，增长 11.3%。2019 年贫困地区农村居民人均衣着消费支出 549 元，增长 12.4%，增速比上年加快 4.6 个百分点。其中，人均衣类消费支出 410 元，增长 12.1%；人均鞋类消费支出 138 元，增长 13.3%。

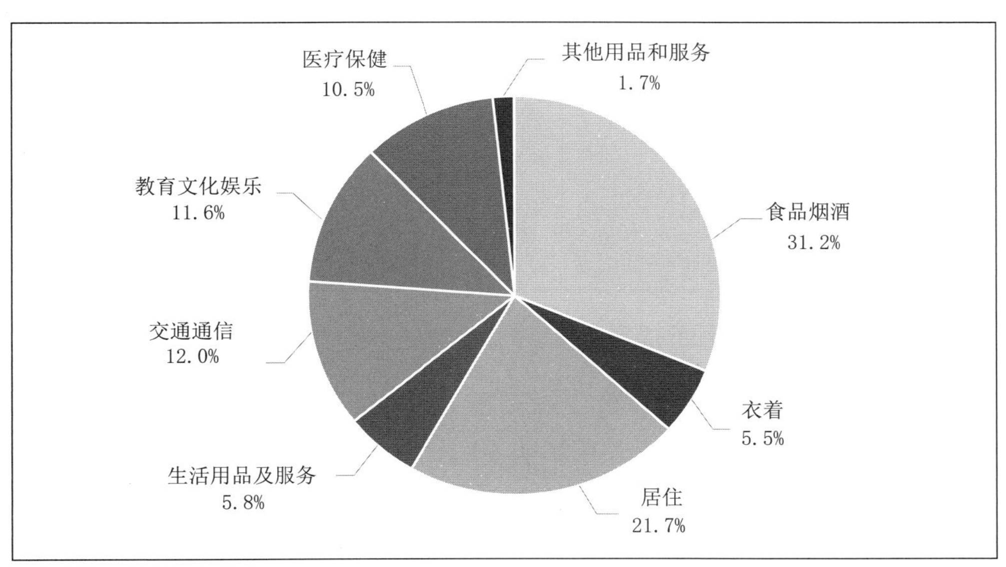

图2 2019年贫困地区农村居民人均消费支出结构

数据来源：国家统计局农村贫困监测调查

（二）居住和生活用品消费支出平稳增长。

2019年，贫困地区农村居民人均居住消费支出2173 元，比上年增长8.9%；人均生活用品及服务消费支出585元，增长9.0%。

（三）发展改善型消费支出较快增长。

2019年，贫困地区农村居民用于交通通信、教育文化娱乐和医疗保健等发展改善型消费支出继续较快增长，占消费支出的比重提高。贫困地区农村居民人均交通通信消费支出1200元，增长14.8%，占消费支出的比重为12.0%，比上年提高0.3个百分点。其中，人均交通消费支出804元，增长18.3%；人均通信消费支出395元，增长8.3%。贫困地区农村居民人均教育文化娱乐消费支出1163元，增长14.3%，占消费支出的比重为11.6%，比上年提高0.3个百分点。其中，人均教育消费支出985元，增长15.9%；人均文化娱乐消费支出178元，增长6.5%。贫困地区农村居民人均医疗保健消费支出1054元，增长14.7%，占消费支出的比重为10.5%，比上年提高0.3个百分点。

五、贫困地区居住及生活条件①

2019年我国继续加大农村危房改造力度，扎实推进易地扶贫搬迁，贫困地区农村居民住房及生活条件显著改善。

（一）住房条件日益改善。

住房面积增加，住房质量改善。2019年贫困地区农村居民户均住房面积为147.9平方米，比上年增加2.8平方米；居住在竹草土坯房的农户比重为1.2%，比上年下降0.7个百分点；居住在钢筋混凝土房或砖混材料房的农户比重为70.0%，比上年上升2.6个百分点。

①本节农村为村委会范围。

表 4　2018-2019 年贫困地区农户住房条件

指　标	2018 年	2019 年
户均居住住房面积（平方米）	145.1	147.9
居住竹草土坯房的农户比重（%）	1.9	1.2
居住钢筋混凝土房或砖混材料房的农户比重（%）	67.4	70.0

数据来源：国家统计局农村贫困监测调查

（二）生活质量不断提升。

饮水保障方面，使用管道供水的农户比重为 89.5%，比上年提高 9.7 个百分点；使用经过净化处理自来水的农户比重为 60.9%，比上年提高 4.5 个百分点。

卫生设施方面，2019 年贫困地区农村居民独用厕所的农户比重为 96.6%，比上年提高 0.7 个百分点；使用卫生厕所的农户比重为 58.3%，比上年提高 12.2 个百分点。

炊用能源方面，2019 年贫困地区使用柴草作为炊用能源的农户比重为 34.8%，比上年下降 4.4 个百分点；使用清洁能源的农户比重为 53.6%，比上年上升 5.6 个百分点。

表 5　2018-2019 年贫困地区农户居住条件

单位：%

指　标	2018 年	2019 年
使用管道供水的农户比重	79.8	89.5
使用经过净化处理自来水的农户比重	56.4	60.9
独用厕所的农户比重	95.9	96.6
炊用柴草的农户比重	39.2	34.8

数据来源：国家统计局农村贫困监测调查

（三）耐用消费品数量增加。

贫困地区农村居民传统耐用消费品拥有量持续增加。2019 年贫困地区每百户拥有电冰箱、洗衣机、彩色电视机分别为 92.0 台、90.6 台和 108.5 台，比上年分别增加 4.9 台、3.7 台、1.9 台。汽车、计算机等反映现代生活的耐用消费品继续增加。2019 年贫困地区每百户汽车、计算机拥有量分别为 20.2 辆、17.7 台，比上年分别增加 0.3 辆、0.6 台。

表 6　2018-2019 年贫困地区农户每百户耐用消费品拥有量

指　标	单位	2018 年	2019 年
每百户汽车拥有量	辆	19.9	20.2
每百户洗衣机拥有量	台	86.9	90.6
每百户电冰箱拥有量	台	87.1	92.0
每百户彩色电视拥有量	台	106.6	108.5
每百户计算机拥有量	台	17.1	17.7

数据来源：国家统计局农村贫困监测调查

六、贫困地区基础设施与公共服务状况

2019 年中央和地方政府继续加快推进贫困地区农村水、路、电、通信、厕等基础设施建设，加强教育、医疗、卫生等基本公共服务，贫困地区农村基础设施水平明显提升，教育文化和医疗卫生服务条件显著改善。

（一）基础设施持续完善。

贫困地区“四通”覆盖面不断扩大。截至 2019 年贫困地区通电、通公路和通电话的自然村基本实现全覆盖；所在自然村能够接收有线电视信号、通宽带的农户比重分别达到 99.1%、97.3%，比上年分别提高 0.8 个、2.9 个百分点。

贫困地区交通出行更加便利。2019 年贫困地区所在自然村主干道路面经过硬化处理的农户比重为 99.5%，比上年提高 1.2 个百分点；所在自然村能便利乘坐公共汽车的农户比重为 76.5%，比上年提高 4.9 个百分点。

表 7　2018-2019 年贫困地区农村基础设施条件

单位：%

指　标	2018 年	2019 年
所在自然村能接收有线电视信号的农户比重	98.3	99.1
所在自然村通宽带的农户比重	94.4	97.3
所在自然村进村主干道硬化的农户比重	98.3	99.5
所在自然村能便利乘坐公共汽车的农户比重	71.6	76.5

数据来源：国家统计局农村贫困监测调查

（二）教育文化状况继续改善。

教育文化设施条件继续改善，便利程度不断提高。从教育文化设施的便利性来看，2019 年所在自然村上幼儿园、上小学便利的农户比重分别为 89.8% 和 91.9%，比上年分别提高 2.7 和 2.1 个百分点。有文化活动室的行政村比重为 94.0%，比上年提高 3.3 个百分点。2019 年贫困地区儿童在义务教育阶段，92.4% 儿童上学花费时间在半小时以内，其中，64.9% 在 15 分钟以内。普通高中或以上教育阶段，52.3% 的学生上学花费时间在 15 分钟以内，34.4% 在 15-30 分钟之间，13.3% 在半小时以上。

表 8　2018-2019 年贫困地区农村教育文化情况

单位：%

指　标	2018 年	2019 年
所在自然村上幼儿园便利的农户比重	87.1	89.8
所在自然村上小学便利的农户比重	89.8	91.9
有文化活动室的行政村比重	90.7	94.0

数据来源：国家统计局农村贫困监测调查

对学校师资的满意度有所提升。义务教育阶段，2019 年贫困地区农村儿童对学校师资条件的评价普遍较好，其中，认为非常好的占 43.7%，比上年提高 6.0 个百分点，认为比较好的占 42.1%。普通高中教育阶段，对学校师资条件的评价较高，其中，认为非常好的占比超过一半，为 50.3%，比上年提高 7.3 个百分点，认为比较好的占 41.5%。中等职业教育阶段，对学校师资条件评价为“非常好”的占 37.6%，比上年提高 2.0 个百分点，“比较好”的占 48.0%。

（三）医疗卫生水平提高。

2019 年贫困地区所在自然村有卫生站的农户比重为 96.1%，比上年提高 2.9 个百分点。所在自然村能进行垃圾集中处理的农户比重为 86.4%，比上年提高 7.5 个百分点。

表 9　2018-2019 年贫困地区农村医疗卫生条件

单位：%

指　标	2018 年	2019 年
所在自然村有卫生站的农户比重	93.2	96.1
所在自然村垃圾能集中处理的农户比重	78.9	86.4

数据来源：国家统计局农村贫困监测调查

七、贫困地区劳动力状况

（一）超五成劳动力文化程度为初中及以上。

2019 年贫困地区农村常住劳动力中，未上过学的所占比重为 8.4%，小学文化程度占 36.9%，初中占 42.4%，高中及以上文化程度占 12.3%，比上年提高 0.2 个百分点。

图 4　2019 年贫困地区农村常住劳动力文化程度分布

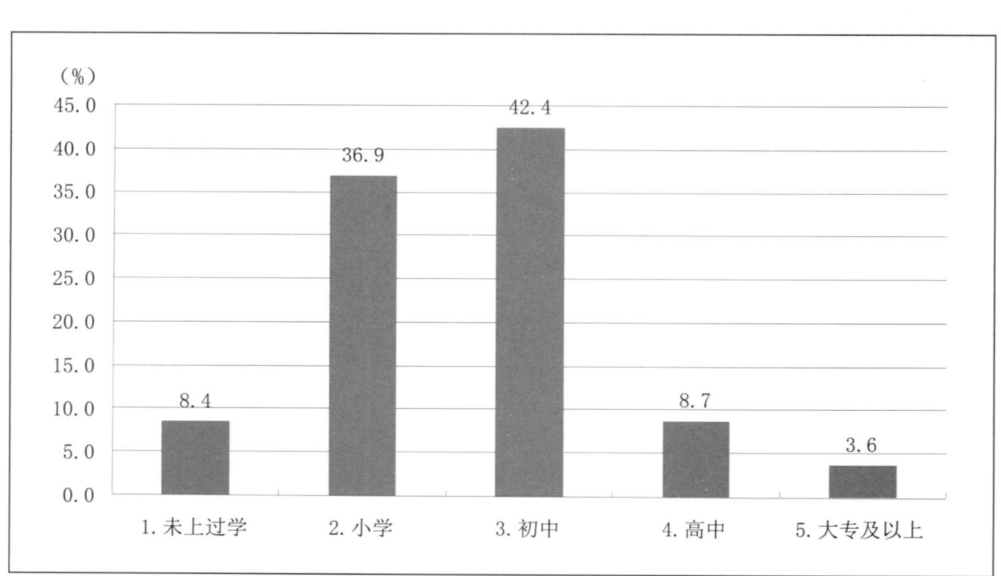

数据来源：国家统计局农村贫困监测调查

（二）二成以上劳动力接受过技能培训。

2019 年贫困地区农村常住劳动力中 23.6% 接受过技能培训，比上年提高 0.9 个百分点。接受过技能培训的劳动力中，81.8% 的劳动力接受过农业技术培训，50.7% 的劳动力接受过非农技能培训。

（三）超九成外出劳动力从事二三产业。

2019 年，贫困地区农村外出劳动力中，7.3% 从事第一产业，50.9% 从事第二产业，41.8% 从事第三产业。

贫困地区农村劳动力外出主要以自发和亲戚朋友介绍为主，2019 年以自发形式外出的劳动力占全部外出劳动力的比重为 58.1%，亲戚朋友介绍外出占 31.6%。在劳动力外出地区中，县内乡外占 35.9%，比上年提升 1.9 个百分点，省内县外占 29.4%，省外占 33.4%。

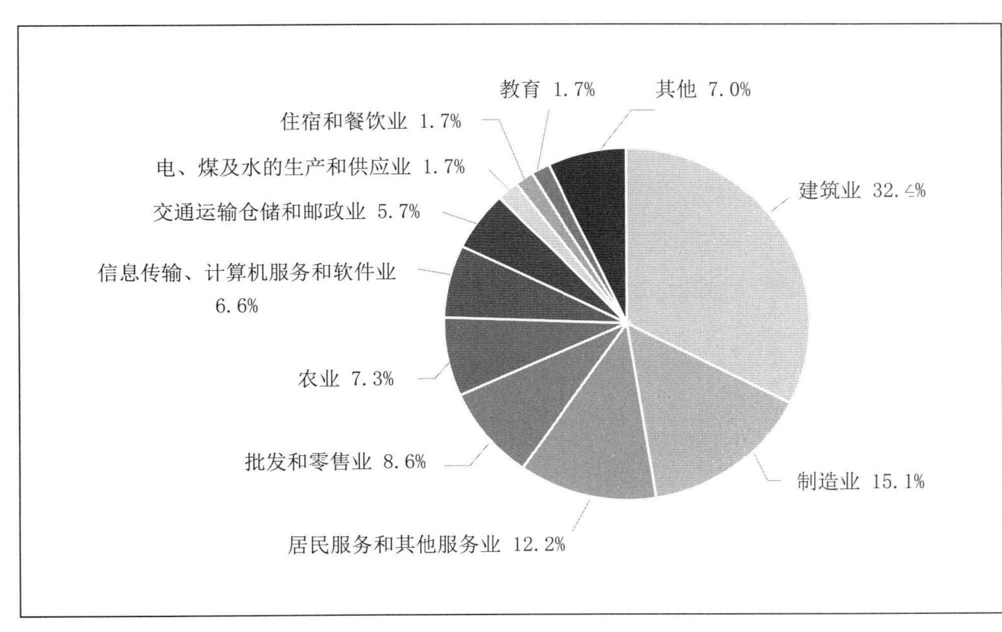

图 5　2019 年贫困地区农村劳动力外出行业分布

数据来源：国家统计局农村贫困监测调查

八、贫困地区农村性别平等状况

（一）常住女性劳动力受教育程度总体低于男性劳动力。

2019 年贫困地区农村常住女性劳动力中，高中及以上文化程度所占比重为 9.3%，比男性劳动力低 6.2 个百分点；小学及以下文化程度占 52.8%，比男性劳动力高 15.2 个百分点。

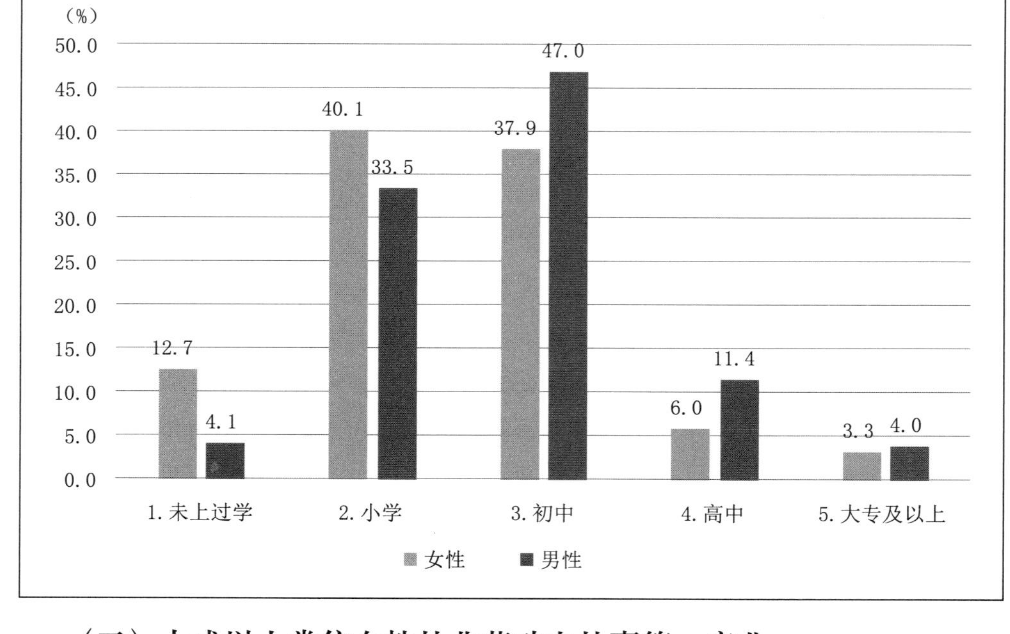

图6　2019年贫困地区农村女性劳动力与男性劳动力文化程度对比

数据来源：国家统计局农村贫困监测调查

（二）七成以上常住女性从业劳动力从事第一产业。

2019年贫困地区农村常住从业劳动力中，女性从业劳动力在第一产业就业的比重为72.9%，比上年下降2.3个百分点；在第二产业、第三产业就业的女性劳动力比重分别为7.8%、19.2%；在第三产业就业的女性劳动力比重比上年提高2.3个百分点。女性劳动力在二、三产业就业的比重比男性劳动力低17.1个百分点。

表10　2019年贫困地区农村常住男性女性从业劳动力产业分布

产业类型	从业劳动力（%）	女性从业劳动力（%）	男性从业劳动力（%）	女性比男性劳动力高（百分点）
第一产业	63.7	72.9	55.8	17.1
第二产业	14.3	7.8	19.8	-11.9
第三产业	22.0	19.2	24.4	-5.2

数据来源：国家统计局农村贫困监测调查

（三）女性劳动力外出就业主要集中在制造业、批发零售业、建筑业。

2019年贫困地区农村女性劳动力外出就业主要集中在制造业、批发和零售业、建筑业，占比分别为19.7%、15.4%、14.4%。男性劳动力外出就业主要集中在建筑业、制造业、居民服务业，所占比重分别为41.1%、12.9%和11.1%。

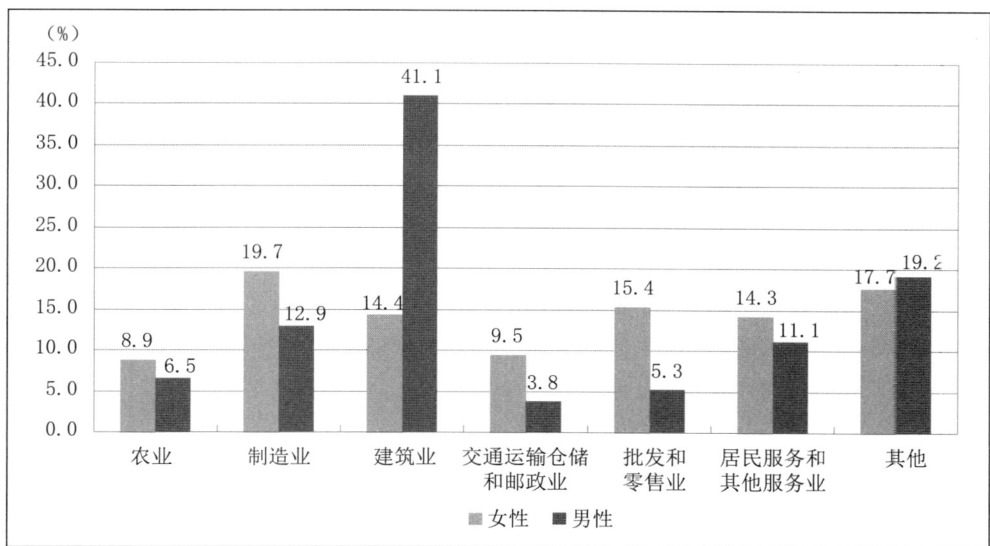

图7 2019年贫困地区农村女性和男性劳动力外出就业行业分布

数据来源：国家统计局农村贫困监测调查

（国家统计局住户调查办公室 马倩 尚梦琦）

2019 年连片特困地区贫困状况

据全国农村贫困监测调查显示，2019 年末集中连片特困地区农村贫困人口 313 万，比上年末减少 622 万人，占全国农村总减贫规模的 56.1%，贫困发生率 1.5%，比上年末下降 3.0 个百分点；连片特困地区农村居民收入增长速度比全国农村高 1.9 个百分点。

一、连片特困地区基本情况

14 个连片特困地区覆盖全国 21 个省（自治区、直辖市）。2018 年连片特困地区行政区划面积 389 万平方公里；户籍人口数 24530 万人，占全国总人口的 17.6%。

据国家统计局县（市）社会经济基本情况统计，2018 年 14 个连片特困地区生产总值 53480 亿元，其中，第一产业增加值 10879 亿元，占 20.3%，第二产业增加值 20019 亿元，占 37.4%，第三产业增加值 22582 亿元，占 42.29%。

2018 年连片特困地区普通小学在校学生数 1797 万人，占全国普通小学在校学生数的 17.4%；普通中学在校学生数 1210 万人，占全国普通中学在校学生数的 17.2%；医疗卫生机构床位数 103 万张，占全国医疗卫生机构床位数的 12.3%。

二、连片特困地区农村贫困状况及减贫成效

（一）2019 年连片特困地区农村贫困状况。

据全国农村贫困监测调查，按现行国家农村贫困标准测算，2019 年末连片特困地区农村贫困人口 313 万人，贫困发生率 1.5%。

从分片区贫困人口规模看，农村贫困人口规模在 30 万人以上的连片特困地区有 5 个，分别为武陵山区 49 万人、六盘山区 45 万人、乌蒙山区 41 万人、滇黔桂石漠化区 36 万人、大别山区 32 万人；在 10 万人 -30 万人的连片特困地区有 5 个，包括滇西边境山区 28 万人、秦巴山区 27 万人、南疆四地州 12 万人；燕山 - 太行山区 11 万人、四省涉藏州县 10 万人；10 万人以下的连片特困地区有 4 个，包括罗霄山区、吕梁山区、大兴安岭南麓山区、西藏。

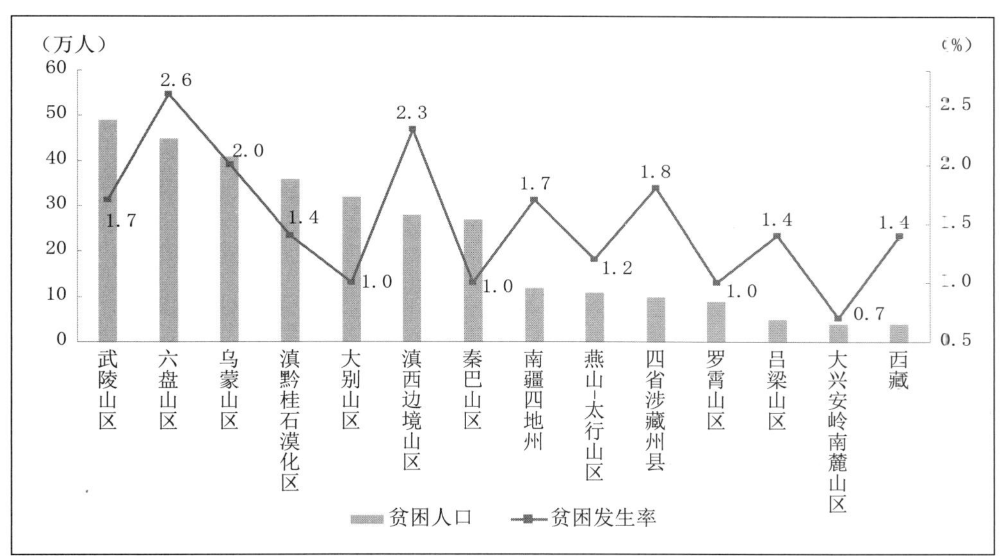

图1　2019年各连片特困地区农村贫困人口规模及贫困发生率

数据来源：国家统计局农村贫困监测调查

从分片区贫困人口占片区总贫困人口比重看，武陵山区占15.7%、六盘山区占14.4%、乌蒙山区占13.1%、滇黔桂石漠化区占11.5%、大别山区占10.2%、滇西边境山区占8.9%、秦巴山区占8.6%、南疆四地州占3.8%、燕山－太行山区占3.5%、四省涉藏州县占3.2%、罗霄山区占2.9%、吕梁山区占1.6%、大兴安岭南麓山区占1.3%、西藏占1.3%。

（二）2019年连片特困地区农村减贫情况。

2019年末连片特困地区农村贫困人口比上年末减少622万人；贫困发生率比上年末下降3.0个百分点，贫困人口占全国农村贫困人口的56.8%，比上年提高0.5个百分点。

6个连片特困地区农村减贫人口50万人以上，分别是滇黔桂石漠化区减少104万人，乌蒙山区减少83万人，秦巴山区减少74万人，大别山区减少67万人，武陵山区减少62万人，六盘山区减少51万人。

8个连片特困地区农村贫困发生率均下降至1.5%以下。分别是大兴安岭南麓山区、罗霄山区、大别山区、秦巴山区、燕山－太行山区、滇黔桂石漠化区、吕梁山区、西藏。

（三）党的十八大以来连片特困地区农村减贫情况。

党的十八大以来，连片特困地区农村贫困人口七年来累计减少4754万人，平均每年减少679万人，贫困人口减少规模占同期全国农村贫困人口减少规模的50.9%。其中，七年来农村减贫规模在600万人以上的连片特困地区有4个，分别是秦巴山区减少657万人，滇黔桂石漠化区649万人，乌蒙山区623万人，武陵山区622万人；减贫规模在300万人-600万人的连片特困地区有3个，分别是大别山区534万人，六盘山区487万人，滇西边境山区307万人。

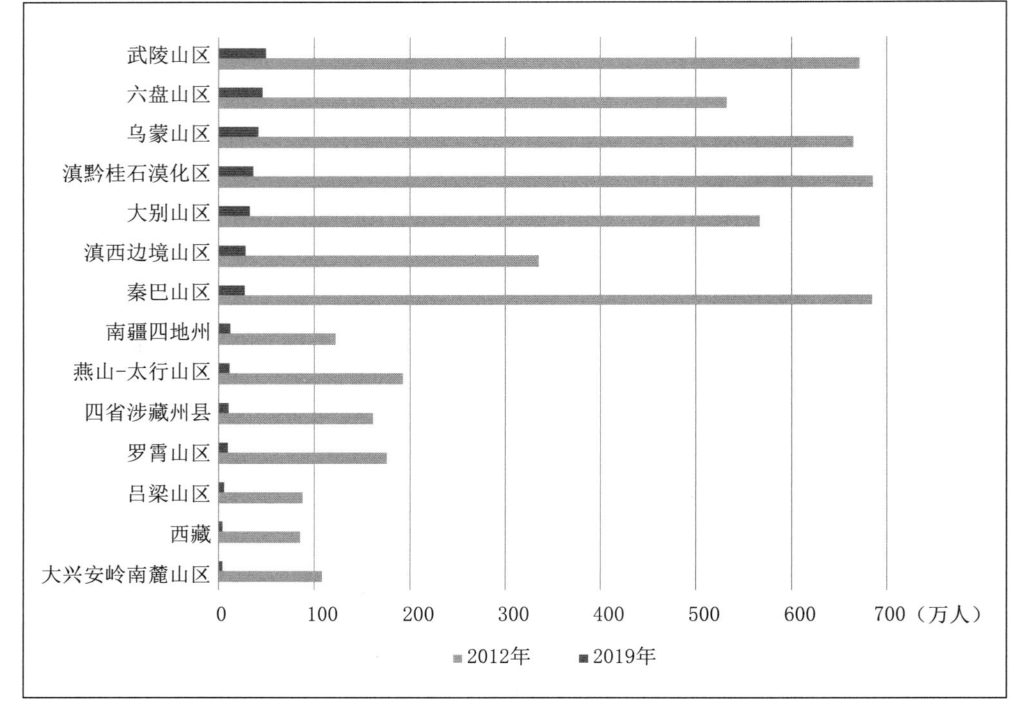

图 2　2012 年和 2019 年各连片特困地区农村贫困人口规模对比

数据来源：国家统计局农村贫困监测调查

党的十八大以来，连片特困地区农村贫困发生率从 2012 年的 24.4% 下降到 2019 年的 1.5%，累计下降了 22.9 个百分点。其中，贫困发生率下降 30 个百分点以上的有 4 个，分别是四省涉藏州县下降 36.8 个百分点，从 2012 年的 38.6% 下降到 2019 年的 1.8%；西藏下降 33.8 个百分点，从 2012 年的 35.2% 下降到 2019 年的 1.4%；南疆四地州①下降 31.9 个百分点，从 2012 年的 33.6% 下降到 2019 年的 1.7%；乌蒙山区下降 31.0 个百分点，从 2012 年的 33.0% 下降到 2019 年的 2.0%。贫困发生率下降 20-30 个百分点的连片特困地区有 7 个，分别是六盘山区下降 26.3 个百分点，从 2012 年的 28.9% 下降到 2019 年的 2.6%；滇黔桂石漠化区下降 24.9 个百分点，从 2012 年的 26.3% 下降到 2019 年的 1.4%；吕梁山区下降 23.5 个百分点，从 2012 年的 24.9% 下降到 2019 年的 1.4%；滇西边境山区下降 22.5 个百分点，从 2012 年的 24.8% 下降到 2019 年的 2.3%；秦巴山区下降 22.1 个百分点，从 2012 年的 23.1% 下降到 2019 年的 1.0%；武陵山区下降 20.6 个百分点，从 2012 年的 22.3% 下降到 2019 年的 1.7%；大兴安岭南麓山区下降 20.4 个百分点，从 2012 年的 21.1% 下降到 2018 年的 0.7%。下降 18-20 个百分点的连片特困地区有 3 个，分别是燕山－太行山区下降 19.7 个百分点，从 2012 年的 20.9% 下降到 2019 年的 1.2%；罗霄山区下降 17.8 个百分点，从 2012 年的 18.8% 下降到 2019 年的 1.0%；大别山区下降 17.2 个百分点，从 2012 年的 18.2% 下降到 2019 年的 1.0%。

① 2012 年为南疆三地州数据，不含阿克苏地区。

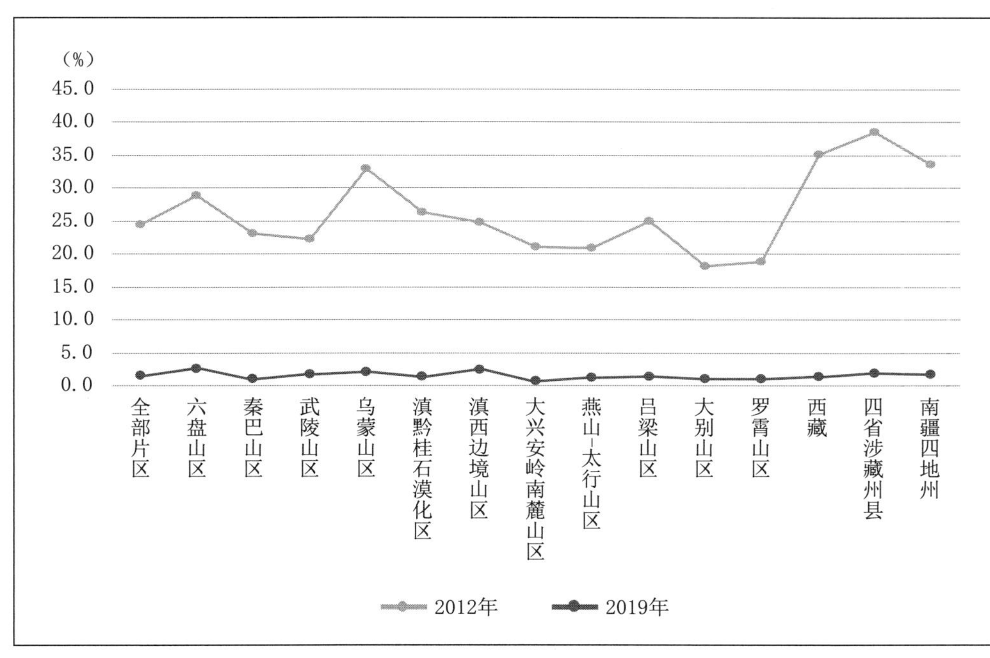

图 3　2012 年和 2019 年各连片特困地区农村贫困发生率

数据来源：国家统计局农村贫困监测调查

三、连片特困地区农村居民收支增长情况

（一）2019 年连片特困地区农村居民收入实际增长 8.0%。

2019 年全国 14 个集中连片特困地区农村居民人均可支配收入 11443 元，增长 11.5%，扣除价格因素影响，实际增长 8.0%，实际增速比全国农村高 1.8 个百分点。连片特困地区农村居民收入水平相当于全国农村的 71.4%。其中，人均工资性收入 3990 元，增长 12.4%；人均经营净收入 4226 元，增长 8.0%；人均财产净收入 152 元，增长 18.0%；人均转移净收入 3076 元，增长 15.4%。

2019 年 14 个集中连片特困地区农村居民收入增长速度均高于全国农村，各片区增速分别为：吕梁山区增长 15.1%、滇西边境山区增长 14.3%、四省涉藏州县增长 14.2%、西藏增长 13.1%、滇黔桂石漠化区增长 11.8%、南疆四地州增长 11.6%、大别山区增长 11.4%、燕山－太行山区增长 11.3%、六盘山区增长 11.2%、武陵山区增长 11.0%、秦巴山区增长 11.0%、大兴安岭南麓区增长 10.8%、乌蒙山区增长 10.7%、罗霄山区增长 10.4%。其中，10 个片区增速快于上年，分别是：吕梁山区、滇西边境山区、西藏、滇黔桂石漠化区、南疆四地州、大别山区、六盘山区、武陵山区、秦巴山区、乌蒙山区。6 个片区增速快于贫困地区农村增速，分别是：吕梁山区、滇西边境山区、四省涉藏州县、西藏、滇黔桂石漠化区、南疆四地州。

党的十八大以来，连片特困地区农村居民人均可支配收入年均实际增速比全国农村高 2.2 个百分点。2019 年 14 个连片特困地区农村居民人均可支配收入比 2012 年累计增长 120.7%，年均名义增长 12.0%，扣除价格因素，年均实际增长 9.7%。连片特困地区农村居民收入与全国农村的差距持续缩小。

（二）2019年连片特困地区农村居民人均消费支出实际增长8.3%。

2019年连片特困地区农村居民人均消费支出9898元，比上年增加1044元，增长11.8%，扣除价格因素影响，实际增长8.3%。连片特困地区农村居民人均消费支出占人均可支配收入的比重为86.5%，比全国农村高3.3个百分点。

从结构上分析，2019年连片特困地区农村居民人均食品烟酒支出3089元，占消费支出的比重为31.2%，比全国农村高1.2个百分点；人均衣着支出532元，占5.4%；人均居住支出2163元，占21.9%；人均生活用品及服务支出579元，占5.8%；人均交通通信支出1210元，占12.2%；人均教育文化娱乐支出1160元，占11.7%；人均医疗保健支出1002元，占10.1%；人均其他商品和服务支出163元，占1.6%。

表1　2019年连片特困地区农村与全国农村消费水平和结构对比

指　标	消费支出		消费构成	
	连片特困地区（元）	全国农村居民（元）	连片特困地区（%）	全国农村居民（%）
人均消费支出	9898	13328	100.0	100.0
1. 食品烟酒	3089	3998	31.2	30.0
2. 衣着	532	713	5.4	5.4
3. 居住	2163	2871	21.9	21.5
4. 生活用品及服务	579	764	5.8	5.7
5. 交通通信	1210	1837	12.2	13.8
6. 教育文化娱乐	1160	1482	11.7	11.1
7. 医疗保健	1002	1421	10.1	10.7
8. 其他用品和服务	163	241	1.6	1.8

数据来源：国家统计局农村贫困监测调查、全国住户收支与生活状况调查

图4　2019年连片特困地区农村与全国农村消费水平对比

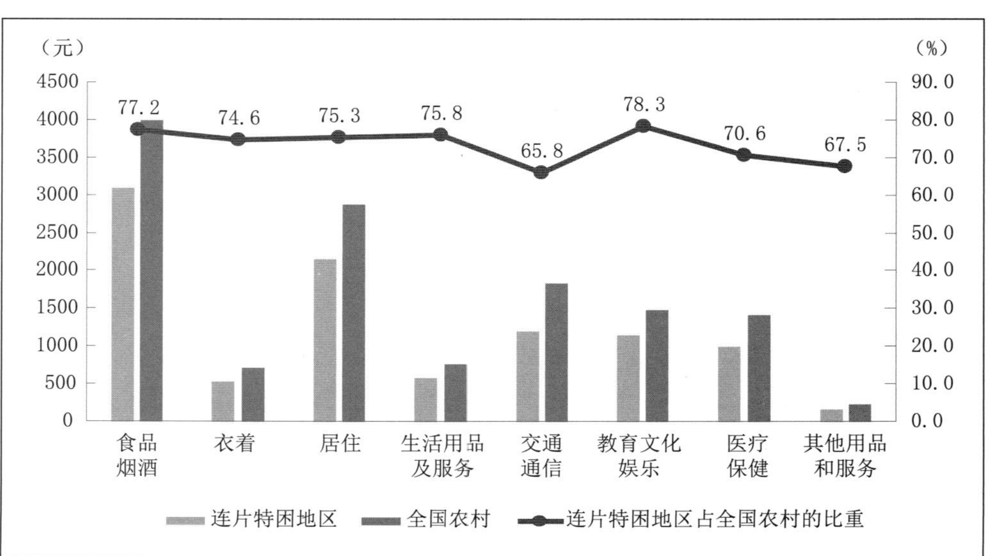

数据来源：国家统计局农村贫困监测调查

四、连片特困地区农村[①]居民生产生活条件

（一）生活居住条件。

2019 年连片特困地区农村居民居住在竹草土坯房的农户比重为 1.3%，比上年下降 0.7 个百分点；炊用柴草的农户比重为 35.7%，比上年下降 5.0 个百分点；独用厕所的农户比重为 96.5%，比上年提高 1.0 个百分点；使用管道供水和使用经过净化处理自来水的农户比重分别为 90.0% 和 58.2%，比上年分别提高 9.6 个和 4.7 个百分点。

党的十八大以来，连片特困地区农户居住条件明显改善，居住设施进一步改进。居住在竹草土坯房的农户比重由 2012 年的 8.1% 下降到 2019 年的 1.3%，下降 6.8 个百分点；独用厕所的农户比重由 2012 年的 89.9% 提高到 2019 年的 96.5%，提高 6.6 个百分点；炊用柴草的农户比重由 2012 年的 62.6% 下降到 2019 年的 35.7%，下降 26.9 个百分点；饮水安全不断提高，2019 年连片特困地区农村使用管道供水和使用经过净化处理自来水的农户比重比 2013 年分别提高 36.4 个和 28.9 个百分点。

（二）耐用消费品拥有量。

2019 年连片特困地区农村每百户拥有移动电话 272.0 部，比上年增加 10.4 部；每百户拥有洗衣机 90.8 台，比上年增加 3.8 台；每百户拥有电冰箱 91.5 台，比上年增加 5.3 台；每百户拥有计算机 16.5 台，比上年增加 0.6 台；每百户拥有汽车 19.6 辆，比上年增加 0.7 辆。

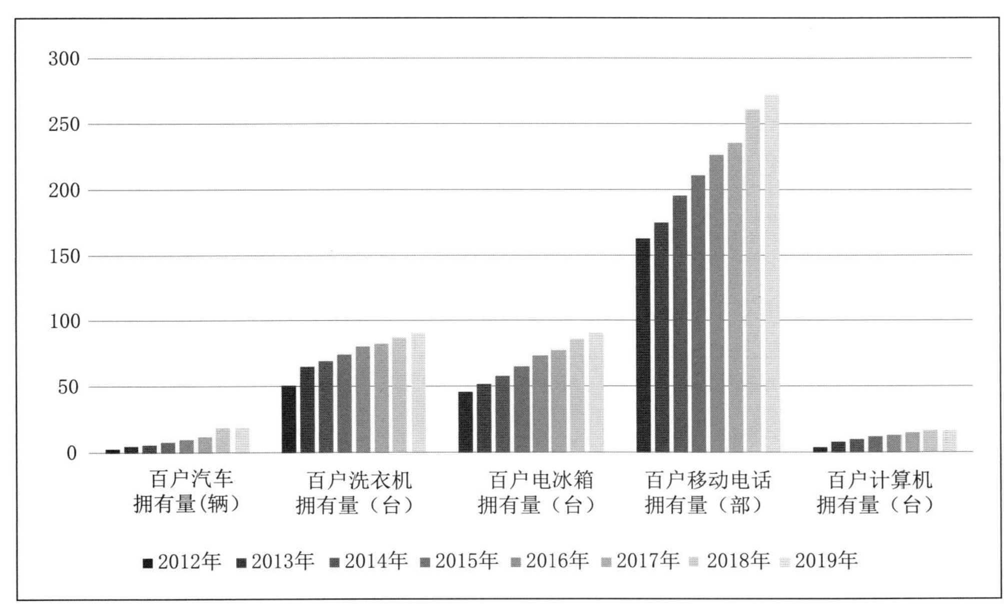

图 5 2012-2019 年连片特困地区农村每百户主要耐用消费品拥有量

数据来源：国家统计局农村贫困监测调查

党的十八大以来，连片特困地区农村居民耐用消费品升级换代明显。传统耐用消费品拥有量持续稳定提高。2019 年连片特困地区农村每百户拥有洗衣机、电冰箱分别比 2012 年增加 39.4 台和 45.4 台。反映现代生活的耐用消费品拥有量快速增长。

①本章第四、五节农村为村委会范围。

2019年连片特困地区农村每百户拥有移动电话、汽车、计算机分别比2012年增加109.2部、16.9辆和12.0台。

（三）基础设施状况。

2019年连片特困地区道路通达情况继续改善，所在自然村通公路、所在自然村进村主干道路硬化基本全覆盖，所在自然村能便利乘坐公共汽车的农户比重为75.7%，比上年提高4.8个百分点。通信设施状况进一步改善，所在自然村通电话的农户基本全覆盖，比上年提高0.1个百分点；所在自然村通宽带和所在自然村能接收有线电视信号的农户比重分别为97.2%和99.0%，比上年分别提高3.4个和1.1个百分点。

党的十八大以来，连片特困地区道路通达情况和通信设施状况不断改善。2019年连片特困地区所在自然村通公路、所在自然村进村主干道路硬化、所在自然村能便利乘坐公共汽车的农户比重比2013年分别提高2.0个、11.0个、22.2个百分点；2019年所在自然村通电话和所在自然村能接收有线电视信号的农户比重比2013年分别提高1.9个和22.2个百分点。

五、连片特困地区农村居民教育文化和医疗卫生情况

（一）教育环境。

2019年连片特困地区农村居民教育条件进一步改善。2019年连片特困地区所在自然村上幼儿园便利的农户比重为90.1%，比上年提高3.2个百分点；所在自然村上小学便利的农户比重为92.3%，比上年提高2.2个百分点。

党的十八大以来，连片特困地区教育条件不断改善。2019年连片特困地区所在自然村上幼儿园便利和所在自然村上小学便利的农户比重比2013年分别提高19.3个和12.8个百分点。

表2　2018-2019年连片特困地区农村居民教育情况

单位：%

指标名称	2018年	2019年
所在自然村上幼儿园便利的农户比重	86.9	90.1
所在自然村上小学便利的农户比重	90.1	92.3

数据来源：国家统计局农村贫困监测调查

（二）医疗卫生条件。

2019年连片特困地区农村居民卫生条件明显改善，所在自然村垃圾能集中处理的农户比重为85.1%，比上年提高8.2个百分点。较上年有所改善，所在自然村有卫生站的农户比重为96.1%，比上年提高3.4个百分点。

党的十八大以来，连片特困地区农村居民医疗卫生条件不断改善。2019年连片

特困地区所在自然村垃圾能集中处理和所在自然村有卫生站的农户比重比 2013 年分别提高 54.8 个和 12.5 个百分点。

表 3　2018–2019 年连片特困地区农村居民卫生条件

单位：%

指标名称	2018 年	2019 年
所在自然村垃圾能集中处理的农户比重	76.9	85.1
所在自然村有卫生站的农户比重	92.7	96.1

数据来源：国家统计局农村贫困监测调查

（国家统计局住户调查办公室　马倩　李庆）

2019年扶贫重点县贫困状况

一、扶贫重点县基本情况

全国592个扶贫开发工作重点县（以下简称“扶贫重点县”）覆盖8751个乡镇，2018年行政区划面积250万平方公里；户籍人口数24822万人，占全国总人口的17.8%。

据国家统计局县（市）社会经济基本情况统计，2018年全国592个扶贫重点县地区生产总值53802亿元，其中，第一产业增加值11203亿元，占20.8%；第二产业增加值20342亿元，占37.8%；第三产业增加值22257亿元，占41.4%。

2018年，扶贫重点县小学在校学生数1791万人，占全国小学在校学生数的17.3%；普通中学在校学生数1186万人，占全国普通中学在校学生数的16.9%；医疗卫生机构床位数100万床，占全国医疗卫生机构床位数的11.9%。

二、扶贫重点县农村减贫情况

（一）2019年末扶贫重点县农村贫困人口307万人。

据全国农村贫困监测调查，按国家农村贫困标准测算，2019年末扶贫重点县农村贫困人口307万人，贫困发生率1.5%。2019年扶贫重点县农村贫困人口比上年减少608万人，贫困发生率由上年的4.3%下降到1.5%，下降了2.8个百分点。

（二）党的十八大以来扶贫重点县农村贫困人口持续减少。

2019年扶贫重点县农村贫困人口307万人，与2012年相比，七年来累计减少4798万人，平均每年减少685万人。党的十八大以来，扶贫重点县农村贫困人口减少规模占同期全国农村贫困人口减少规模的51.3%。党的十八大以来，扶贫重点县农村贫困发生率由2012年的24.4%下降到2019年的1.5%，累计下降22.9个百分点。

三、扶贫重点县农村居民收支增长情况

（一）2019年扶贫重点县农村居民人均可支配收入实际增长8.6%。

2019年全国扶贫重点县农村居民人均可支配收入11524元，比上年增长12.1%，扣除价格因素影响，实际增长8.6%，实际增速高于全国农村2.4个百分点。其中：人均工资性收入4040元，增长12.4%；人均经营净收入4105元，增长8.5%；人均财产净收入150元，增长15.0%；人均转移净收入3229元，增长16.3%。

党的十八大以来，扶贫重点县农村居民人均可支配收入年均名义增长 12.4%，扣除价格因素影响，年均实际增长 10.2%，增速比全国农村高 2.7 个百分点。2019 年扶贫重点县农村居民人均收入水平相当于全国农村的 71.9%，与全国农村的差距不断缩小。

表 1　2012-2018 年扶贫重点县农村居民收入增长情况

年　份	人均可支配收入（元）	名义增速（%）	实际增速（%）
2012	—	16.8	14.0
2013	5945	17.0	13.9
2014	6717	13.0	11.0
2015	7543	12.3	10.9
2016	8355	10.8	8.7
2017	9255	10.8	9.4
2018	10284	11.1	8.8
2019	11524	12.1	8.6

数据来源：国家统计局农村贫困监测调查

（二）2019 年扶贫重点县农村居民人均消费支出实际增长 8.7%。

2019 年扶贫重点县农村居民人均消费支出 10028 元，比上年增长 12.2%，扣除价格因素影响，实际增长 8.7%。扶贫重点县农村居民人均消费支出占人均可支配收入的比重为 87.0%，比全国农村高 3.8 个百分点。

从结构看，2019 年扶贫重点县农村居民人均食品烟酒支出 3139 元，占消费支出的比重为 31.3%，比全国农村高 1.3 个百分点；人均衣着支出 544 元，占 5.4%；人均居住支出 2165 元，占 21.6%；人均生活用品及服务支出 585 元，占 5.8%；人均交通通信支出 1189 元，占 11.9%；人均教育文化娱乐支出 1176 元，占 11.7%；人均医疗保健支出 1065 元，占 10.6%；人均其他用品和服务支出 165 元，占 1.6%。

表 2　2019 年扶贫重点县农村与全国农村消费水平和结构对比

指　标	扶贫重点县农村居民人均消费支出（元）	全国农村常住居民人均消费支出（元）	扶贫重点县相当于全国农村平均水平（%）	扶贫重点县消费构成（%）	全国农村消费构成（%）
人均消费支出	10028	13328	75.2	100.0	100.0
1. 食品烟酒	3139	3998	78.5	31.3	30.0
2. 衣着	544	713	76.3	5.4	5.3
3. 居住	2165	2871	75.4	21.6	21.5
4. 生活用品及服务	585	764	76.6	5.8	5.7
5. 交通通信	1189	1837	64.7	11.9	13.8
6. 教育文化娱乐	1176	1482	79.4	11.7	11.1
7. 医疗保健	1065	1421	74.9	10.6	10.7
8. 其他用品和服务	165	241	68.5	1.6	1.8

数据来源：国家统计局农村贫困监测调查

四、扶贫重点县农村[①]居民生产生活条件

（一）农村居民居住条件不断改善。

2019 年扶贫重点县农村居民居住在竹草土坯房的农户比重为 1.3%，比上年下降 0.7 个百分点；炊用柴草的农户比重为 35.4%，比上年下降 4.3 个百分点；独用厕所的农户比重为 96.7%，比上年提高 0.8 个百分点；使用管道供水和使用经过净化处理自来水的农户比重分别为 89.7% 和 61.9%，比上年分别提高 9.9 个和 4.9 个百分点。

党的十八大以来，扶贫重点县农户住房情况明显改善，居住在竹草土坯房的农户比重继续下降，居住设施进一步改进。2019 年居住在竹草土坯房的农户比重比 2012 年下降 7.1 个百分点；炊用柴草的农户比重比 2012 年下降 27.9 个百分点；独用厕所的农户比重比 2012 年提高 5.1 个百分点。

党的十八大以来，扶贫重点县农村居民的饮水条件不断改善。2019 年扶贫重点县地区农村使用管道供水和使用经过净化处理自来水的农户比重比 2013 年分别提高 36.6 个和 31.0 个百分点。

表 3　2013-2019 年扶贫重点县农村居民居住条件

单位：%

指标名称	2013 年	2014 年	2015 年	2016 年	2017 年	2018 年	2019 年
居住竹草土坯房的农户比重	7.7	7.0	6.2	4.9	4.4	2.0	1.3
使用管道供水的农户比重	53.1	55.5	61.2	67.4	69.9	79.8	89.7
使用经过净化处理自来水的农户比重	30.9	33.4	36.5	41.3	44.1	57.0	61.9
独用厕所的农户比重	92.3	93.2	93.7	94.2	94.5	95.9	96.7
炊用柴草的农户比重	61.1	59.4	56.5	52.8	51.3	39.7	35.4

数据来源：国家统计局农村贫困监测调查

（二）农村居民耐用消费品拥有量明显增加。

2019 年扶贫重点县农村每百户移动电话拥有量 266.8 部，比上年增加 10.2 部；每百户洗衣机拥有量 90.4 台，比上年增加 3.8 台；每百户电冰箱拥有量 91.6 台，比上年增加 5.2 台；每百户计算机拥有量 18.0 台，比上年增加 0.6 台；每百户汽车拥有量 19.9 辆，比上年增加 0.1 辆。

党的十八大以来，扶贫重点县农村居民耐用消费品拥有量明显增加。2019 年扶贫重点县农村百户移动电话拥有量比 2012 年增加 107.1 部；百户洗衣机拥有量比 2012 年增加 37.6 台；百户电冰箱拥有量比 2012 年增加 44.6 台；百户计算机拥有量比 2012 年增加 12.5 台；百户汽车拥有量比 2012 年增加 17.5 辆。

①本章第四、五节农村为村委会范围。

表 4　2013-2019 年扶贫重点县农户每百户耐用消费拥有量

指标名称	2013 年	2014 年	2015 年	2016 年	2017 年	2018 年	2019 年
1. 百户汽车拥有量（辆）	5.6	6.6	8.1	10.9	13.0	19.8	19.9
2. 百户洗衣机拥有量（台）	65.8	70.6	75.3	80.5	83.3	86.6	90.4
3. 百户电冰箱拥有量（台）	54.4	60.5	67.5	74.8	78.4	86.4	91.6
4. 百户移动电话拥有量（部）	172.1	193.0	207.0	223.4	233.4	256.6	266.8
5. 百户计算机拥有量（台）	8.9	11.4	13.3	15.0	16.8	17.4	18.0

数据来源：国家统计局农村贫困监测调查

（三）基础设施进一步完善。

2019 年扶贫重点县道路通达情况继续改善，所在自然村进村主干道路硬化和所在自然村能便利乘坐公共汽车的农户比重分别为 99.4% 和 75.8%，比上年分别提高 1.3 个和 4.8 个百分点。通信设施状况进一步改善，所在自然村通电话的农户比重基本达到全覆盖，所在自然村通宽带和所在自然村能接收有线电视信号的农户比重分别为 97.3% 和 99.2%，比上年分别提高 2.9 个和 0.6 个百分点。

党的十八大以来，扶贫重点县道路通达情况和通信设施状况不断改善。2019 年扶贫重点县所在自然村通公路、所在自然村进村主干道路硬化、所在自然村能便利乘坐公共汽车的农户比重比 2013 年分别提高 2.2 个、10.8 个和 19.7 个百分点；2019 年所在自然村通电话、所在自然村能接收有线电视信号的农户比重比 2013 年分别提高 1.5 个和 19.2 个百分点。

五、扶贫重点县农村居民教育文化和医疗卫生情况

（一）教育文化条件继续改善。

2019 年扶贫重点县农村居民教育条件继续改善。2019 年扶贫重点县所在自然村上幼儿园便利的农户比重为 89.4%，比上年提高 2.7 个百分点；所在自然村上小学便利的农户比重为 91.7%，比上年提高 2.2 个百分点。

党的十八大以来，扶贫重点县教育条件持续改善。2019 年扶贫重点县所在自然村上幼儿园便利和所在自然村上小学便利的农户比重比 2013 年分别提高 18.8 个和 12.6 个百分点。

表 5　2018-2019 年扶贫重点县农村居民教育情况

单位：%

指标名称	2018 年	2019 年
所在自然村上幼儿园便利的农户比重	86.7	89.4
所在自然村上小学便利的农户比重	89.5	91.7

数据来源：国家统计局农村贫困监测调查

（二）医疗卫生条件明显改善。

2019 年扶贫重点县农村居民卫生条件明显改善，所在自然村垃圾能集中处理的农户比重为 86.3%，比上年提高 7.6 个百分点。医疗情况较上年有所改善，2019 年扶贫重点县所在自然村有卫生站的农户比重为 96.1%，比上年提高 3.2 个百分点。

党的十八大以来，扶贫重点县农村居民医疗卫生条件不断改善。2019 年重点县所在自然村垃圾能集中处理和所在自然村有卫生站的农户比重比 2013 年分别提高 57.2 个和 11.8 个百分点。

表 6　2018-2019 年扶贫重点县农村居民医疗情况

单位：%

指标名称	2018 年	2019 年
所在自然村垃圾能集中处理的农户比重	78.7	86.3
所在自然村有卫生站的农户比重	92.9	96.1

数据来源：国家统计局农村贫困监测调查。

（国家统计局住户调查办公室 马倩 李庆）

2019年农业生产发展情况综述

2019年是新中国成立70周年，是决胜全面建成小康社会、实现第一个百年奋斗目标的关键之年，党中央、国务院坚持把解决好“三农”问题作为全党工作的重中之重，坚持农业农村优先发展，深入实施乡村振兴战略，毫不放松抓好粮食生产，积极推进农业供给侧结构性改革，全年粮食产量创历史新高，农业生产结构进一步优化，农业基础地位巩固，为国民经济持续健康发展和社会大局稳定发挥了“压舱石”作用。

一、2019年粮食生产与市场发展情况

（一）粮食产量创历史新高，价格总体稳定。

1. 粮食产量变化情况及其突出特点。

2019年全国粮食总产量13277亿斤，比2018年增加119亿斤，增长0.9%，创历史最高水平，连续5年保持在1.3万亿斤以上。

分季节看，夏粮和秋粮增产，早稻减产。2019年，全国夏粮产量2832亿斤，比上年增加56亿斤，增长2.0%；秋粮产量9919亿斤，比上年增加110亿斤，增长1.1%；早稻产量525亿斤，比上年减少46亿斤，下降8.1%。

分品种看，除稻谷产量有所减少外，其他主要粮食作物产量均有所增加。2019年，全国谷物产量12274亿斤，比上年增加73亿斤，增长0.6%。其中，稻谷产量4192亿斤，比上年减少50亿斤，下降1.2%；小麦和玉米产量分别为2672亿斤和5215亿斤，比上年分别增加43亿斤和72亿斤，分别增长1.6%和1.4%。豆类产量426亿斤，比上年增加42亿斤，增长11.0%；其中大豆产量362亿斤，比上年增加43亿斤，增长13.3%。薯类产量577亿斤，比上年增加3.6亿斤，增长0.6%。

分地区看，内蒙古和东北地区粮食增产较多。2019年全国有17个省（区、市）粮食增产，14个省（区、市）粮食减产。内蒙古和东北地区共计增加116亿斤，占全国粮食增加量的97.2%。增产较多的省（区）有吉林、辽宁、内蒙古，粮食产量分别增加49亿斤、48亿斤和20亿斤。其中吉林、辽宁2018年因灾减产较多，2019年恢复性增产。

2. 粮食增产因素分析。

粮食单产提高是粮食增产的决定性因素，2019年全国粮食作物单产381公斤/亩，每亩产量比上年增加6.6公斤，增长1.8%。2019年全国粮食播种面积17.41亿亩，比上年减少1462万亩，下降0.8%。粮食单产提高的主要原因为：

一是农业气候对粮食生产总体有利。夏粮作物生长期间，小麦主产区光、温、水等条件匹配较好，麦田墒情适宜，有利于夏粮作物生长。秋收粮食作物生长期间，

全国大部农区热量适宜，降水充沛，光照正常，有利于秋收粮食作物形成丰产群体。整体来看，全年气候条件较为适宜，有利于粮食作物生长发育，占全年粮食产量96%的夏粮和秋粮单产均较上年有所提高。2019年全国夏粮单产358公斤/亩，比上年增加11.7公斤/亩；秋粮单产388公斤/亩，比上年增加5.6公斤/亩。

二是抗灾救灾措施得力，农业灾情影响有限。从全国看，2019年大部分地区没有出现大范围灾情，尤其是东北地区的西部等传统旱区降雨充沛，旱情是近几年来最轻的一年。尽管以“利奇马”为代表的几次台风给局部地区造成影响，但也给旱情较重的地区带来了降水。7月下旬以后，长江中下游地区湖北、湖南、安徽、江西等地旱情持续发展，出现较为严重的伏秋连旱，给局部地区双季晚稻等秋粮作物生产带来一定的影响。各地区按照党中央、国务院的决策部署，积极开展抗灾救灾，加之10月份湖北、湖南等地出现有效降水，旱情对全国秋粮生产影响较有限。

3. 农业生产结构优化。

2019年，各地在保障粮食生产能力不降低的同时，稳步推进耕地轮作休耕试点工作，调减低质低效作物种植，扩大优质高效作物种植规模，因地制宜发展经济作物，全国粮、经、饲种植结构进一步优化。

一是农业种植结构不断优化。油菜籽、花生、蔬菜等经济作物播种面积较往年有所增加。稻谷种植结构继续调整优化，品质更好、单产更高的中稻面积增加。大豆播种面积1.40亿亩，比上年增长10.9%，大豆振兴计划实现良好开局。

二是农业区域布局不断优化。江淮赤霉病高发区、华北地下水超采区和西南条锈病菌源区通过休耕和轮作等措施调减冬小麦播种面积；非优势区的稻谷、玉米播种面积持续调减，生产进一步向优势区域集中。

三是粮食品种结构不断优化。全国优质专用小麦种植比例提高，优质稻谷面积扩大。

4. 粮食价格变动情况。

2019年中国粮食价格总体稳定，部分产品价格有所波动。从生产者价格来看，2019年谷物生产者价格比上年上涨0.3%，其中小麦上涨0.1%，玉米上涨2.0%，稻谷下降3.5%；豆类上涨0.1%，大豆上涨0.1%；薯类上涨4.7%。从200个农产品主产县集贸市场价格来看，2019年小麦集贸市场平均价格为2.57元/公斤，比上年下降0.4%；玉米平均价格为2.01元/公斤，上涨1.0%；籼稻平均价格为2.76元/公斤，下降1.8%，粳稻平均价格为3.13元/公斤，下降2.5%；大豆平均价格6.02元/公斤，上涨0.5%。

5. 粮食生产投入费用和收益情况。

据对全国种植粮食的农业生产经营单位、规模种植户和普通农户的抽样调查，2019年全国粮食亩均生产投入费用增加，亩均收益（未扣除人工费用、土地费用和固定资产折旧）因单产提高略有增加。

受化肥、农药等农业生产资料价格上涨影响，粮食生产投入费用不断增加。2019年全国粮食亩均生产投入费用为384元，比上年增长1.5%。在主要投入项目中，

2019 年全国粮食亩均种子投入费用为 62 元，增长 2.1%；亩均化肥投入费用为 139 元，增长 1.2%；亩均农药投入费用为 36 元，增长 7.7%；2019 年全国粮食亩均外雇机械作业费用为 97 元，下降 0.8%。

2019 年全国平均每亩粮食总收入为 1014 元，增长 0.8%。扣除生产投入费用，全国粮食亩均收益（未扣除人工费用、土地费用和固定资产折旧）为 631 元，增长 0.3%。

（二）小麦增产，价格基本平稳。

1. 小麦产量变动情况及其特点。

2019 年全国小麦产量 2672 亿斤，比上年增产 43 亿斤，增长 1.6%。2019 年小麦播种面积略减，但得益于单产增加，小麦产量增加。

播种面积略减。2019 年全国小麦播种面积 3.56 亿亩，比上年减少 809 万亩，下降 2.2%。主要是由于各地积极推进农业供给侧结构性改革，调整优化农业生产结构，江淮赤霉病高发区、华北地下水超采区和西南条锈病菌源区等低产地块通过休耕和轮作等措施调减小麦播种面积。

单产恢复性增长。2019 年全国小麦单产 375 公斤 / 亩，每亩产量比上年增加 14.3 公斤，增长 3.9%。因农业气候条件整体有利，尤其是冬小麦生长期间，麦区大部时段光温匹配，麦田墒情总体适宜，灾情相对较轻，加上各地区防治措施及时有效，病虫害发生率普遍低于上年，单产较上年呈恢复性增长态势。

小麦品质较好。由于生长期内气候条件较好，加之病虫害较轻，2019 年小麦整体质量较高，品种明显好于上年。优质专用小麦增加。据农业农村部统计，全国优质强筋弱筋小麦占比达到 33%，比上年提高 3 个百分点。

2. 小麦价格变动情况。

2019 年小麦增产，市场供给充足，价格总体平稳。从生产者价格来看，2019 年小麦生产者价格总水平比上年稳中略涨 0.1%。分季度看，2 季度小麦生产者价格略高于上年同期，上涨 0.1%，1、3 和 4 季度同比分别下降 0.6%、1.9% 和 0.2%。从 200 个农产品主产县集贸市场月度价格变动情况来看，2019 年小麦集贸市场价格相对平稳，价格在 2.53 元 / 公斤至 2.60 元 / 公斤之间小幅波动。1—5 月份小麦集贸市场价格基本稳定，6 月份新麦上市后，价格有所回落，7 月份后总体保持稳中略涨态势。2019 年 12 月份，全国小麦集贸市场平均价格为 2.58 元 / 公斤，同比下降 0.8%。

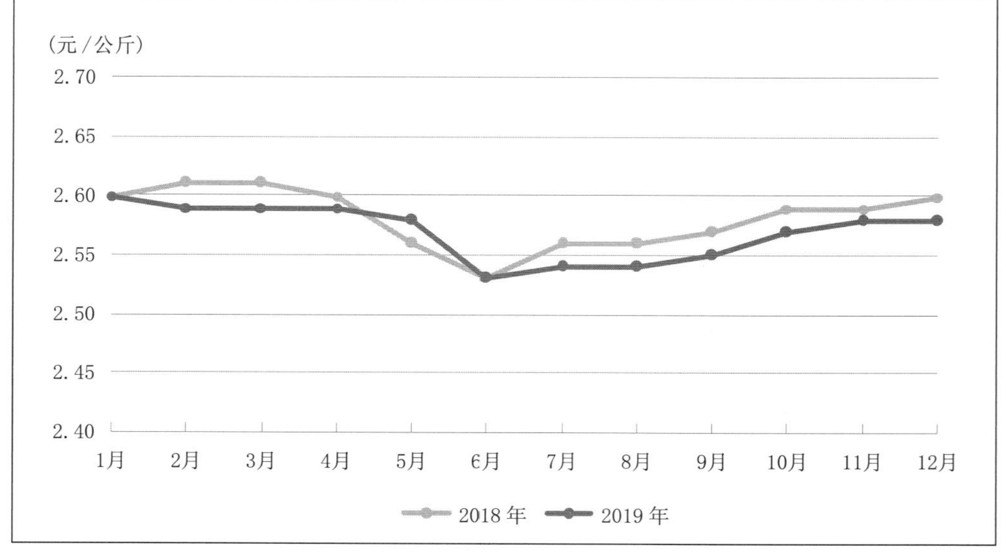

图1　2018—2019年小麦集贸市场价格

3. 小麦生产投入费用和收益情况。

2019年全国冬小麦亩均生产投入费用略增，但因单产提高带动收益保持较快增长。2019年全国冬小麦亩均生产投入费用为409元，比上年增长1.5%。其中，物质投入费用为281元，增长3.0%；生产服务支出费用为127元，下降1.7%。在主要投入项目中，2019年全国冬小麦亩均种子投入费用为71元，增长2.6%；化肥投入费用为154元，增长0.4%；农药投入费用为28元，增长4.6%；外雇机械作业费用为112元，下降1.3%。2019年全国冬小麦亩均总收入为968元，比上年增长5.7%。扣除生产投入费用，全国冬小麦亩均收益（未扣除人工费用、土地费用和固定资产折旧）为559元，增长9.1%。

（三）稻谷减产，价格下跌。

1. 稻谷产量变动情况及其特点。

2019年全国稻谷产量为4192亿斤，比上年减少50亿斤，下降1.2%。其中，早稻和双季晚稻减产，分别比上年减产46亿斤和27亿斤；中稻和一季晚稻增产，比上年增产23亿斤。

播种面积减少是稻谷减产的主要因素。2019年稻谷播种面积4.45亿亩，比上年减少744万亩，下降1.6%。其中，早稻播种面积6675万亩，比上年减少512万亩，下降7.1%；双季晚稻7461万亩，比上年减少448万亩，下降5.7%；中稻和一季晚稻30404万亩，比上年增加216万亩，增长0.7%。主要是南方地区“双季稻改单季稻”，进一步缩减了品质较差、单产较低的早稻和双季晚稻播种面积，品质更好、单产更高的中稻和一季晚稻面积有所增加。

稻谷单产略增，2019年全国稻谷单产471公斤/亩，每亩产量比上年增加2.2公斤，增长0.5%。其中，早稻生长期间农业气象条件整体偏差，2019年全国早稻单产393公斤/亩，每亩产量比上年减少4.3公斤，下降1.1%；中稻和一季晚稻单产504公斤/亩，与上年持平；双季晚稻单产403公斤/亩，每亩产量比上年增加6.0

公斤，增长 1.5%。

2. 稻谷价格变动情况。

2019 年稻谷库存充裕，市场供需相对宽松，价格总体低迷。从生产者价格来看，2019 年稻谷生产者价格比上年下降 3.5%。分季度看，1—4 季度生产者价格均低于上年同期，降幅分别为 5.0%、6.6%、1.3% 和 2.0%。从 200 个农产品主产县集贸市场月度价格变动情况来看，2019 年籼稻集贸市场价格在 2.75 元 / 公斤至 2.78 元 / 公斤之间低位运行，除 10 月和 11 月与上年同期持平外，其他各月价格均低于上年同期。2019 年 1—4 月籼稻集贸市场价格同比降幅为 3% 左右，5 月份后降幅逐渐收窄。2019 年粳稻集贸市场价格总体呈下跌趋势，由 1 月份的 3.16 元 / 公斤下跌至 12 月份的 3.09 元 / 公斤。与上年同期相比，粳稻集贸市场各月价格均低于上年同期，同比降幅由 1 月份的 1.3% 逐渐扩大到 7 月份的 3.7%，2019 年 12 月，粳稻集贸市场价格同比下降 2.5%。

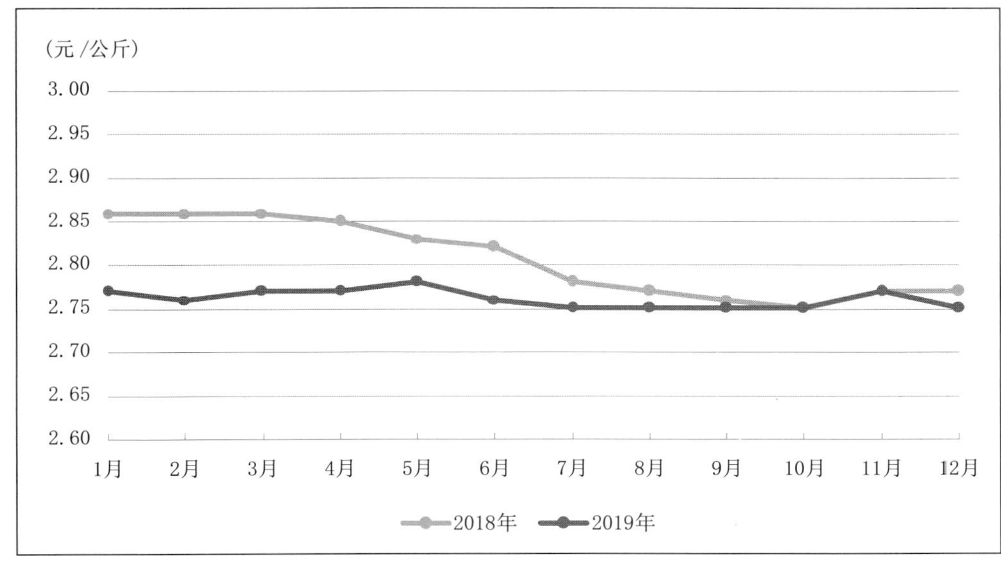

图 2 2018—2019 年籼稻集贸市场价格

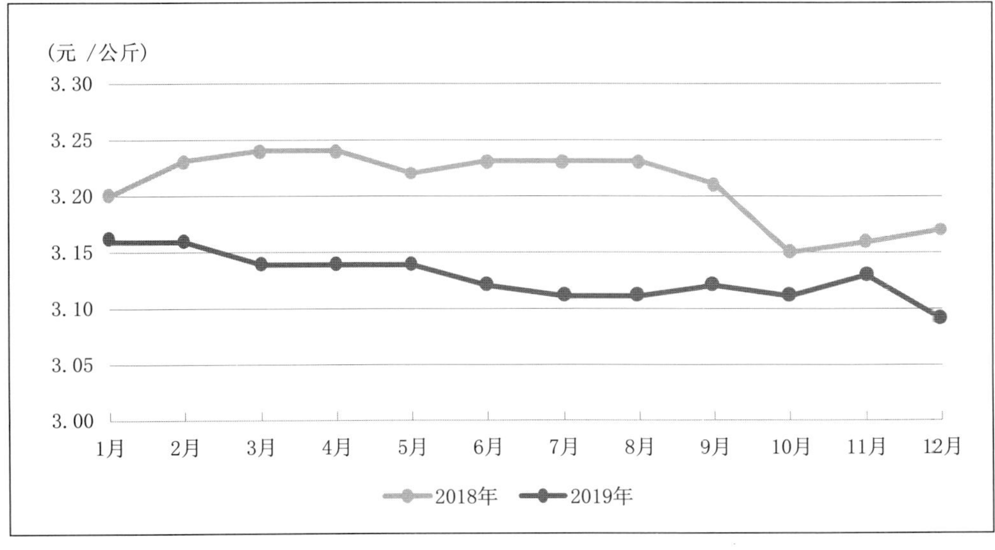

图 3 2018—2019 年粳稻集贸市场价格

3. 稻谷生产投入费用和收益情况。

2019 年全国稻谷亩均生产投入费用 473 元，比上年增长 2.2%。其中，物质投入费用 319 元，增长 4.7%；生产服务支出费用 154 元，下降 2.5%。在主要投入项目中，2019 年全国稻谷亩均种子投入费用 65 元，增长 5.2%；化肥投入费用为 142 元，增长 1.4%；农药投入费用为 64 元，增长 7.7%；外雇机械作业费用为 130 元，下降 3.1%。

2019 年全国稻谷亩均总收入 1299 元，比上年下降 4.6%。扣除生产投入费用，2019 年全国稻谷亩均收益（未扣除人工费用、土地费用和固定资产折旧）为 826 元，下降 8.2%。稻谷收益下降主要是由稻谷售价下降、农业生产资料价格上涨所致。

（四）玉米增产，价格总体上涨。

1. 玉米产量变动情况及其特点。

2019 年全国玉米产量为 5215 亿斤，比上年增产 72 亿斤，增长 1.4%。玉米单产提高是玉米增产的决定性因素。由于种植结构调整，玉米播种面积进一步调减。

播种面积减少。2019 年全国玉米播种面积 6.19 亿亩，比上年减少 1269 万亩，下降 2.0%。2019 年非优势产区玉米播种面积进一步调减，东北地区尤其是黑龙江积极响应国家号召，调整种植结构，减少了玉米种植，改种大豆。在玉米生产大省中，黑龙江、山东、河南等省玉米播种面积均减少 100 万亩以上，三省玉米播种面积合计减少 974 万亩，占全国玉米调减面积的近 8 成，其中，黑龙江省玉米播种面积减少 665 万亩，占全国玉米调减面积的一半以上。

玉米单产提高。2019 年农业气象条件总体有利于玉米生长，玉米单产 421 公斤/亩，每亩产量比上年增加 14.1 公斤，增长 3.5%。

2. 玉米价格变动情况。

2019 年玉米价格先升后降，总体上涨。从生产者价格来看，2019 年玉米生产者价格比上年上涨 2.0%。分季度看，1—4 季度生产者价格均高于上年同期，涨幅分别为 2.9%、1.9%、1.3% 和 2.5%。从 200 个农产品主产县集贸市场月度价格变动情况来看，受中美经贸摩擦和草地贪夜蛾虫害等影响，玉米市场行情看涨，玉米价格 4 月份后开始持续上涨至 8 月份，9 月份后随着新玉米陆续上市，价格开始下跌。与上年同期相比，除 3 月、4 月、5 月和 12 月份外，其他各月均高于上年同期，2019 年 8 月价格同比涨幅达到 3.0%，随后开始下降，2019 年 12 月份玉米集贸市场价格比上年同期下降 0.5%。

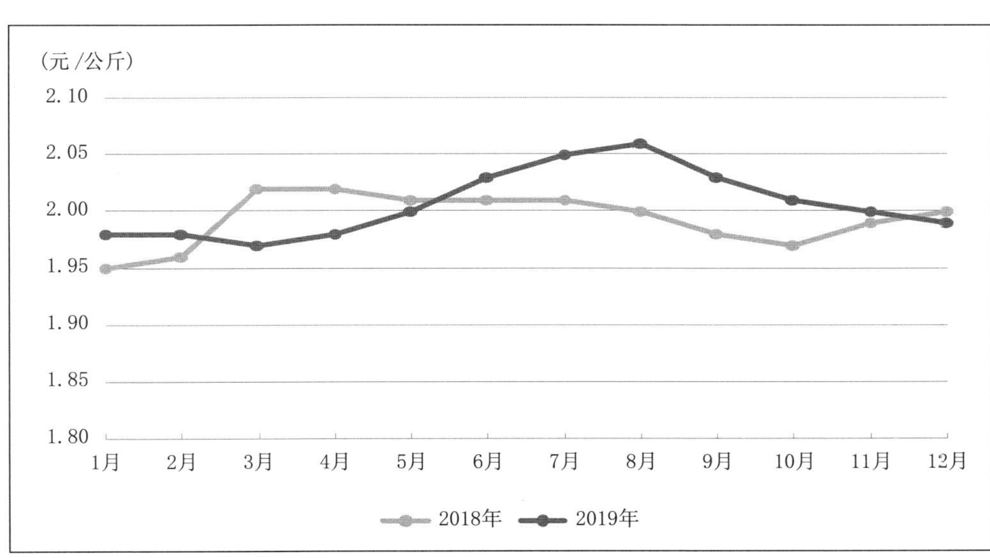

图4 2018—2019年玉米集贸市场价格

3. 玉米生产投入费用和收益情况。

2019年全国玉米亩均生产投入费用335元，比上年增长1.2%。其中，物质投入费用255元，增长0.4%；生产服务支出费用79元，增长4.1%。在主要投入项目中，2019年全国玉米亩均种子投入费用57元，比上年下降1.7%；化肥投入费用为145元，增长1.4%；农药投入费用为21元，增长13.2%；外雇机械作业费用为69元，增长4.5%。

2019年全国平均每亩玉米总收入为902元，比上年增长5.6%。扣除生产投入费用，全国平均每亩玉米收益（未扣除人工费用、土地费用和折旧）为567元，增长8.3%。

（五）大豆增产，价格稳中略涨。

1. 大豆产量变动情况及其特点。

2019年是实施大豆振兴计划的开局之年，各地相继出台了一系列扶持政策，促进大豆生产大幅增长。2019年全国大豆产量362亿斤，比上年增加43亿斤，增长13.3%。其中，内蒙古、辽宁、吉林、黑龙江四省（区）大豆增产38亿斤，占全国大豆增产的88.3%，尤其是黑龙江大豆增产25亿斤，占全国大豆增产的57.7%。

2019年内蒙古和东北三省等地大豆播种面积快速增加，成为大豆产量增加的主导因素。2019年全国大豆播种面积1.4亿亩，比上年增加1382万亩，增长10.9%。内蒙古、辽宁、吉林、黑龙江四省（区）大豆面积增加量占全国增加量的9成以上，黑龙江省大豆面积增加1068万亩，占全国增加量的77.3%。2019年全国大豆单产129公斤/亩，每亩产量比上年增加2.7公斤，增长2.2%。

2. 大豆价格变动情况。

2019大豆市场价格稳中略涨。从生产者价格来看，2019年大豆价格总水平比上年略涨0.1%。分季度看，1季度大豆生产者价格比上年同期下跌0.3%，2季度和3季度大豆生产者价格同比分别上涨3.6%和0.9%，新豆上市后价格有所下跌，4季度大豆生产者价格同比下跌3.2%。从集贸市场月度价格变动来看，3月份后大豆价格持续上涨，至7月份后开始略有回落。与上年同期相比，2—4月份大豆集贸市场价格低于上年同期，5 月份后大豆价格均高于上年同期。2019 年 12 月，大豆集贸市场价格为 6.04 元 / 公斤，同比上涨 0.7%。

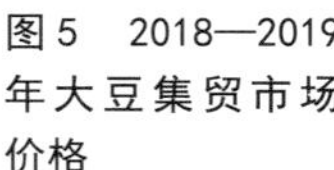
图 5　2018—2019 年大豆集贸市场价格

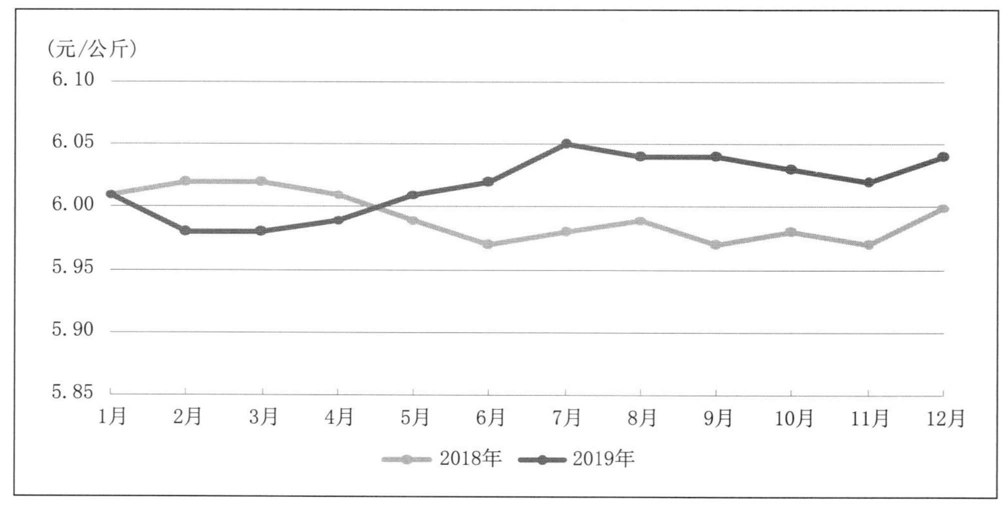

二、2019 年经济作物生产与市场发展情况

（一）棉花减产，价格先稳后降。

1. 棉花产量变动情况及其特点。

2019 年全国棉花产量 589 万吨，比上年减少 21 万吨，下降 3.5%。其中，新疆棉花产量 500 万吨，比上年减少 10.8 万吨，下降 2.1%；占全国棉花总产量的比重为 84.9%，较上年提高 1.2 个百分点，新疆棉花优势产区地位更加巩固。

棉花种植面积略降。2019 年全国棉花种植面积为 5009 万亩，比上年减少 23 万亩，下降 0.5%。分地区看，棉花种植进一步向优势区域新疆棉区集中，国家对新疆地区实施棉花目标价格补贴政策，调动了棉农的种植积极性，使得新疆棉花种植面积稳定增加。2019 年中国最大产棉区新疆的棉花种植面积比上年增加 74 万亩，增长 2.0%，占全国的比重达 76.1%，较上年提高 1.8 个百分点。其他棉区受种植效益和农业结构调整等因素的影响，棉花种植面积持续减少，2019 年比上年减少 97 万亩，下降 7.5%。

棉花单产下降。在棉花生长关键期，风沙、高温、冰雹、低温冻害等自然灾害在主要产棉区新疆、河北、江西、山东、湖北等地时有发生，对棉花单产造成了一定影响。2019 年全国棉花单产为 117.6 公斤 / 亩，比上年减少 3.7 公斤 / 亩，下降 3.1%。其中，棉花主产区新疆棉花单产为 131.3 公斤 / 亩，比上年减少 5.5 公斤 / 亩，下降 4.0%。

2. 棉花价格变动情况。

2019 年棉花市场价格先稳后降。从生产者价格来看，2019 年棉花生产者价格总水平比上年下降 2.2%。分季度看，1 季度上涨 1.4%，2 季度下降 0.7%，4 季度下降 8.0%。从集贸市场月度价格变动来看，1—6 月棉花价格稳中略升，7 月份后受中美经贸摩擦升级影响，棉花消费需求下降，棉花价格开始不断下降，12 月份棉花价格略有回升。2019 年 12 月，棉花（籽棉）集贸市场价格为 6.71 元 / 公斤，比上年同期下跌 5.1%。

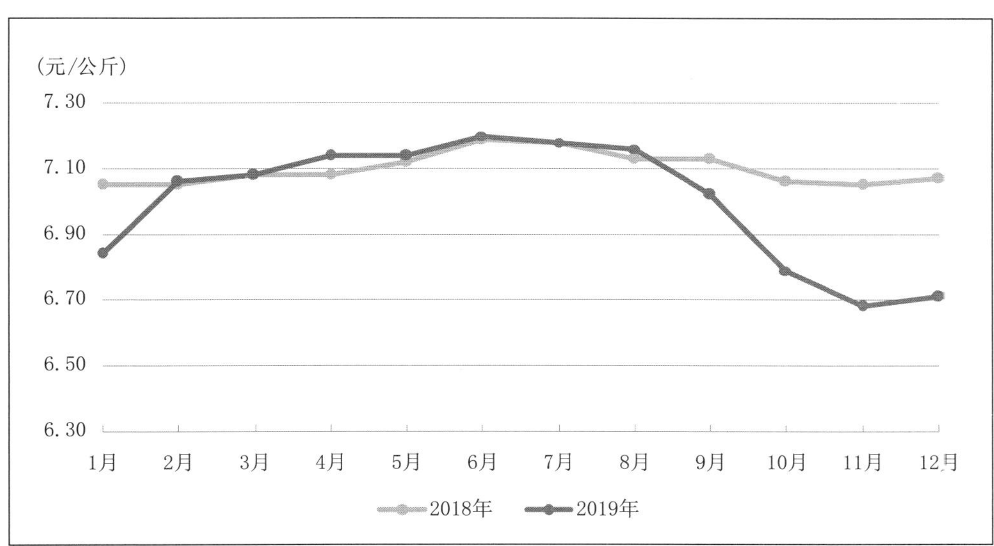

图 6 2018—2019 年棉花集贸市场价格

（二）油料增产，价格总体上涨。

1. 油料产量变动情况及其特点。

2019 年全国油料产量 3493 万吨，比上年增加 60 万吨，增长 1.7%。2019 年油料播种面积为 19388 万亩，比上年增加 79 万亩，增长 0.4%。2019 年油料单产为 180 公斤 / 亩，比上年增加 2.3 公斤，增长 1.3%。

2. 油料价格变动情况。

2019 年油料市场价格总体保持上涨态势。从生产者价格来看，2019 年油料生产者价格比上年增长 5.2%。分季度看，1—4 季度生产者价格均高于上年同期，同比分别上涨 1.0%、2.3%、5.3% 和 2.4%。从集贸市场月度价格变动情况看，2019 年主要油料作物中花生仁价格持续走强，4 月份后价格均高于上年同期。2019 年 12 月，花生仁集贸市场价格为 12.98 元 / 公斤，比上年同期上涨 9.9%，比 1 月份上涨 9.4%。2019 年主要油料作物中油菜籽集贸市场价格总体上涨，除 10 月份价格略低于上年同期外，其他各月价格均高于上年同期。2019 年 12 月，油菜籽集贸市场价格为 5.43 元 / 公斤，同比上涨 0.6%。

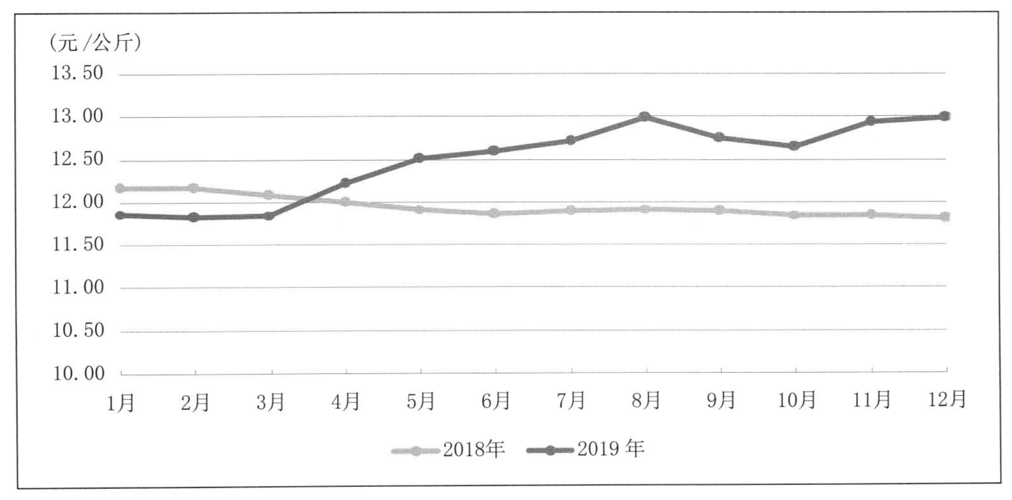

图 7 2018—2019 年花生仁集贸市场价格

图 8　2018—2019 年油菜籽集贸市场价格

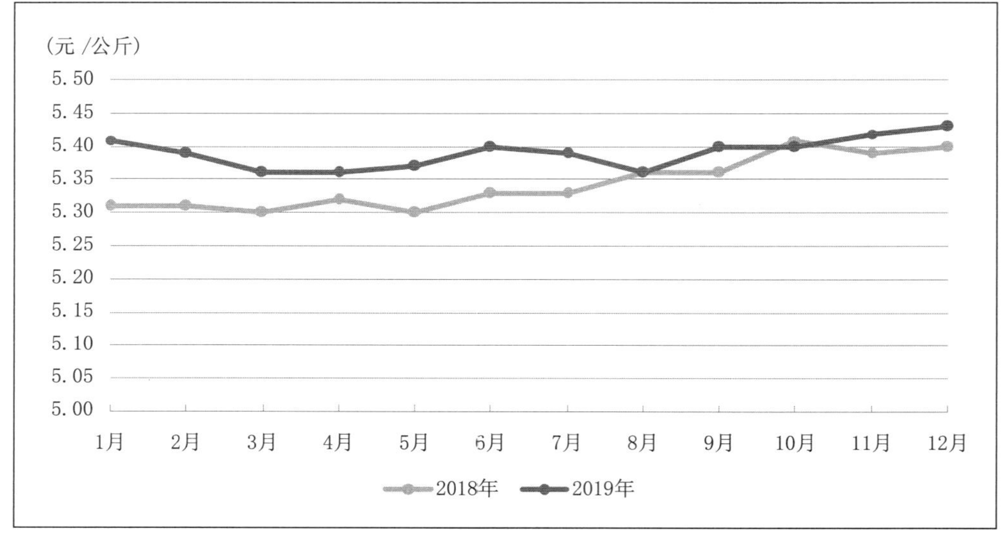

（三）糖料增产，价格下跌。

1. 糖料产量变动情况及其特点。

2019 年全国糖料产量为 12169 万吨，比上年增加 232 万吨，增长 1.9%。2019 年全国糖料播种面积为 2416 万亩，比上年减少 19 万亩，下降 0.8%；糖料单产为 5037 公斤 / 亩，比上年增加 134 公斤，增长 2.7%。

2. 糖料价格变动情况。

2019 年糖料价格下跌。2019 年糖料生产者价格比上年下降 2.3%。其中，甘蔗生产者价格比上年下降 2.4%；甜菜同比下降 2.0%。分季看，1 季度、2 季度和 4 季度分别下降 3.0%、1.5% 和 3.0%。

三、2019 年畜、禽、水产品生产与市场发展情况

（一）生猪生产下降，价格大幅上涨。

1. 生猪生产情况及其特点。

生猪出栏和猪肉产量下降。受非洲猪瘟疫情等因素影响，2019 年中国生猪产能大幅下滑。2019 年全国生猪出栏 54419 万头，比上年减少 14963 万头，下降 21.6%；猪肉产量 4255 万吨，减少 1148 万吨，下降 21.3%。

4 季度末生猪存栏同比下降，环比止跌回升。党中央、国务院高度重视生猪生产，出台了一系列保供稳价的政策措施，各地狠抓政策落实积极恢复生产。2019 年 4 季度末全国生猪存栏 31041 万头，同比减少 11776 万头，下降 27.5%；但比 3 季度末增加 366 万头，环比增长 1.2%。

2. 生猪价格变动情况。

受生猪生产下降、市场供应减少的影响，2019 年生猪价格大幅上涨。从生产者价格来看，2019 年生猪生产者价格比上年上涨 50.5%。分季度看，1 季度比上年同期

下降 8.8%，2—4 季度同比涨幅分别为 28.1%、49.3% 和 109.5%。从集贸市场月度价格变动情况来看，2019 年来，生猪价格持续上涨，6 月份后生猪价格开始快速攀升至 10 月份 36.62 元 / 公斤的历史高点，11 月份生猪价格首次出现明显回落，12 月份又小幅上升。2019 年 12 月，生猪集贸市场价格 32.63 元 / 公斤，比上年同期上涨 141.5%，比 1 月份上涨 161.2%，比 10 月份最高点回落 10.9%。

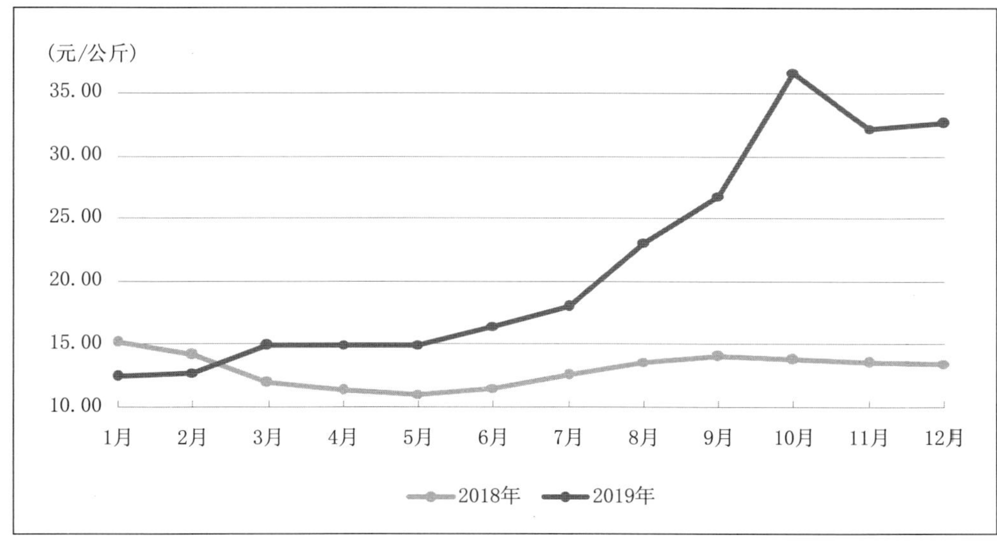

图 9　2018—2019 年生猪集贸市场价格

（二）牛羊生产稳定增长，价格高位上涨。

1. 牛羊生产情况及其特点。

2019 年中国牛羊生产稳定增长，产品产量有所增加。2019 年全国肉牛出栏 4534 万头，比上年增加 136 万头，增长 3.1%；牛肉产量 667 万吨，增加 23 万吨，增长 3.6%；牛奶产量 3201 万吨，增加 127 万吨，增长 4.1%。2019 年末全国牛存栏 9138 万头，同比增加 223 万头，增长 2.5%。

2019 年全国羊出栏 31699 万只，比上年增加 688 万只，增长 2.2%；羊肉产量 488 万吨，增加 12 万吨，增长 2.6%。2019 年末全国羊存栏 30072 万只，同比增加 359 万只，增长 1.2%。

2. 牛羊价格变动情况。

由于生猪市场供应的减少，拉动了居民对牛羊肉需求的增加，2019 年活牛和活羊市场价格高位运行，稳步上涨。从生产者价格来看，2019 年活牛生产者价格比上年上涨 12.5%。分季度看，1—4 季度生产者价格均高于上年同期，同比分别上涨 3.8%、2.8%、11.6% 和 22.7%，涨幅不断扩大。从集贸市场月度价格变动情况来看，2019 年活牛集贸市场各月价格均高于上年同期，1—6 月份活牛价格相对平稳，7—10 月份后活牛价格阶段性快速上涨，11 月份后价格涨幅趋缓。2019 年 12 月，活牛集贸市场价格为 34.49 元 / 公斤，比上年同期上涨 17.2%，比 1 月份上涨 15.5%。

2019 年活羊生产者价格比上年上涨 14.3%。分季度看，1—4 季度比上年同期分别上涨 13.0%、8.4%、14.2 和 15.6%。从集贸市场月度价格变动情况来看， 1—6 月份活羊集贸市场价格基本稳定，价格在 31.88 元 / 公斤至 32.67 元 / 公斤之间小幅波动，7 月份后活羊价格开始一路上扬。2019 年 12 月，活羊集贸市场价格为 37.0 元 / 公斤，比上年同期上涨 16.1%，比 1 月份上涨 13.3%。

图 10　2018—2019 年活牛集贸市场价格

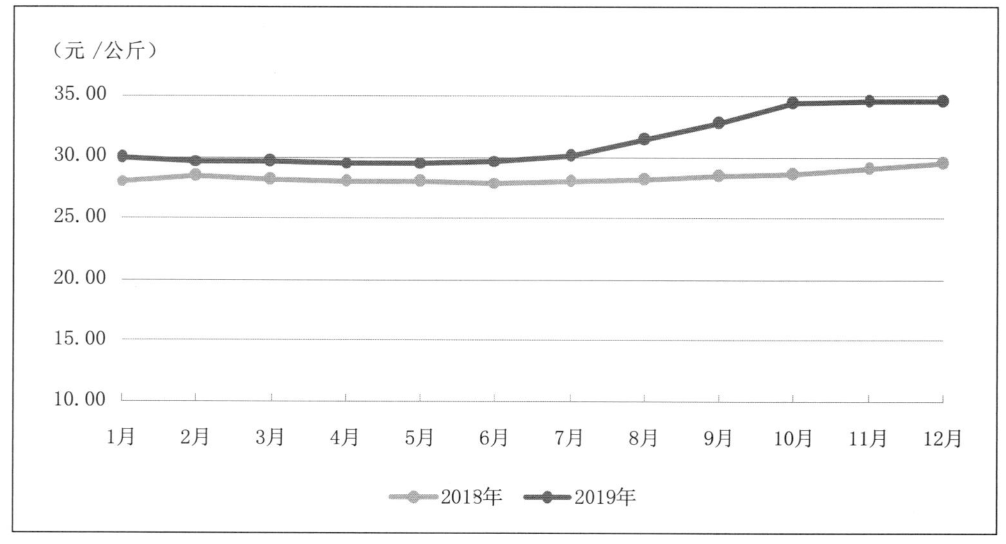

图 11　2018—2019 年活羊集贸市场价格

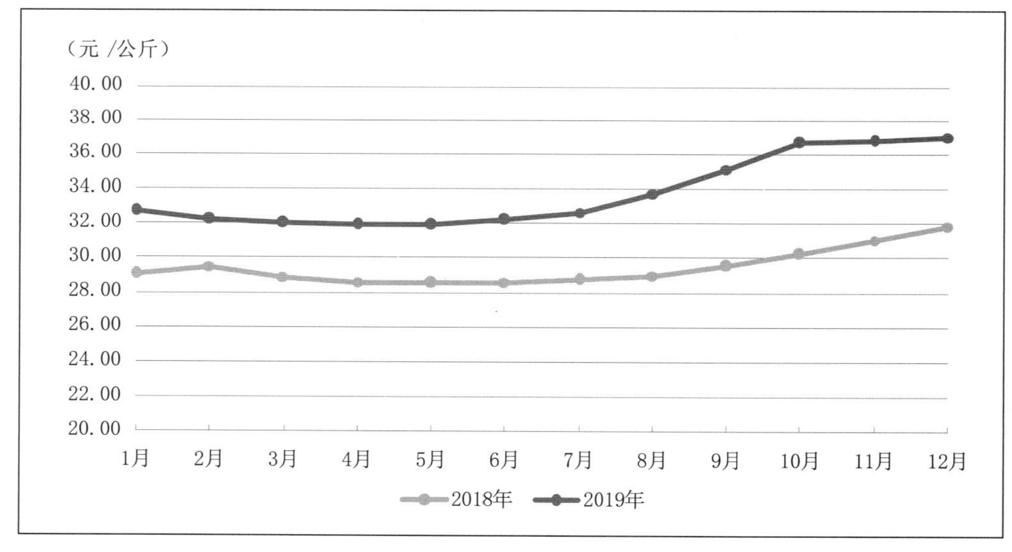

（三）家禽生产较快增长，价格总体上涨。

1. 家禽生产情况及其特点。

2019 年家禽养殖效益向好，家禽饲养规模持续扩大。2019 年全国家禽出栏 146.41 亿只，比上年增加 15.51 亿只，增长 11.9%; 禽肉产量 2239 万吨，增加 245 万吨，增长 12.3%；禽蛋产量 3309 万吨，增加 181 万吨，增长 5.8%。2019 年末全国家禽存栏 65.22 亿只，同比增加 4.85 亿只，增长 8.0%。

2. 家禽、禽蛋价格变动情况。

2019 年家禽市场价格持续上涨，禽蛋价格呈先抑后扬、总体上涨的态势。从生产者价格来看，2019 年家禽和禽蛋生产者价格比上年同期分别上涨 7.8% 和 2.1%。分季度看，1—4 季度家禽生产者价格均高于上年同期，涨幅分别为 1.6%、5.4%、9.5% 和 13.3%。1 季度禽蛋生产者价格同比下跌 7.3%，2—4 季度禽蛋生产者价格分别上涨 1.8%、3.2% 和 9.5%。

活鸡和鸡蛋价格总体上涨。从集贸市场月度价格变动情况来看，2019 年 1—6 月份活鸡集贸市场价格稳中略升，7—10 月份开始快速上涨，4 个月累计上涨了 21.5%，11 月后价格有所回落。2019 年 12 月份，活鸡集贸市场价格 23.07 元 / 公斤，比上年同期上涨 16.6%。2019 年 2 月、3 月和 6 月份，鸡蛋集贸市场价格呈季节性下降趋势，7 月份开始随着需求增加，鸡蛋价格明显上涨，11 月份后价格逐渐回落。2019 年 12 月，鸡蛋集贸市场价格 11.18 元 / 公斤，同比上涨 8.3%。

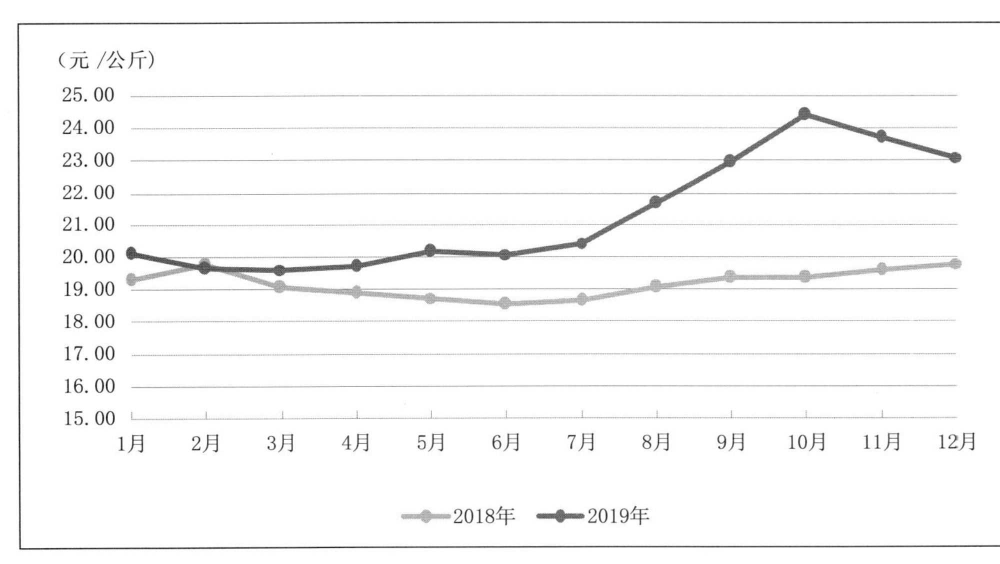

图 12　2018—2019 年活鸡集贸市场价格

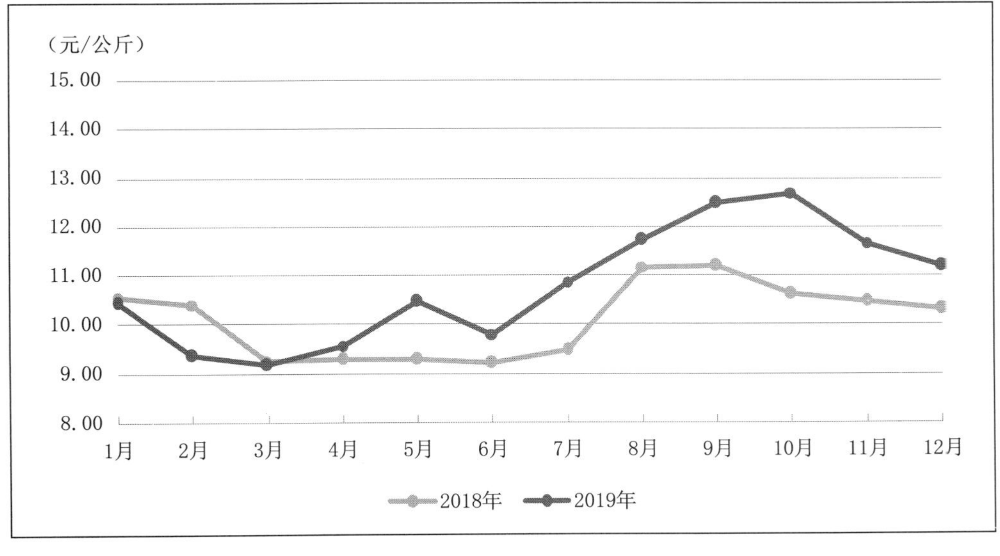

图 13　2018—2019 年鸡蛋集贸市场价格

（四）水产品产量略有增长，价格略降。

1. 水产品生产情况。

2019 年全国水产品总产量 6480 万吨，比上年略增 0.4%。其中，养殖水产品产量 5079 万吨，增长 1.8%；捕捞水产品产量 1401 万吨，下降 4.5%。

2. 水产品价格变动情况。

2019 年水产品市场价格略有下降。2019 年水产品生产者价格比上年下降 0.6%。其中，海水养殖产品下降 2.8%，海水捕捞产品上涨 0.6%，淡水养殖产品下降 0.2%。分季度看，1 季度和 4 季度分别下降 2.8% 和 0.3%，2 季度和 3 季度分别上涨 0.4% 和 1.2%。

（国家统计局农村司 张珍琴）

部门篇

国务院扶贫办扶贫开展情况

2019年，是新中国成立70周年，是打赢脱贫攻坚战攻坚克难之年，也是基层减负年。在以习近平总书记为核心的党中央坚强领导下，按照国务院扶贫开发领导小组工作部署，国务院扶贫办认真履职尽责，努力当好参谋助手，协调和督促各地区各部门认真落实党中央、国务院脱贫攻坚决策部署，扎实推进精准扶贫精准脱贫各项工作，脱贫攻坚继续保持正确方向和良好态势，年度脱贫攻坚任务圆满完成。全年全国农村贫困人口减少1109万人，农村贫困发生率降到0.6%，344个贫困县脱贫摘帽。

一、脱贫攻坚取得决定性成就

党中央、国务院高度重视脱贫攻坚，十九届四中全会作出新的部署。习近平总书记多次到地方考察扶贫，主持召开解决“两不愁三保障”突出问题座谈会等重要会议，作出重要讲话、重要指示。李克强总理在政府工作报告中将减贫1000万以上、完成易地扶贫搬迁建设任务作为年度目标，多次研究部署脱贫攻坚重点工作，提出明确要求。党中央、国务院其他领导同志都对脱贫攻坚给予督促指导。各地区各部门认真贯彻落实党中央、国务院决策部署，扎实推进各项工作，脱贫攻坚取得了决定性成就。打赢脱贫攻坚战三年行动进展顺利，深度贫困地区脱贫攻坚成效明显，“两不愁三保障”突出问题基本解决，东西部扶贫协作和定点扶贫强力推进，脱贫摘帽后松劲懈怠问题初步遏制，干部作风和能力建设持续向好，基层扶贫干部负担进一步减轻，脱贫攻坚社会氛围更加浓厚，贫困群众获得感和社会认可度进一步提升。

二、深度贫困地区攻坚取得显著成效

将攻克深度贫困堡垒作为重中之重，统筹整合资源聚力攻坚。各地区各部门

持续加大资金投入和政策倾斜，深度攻坚任务加快落实。扶贫办会同“三区三州”所在6省区召开现场推进会，协调推动东部地区与西藏、青海、新疆现场签订项目1118个，签约资金260亿元。支持西藏发展河谷经济，涉藏州县发展青稞、牦牛，南疆发展核桃、大枣等特色产业。指导开展“民营企业南疆行”，引进项目176个，投资317亿元，提供就业岗位20万个。2019年中央财政专项扶贫资金增量200亿元主要用于深度贫困地区，中央财政就业补助资金对“三区三州”专门下达36.5亿元。“三区三州”脱贫攻坚实施方案进展顺利，贫困人口减少到43万，贫困发生率下降到2%。西藏和四省涉藏州县实现所有贫困县摘帽。

三、“两不愁三保障”突出问题基本解决

国务院扶贫开发领导小组印发《关于解决“两不愁三保障”突出问题的指导意见》，进一步明确目标标准，既不拔高也不降低，保持政策连续性稳定性。扶贫办组织召开会议作出安排部署，协调各方面力量共同补齐短板。教育部、住房城乡建设部、水利部、卫生健康委、医保局等制定方案、推进工作、督促指导。各地区明确工作标准和支持政策，全面摸清工作底数，开展部门数据比对，推动工作落实。全国排查出523.2万贫困人口“三保障”问题到年底已基本解决。基本消除乡村两级医疗机构和人员“空白点”，建档立卡贫困人口基本医保参保率达99.98%，开展贫困患者大病救治和慢性病签约服务，累计救治1600多万人。

四、脱贫攻坚合力更加强劲

贯彻落实全国东西部扶贫协作和中央单位定点扶贫工作推进会精神，组织东西部双方签订扶贫协作协议、中央单位签订定点扶贫责任书，年度任务超额完成。东部地区投入财政援助资金229亿元，比上年增长29%。动员社会捐助款物65亿元，向西部地区选派挂职干部1596人、专业技术人员1.53万人，帮助贫困人口转移就业98万人，采购和帮助销售贫困地区农特产品483亿元。286家中央单位全年直接投入82亿元，引进帮扶资金70亿元，培训基层干部和技术人员82万人，购销贫困地区农特产品276亿元。新增22家定点扶贫单位重点帮扶深度贫困地区。军队定点帮扶4100个贫困村累计4005个脱贫出列。社会各方积极参与，消费扶贫行动深入推进，助力扶贫产业发展，带动贫困群众增收。继续实施“万企帮万村”精准扶贫行动，9.99万家民营企业帮扶6.56万个贫困村，惠及1434万贫困人口。贫困群众通过中国社会扶贫网累计发布帮扶需求588万条，对接成功463万条。社会组织、公民个人参与扶贫热情空前。

五、精准帮扶举措落地见效

坚持因地制宜、分类施策，配合有关部门落实“五个一批”精准帮扶要求，促进贫困人口增收脱贫，不断改善生产生活条件。产业扶贫重点支持贫困地区发展特色种养业、加工业和构树、电商、光伏、乡村旅游、民族手工业等扶贫产业，提升

带贫水平，72.3%的脱贫户得到产业扶贫支持。就业扶贫全年新增帮助贫困人口就业225万，累计帮助就业1213万。“十三五”易地扶贫搬迁建设任务基本完成，已搬迁人口中有230多万劳动力实现了就地就业或转移就业。生态扶贫新增选聘贫困人口生态护林员近50万，累计选聘100万。低保和扶贫衔接实现应保尽保、应扶尽扶，享受农村低保或特困人员救助贫困人口1857万，累计2900万享受过救助政策。参加基本养老保险贫困家庭劳动力5978万。推进基础设施和公共服务建设，具备条件的乡镇和建制村全部通硬化路，贫困村通光纤、通4G均超过98%，用电问题基本解决。

六、资金投入和监管力度持续加大

中央财政专项扶贫资金投入1261亿元，比2018年增长18.85%。贫困县整合财政涉农资金3200多亿元。深度贫困地区城乡建设用地增减挂钩跨省交易600多亿元。扶贫小额信贷新增放贷690亿元，累计放贷6101亿元，获得支持贫困户1544万户次。加强脱贫攻坚项目储备，全国有2600多个县建立脱贫攻坚项目库，累计入库项目300多万个，资金规模5.8万多亿元，“资金等项目”问题基本解决。扶贫资金项目公告公示制度进一步完善，中央、省财政专项扶贫资金分配结果全部公告。全面实施扶贫项目资金绩效管理，加大监督检查力度，违规违纪问题明显减少。审计查出问题金额占抽查资金比例由2013年的36.3%下降到2019年的3.2%，其中严重违纪违法问题资金从15.7%下降到0.51%。

七、考核评估和督查巡查更严更实

实施最严格的考核评估，继续将省级党委政府扶贫开发工作成效考核、东西部扶贫协作成效评价和中央单位定点扶贫工作成效评价统筹整合为“2019年脱贫攻坚成效考核”一并实施。习近平总书记先后主持中央政治局常委会会议和中央政治局会议听取考核情况汇报、审定考核结果。中共中央办公厅、国务院办公厅通报考核情况，领导小组召开考核整改工作电视电话会议，扶贫办向各省区市一对一反馈考核情况，牵头部门向中央单位一对一反馈考核发现问题。对2018年脱贫摘帽的283个贫困县，按20%比例抽查了60个县。开展督查巡查和常态化督导暗访。组织领导小组成员单位对各地成效考核和巡视等发现问题整改情况进行督查巡查。配合各民主党派中央开展脱贫攻坚民主监督，支持纪检监察、审计、财政和社会监督。常态化督导脱贫攻坚任务重或存在突出问题的4个省，与基层共同发现、研究和解决问题。对中西部22个省区市开展暗访，发现问题立行立改。通过12317电话等渠道接受各方监督。

八、作风能力建设和基础工作不断提升

认真贯彻落实党中央关于克服形式主义、官僚主义问题和减轻基层负担有关精神，落实“基层减负年”要求，持续推进扶贫领域作风能力建设，不断提高工作质效。发布《关于切实解决扶贫领域形式主义突出问题为基层减负的公告》，明确国家层

面每年只开展1次脱贫攻坚成效考核、1次督查巡查、1次填报建档立卡信息系统数据。印发《关于关心基层扶贫干部保障安全工作的通知》，激励扶贫干部担当作为。贫困县脱贫摘帽后松劲懈怠问题得到初步遏制。开展扶贫干部培训，实现对全国832个贫困县党政正职培训全覆盖，分级分类组织培训各级扶贫干部907万人次，比去年增长133万人次，增幅17.18%，其中县乡村基层扶贫干部占97%，基层干部精准扶贫能力进一步提高。加强驻村帮扶工作，各地选优配强驻村工作队，着力纠正松劲懈怠、转移工作重心等问题。全国县级以上机关、国有企事业单位共选派驻村工作队25.5万个、驻村干部91.8万人。完善建档立卡动态管理，新增"两摸底、一核查"内容，对"脱贫不稳人口"和"边缘易致贫人口"进行摸底监测，全部纳入跟踪监测范围，对返贫人口和新发生贫困人口及时给予帮扶。对建档立卡数据进行核查核实，数据质量进一步提高。

九、脱贫攻坚宣传持续加强

印发脱贫攻坚宣传工作指导意见、制定脱贫攻坚宣传活动方案，指导工作开展。大力宣传脱贫攻坚成就和先进典型，推出系列深度报道。围绕脱贫攻坚重要时间节点，先后召开6次新闻发布会，举办新中国成立70年扶贫事业辉煌成就展，开通"两微一端"，回应社会关切。中央主要媒体发布28万多条，省级媒体56.7万多条，网络媒体640多万条。开展扶贫日系列活动，举办全国脱贫攻坚奖表彰大会暨先进事迹报告会并开展巡回报告，表彰脱贫攻坚奖140个先进单位和个人、2个脱贫攻坚模范，录制播出2019年全国脱贫攻坚奖特别节目，各地筹集扶贫捐款122亿元。广泛宣传黄文秀、朱有勇、张小娟、陈立群等扶贫典型先进事迹和感人故事，弘扬社会正能量。举办全球减贫与发展高层论坛、中国一东盟社会发展与减贫论坛、中非合作论坛一减贫与发展会议。与联合国开发计划署、世界银行等国际机构交流合作继续加强。开展国际国内减贫理论研究并推出一批研究成果。举办国际减贫培训班20期，来自6大洲53个国家（地区）471名高中级官员参加培训。推进老挝、柬埔寨和缅甸的国际减贫合作示范项目。扶贫交流基地建设启动。总结推广中国扶贫经验，为实现联合国2030年可持续发展议程提出中国智慧和中国方案，为世界消除贫困事业做出中国贡献。

（国务院扶贫办规划财务司 董家齐）

基本医疗有保障工作简介

为全面贯彻习近平总书记在解决“两不愁三保障”突出问题座谈会上的重要讲话精神，国务院扶贫开发领导小组印发了《关于解决“两不愁三保障”突出问题的指导意见》，进一步明确了目标标准，要求既不拔高也不降低，明确了责任分工，要求统筹整合资源逐个对账销号，保持政策连续性稳定性，防止“翻烧饼”。国家卫生健康委、国家医保局、国务院扶贫办等部门聚焦解决基本医疗有保障突出问题，明确工作标准和工作任务，督促指导各地认真摸清问题底数，加大工作力度，加快对账销号。截至2019年底，贫困人口基本都参加了基本医疗保险，贫困地区乡村医疗卫生机构和人员“空白点”基本消除，每个县都有一家公立医院，越来越多的大病在县域内就能够得到及时救治，农村贫困人口的常见病、慢性病基本能够就近获得及时诊治。

一、明确基本医疗有保障工作标准

国家卫生健康委、国家发展改革委、财政部、国家医保局、国务院扶贫办等制定了《关于解决基本医疗有保障突出问题的工作方案》，明确了以县医院能力建设、“县乡一体、乡村一体”机制建设、乡村医疗卫生机构标准化建设为三大主攻方向和一系列攻坚举措、工作要求，提出具体工作指导标准。一是医疗卫生机构“三个一”。即每个贫困县建好1所县级公立医院、每个乡镇建成1所政府办的卫生院、每个行政村建成1个卫生室。允许人口较少或面积较小的行政村，与相邻行政村联合设置村卫生室。二是医疗技术人员“三合格”。县医院的每个专业科室、每个乡镇卫生院、每个村卫生室至少有1名合格的医生。三是医疗服务能力“三条线”。常住人口超过10万人的贫困县要有1所县医院达到二级医院医疗服务能力；常住人口超过1万人的乡镇卫生院要达到《乡镇卫生院管理办法（试行）》中的要求；常住人口超过800人的行政村卫生室要达到卫健委2014年印发的《村卫生室管理办法（试行）》要求。四是医疗保障制度全覆盖。农村贫困人口全部纳入城乡居民基本医保、大病保险、医疗救助制度。确保实现贫困人口看病有地方、有医生、有医保制度保障。

二、推进贫困群众全部参加基本医疗保险

国家医保局、国务院扶贫办等印发了《关于坚决完成医疗保障脱贫攻坚硬任务的指导意见》，强调贫困人口应保尽保、落实医保扶贫各项举措。加强医

保数据和建档立卡贫困人口数据比对衔接，加强核实核查，摸清贫困人口参保底数，并实行动态管理。精准参保台账管理到人，符合参保条件但未参保的贫困人口主要是正在办理参保手续的新生儿、动态新增人员、职工医保停保断保，以及拒不参保的贫困人口等情况。落实资助参保政策到人，2019 年投入 124.3 亿元资助 7600 多万贫困人口参保。截至到 2019 年底，贫困人口参保率达到 99.9% 以上。

三、消除乡村医疗卫生机构和人员“空白点”

一是加强县医院能力建设。将符合支持条件的贫困县县医院全部纳入全民健康保障工程范围，2019 年落实中央投资 72.5 亿元支持贫困地区 196 个县级医院建设项目。持续深化三级医院对口帮扶贫困县县医院工作，1007 家城市三级医院采取“组团式”支援，派出 6174 名医生，加强针对当地疾病谱的专科能力建设。远程医疗覆盖全部 832 个贫困县并逐步向乡镇卫生院延伸，通过远程会诊、远程示教等形式，一级带一级，实现优质医疗资源下沉。全面加强贫困县医疗卫生人才队伍建设，加大住院医师规范化培训、助理全科医生培训、转岗培训、农村订单定向免费医学生培养、紧缺人才培训、县级骨干专科医师培训、临床药师培训等人才培养项目实施力度，2019 年累计为贫困地区培养人才 1.2 万名。

二是加强“县乡一体、乡村一体”机制建设。指导地方通过“县聘县管乡用”“乡聘村用”以及从卫生院选派医生开展巡诊或派驻等灵活方式，统筹县域内医疗卫生人才资源，解决乡村两级机构缺乏合格医务人员的问题。截至 2019 年底，各地县医院派驻乡镇卫生院 4.8 万人，“乡聘村用”和从乡镇卫生院派驻村医 2.4 万人，还有 2.6 万名乡镇卫生院医生定期到村开展巡诊，全国累计支援乡村两级医务人员达 9.8 万人。指导有条件的贫困县推进县域医共体建设。

三是加强乡村医疗卫生机构标准化建设。指导地方政府落实主体责任，加大投入力度，按照填平补齐的原则，在脱贫攻坚期内，全面完成乡镇卫生院和村卫生室基础设施建设，根据业务需要合理配置医疗设备。对于扶贫搬迁后新形成的行政村，在地方政府水、电、网等基础设施建设到位前，设置临时医疗点，为群众提供服务。

（国务院扶贫办政策法规司 江如贵）

专栏2

义务教育有保障工作简介

为全面贯彻习近平总书记在解决“两不愁三保障”突出问题座谈会上的重要讲话精神，国务院扶贫开发领导小组印发了《关于解决“两不愁三保障”突出问题的指导意见》，进一步明确了目标标准，要求既不拔高也不降低，明确了责任分工，要求统筹整合资源逐个对账销号，保持政策连续性稳定性，防止“翻烧饼”。教育部、国务院扶贫办等聚焦解决贫困家庭子女义务教育有保障突出问题，着力在“控辍”和“保学”两端发力，集中力量攻坚克难，努力帮助贫困家庭子女都能接受公平有质量的义务教育，确保完成义务教育有保障目标任务。截至2019年底，年初核查出的15万建档立卡贫困家庭义务教育阶段孩子辍学问题基本解决。

一、细化落实义务教育控辍保学工作要求

教育部、国务院扶贫办印发了《关于解决建档立卡贫困家庭适龄子女义务教育有保障突出问题的工作方案》，进一步细化明确了义务教育有保障的工作标准和落实举措。一是严格工作标准。要求各地以县为单位，做好因身体原因不具备学习条件学生的登记评估工作，由教育、扶贫、卫生健康、民政、残联等部门负责对适龄残疾儿童、少年接受义务教育的方式进行评估认定，提出入学安置建议，完善相关档案资料。二是压实工作责任。与13个省份签订《打赢教育脱贫攻坚战合作备忘录》，将控辍保学作为重要任务写入备忘录；同时与各省签订了“2019年秋季学期建档立卡贫困学生控辍保学任务书”，明确了控辍保学工作任务。三是动态掌握底数。完善教育学籍系统与国家人口信息库、建档立卡贫困人口库比对核查机制，建立了全国统一的控辍保学工作台账管理平台，实施动态管理，加强数据监测。对新发现的辍学学生信息及时录入，做到人账相符。四是持续核查劝返。对每一名建档立卡家庭辍学子女都落实劝返责任人，逐一进行核查，摸清辍学学生具体情况，并对已经复学的学生进行销号。

二、提高教学条件和质量

一是加强农村学校建设。国务院办公厅印发《关于全面加强乡村小规模学校和乡镇寄宿制学校建设的指导意见》，统筹推进乡村小规模学校和乡镇寄宿制学校建设。教育部办公厅印发《关于推进乡村温馨校园建设工作的通知》，指导各地各校充分利用义务教育薄弱环节改善与能力提升工作，打造乡村温馨

校园，宣传推广典型经验，激发学校办学活力。二是加强特殊关爱帮扶。加强心理辅导和真情关爱，指导各地对劝返复学的学生进行分类安置，建立师生结对帮扶制度，解决好心理适应和融入校园问题；加强对辍学学生的学习帮扶，合理安排教育教学内容或单独编班补课，解决好学习困难问题；加强普职教育融合，帮助就业意愿较强学生掌握一定的职业技能，解决好厌学失学问题；加强随班就读、送教上门等措施，制定“一生一案”，解决好残疾儿童就学问题。三是提高义务教育教学质量。印发《中共中央国务院关于深化教育教学改革全面提高义务教育质量的意见》，深化教育教学改革，优化教学方式，利用“互联网＋教育”，建设中小学网络云平台和中国教育电视频道空中课堂，为农村及边远贫困地区学生提供优质学习资源。实施基础教育优秀教学成果推广应用计划，积极向贫困地区推广优秀的教育教学改革成果，提升农村义务教育教学质量。研制义务教育质量评价标准，健全以发展素质教育为导向的科学评价体系，以评价引领教育教学改革，重点帮助贫困地区提高义务教育质量。

三、健全学生资助体系

建立起了中央、省市、县、校五级学生资助管理机构和队伍；坚持以人为本，不断优化资助工作流程、不断改进服务方式，为受助学生提供更多便利；规范管理要求，保护受助学生隐私和尊严；加强资助资金监管，确保资金安全和及时足额发放。2019 年，受助学生达到 1.06 亿人次，累计资助金额 2126 亿元（不包括义务教育免除学杂费和免费教科书、营养膳食补助）。进一步加强建档立卡贫困家庭学生数据比对工作，加快推动学生资助系统与扶贫民政等部门数据信息实时共享，通过资助信息系统将建档立卡学生名单发送各地各校，支持各地各校开展困难学生精准认定与资助工作，确保应助尽助、应补尽补。将贫困家庭优先纳入社会救助保障体系实施“两免一补”、营养餐等资助范围，将义务教育阶段建档立卡等家庭经济困难非寄宿学生全部纳入生活补助范围。西藏特殊贫困地区，对辍学返校学生实行包吃、包住、包学习费用的“三包”政策，确保适龄儿童少年不因家庭经济困难而失学辍学。

（国务院扶贫办政策法规司 江如贵）

专栏3

住房安全有保障工作简介

2019 年，住房和城乡建设部认真贯彻落实习近平总书记在解决“两不愁三保障”突出问题座谈会上重要讲话精神，紧紧围绕打赢脱贫攻坚战“两不愁三保障”总目标，全力推进农村危房改造工作，确保按期完成贫困户住房安全有保障任务。

精准锁定危房改造任务并及时安排补助资金。会同国务院扶贫办等相关部门组织各地住房和城乡建设、扶贫、民政、残联四部门共同核实确认，全国建档立卡贫困户危房存量 64 万户，低保户、农村分散供养特困人员和贫困残疾人家庭等其他 3 类重点对象危房存量 71 万户。要求各地精准落实农村危房改造任务，户户建档，建立台账。配合财政部下达 2019 年农村危房改造中央补助资金 266 亿元，较往年提前了 2 个月。预拨 2020 年中央农村危房改造补助资金 180 亿元，支持各地及时解决“回头看”发现的住房安全有保障突出问题。

加强工作部署紧盯工程进度。会同国务院扶贫办等部门研究制定《关于决战决胜脱贫攻坚 进一步做好农村危房改造工作的通知》等政策文件，先后召开电视电话会、工作推进会，并组织开展工作培训，明确 2019 及 2020 年农村危房改造工作要求，压实地方主体责任。每个月调度一次工程进度，对进展慢的及时进行督导，督促各地加强农房改造项目管理，加强施工过程和竣工验收指导监管，确保工程质量安全。截至 2019 年 12 月底，2019 年建档立卡贫困户危房改造任务已全部开工。

加大对深度贫困地区的倾斜支持。提高对深度贫困地区 4 类重点对象危房改造补助标准，中央财政户均补助增加 2000 元，达到 1.6 万元。同时，支持深度贫困地区 4 类重点对象以外的其他农户实施危房改造，按照户均 1 万元的补助标准，下达补助资金 65.3 亿元。针对四川省凉山州改造任务重、资金压力大、工程进度慢等问题，商财政部提前下达四川省 2020 年农村危房改造补助资金，协调四川省追加 2.8 亿元补助资金。召开“三区三州”深度贫困地区农村危房改造工作调度会，重点督促推进凉山州农村危房改造工作。

顺利完成漠视侵害群众利益问题专项整治。成立漠视侵害群众利益问题专项整治工作领导小组，会同财政部等部门制定实施方案，召开省、市、县有关部门代表座谈会，部署各地把专项整治作为第二批主题教育的重点内容并对地方督促指导。赴“三区三州”等深度贫困地区、集中连片特困地区开展专项调研，委托第三方机构开展专项调查。公布各级举报电话，对接到的群众投诉举报及时调查处理。

（住房和城乡建设部村镇建设司 马楠）

消费扶贫工作简介

为全面贯彻落实《国务院办公厅关于深入开展消费扶贫助力打赢脱贫攻坚战的指导意见》，国务院扶贫办会同有关部门坚持精准扶贫精准脱贫基本方略，积极创新扶贫方式，全力推动消费扶贫。以拓展贫困户增收渠道、稳定脱贫成果为目的，以促进扶贫产品稳定销售为重点，实现城市“菜篮子”“米袋子”有效供给，促进贫困地区扶贫产业健康发展，满足城市居民需求升级和帮助贫困群众持续增收。激发全社会参与消费扶贫积极性，构建社会扶贫长效机制。

一、充分运用政府采购政策支持消费扶贫

2019 年 5 月 29 日下发《财政部 国务院扶贫办关于运用政府采购政策支持脱贫攻坚的通知》，2020 年 8 月 9 日下发《财政部 国务院扶贫办 中华全国供销合作总社关于印发 < 政府采购贫困地区农副产品实施方案 > 的通知》。鼓励各级预算单位采用优先采购、预留采购份额方式采购贫困地区农副产品，优先采购聘用建档立卡贫困人员物业公司提供的物业服务。搭建集“交易、服务、监管”于一体的贫困地区农副产品网络销售平台，畅通各级预算单位与贫困地区产销需求对接渠道，进一步提高消费扶贫工作效率和精准度，进一步激发了贫困地区农户和供应商参与消费扶贫积极性，有力推动了消费扶贫工作全面铺开。10 月 17 日扶贫日期间，贫困地区农副产品网络销售平台已正式上线运行，截至 2019 年底，已有 900 余家供应商上线近 2000 款产品，10 万余家采购单位注册。

二、将消费扶贫纳入东西部扶贫协作和中央单位定点扶贫政策框架

2019 年 6 月 3 日，以国务院扶贫开发领导小组名义分别下发了《东西部扶贫协作成效评价办法》的通知和《中央单位定点扶贫工作成效办法》的通知。将消费扶贫情况作为东西协作、定点帮扶工作的重要评价指标，推动地方各级机关和国有企事业单位积极开展消费扶贫活动。

东西协作动员和引导东部省市通过开展单位购销、结对助销、企业带销、活动展销、商超直销、电商营销、基地订销、旅游促销、劳务帮销、宣传推销等多种形式的活动，推动贫困地区农产品进机关、进学校、进医院。在国务院扶贫办强化协调指导下，北京市设立消费扶贫产业双创中心，广东省建设东西部扶贫协作产品交易市场，上海市组织“百县百品”消费扶贫专项活动，江苏省苏州市在手机银行 APP 中开发出“黔货进苏”手机平台模块，四川省建立“四川扶贫”公益品牌，江西省将每年 10 月定为消费扶贫月。据统计，2019 年东部省份购买贫困地区农副产品 482.9 亿元。

三、动员民营企业等社会力量参与消费扶贫

充分依托民营企业“万企帮万村”精准扶贫行动，动员京东、碧桂园等广大社会力量参与。2019 年 1 月，召开“万企帮万村”消费扶贫对接会，举办“舌尖上的扶贫”直通车发布会暨签约仪式，打通深度贫困地区特色农产品产销对接“最后一公里”，现场在消费扶贫等领域共计签约 46.4 亿元。国务院扶贫办与苏宁、京东签署电商精准扶贫战略合作协议，动员引导本来生活、抖音、快手、拼多多等企业参与消费扶贫，通过开通扶贫频道和扶贫馆、给予流量支持和费用减免等措施，有效促进贫困地区农产品上行销售。截至 2019 年底，进入“万企帮万村”精准扶贫行动台账管理的 9.99 万家民营企业，精准帮扶了 6.56 万个贫困村。

（国务院扶贫办社会扶贫司 安珣）

国家发展和改革委员会扶贫开展情况

2019年是打赢脱贫攻坚战的关键之年。一年来，国家发展改革委坚持以习近平新时代中国特色社会主义思想为指导，深入学习贯彻习近平总书记关于扶贫工作的重要论述，认真落实习近平总书记在重庆考察并主持召开解决“两不愁三保障”突出问题座谈会上的重要讲话精神，按照党中央、国务院决策部署，以中央脱贫攻坚专项巡视反馈问题整改为契机，以易地扶贫搬迁、重点区域脱贫发展、以工代赈、消费扶贫、定点扶贫等工作为重点，着力完善政策举措，着力加大投入力度，着力加强工作指导，着力强化督促检查，推动发展改革系统承担的脱贫攻坚各项工作任务取得了新进展、新成效。

一、全力抓好易地扶贫搬迁工作

细化完善政策，牵头印发《新时期易地扶贫搬迁工作百问百答》《关于进一步加大易地扶贫搬迁后续扶持工作力度的指导意见》等政策文件，明确易地扶贫搬迁后续扶持政策。加大投入保障，下达中央预算内投资72.7亿元，协调财政部安排地方债务资金1293亿元，支持86.44万建档立卡贫困人口易地扶贫搬迁安置住房建设。安排中央预算内投资35.29亿元，支持145个大型安置点配套教育、医疗设施补短板。加强工作指导，组织召开全国易地扶贫搬迁后续扶持工作现场会，李克强总理作出重要批示，胡春华副总理出席会议并对后续扶持工作进行安排部署。举办4期政策宣讲培训班和全国扶贫日易地扶贫搬迁论坛，发布《全国易地扶贫搬迁年度工作报告（2019）》。强化监管巡查，印发《2019年易地扶贫搬迁监管巡查工作方案》《关于上下联动进一步加强易地扶贫搬迁监管巡查工作的通知》，累计派出25个巡查组240余人次赴22个省份开展了常规性监管巡查，派出16个巡查组80余人次赴11个省开展了机动式实地核查。严格督促有关地方抓好监管巡查发现问题的整改落实工作。会同有关部门组织开展“十三五”易地扶贫搬迁全面排查工作，对照“两不愁三保障”目标标准，认真检视工作中存在的问题并督促整改解决。

二、大力促进深度贫困地区、革命老区、民族边疆地区等重点区域脱贫攻坚

深度贫困地区方面，深入实施《加大深度贫困地区支持力度推动解决区域性整体贫困行动方案（2018—2020年）》，推动新增资金、新增项目、新增举措进一步向深度贫困地区倾斜，明确要求有关省份按照中央“三个新增”要求，进一步优化调整投资结构，加快重大项目审核备案进度，优先安排重大工程、重大项目、重大改革。安排农村扶贫公路中央预算内投资20.74亿元，支持四川省凉山州通‘慢火车’

站点公路、通建制村硬化路和乡村旅游公路项目建设。革命老区方面，印发《革命老区开发建设与脱贫攻坚2019年工作要点》及《重点革命老区2019年重大项目清单》，进一步加大对革命老区的投入、支持和督导工作力度。组织召开支持赣南等原中央苏区振兴发展部际联席会议第六次会议，协调落实各项重点政策。民族边疆地区方面，加大中央预算内投资力度，支持新疆、西藏和四省涉藏州县经济社会发展，为民族边疆地区脱贫攻坚提供有力保障。

三、配合有关部门着力解决“两不愁三保障”突出问题

义务教育保障方面，配合教育部出台《关于切实做好义务教育薄弱环节改善与能力提升工作的意见》等，安排中央预算内投资27亿元，支持“三区三州”等深度贫困地区改善义务教育学校等基本办学条件。在组织编制2020年教育领域投资计划时，对“三区三州”相对独立测算并实行单列。加大对易地扶贫搬迁安置点配套学校建设的倾斜支持，解决好搬迁群众子女就近入学问题。基本医疗保障方面，配合卫生健康委印发《解决贫困人口基本医疗有保障突出问题工作方案》，安排中央预算内投资84亿元，支持贫困地区医疗卫生项目建设。研究出台《区域医疗中心试点工作方案》，引进优质医疗资源支持云南、新疆等8个试点省份建设区域医疗中心。饮水安全保障方面，配合水利部加快实施农村安全饮水巩固提升工程，承诺的“十三五”时期中央预算内投资提前一年全部下达地方。2019、2020两年追加安排投资60亿元，重点支持深度贫困地区、氟改水任务较重地区和边境地区解决饮水安全问题。

四、进一步发挥以工代赈“赈”的作用

强化资金保障，安排以工代赈示范工程中央预算内投资17亿元、财政预算内以工代赈资金42.2亿元，支持有关省份实施了一大批农村中小型基础设施工程，计划为参与工程建设的贫困群众发放劳务报酬5.92亿元以上。着力完善政策，印发实施《关于进一步发挥以工代赈政策作用助力打赢脱贫攻坚战的指导意见》，明确把是否能够足额发放劳务报酬作为项目谋划、工程实施和竣工验收的重要依据。加强指导交流，组织召开全国以工代赈工作现场会，梳理总结以工代赈工作成效，交流进一步发挥以工代赈“赈”的作用有关经验做法，指导地方全面深刻把握以工代赈政策初衷，不断丰富拓展以工代赈政策内涵，切实发挥好以工代赈“赈”的作用。提高劳务报酬，在提前下达2020年财政预算内以工代赈资金时，将各省资金规模中劳务报酬比例从10%提高到15%。会同财政部和国务院扶贫办联合印发《关于在贫困县统筹整合使用财政涉农资金试点工作中大力推广以工代赈方式的通知》，推动贫困县在统筹整合使用财政涉农资金时大力推广以工代赈方式，进一步激发贫困群众脱贫致富的内生动力。

五、推动消费扶贫工作蓬勃开展

印发贯彻落实《国务院办公厅关于深入开展消费扶贫助力打赢脱贫攻坚战的指导意见》委内实施方案和《国家发展改革委消费扶贫成效提升行动方案（2019-2020年）》，明确重点工作任务和委内责任分工。联合国务院扶贫办等14个部门发布《动员全社会力量共同参与消费扶贫的倡议》，成功举办2019年消费扶贫市长论坛，推介了一批消费扶贫典型案例。定期调度各地区、各部门消费扶贫工作开展情况，对全国31个省份、30个中央部门消费扶贫工作进展情况梳理汇总后形成报告。

六、不断创新定点扶贫工作方式

立足职能做好产业扶贫。在资金、项目、政策、人才、技术等方面给予定点扶贫县倾力支持，依托资源优势培育壮大特色产业，促进扶贫产业可持续发展。强化“尽锐出战”意识，完善扶贫干部选育管用各个环节，激励扶贫干部担当作为。截至2019年12月底，共有34名干部在定点扶贫县挂职，其中，灵寿县13名、汪清县10名、田东县11名。加大扶志扶智力度。指导和帮助定点扶贫县科学编制和深入实施乡村振兴战略规划、脱贫攻坚和经济社会发展战略策划。制定《2019年“援智灵寿”系列培训方案》，共计2200人次参加“援智灵寿”系列培训。扎实开展支部结对共建。全委46个司局（单位）党组织与定点扶贫县贫困村党支部深化“结对共建”关系，建强基层党组织，坚持问题导向、需求导向，通过开展健康知识送到村、消费扶贫等活动，持续提升支部组织力、战斗力和带领群众脱贫致富能力。在2019年中央和国家机关定点扶贫工作考核中，国家发展改革委连续两年保持了“好”的等次。

2020年是全面打赢脱贫攻坚战收官之年，是完成实现第一个百年奋斗目标的关键之年。国家发展改革委将以习近平新时代中国特色社会主义思想为指导，认真贯彻党的十九大和十九届二中、三中、四中全会精神，继续深入学习贯彻习近平总书记关于扶贫工作的重要论述特别是在决战决胜脱贫攻坚座谈会上的重要讲话精神，把全面打赢脱贫攻坚战、巩固拓展脱贫攻坚成果摆在全委工作的突出重要位置，进一步加大政策、资金、项目支持和工作督促指导力度，确保高质量完成脱贫攻坚各项任务，为决战决胜脱贫攻坚、全面建成小康社会作出更大贡献。

（国家发展改革委地区振兴司 李想）

教育部扶贫开展情况

2019 年，教育部坚持以习近平总书记关于扶贫工作的重要论述为指引，深入贯彻落实党中央、国务院关于脱贫攻坚的决策部署，将脱贫攻坚作为重大政治任务和“不忘初心、牢记使命”主题教育的重要实践载体，会同有关部门和地方政府扎实做好教育脱贫攻坚各项工作。

一、聚焦核心任务，强化义务教育有保障各项工作

制定实施《关于解决建档立卡贫困家庭适龄子女义务教育有保障突出问题的工作方案》，进一步明确和落实工作标准、目标任务和支持政策。在青海召开全国控辍保学暨农村学校建设工作现场推进会，对控辍保学和农村学校建设工作进行再动员、再部署、再推进。印发《关于打赢脱贫攻坚战 进一步做好农村义务教育有关工作的通知》，部署各地对农村学校布局调整情况进行全面自查，合理布局，防止因学校布局不合理导致学生上学困难甚至辍学。建立“控辍保学工作台账网上管理平台”，记录每个辍学学生信息，定期通报各省份控辍保学工作进展情况。做好全面改善贫困地区义务教育薄弱学校基本办学条件项目收尾工作，启动实施义务教育薄弱环节改善与能力提升工作，“三区三州”规划投入资金 76.2 亿元。继续实施边远贫困地区、边疆民族地区和革命老区人才支持计划教师专项计划，选派 2.3 万名教师到“三区”受援县支教。“特岗计划”2019 年招聘规模扩大到 10 万人，“银龄讲学计划”招募人数增至 4000 名。继续实施“国培计划”，启动实施第二批援藏、援疆万名教师支教计划和凉山教育帮扶行动。举办 5 期教育信息化领导力培训和 3 期“三区三州”中小学校长教育信息化培训，共培训教育厅局长、学校校长 1000 余人次。实现学生资助信息与扶贫、民政、残联在线对接共享。印发《学生资助资金管理办法》，进一步提高资金资助的精准度和使用效益。扩大“两免一补”政策实施范围，将义务教育阶段建档立卡学生，以及非建档立卡的家庭经济困难残疾学生、农村低保家庭学生、农村特困救助供养学生等四类家庭经济困难非寄宿生纳入生活补助范围。继续实施营养改善计划，强化食品安全和资金安全保障，联合市场监管总局、公安部、农业农村部开展整治食品安全问题专项行动。

二、狠抓能力提升，进一步发挥教育脱贫作用

制定印发《关于办好深度贫困地区职业教育 助力脱贫攻坚的指导意见》，细化实化贫困地区职业教育发展思路举措。对 127 个未设中职学校的贫困县进行分类施策，满足适龄人口接受职业教育的多样化需求。统筹协调东西协作贫困地区中职招生兜底行动，把高中阶段教育招生增量主要用于发展中等职业教育。启动实施中国特色

高水平高职学校和高水平专业建设计划，推动落实好高职扩招百万任务。开展职业教育扶贫成效第三方评估。开设贫困地区职业院校职业指导网络课程，举办12场“三区三州”职业指导专题培训。2019年面向贫困地区定向招生专项计划共录取11万余人，比2018年增加5000余人。严格实施区域、报考条件和资格审核，建立教育、公安等多部门多级联合资格审核机制，确保专项计划真正惠及农村和贫困地区学生。有关高校深入贫困地区中学，通过发放宣传材料、网络访谈、现场咨询等方式，广泛开展政策宣传解读，为农村贫困地区学生提供更多便利和帮助。加大推普脱贫攻坚力度，组织编写《幼儿普通话365句》，扩大“学前学会普通话”行动试点范围，筹划实施幼儿普通话项目“童语同音计划”。与国务院扶贫办、中国移动、科大讯飞开展战略合作，推广“语言扶贫”APP项目。开展“推普脱贫攻坚”全国大学生暑期社会实践专项活动，遴选239支团队2291名大学生，赴“三区三州”等242个县（区、市）的345个贫困村开展活动。实施少数民族教师、西部农村教师国家通用语言文字能力示范培训，委托中西部有关省份开展建档立卡贫困人口中的青壮年农牧民干部、教师等群体的普通话示范培训。召开中国语言扶贫与人类减贫事业论坛。

鼓励广大青年学生接受革命传统教育，用创新创业成果助力脱贫攻坚、服务乡村振兴战略，2019年累计100万名大学生、22万名教师、23.8万个创新创业项目深入革命老区、贫困地区和城乡社区，对接农户74.8万户、企业2.4万家，签订合作协议1.68万余项，设立公益基金480余项，基金规模3.6亿元。依托39所高等学校新农村发展研究院，通过“专家大院”“科技小院”“科技大篷车”“百名教授兴百村”等方式，将高校创新成果和人才优势转化为推动农业农村发展的产业动能。全国科技小院联盟已在全国建立了127个科技小院，累计推广应用技术5.6亿亩，开展农民培训1470场，受训农民6.88万人次，编写农民培训教材229套。

三、压实工作责任，做好中央单位定点扶贫和滇西片区扶贫工作

扎实做好部机关定点扶贫工作。召开2019年教育部定点扶贫工作推进会，助力河北省青龙县、威县巩固脱贫成果。落实《京津冀对口帮扶河北省青龙县和威县职业教育与继续教育实施方案》，组织15所职业院校对两县实施帮扶项目26个，培训教师2000多人次，投入帮扶资金、设备500多万元。推进威县职教园区建设，帮助青龙县制定职业教育发展规划。举办党建助力脱贫攻坚专项培训班，培训两县基层党支部书记、致富带头人150人，引导企业向两县捐赠设备、软件及奖学金400多万元。继续选派4名优秀年轻干部到两县挂任扶贫副县长和驻村第一书记，同时选派7名新进公务员到两县县直部门和贫困村基层锻炼。

扎实做好直属高校定点扶贫工作。印发《教育部关于做好新时期直属高校定点扶贫工作的意见》，指导推动高校立足定点扶贫县需求，发挥学科优势，提高对口帮扶匹配度，努力实现供需精准对接。会同国务院扶贫办印发《关于进一步充实教育部直属高校定点扶贫工作力量的通知》，在原有44所直属高校参与中央定点扶贫、11所高校承担滇西片区扶贫任务的基础上，新增20所直属高校参与定点扶贫工

作，75 所直属高校全部投入扶贫工作。加强责任落实，继续组织 44 所直属高校签署 2019 年定点扶贫责任书，各高校帮扶指标相比 2018 年有较大增长。

进一步推进定点联系滇西脱贫攻坚工作。2019 年 4 月，在云南省临沧市临翔区召开 2019 年滇西脱贫攻坚部际联系会、教育部直属系统扶贫工作推进会、滇西挂职干部座谈会，推动滇西扶贫工作往前赶、往深走、往实干。完成第六批、第七批滇西挂职干部轮换交接，举办第七批赴滇西挂职干部岗前培训、滇西挂职干部对口支援能力提升培训班。扩大滇西职业教育东西协作支援地区到津沪苏浙粤五省市，2019 年到东部五省市学生人数 4250 人，比 2018 年增加 187 人，目前已累计招收 11924 人。充分发挥部属高校优势，对滇西片区的产业发展提供技术、人力、资金等多方面的支持。

四、强化总结宣传，进一步示范引领教育脱贫攻坚工作

组织开展在京直属高校全国脱贫攻坚奖推选活动，中国农业大学农学院和杨宁教授分获 2019 年脱贫攻坚组织创新奖和创新奖，此外，全国教育系统还有 6 人分获奉献奖和创新奖。开展第四届直属高校和第二届省属高校精准扶贫精准脱贫典型项目推选活动，共推选出 10 所直属高校、31 所省属高校典型项目，总结推广多样化高校扶贫路径。配合国务院扶贫办开展教育系统志愿者扶贫典型案例征集工作，共挖掘出 246 项案例，其中 15 项入选优秀，占获奖总数的 30%。开展解决义务教育有保障突出问题的典型案例征集活动，共征集到了来自县（市、区）、乡（镇、街道）、村等 3 级 258 个案例，多层面反映工作模式和经验做法。连续 6 年举办扶贫日系列宣传活动，在教育部官网开设扶贫日专栏，召开教育脱贫攻坚专题新闻通气会，组织中国教育报、中国教育电视台、新华网等新闻媒体集中报道，多种形式展现教育系统脱贫攻坚工作。举办打赢教育脱贫攻坚战培训班，召开第三届教育扶贫论坛，专门安排经验交流环节，引导各地各校相互学习借鉴。

（教育部发展规划司 白璐 吴延磊）

专栏

教育部直属高校精准扶贫十大典型项目

一、电子科技大学：发挥教育优势实施“强基工程”

岑巩县各级各类学校共有144所，其中普通高中2所、职业高中1所、初级中学12所、小学56所（教学点32个）、幼儿园73所。在编教师2308人，在校学生41071人。长期以来，贫困学生比例高、教育资源分配不均衡、优秀教师资源匮乏以及部分孩子和家长对教育“拔穷根”的认识不足等问题，影响和制约了岑巩县基础教育的发展。

针对这一问题，学校坚持“扶贫先扶智，扶贫必扶志”，充分发挥教育资源优势，构建“电子信息＋教育”扶贫新模式，大力实施“基础教育强基工程”，实现了全县义务教育入学率达99.89%。

实施教育培训“千人计划”，“强”教育理念和师资。为提高教学技能和水平、引领教师专业成长，电子科大面向岑巩县中小学教师实施教学骨干培训“千人计划”，投入40万元提升语文、数学、外语、体育、心理健康、信息技术等科目教师的教学技能，累计培训教师1300余人。实施科技赋能“跃升计划”，“促”教育改革发展。为构建教育信息化应用模式、推动教育理念更新，开展远程教育，引进“缤果英语”，投入220余万元，启动建设贵州省首个覆盖县域30所中小学校59个班级的英语口语“空中课堂”项目，搭建黔东南第一个“两地三端”（电子科技大学、电子科技大学实验中学与岑巩县第一中学）远程教育系统。

实施教育发展“均衡计划”，“提”教育教学质量。开启“两地三端”教学互动和研讨新起点，实现了岑巩县学生“实时连线”成都市优质教育资源；英语口语“空中课堂”实现了3000余名学生与北美优秀教师的“面对面”。积极引入学校附属中小学等优质教育资源，专项资助200余名岑巩县优秀学生和贫困学生到学校附属中小学参观、学习等互动活动50余次。

实施教育扶贫“聚力计划”，“创”全民重教环境。凝聚社会各方力量，全方位扩大扶贫局面。汇聚成电校友爱心力量，协调蓉之风华和苏州、无锡、常熟等地的校友会；引入校友资源捐赠50余万元，在岑巩县第三小学建成全国首个以艺术物联网为智能载体的BOE蓉华创新艺术体验中心。

二、南京农业大学：“南农麻江10+10” 特色扶贫路径

2018年以来，南京农业大学充分发挥组织人才与科技成果优势，精准对

接贵州省麻江县脱贫攻坚与乡村振兴需求，组织10个学院结对帮扶麻江县10个村，打好脱贫攻坚与乡村振兴组合拳，多措并举激发学院积极性、主动性和创造性，整合资源服务助力乡村五大振兴，努力探索具有南农—麻江特色的定点扶贫与乡村振兴新路径。到2018年底，麻江县所有贫困村全部出列，剩余建档立卡贫困人口1382户3280人，贫困发生率由三年前的16.8%降低至1.57%。2019年4月，贵州省人民政府正式批准麻江县退出贫困县序列。

以党建扶贫为核力。2018年以来，10个学院主要负责人全部赴帮扶村深入考察，联合开展特色党日活动、党建培训、基层党建交流等，捐赠援建文化教室、小学信息化教室、草莓基地、蕨菜加工厂等。

以产业扶贫为动力。与麻江县农业农村局、麻江县农业文化旅游园区管委会、麻江县供销社联合，针对10村梳理出在全县有一定影响的锌硒米、菊花、红蒜、稻鱼、油菜、蔬菜、草莓、肉鸡、花卉、蕨菜和蓝莓等11个特色产业，10个学院组建了9支专家服务团队，建设起科技示范基地11个，辐射服务全县农业生产100万亩，劳动综合增效超过1亿元。

以智力扶贫为引力。以卡乌村、新场村、河坝村等为重点，持续在麻江县有机农业发展规划、有机农业示范县创建、“1258”建设工程、蓝莓产业发展等重大项目中提供智力支撑。

以消费扶贫为磁力。10个学院同校工会、后勤集团、资产经营公司等共同配合，积极推介10村农特产品进校园、进超市、进食堂、进社区，广泛联系社会资源定向采购麻江县特色扶贫产品，吸引贫困户积极参与扶贫产业。

以教育扶贫为助力。扶智优先，“一对一”资助帮扶“禾苗学子”，对每一位“禾苗”学子制订针对性的学习计划，截止到2019年6月，资助“禾苗”学子共计75人，所筹资金达7万余元。

以特色扶贫为活力。面向帮扶村脱贫攻坚与乡村振兴的个性化需求，广聚资源、多措并举推进帮扶工作精准落地，拓宽工作格局，激活扶贫内生动力。

三、西安电子科技大学：“农掌门”搭建科技惠农平台

2013年起，西安电子科技大学定点帮扶陕西省蒲城县。近年来，学校充分发挥电子信息特色学科和智力人才优势，主动对接当地西甜瓜产业发展，量身定制研发了“农掌门”惠农服务平台，凭借“互联网+现代农业”精准帮扶模式，“农掌门”高效打通了农业科技信息服务与推广的“最后一公里”，顺利帮助蒲城县1300个贫困户实现稳定增收，极大增强了贫困地区产业发展内生动力。五年里，刘志镜教授团队40多名专家深入蒲城县田间地头实地调研，

多次走访对接蒲城县农业设施服务局、科技局以及农户，精心设计并不断更新升级“农掌门”平台。

精准对接需求，量身打造平台。针对蒲城县西甜瓜产业智慧化程度低、附加值低、农业生产效率较低的产业发展痛点，刘志镜教授科研团队深入蒲城产业一线，分析蒲城县贫困人口的类型，查找贫困产生的原因。围绕农民最关心的“种什么、怎么种、卖给谁”三个核心问题，将精准扶贫、“互联网+”与智慧农业相结合，研发部署了具有自主知识产权的“农掌门”科技惠农平台。

建立示范基地，助力产研融合。学校依托“农掌门”科技惠农平台，按照“一围绕（围绕服务帮扶县经济社会发展需求）、三专门（专门专家团队、专门运营场所、专门运行保障资金）、一稳定（长年稳定发挥作用）”的建设标准，于2017年12月正式成立西安电子科技大学“农掌门”产学研一体化示范基地，组建了以学校计算机科学与技术学院12位具有高级职称的专家为主体的基地专家工作站，每年固定投入10万元用于基地建设。

加强辐射带动，提升经济效益。积极拓展推广，立足蒲城，辐射全国，建立酥梨、苹果、瓜菜等扶贫实验基地11个，西甜瓜种植、新品推广等技术服务辐射云南、陕西、山东、甘肃、宁夏等18个省、市、自治区和老挝、越南等东南亚地区及俄罗斯地区，咨询人数达到10余万次，在精准脱贫、农民科学种植、县域经济发展等领域效果显著。

打造电商扶贫模式，助力消费扶贫。在搭建平台的同时，学校科技扶贫专家团队积极打通上下游，供、求群体两手抓，积极整合社会各方力量，打造电商扶贫模式，解决农产品销售“最后一公里”难题。

四、厦门大学：“输血式”到“造血式”扶贫的蝶变

自2015年起，厦门大学通过建设“厦门大学康业扶贫产业园”，秉持“虚园实建、科技赋能、产销对接、内外联动”的理念，充分发挥学校优势，将产业园打造成为学校开展产业扶贫、科技扶贫、智力扶贫、消费扶贫的重要载体，成为隆德县加速产业聚集发展、促进贫困人口就业创收的重要平台，有力地推动了隆德从“输血式”扶贫到“造血式”扶贫的蝶变，探索出一条高校开展产业扶贫的新路子。

一是虚园实建。在产业园建设中，学校通过推动科技成果转化、做好公共服务、配合政府招商引资、购买产业园产品等方式，推动产业园健康发展。学校先后以立项形式为产业园投入300多万元，支持产业园建设发展。目前，已在产业园建成县级电商服务中心、科技研发和质量控制实验室、农业科技研发

示范基地等公共服务机构。

二是科技赋能。首先设立科研课题。其次派驻科研人员。学校组建专家服务团、博士服务团等，选派知名专家学者和博士硕士走进产业园企业，走向田间地头，现场帮助解决产业园企业科技问题。最后建设科研平台。联合宁夏大学，建立“厦门大学—宁夏大学—隆德县人民政府农业科技研发示范基地”，选派药学院、环境与生态学院专家团队开展马铃薯加工、中药材、药食共用产品等研发工作，并建立了厦门大学、宁夏大学和宁夏黄土地农业食品有限公司（厦大校友企业）质量安全控制实验室。

三是产销对接。学校发挥校友资源优势，积极联系校友企业或企业中的校友，帮助销售包括产业园在内的产品，发动师生购买产业园产品。同时，在校建立直销平台。无偿提供校内黄金地段店面并免费装修，建设隆德特色产品营销中心，线上线下展示、销售隆德县优质特色产品。

四是内外联动。产业园的发展既要建好园区本身，把各种资源要素运用到产业园建设上，使产业园变强，也要积极创造良好的外部条件，着力发挥产业园的辐射带动作用。产业园统筹园区内与园区外产业协同发展，通过举办经贸合作推介会、在农村建设扶贫车间、到网上建立电商平台等方式实现内外有效联动。

五、中国药科大学：发展康养产业 巩固脱贫成果

镇坪县位于陕西省最南端，森林覆盖率达 86.4%，适宜种植的中药材达 420 余种，适宜种植中药材的土地有 40 多万亩。但这样一个不可多得的中药宝库，过去由于药材种植方式粗放、产品市场占有率低、种植户收益差，始终没摘掉国家级贫困县的帽子。

自 2012 年底以来，中国药科大学紧紧围绕镇坪“巴山药乡”的自然资源禀赋，充分发挥学校学科、人才、技术和信息优势，推进中药特色产业发展，帮助镇坪县在安康市率先实现高质量脱贫，得到了当地政府、企业与百姓的广泛认可。

几年来，学校一方面解决农民出行难题。项目已投资 3450 万元，建成友谊大桥和白土岭大坝大桥及周边 10 公里的通村道路，彻底改变该区域内原本水域、山道交通不便，农民出行难的问题。另一方面带动农民增收初显成效。2018 年，示范区流转了 20 户农户的宅基地用于民宿改造，200 余名村民直接参与示范区建设，项目带动 8 个贫困村 561 户、1333 人实现脱贫致富，支付劳动报酬 300 余万元。

坚持用新发展理念开展工作。学校始终将创新、协调、绿色、开放、共享

的发展理念贯穿于定点扶贫工作中。创新：发挥科技和人才优势，为当地发展提供高水平规划，提供高质量的科技支撑，帮助企业创新发展，探索建立科技助力精准扶贫的长效机制。协调：推动一、二、三产业有机融合，实现了全产业链发展，助推农村和城镇协调发展。绿色：合理开发利用秦巴山区生物资源，百姓因中药而富，产业因中药兴旺，生态因中药而美丽。开放：引进社会资源，包括境外资金、技术。共享：融合互动，双方资源共享。

真重视、真落实、真有效。学校坚持以党建为引领，精心组织学校相关院系党委与镇坪县各镇党委签订"院镇共建、支部结对"协议，举全校之力，真情投入，精准施策，破瓶颈、解难题，推进中药特色产业发展，不断取得镇坪脱贫攻坚各阶段战役的胜利。得到了当地政府、企业与百姓的广泛认可和支持，学校学科、人才、技术和信息优势得以充分发挥，进而形成"高校搭台、政府推动、企业助力、群众受益、多方共赢"政产学研相结合的有效扶贫模式。

六、华南理工大学：品牌引领全方位推动产业升级

由华南理工大学对口帮扶的云县，在 2018 年 9 月正式退出贫困县序列，成为云南省第一批、临沧市第一个脱贫摘帽县，也是教育部直属高校对口帮扶滇西最早实现脱贫摘帽的 6 个脱贫县之一。学校和云县合力构建"华工 + 云县 + 社会"三力驱动、"全品牌—全产业—全教育"有机联动的防返贫造血机制，开启云县乡村振兴、全面发展的新征程。

一是深入研究，分析云县发展新征程的挑战与机遇。云县位于云南省西南部、临沧市东北部，面积 3760 平方公里，辖 7 镇 5 乡，194 个村委会（社区），总人口 46.3 万人，居住着以彝族为主的 22 个少数民族，人口居住分散（95% 住在山区），属于全国 592 个国家扶贫开发重点县之一，也是全国 14 个连片特困地区的滇西边境山区县份之一。经过学校与云县人民 6 年携手攻坚，截至 2018 年末，云县贫困人口数量从 2012 年末的 5.28 万人下降到 813 人，贫困发生率从 11.70% 下降至 0.24%。

二是品牌引领，全方位推动产业升级。品牌引领以全方位推动云县茶、鸡、酒、果、水五大核心产业转型升级为目标，立足云县优势自然资源以及龙头企业的发展基础和现实需求，结合学校食品、化工、品牌传播等优势学科资源，稳步建设以品牌基础、传播媒介、品牌联盟为支撑的"全品牌平台"。推进云县各大产业及相关企业树立自觉的品牌意识，并全面融入自身的发展战略。

三是产业升级，多渠道汇注教育资金。品牌引领云县产业向品牌化、联盟化、集群化稳步发展，目前云茶、云鸡、云酒、云果、云水从开发、包装到销售，

已经得到较为成熟完善的市场化发展，初步形成了从资源到产品到品牌到产业链的自我造血机制，逐渐走向全产业链的升级换新，有效推动了当地经济发展，并为当地教育发展提供了多渠道、可持续的资金扶持。

四是教育振兴，构建大教育扶贫格局。在直接投入和教育基金的支持下，学校与云县根据“一个面，两条线”的规划宗旨，构建了以大中小幼教育为核心，干部教育与企业家教育双线并进的“大教育扶贫”格局。

七、四川大学：“儿童先心病精准扶贫”救治模式

四川大学自2012年9月定点帮扶广安市岳池县。学校发挥四个附属医院的优势，在基本医疗有保障方面精准发力，以自身优质医疗资源为核心，联合社会公益力量，对疑似先心病患儿开辟绿色通道，团队累计帮扶救治先心病患儿25000余人，在西部贫困地区扶植及培训了7支先心病介入手术团队，逐步构建全新的先心病筛查网络，最终实现对贫困地区“儿童先心病精准扶贫”救治的全新模式。

培养7支先心病介入手术团队。自2005年始，四川大学华西第二医院先心病筛查治疗团队通过各方面优势资源的整合，采取授之以渔的方式，创立并构建“先天性心脏病精准扶贫新模式”，将国家级重点学科技术传授到各地，通过主动输血方式，激发我国基层医疗机构和人员的内生力量，为西部地区培养了7支先心病介入手术团队，使西部先心病救治水平与发达地区保持同步。

赴贫困地区免费筛查救治。转变既往“等待患者上门就医”的传统模式为“主动寻找患者救助”的服务模式，对先心病儿童“从救治到预防，从预防到管理”，开创了“儿童先心病精准扶贫”的全新理念。四年来，团队从疆北边陲到海拔4700米的西藏那曲，行程超过30万公里，挽救了数以千计的患儿，创造了高海拔地区手术成功率100%、零死亡的医疗奇迹。

通过慈善机构及爱心企业筹集资金，搭建慈善救助彩虹桥。积极动员社会各界力量，共同促进儿童先心病救助事业发展，联合国内外多家慈善机构、爱心团体及个人，共募集救助资金3000余万元，共免费救助了先心病患儿1200余人。

构建网络绿色救助通道。2016年1月，中国移动乐乐医联合四川大学华西第二医院及国内多家慈善机构与爱心团体率先开启“四川移动乐乐医精准扶贫项目——孤贫先天性心脏病患儿康复行动”。此项目率先在甘孜、阿坝、凉山地区展开，为孤贫先天性心脏病患儿及家庭开辟一条慈善救助线上申请“绿色”通道，便捷申请慈善救助基金，让患儿及时得到四川大学华西第二医院先

心病专家的治疗。

八、西北农林科技大学："三团一队"创定点扶贫新局面

西北农林科技大学按照国务院扶贫办、教育部脱贫攻坚决策部署，确立了"发挥优势、广泛动员、科技支撑、产业带动、靶向施策"的指导思想，与合阳县共同组建实施了"三团一队"扶贫帮扶新模式，充分发挥高校科技、人才和智力优势，使定点扶贫工作由原来的点上做亮延伸到面上做好，开创了整县域推动定点扶贫工作的新局面。

组建"书记帮镇助力团"发挥基层党委的组织带动作用。由 19 个相关学院（所）的党委书记组成，组织部担任团长单位。各学院根据专业优势对接合阳县 12 个镇（街）和相关涉农部门，实施一个学院组建一支专家团队，支撑一个"产学研"一体化示范基地，对接一个乡镇，帮扶一个产业，带动一批贫困人口精准脱贫的"六个一"工程。

组建"专家教授助力团"汇聚全校的科教力量。由 19 个相关学院（所）的 168 名副高级以上专家教授组成，按照"1+10+10+N"科技帮扶模式，依托学校合阳葡萄试验示范站，建立 1 个产业扶贫示范基地（乾落村葡萄扶贫示范基地），围绕县域特色产业，组建 10 支科技帮扶团队，实施 10 个现代农业园区提升工程，开展 N 项具体帮扶措施，构建"政府 + 大学 + 产业园（合作社）+ 贫困户"的产业扶贫新路径，与合阳县现代农业园区、农民专业合作社和贫困村、贫困户精准对接，进行产业规划，开展技术培训，推广实用技术，促进成果转化。

组建"研究生助力团"搭建校县扶贫协作桥梁。由 42 名（共派出 3 期）优秀的全日制在校博、硕士研究生组成，每 6 个月轮换一批。在合阳县 12 个镇（街）副镇长（副主任）和涉农部门顶岗副职领导，从事社会实践锻炼，协助制定镇（街）特色产业发展规划，落实"专家教授助力团"的技术路线，开展科技培训和科学普及活动，解决产业发展过程中的困难和问题，发挥"三团一队"的中枢和纽带作用。

组建"优秀人才先锋服务队"形成校地扶贫攻坚的合力。由合阳县选拔 148 名政治素质高、业务能力强、热心服务基层的本土行业精英组成，与学校的"三团"共同组成"三团一队"，形成校地合作的合力，定期开展行业专项服务，培养乡土人才，提供技术指导和政策咨询。

九、中国农业大学：建科学家与农民的"科技小院"

2016 年，中国农业大学在镇康县建立了"木场乡科技小院"，也是学校在国家级贫困县建立的第一个科技小院。科技小院通过教师与研究生常年驻村

帮扶，进行定点技术服务，探索实践了更加精准的扶贫模式，让木场乡的支柱产业实现了“脱胎换骨”。通过木场乡科技小院的实施，创建了科学家与农民深度融合、科技与产业紧密结合、“输血”与“造血”有机结合的科技小院精准扶贫新模式。

扎根基层，零距离接触“三农”，提高扶贫精准性。科技小院与基层群众、特别是困难户亲密接触，建立了互信关系和紧密联系，及时了解他们实际增产增收中急需解决的技术问题。

牵住科技扶贫“牛鼻子”，提升脱贫攻坚的科技含量。科技小院聚焦影响当地农业主导产业高产高效的关键制约性因素开展科技攻关，实现农业高产高效发展。经过测土配方施肥、实行果树精准滴灌以及给幼桃套袋等科学管理，木场乡木场村村民运用新科技种植管理的冬桃个头大、甜度高、卖相好。

科技与产业紧密结合，带动农民增收。科技小院密切结合当地主导产业和特色产业，因地制宜，因户制宜，推动当地农业特色产业发展，带动产业结构调整、实现农民增收。木场乡杨柳桥村养牛户陶某多年坚持传统养殖，可他家的黄牛越养越瘦。科技小院请来了国家产业肉牛技术体系首席科学家曹兵海教授。曹兵海教授现场为陶家制定“山繁川育”养殖模式，并开出低成本饲料配方，两个月后牛肥了、毛亮了、肉质感增强了，陶某尝到了甜头，看到了致富的希望，进一步扩大养殖规模。周围乡村养殖户、技术人员，都来学习，讨要饲料配方。

扶贫与扶智、输血与造血，建立扶贫的长效机制。为培养“永久牌”农村科技人才，科技小院探索建立了多元化农民科技培训方式，利用科技小院、农民家里、村委会、农村街巷等不同地点采用面对面讲课、田间观摩等多种方式，向农民普及农业技术，提高了农民科技文化素质，建立了科技扶贫的长效机制。

十、中山大学：文化遗产保护的旅游发展之路

阿者科村地处云南红河哈尼梯田世界文化遗产核心区内，海拔 1880 米，全村共 64 户，479 人，是典型的哈尼族传统村落。阿者科村内经济发展缓慢，人均年总收入仅 3000 元，是元阳县典型的贫困村，脱贫任务艰巨。另一方面游客自由进出村庄，旅游接待散漫无序，村内脏乱差。

2018 年 1 月起，中山大学保继刚教授及其研究团队应云南省元阳县邀请，发挥中大旅游学科优势，编制《阿者科计划》，派研究生驻村技术援助。“阿者科计划”通过技术支援和当地政府的配合，带来实实在在的村貌改观、真金白银的分红收入、潜移默化的内生动力、逐渐提升的旅游体验，为乡村振兴、传统村落和梯田文化遗产保护，找到一条可持续的旅游发展之路。

一个模式。全村实行内源式村集体企业主导的开发模式，公司组织村民整治村庄，经营旅游接待，公司收入归全村所有。公司通过良好的利益机制引导调动村民参与旅游的积极性，强化遗产保护的责任意识。

两方参与。保继刚教授团队派出技术人员（研究生为主），协同县政府指派的青年干部，共同驻村领导村民成立阿者科旅游公司。两方并不涉及任何利益分成，所有收支均由全村监督。“阿者科计划”预计用三年实现，属非营利性公益援助项目。计划前期启动资金由当地政府筹集，不要求村集体公司以后偿还，驻村研究生经费补贴由保继刚教授团队负责。

三个目标。全村集体在本地精英干部与外部技术援助人员的带动下，积极参与遗产保护、旅游开发和脱贫攻坚三项事业。驻村团队领导村民参与经营村庄，注重村民能力与意识培养，最终实现村民自治。计划前期相关管理规则将以村规民约的形式，约束全村村民。

四条底线。一是不租不售不破坏：公司成立后不再允许村民出租、出售或者破坏传统民居，违者视为自动放弃公司分红权。二是不引进社会资本：公司不接受任何外来社会资本投入，孵育本地村民自主创业就业。三是不放任本村农户无序经营：公司将对村内旅游经营业态实行总体规划与管理，严控商业化，力保村落原真性。四是不破坏传统：公司所有旅游产品开发均要以传统村落保护为首要前提，恢复传统生产生活设施，主打预约式精品旅游接待，发展深度体验式旅游。

科学技术部扶贫开展情况

科技部以习近平总书记关于扶贫工作的重要论述为根本遵循，切实把脱贫攻坚工作作为一项重大政治任务扛在肩上，认真贯彻精准扶贫精准脱贫基本方略，精心谋划部署，精准发力推进，取得良好成效。2019 年，科技部先后印发了《科技部 2019 年科技扶贫工作要点及任务分工》《科技部 2019 年定点扶贫工作计划》2 个政策文件，将任务分解到季度、责任落实到具体单位，确保科技扶贫任务落实落地。

一、动员全社会科技力量，扎实推进科技扶贫工作

（一）落实习近平总书记重要指示精神，把科技特派员队伍打造成脱贫攻坚的生力军。

习近平总书记对科技特派员制度推行 20 周年作出重要指示，“科技特派员制度推行 20 年来，坚持人才下沉、科技下乡、服务‘三农’，队伍不断壮大，成为党的‘三农’政策的宣传队、农业科技的传播者、科技创新创业的领头羊、乡村脱贫致富的带头人，使广大农民有了更多获得感、幸福感”。刘鹤副总理出席会议传达指示并在讲话中指出“凡是脱贫致富，必有科技要素”“把创新的动能扩散到田间地头”。各地方认真学习贯彻习近平总书记重要指示精神，进一步围绕脱贫攻坚、乡村振兴和创新驱动发展谋划定位，在产业帮扶上更实，在体制机制上更活，推动科技特派员制度深入实施，引领广大科技特派员在脱贫攻坚和乡村振兴中作出新的更大的贡献。会议对 92 名科技特派员和 43 家组织实施单位进行了通报表扬。

科技特派员制度是实施创新驱动发展战略在科技应用方面的一项重要制度创新。20 年来，科技特派员制度坚持以服务“三农”为出发点和落脚点、以科技人才为主体、以科技成果为纽带，促进科技人员与农民群众和自身事业结成利益共同体，着力解决农民生产经营中的现实科技难题，着力提升农民运用适用技术脱贫增收的能力，取得显著成效。

一是加速科技成果在农村基层的转移转化。科技特派员把技术、信息等创新要素注入农村基层，为科技和“三农”有效结合提供了重要载体。目前，全国科技特派员已领办创办 1.15 万家企业或合作社，平均每年转化示范 2.62 万项先进适用技术，直接服务 6500 万农民。可以说，凡是能够脱贫致富的，必有科技要素的作用。二是有力推动科技扶贫精准脱贫。20 年来，广大科技特派员深入农村一线，在特色种养、农产品精深加工、乡村文旅等方面培育了一大批乡村产业，积累了“一村一品”等许多好的经验，有效带动了农民增收致富。目前，科技特派员与全国 80% 的建档立卡贫困村建立结对关系，科技特派团覆盖了“三区三州”各深度贫困县，成为科技

助力脱贫攻坚的生力军。三是为农村基层输送大批科技人才。通过政府选派技术骨干等多种方式，强化了科研院所、高校和各类科技服务机构与农业农村的连接，畅通了科研人员深入基层一线的“毛细血管”，构建了一支稳定服务“三农”的科技人才队伍。目前，科技特派员队伍中，来自高校和科研院所的科研人员占58%，还有大量来自基层的科研人员。这支队伍非常重要，目前仍较分散，下一步要向制度构建转化，形成比较紧密同时又体现市场机制特点的队伍。四是为乡村治理现代化提供科技支撑。科技特派员多为优秀党员、业务能手，与第一书记、扶贫工作队等多方力量有效融合，在引领乡村文明风尚、提高农民科学文化素质方面发挥了骨干作用。一大批扎根基层的优秀科技特派员典型、“一懂两爱”（懂农业、爱农村、爱农民）的先进代表成为引领乡村文化振兴的标杆榜样。

（二）围绕贫困地区科技和人才短板，深入推进科技扶贫“百千万”工程。

科技部围绕贫困地区科技人才、平台园区等需求，持续推进科技扶贫“百千万”工程。一是加强平台载体建设。在贫困县建设农业科技园区283个，其中国家农业科技园区51个；星创天地969家，其中国家级星创天地432个。二是开展精准帮扶结对。引导高校院所、龙头企业等与贫困地区新建帮扶结对近1500对。三是扎实推进科技特派员全覆盖。截至目前，已选派了6.4万余名科技特派员在脱贫攻坚一线开展科技服务和创业带动，覆盖近8.2万个建档立卡贫困村。

（三）聚焦深度贫困地区，倾斜实施“三区”人才计划。

一是实施“三区”人才计划，优先全额满足“三区三州”深度贫困地区所在省份申报选派工作经费。2019年“三区三州”6省区倾斜支持经费共计1.45亿元，占总经费的45%，在总经费不变的情况下比2018年增加1025万。二是加强宣传引导，总结宣传“三区”人才计划实施成效，挖掘全国科技扶贫典型案例进行推广，提升示范效果，形成良好氛围。

（四）强化科技扶贫项目支撑，深化东西部扶贫协作。

一是实施科技扶贫项目发展贫困地区扶贫产业。2018年以来，科技部和省级科技管理部门投入共计28.39亿元。二是推动东西部科技扶贫协作示范项目建设，实施“科技支宁”东西部科技扶贫协作5个示范项目，为贫困地区经济社会发展提供新动能。三是协助共建科技平台，山东寿光市和江西井冈山市总投资6亿元合作建设井冈山高科技农业博览园，为井冈山市每年免费培训种植户2000户，示范带动乡镇蔬菜种植5万亩，为推进井冈山市一二三产业融合发展，巩固提升脱贫成果奠定基础。

（五）发挥牵头统筹作用，助力秦巴山片区脱贫攻坚取得实效。

一是加强对片区脱贫攻坚的统筹指导。徐南平同志率队深入秦巴山片区四川巴中、广元等地，调研科技扶贫和脱贫攻坚工作情况，协调解决相关事项。二是推进关键共性技术攻关。通过中央引导地方科技发展专项计划和国家重点研发计划项目实施，推动了秦巴山片区新产品、新技术的研究、示范和推广。2019 年，国家重点研发计划支持秦巴山片区实施 3 个项目，国拨经费 2300 万元；中央引导地方科技发展专项支持秦巴山片区实施 18 个项目，国拨经费 2890 万元。三是推进贫困地区科技人才队伍建设。2019 年通过“三区”人才计划，共支持片区五省一市选派“三区”科技人才 1869 名，支持经费 4103 万元；培训秦巴山片区科技创业致富带头人等 240 余名；帮助各省级科技特派团开展产业技术培训 924 场次，培训农民等 6.5 万余人次。

二、发挥科技优势，有力支撑定点扶贫县高质量脱贫

科技部围绕四川省屏山县、陕西省柞水县、佳县 3 个定点扶贫县 2019 年如期脱贫摘帽和江西省井冈山市、永新县巩固脱贫成果，2019 年为 5 个定点扶贫县投入帮扶资金 7831 万元，引进社会帮扶资金 798 万元，培训干部、技术人员 2562 名，购买和销售价值 290 万元的定点县农产品，定点扶贫责任书中任务指标均超额完成。

（一）以精准为“本”支撑定点县增强脱贫内生动力。

一是精准定位需求。精准定位贫困地区科技需求，围绕贫困地区特色主导产业，组织动员广大贫困群众参与到科技扶贫项目的规划、实施、评估等各环节，提高贫困群众自我发展能力。二是精准做好服务。科技部协调 5 个省级科技特派团在永新县开展科技服务，选派科技特派员 98 名，实现对 106 个贫困村全覆盖，开展技术培训 16 期，受益群众 3000 余人次。三是精准项目支持。屏山县启动实施国家重点研发计划“茶叶、木耳扶贫产业链提质增效技术集成与示范”项目，突破产业技术瓶颈，300 亩核心示范基地已动工建设，2019 年带动贫困户户均增收 5000 元以上。

（二）以产业为“重”支撑定点县增强脱贫内生动力。

一是通过引进培育科技创新人才，为产业发展提供智力支撑。柞水县引进李玉院士团队，建立院士工作站，培育优质黑木耳菌种 5 个，制定技术规程 4 项，全县年产干木耳 3750 吨、产值近 3 亿元，60% 以上的贫困户被吸纳到木耳产业之中，带动 5000 余名贫困群众增收致富。二是通过推广先进适用技术成果，夯实贫困地区稳定脱贫产业基础。永新县发展稻渔种养多种技术模式，每亩平均年产值约 6300 元，纯利润约 3500 元，农户增收约 2500 元，带动就业 150 余人，参与贫困户达 200 余户。三是通过建设创新创业平台载体，为产业发展提供坚实依托。支持永新县打造“恒龙白茶”国家级星创天地，目前已带动 8 家合作社加盟，提供 160 个就业岗位，人年均增收 1200 元。四是通过推动消费扶贫，为产业发展拉长链条。帮助定点扶贫县特色农产品入驻“人民优选”平台，与中国农业银行北京市分行签订战略合作协议，发展“互联网 + 扶贫产品”消费扶贫新模式等方式，不断拓宽农产品销售渠道，完成销售农产品 173 万元。

（三）以创新为“根”支撑定点县增强脱贫内生动力。

一是建设创新平台促产业转型升级。井冈山市、柞水县以“科技支撑民生改善”为主题入选首批52个创新型县（市），建设周期3年，有力地推动了经济结构调整和产业转型升级。二是开展科普活动提升群众科学素质。组织赴屏山县移民库区中小学开展科普服务活动，共覆盖8所中小学校，吸引近2万人参与；在5个定点县中小学校捐建青少年科技创新操作室，促进当地青少年的科技教育和科普活动开展。

（科技部农村科技司 霍季春）

“小木耳、大产业”

科技部坚持把产业作为促进群众稳定脱贫的治本之策，在现有优势产业上下功夫，帮助定点扶贫县做大做强优势主导产业，让贫困群众持续增收稳定脱贫。柞水县是科技部五个定点扶贫县之一，以盛产柞树而得名，当地群众又称之为“耳树”。当地气候条件优良，所产木耳充分保留了原生态的生长条件，具有品质好、味道好等特点，但受限于欠缺标准等因素影响，柞水木耳认知度不高、销售渠道较窄。2016 年以来，科技扶贫团到柞水县开展定点扶贫工作，坚持把木耳品牌建设作为定点帮扶的重中之重，经过多年的探索，“柞水木耳”影响力显著提升。

针对“柞水木耳”生产种植环节菌种需外购、成本高等问题，实施国家重点研发计划项目，引入李玉院士团队培育优质黑木耳菌种 5 个，制定黑木耳、玉木耳菌包生产和大棚吊袋栽培等技术规程 4 项，规划了“柞水木耳”等食用菌加工全产业链的质量安全识别检测、追溯、控制技术体系和云数据平台。

为提升“柞水木耳”产品销售及附加值，破解末端产品过剩、初级产品积压等问题，实施中央引导地方科技发展专项项目，建成木耳产品研发示范基地，研发出木耳脆片、木耳冰激凌、木耳超微粉等示范产品，有效提升了“柞水木耳”附加值。同时，引进西北大学、阿里云公司专家团队打造了全国首家“木耳大数据中心”，为质量溯源、大田管理、等级筛选、网络销售提供了强大支撑。

目前，柞水县已建成年产 2000 万袋木耳菌包厂 5 个，发展木耳产业基地 32 个、大棚 1000 余个、专业合作社 300 余家、家庭农场 40 余家，种植木耳 7500 万袋，年产干木耳 3750 吨、产值近 3 亿元，60% 以上的贫困户被吸纳到木耳产业之中，带动 5000 余名贫困群众增收致富。“柞水木耳”产业实现了从小到大、从有到优、从弱到强的华丽转身。2020 年 4 月 20 日，习近平总书记在柞水县考察脱贫攻坚工作时，点赞“小木耳，大产业”。

（科技部农村科技司 霍季春）

工业和信息化部扶贫开展情况

2019 年是新中国成立 70 周年，是打赢脱贫攻坚战攻坚克难之年，也是基层减负年。工业和信息化部（以下简称“工信部”）坚持以习近平新时代中国特色社会主义思想为指导，认真学习贯彻党的十九大和十九届二中、三中、四中全会精神，深入贯彻习近平总书记关于扶贫工作的重要论述，全面落实党中央、国务院决策部署，加强组织领导，强化责任担当，完善工作机制，发挥行业优势，动员系统力量，全面强化与帮扶联系贫困地区在脱贫攻坚领域的协同配合，扎实推进精准扶贫精准脱贫工作，确保年度脱贫攻坚各项任务圆满完成。

一、坚持理论指导，强化统筹协调

一是以习近平总书记关于扶贫工作的重要论述统领脱贫攻坚工作。工信部党组高度重视脱贫攻坚工作，2019 年，召开 2 次部党组会、1 次部长办公会、3 次部扶贫工作领导小组（扩大）会等及时传达学习习近平总书记重要讲话和有关会议精神，研究部署扶贫工作；苗圩部长 20 余次就脱贫攻坚作出批示指示。二是加强统筹协调。制定《部 2019 年脱贫攻坚工作计划》，更新部扶贫工作领导小组和办公室成员及联络员名单，部扶贫工作领导小组办公室成员单位扩大为 25 个部机关司局、6 家部属事业单位和 4 所部属中管高校，实现扶贫责任单位全覆盖。三是加大扶贫干部选派力度。2019 年，工信部压茬开展定点县（区）挂职扶贫干部换届工作，换届后在 4 个定点县（区）挂职扶贫干部由 2018 年的 9 人增至 17 人。先后在北京、四川、内蒙古组织 4 次扶贫干部慰问座谈会，苗圩、郭开朗、陈肇雄等部领导分别出席会议。四是积极开展调研督导。2019 年，工信部所有部领导累计 17 次赴贫困地区 21 个县（区、市）开展调研，深入贫困村、慰问贫困群众、看望基层干部，督促指导扶贫工作。

二、定点扶贫取得明显成效

我部全力做好河南洛宁县、汝阳县，四川南充嘉陵区、南部县等 4 个定点县扶贫工作任务，指导部属 4 所高校履行帮扶责任。一是强化顶层设计。印发《定点扶贫“升级版”实施方案》，聚焦六个方面，提出 14 项具体举措，确保帮扶责任到位，敦促检查到位。印发《定点帮扶行动计划（2019-2020 年）》，对 4 个定点县（区）分别提出帮扶措施。二是加大专项扶贫力度。制定《定点扶贫项目（资金）管理办法》，十八大以来累计安排定点扶贫专项帮扶资金 5600 万元，实施民生改善、产业培育、信息化提升等精准扶贫项目 140 余项；2019 年新安排 960 万元党费帮助 4 个定点县（区）实施党建扶贫项目，累计改造当地党建活动中心及中小学校舍 42 间，培训教师 160 名，配置教学器材 61 套，走访慰问老党员老干部 250 多名，夯实基层组织基础。三是培育特色产业。充分发挥我部行业优势，加快促进当地特色优势产业发展，协助推动新能源汽车、绿色建材、农村电子商务等特色产业布局落户，支持地方龙头企业实施技术改造和转型升级，协调解决重大基础设施项目落地。截至 2019 年底，四川南充市嘉陵区、南部县完成“所有贫困村全部退出，所有贫困人口全部脱贫”的总体目标，全面进入巩固提升、稳定脱贫、防止返贫、遏制新贫的脱贫攻坚新阶段；河南洛宁县、汝阳县仅剩贫困村 4 个、建档立卡贫困人口 3303 户 7469 人，贫困发生率由 2018 年的 1.2%、3.18% 分别降至 0.66%、1.05%。2019 年 5 月和 2020 年 2 月，河南省人民政府宣布洛宁县和汝阳县脱贫摘帽。

三、片区扶贫取得积极进展

工信部认真履行燕山－太行山片区牵头联系职责，完善工作机制，加强沟通协调，坚持因地制宜，突出精准发力，注重以脱贫攻坚促进区域发展。一是完善政策措施。印发《关于全国工业和信息化系统支持集中连片特殊困难地区发展的意见》，支持 14 个集中连片特困地区扶贫开发与区域发展。与发展改革委、环保部等部门联合印发《京津两市对口帮扶河北省张承环京津有关地区工作方案》，引导张承地区特色产业积极融入京津冀协同发展。二是增加资金投入。通过工业强基、技术改造、工业转型升级等现有资金渠道，支持燕太片区所在三省（区）项目建设。制定《燕山－太行山片区扶贫项目（资金）管理办法》，2014-2019 年累计安排帮扶资金 4200 万元，实施基础设施改善、产业培育、光伏扶贫、电商扶贫等项目 69 项。三是引导产业集聚。支持河北承德县·大数据、张北县·大型数据中心和山西大同·矿山机械等燕山－太行山片区县建设国家新型工业化产业示范基地。四是加强部省合作。2014 年以来定期召开部省部际联系会议，总结交流经验做法，协调重点项目，推进片区规划实施。与河北省政府签订《推进河北省转型升级绿色发展战略合作协议》。截至 2020 年 3 月底，燕山－太行山片区 33 个片区县已全部顺利退出贫困县。片区贫困发生率由 2013 年的 17.9% 下降到 2019 年的 1.2%。同时，工信部积极支持其他集中连片特困地区、革命老区、民族地区、边疆地区的脱贫攻坚工作。

四、网络扶贫全面深入实施

加快宽带网络覆盖贫困村是我部的牵头任务。我部以电信普遍服务为抓手，实施网络通信扶贫工程，不断完善贫困地区互联网基础设施以及提升公共服务均等化水平。一是加强顶层谋划。苗圩部长多次组织专题会议研究部署，陈肇雄副部长组织召开网络扶贫现场推进会、全国电信普遍服务工作电视电话会议等推进网络扶贫工作，组织开展燕太片区普遍服务和数字乡村专题调研等。二是加强政策指导。联合国务院扶贫办、中央网信办、发改委印发《2019 年网络扶贫工作要点》。印发《关于推进网络扶贫的实施方案（2018-2020 年）》部署三年网络扶贫工作。联合国务院扶贫办印发《关于持续加大网络精准扶贫工作力度的通知》，引导基础电信企业给予建档立卡贫困户通信服务资费优惠。印发《关于进一步加强农村网络日常维护 保障用户正常使用的通知》，集中整治网络扶贫工作中漠视侵害群众利益问题。三是组织试点示范。共实施五批电信普遍服务试点，中央财政和电信企业累计投入600多亿元，支持4.3万个贫困村光纤网络建设和9200余个4G基站建设，全国贫困村宽带网络覆盖比例超过98%，深度贫困地区贫困村也达到98%，提前超额完成“十三五”规划目标。四是推广网络应用。积极配合有关部门推进教育、医疗、电子商务等领域的宽带应用，联合卫健委推进“互联网+健康扶贫”试点，支持河南汝阳县等首批4个市县“互联网+健康扶贫”试点；配合教育部开展农村学校联网攻坚行动，全国中小学学校联网率超过98%；在新型信息消费示范项目遴选过程中，重点支持农村电商平台。2019年国务院扶贫办第三方评估我部网络扶贫工作结果为“好”。

五、产业扶贫体系逐步完善

产业扶贫是稳定脱贫的根本之策。我部充分发挥行业特色，结合贫困地区资源禀赋和产业比较优势，加强产业规划指导，组织产业对接，引导产业集聚发展，通过多项举措不断增强贫困地区造血能力，巩固脱贫成效，促进脱贫攻坚与乡村振兴有效衔接。一是加强政策指导。积极推进绿色建材、中药材、设计扶贫等特色产业扶贫，印发《设计扶贫三年行动计划（2018-2020年）》《中药材产业扶贫行动计划（2017-2020年）》，指导部分贫困县编制特色产业发展规划。二是组织产业对接。开展“百企帮百县活动”，先后协调农产品深加工、中药材等10余家企业与贫困县对接；举办“工业产业扶贫·助力乡村振兴——走进四川南充”系列对接活动，开展汽车汽配、油气化工、纺织服装、工业设计和节能环保技术装备等5个领域产业对接；组织设计企业和机构、高等院校专家等赴全国7个省10个地市16个区县开展设计扶贫专题调研和精准对接活动。三是促进金融扶贫。协调推动中国平安与河南省汝阳县签订扶贫战略合作协议和金融支持框架合作协议。联合国家开发银行协调推进开发性金融支持特色产业精准扶贫项目试点。与中国农业银行联合印发《关于推进金融支持县域工业绿色发展工作的通知》。

六、志智双扶提振脱贫能力

2019年，工信部大力开展扶志扶智工作，努力帮助贫困群众树立摆脱困境的斗志和勇气，提升脱贫致富的综合素质。一是开展扶贫培训。针对基层扶贫干部，与国家烟草专卖局等单位联合举办“基层扶贫干部能力提升专题培训班”；针对贫困人口，安排专项资金委托部机关4个定点县（区）开展职业技能人才培训；针对贫困地区产业特色，举办“设计扶贫”主题培训、工业绿色制造体系建设专题培训班、全国工艺美术行业管理暨产业扶贫培训班等。二是开展教育扶贫。建立由7所部属高校对口帮扶4个部机关定点县（区）的“教育组团”帮扶模式，举办中小学校管理干部和中小学教师培训，在当地开展多种类型的支教帮扶活动；积极动员部系统各单位积极协调资源向贫困地区学校、贫困学生捐资捐物。三是抓党建促脱贫。工信部把脱贫攻坚同基层党组织建设有机结合起来，帮助打造不走的工作队，为乡村振兴打下基石。针对部机关 4 个定点县（区）制定《党建组团帮扶工作方案》，组建由 11 家部系统单位参与的 5 支党建组团帮扶团队，分别对接 4 个定点县（区）的 5 个贫困村，开展支部对接、党建帮扶活动。

七、消费扶贫凝聚各方力量

工信部积极贯彻《国务院办公厅关于深入开展消费扶贫助力打赢脱贫攻坚战的指导意见》，扎实做好消费扶贫工作。将消费扶贫工作纳入 2019 年度部扶贫工作计划，并印发《关于认真开展消费扶贫助力打赢脱贫攻坚战的通知》，建立消费扶贫长效机制，号召部系统各单位积极扩大贫困地区特色农副产品和服务消费；大力支持贫困地区农副产品拓展销售渠道，搭建销售平台，建立产销对接，创新销售模式，积极引导电商企业为贫困地区设立扶贫馆，开发“机关服务中心”微信公众号扶贫特色农副产品专栏，协调中国银行公益中国扶贫平台设立“公益工信”扶贫专区，协调中国农业银行设立工信部专区，引导京东、字节跳动等企业开展电商扶贫培训和试点示范。2019 年，部系统累计购买和帮助销售贫困地区农副产品达 5500 万元以上。

八、扶贫宣传讲好工信扶贫故事

工信部将宣传报道作为扶贫工作的重要组成部分，着力讲好工信扶贫故事，传播工信扶贫正能量。“5.17 世界电信日”期间，组织媒体赴云南怒江州等地开展“网络助力深度贫困地区脱真贫真脱贫”媒体行活动，人民日报等 10 余家媒体推出 20 余篇报道；工信微报与抖音合作发起“我的美好信息生活”话题，话题视频播放量突破 13.8 亿次；举办 2019 年国家扶贫日系列论坛——“网络赋能 信息助力 决战决胜脱贫攻坚战”网络扶贫论坛，人民日报等 8 家媒体对论坛进行宣传报道，央视农业农村频道组织专题采访；配合国务院扶贫办协调 3 家基础电信运营企业推送扶贫日公益短信近 5 亿条；配合“漠视侵害群众利益问题专项整治”工作，向农村用户发送专项整治工作公益短信 2 亿条；参加中央和国家机关工委举办的中央和国家机关定点扶贫工作成果展，全面展示工信部定点扶贫工作各项成果；编印《工业和信息化部扶贫工作年鉴》《工业和信息化系统脱贫攻坚典型案例集》等宣传推广工信系统脱贫攻坚工作成果和实践典型。

（工业和信息化部规划司 刘博）

国家民族事务委员会扶贫开展情况

2019 年，国家民委以习近平新时代中国特色社会主义思想为指导，深入贯彻党的十九大和十九届二中、三中、四中全会精神，认真学习领会习近平总书记关于扶贫工作、民族工作的重要论述，紧紧围绕铸牢中华民族共同体意识这一新时代民族工作的鲜明主线，认真落实党中央、国务院关于脱贫攻坚的重大决策部署，切实履行国务院扶贫开发领导小组成员单位职责，把脱贫攻坚责任扛在肩上，聚焦特殊贫困地区和特殊贫困群体，响鼓重锤、尽锐出战，推动少数民族和民族地区脱贫攻坚，确保少数民族和民族地区与全国人民一道迈入全面小康社会。民族地区决战决胜脱贫攻坚已取得决定性进展，即将与全国一道全面建成小康社会。

一、深入学习贯彻习近平总书记关于扶贫工作的重要论述和最新指示批示精神

（一）深入学习习近平总书记关于扶贫工作的重要论述。

为深入贯彻落实习近平总书记参加十三届全国人大二次会议甘肃代表团审议时的重要讲话精神，国家民委召开党组扩大会议。全国政协副主席，中央统战部副部长，国家民委党组书记、主任巴特尔在会上强调，要认真学习贯彻习近平总书记关于扶贫工作、民族工作的重要论述，响鼓重锤、尽锐出战，真抓实干、精准施策，推动民族地区打赢打好脱贫攻坚战。邀请国务院扶贫办党组成员、副主任夏更生为全委党员干部作《以习近平总书记扶贫重要论述为指导 坚决打赢脱贫攻坚战》专题辅导报告。举办国家民委系统学习贯彻党的十九届四中全会精神专题研讨班，巴特尔同志等为委系统全体党员干部作专题辅导报告，深入学习贯彻习近平总书记关于扶贫工作的重要讲话精神。

（二）认真贯彻落实习近平总书记等中央领导同志重要指示批示精神。

落实习近平总书记“尽锐出战，迎难而上”重要指示精神，指导各地民族工作部门，紧紧围绕“两不愁三保障”核心目标，进一步完成好《国家民委关于进一步加强深度贫困民族地区脱贫攻坚工作的通知》确定的任务。2019 年配合财政部安排中央财政专项扶贫资金（少数民族发展支出方向）67.5 亿元，其中新增资金 2 亿元的 60% 投向“三区三州”深度贫困地区。

二、推动人口较少民族地区脱贫攻坚奔小康，确保“实现全面小康社会，一个民族都不能少”

《“十三五”促进民族地区和人口较少民族发展规划》明确，重点扶持28个人口较少民族聚居的2390个行政村，其中1042个为建档立卡贫困村。我委充分发挥民委委员制优势，聚焦“两不愁三保障”突出问题，协调有关部门加大对人口较少民族地区的支持力度。协调国家发展改革委安排中央预算内投资人口较少民族专项8亿元，按因素法测算投向人口较少民族地区的中央财政扶贫资金为8.7亿元，重点改善人口较少民族聚居村的乡村道路、农田水利等基础设施条件，提升基本公共服务、民族文化传承保护发展水平。按照中央统战工作领导小组统一部署，会同中央统战部、全国人大民委、国家发展改革委、财政部、国务院扶贫办等14个部门开展人口较少民族地区经济社会发展专题调研，形成了《人口较少民族地区经济社会发展情况的调研报告》作为重要决策参考。在青海省海东市召开了“全国人口较少民族脱贫攻坚奔小康现场推进会”，全面总结党的十八大以来扶持人口较少民族发展工作取得的成绩和经验，对进一步做好扶持人口较少民族发展工作作出安排部署。全国28个人口较少民族已有25个民族实现整族脱贫，另有3个民族将于2020年年底实现脱贫。

三、深入开展兴边富民行动，助推边境民族地区打赢脱贫攻坚战

我国共有陆地边境县140个，其中有111个在民族地区，有70个是国家扶贫开发工作重点县或全国集中连片特困地区县。2019年，我委把推动边境民族地区脱贫攻坚作为重中之重。按照中共中央办公厅、国务院办公厅《关于深入推进兴边富民行动的意见》，配合国家发展改革委安排边境省区中央预算内投资兴边富民行动专项资金11亿元，重点支持边境地区基础设施、基本公共服务设施、生态环境保护和人居环境整治、民族文化传承等领域项目建设。组织边境9省区及新疆生产建设兵团参加“2019一乡一品国际商品博览会暨第四届全国民族地区发展大会”，为边境县搭建融入全国乃至世界市场的平台，被中央广电总台《新闻联播》专题报道。为边境地区脱贫攻坚提供智力支持，举办边境地区脱贫攻坚专题研究班，8个边境省区和新疆生产建设兵团44位分管扶贫的县级领导参加学习。根据中央统战工作领导小组统一部署，会同中央统战部、国家发展改革委等14个部门联合开展“边境地区民族问题”专题调研，研究提出加快边境民族地区发展的意见建议。召开兴边富民行动协调小组工作座谈会，委党组成员、副主任陈改户出席会议并讲话，推动协调小组各成员单位深入贯彻党的十九届四中全会精神和党中央强边固防战略部署，加强边疆治理，打赢边境地区脱贫攻坚战。

四、做好武陵山片区脱贫攻坚试点联系工作

认真履行武陵山片区试点联系单位职责，多措并举支持武陵山片区脱贫攻坚。协调武陵山片区区域发展与扶贫攻坚试点联系工作领导小组各成员单位，继续落实好《支持武陵山片区打赢脱贫攻坚战未来三年办实事清单》，形成助推武陵山片区

脱贫攻坚的强大合力。重点围绕“武陵山片区绿色发展”、践行“绿水青山就是金山银山”发展理念，加强调研和交流，支持湖北恩施州召开武陵山片区政协主席联席会第四次会议，推动片区坚持生态优先，加强区域合作，实现绿色发展、高质量发展，努力建成全国绿色发展先行示范区。继续做好派驻联络员这一参与国家减贫事业的特色工作、品牌工作。举办第6期国家民委派驻武陵山片区联络员培训班，包括新一批派驻的联络员在内的84名学员参加了培训。与国家开发银行就继续加强武陵山片区试点联系工作、落实有关合作协议进行对接，提出了共同支持武陵山片区金融扶贫的对策措施。与中国农业银行就片区特色农产品入驻“中国农业银行扶贫商城”签署合作备忘录，组织开展产销对接，推动片区消费扶贫工作。2019年，帮助武陵山片区销售或直接购买农产品2000余万元，有力带动了片区群众脱贫增收。

五、做好定点扶贫工作

召开国家民委定点扶贫工作领导小组全体会议，审议通过《国家民委2019年帮扶定点扶贫县工作计划》，与中央和国家机关工委签订《中央单位定点扶贫责任书（2019年度）》，从加强组织领导、选派挂职干部、投入和引进帮扶资金、培训基层干部和技术人才、购买和帮助销售农产品等方面继续加大帮扶力度。层层压实责任，与委机关各部门和直属各单位签订《国家民委定点扶贫责任书（2019年度）》。2019年，全委系统共向两县（旗）投入帮扶资金2586万元，引进帮扶资金85.8万元；为两县（旗）培训基层干部847名，技术人员510名；陈改户同志带队赴广西德保县、内蒙古巴林右旗开展调研慰问，指导定点扶贫工作；选派3位处级干部分赴两县（旗）挂职，担任县（旗）委常委、副县（旗）长和派驻德保县凌雷村第一书记；委机关党支部与两县（旗）基层党支部开展融合党建促脱贫工作。在民族文化宫举办“魅力草原幸福巴林——内蒙古巴林右旗脱贫攻坚成就主题展暨招商引资推介会”，着力宣传国家民委定点帮扶成果以及巴林右旗脱贫攻坚成就，大力推广巴林右旗名优特产品和文旅资源，推介会现场签约资金达12.2亿元。截至目前，国家民委定点帮扶的内蒙古巴林右旗、广西德保县均实现脱贫摘帽。

六、围绕民族团结进步创建，激发贫困群众内生动力

深入贯彻落实中共中央办公厅、国务院办公厅《关于全面深入持久开展民族团结进步创建工作 铸牢中华民族共同体意识的意见》，坚持各民族共同团结奋斗、共同繁荣发展的主题，把创建工作与推动民族地区脱贫攻坚有机结合起来，把各族群众凝心聚力奔小康作为创建工作的重要内容之一，打造了一批示范区、示范单位、教育基地，让各族群众在深入交往交流交融中切实感受到共产党好、社会主义好、伟大祖国好、民族团结好；让各族群众在脱贫攻坚实战中更加坚定永远跟党走的决心，增强对伟大祖国、中华民族、中华文化、中国共产党、中国特色社会主义的认同，不断提升建设美丽家乡的激情，不断激发脱贫奔小康的内生动力，不断铸牢中华民族共同体意识。

七、扎实推进教育扶贫和文化扶贫

协调教育部加大对武陵山片区的预科定向招生力度，2019年安排定向武陵山片区招生计划107名，比2018年增加了18名。召开民族地区基础教育发展经验交流会，总结推广民族地区基础教育发展经验，推动民族地区学生享有公平而有质量的教育，进一步铸牢各族师生中华民族共同体意识，服务脱贫攻坚工作。举办第四期“民族地区文化创意与可持续发展专题研讨班”，培训民族院校干部教师、非遗传承人、民族手工艺工作者等104名，提升了文创产业助推精准扶贫精准脱贫能力。开展“用民族文化力量助力脱贫攻坚”主题文化帮扶系列活动，向定点扶贫县（旗）捐赠图书，总价值5万余元，提高了定点扶贫县（旗）文化公共服务水平。

组织清华大学第一附属医院、北京协和医院的专家赴武陵山片区、定点扶贫县（旗）等民族地区开展“中华民族一家亲”卫生下基层活动，累计服务患者数千人次。中央民族歌舞团赴德保县开展文艺下乡惠民演出，宣传党和国家民族政策、传递党和国家温暖、促进各民族交往交流交融，为民族地区、贫困地区决胜脱贫攻坚、全面建成小康社会凝聚人心、注入动力、鼓舞干劲、增添信心。

（国家民委经济发展司扶贫开发处 张峻梧）

民政部扶贫开展情况

2019 年，民政部门深入学习领会习近平总书记关于扶贫工作重要论述和关于民政工作重要指示精神，按照党中央、国务院关于打赢脱贫攻坚战决策部署，聚焦脱贫攻坚、聚焦特殊群体、聚焦群众关切，扎实做好社会救助兜底脱贫工作，广泛动员社会力量参与，加强对特殊困难群体关爱帮扶，加大对重点地区倾斜支持，切实筑牢脱贫攻坚兜底保障的坚固防线，全面提升民政领域脱贫攻坚质量水平，有力服务支持了脱贫攻坚决战决胜大局。

一、健全完善社会救助兜底保障制度机制

一是将符合条件的贫困人口全部纳入社会救助兜底保障范围。2019 年，民政部会同国家统计局印发《关于在脱贫攻坚中切实加强农村最低生活保障家庭经济状况评估认定工作的指导意见》，健全农村最低生活保障家庭经济状况评估认定指标体系，对收入、财产、刚性支出以及辅助指标作出规范，进一步优化评估认定办法，规范评估认定方式。指导各地贯彻落实《民政部、财政部、国务院扶贫办关于在脱贫攻坚三年行动中切实做好社会救助兜底保障工作的实施意见》，将未脱贫建档立卡贫困户中靠家庭供养且无法单独立户的重度残疾人、重病患者等完全丧失劳动能力和部分丧失劳动能力的贫困人口，参照单人户纳入农村低保范围。2019 年，全国共有 1857 万建档立卡贫困人口纳入农村低保或特困人员救助供养范围，已脱贫 1693 万人、未脱贫 164 万人，给予建档立卡贫困人口临时救助 304 万人次。二是持续推动农村低保标准与扶贫标准有效衔接。指导各地综合考虑维持困难群众基本生活、当地物价水平、财政保障能力、城乡统筹发展需要等因素，科学制定农村低保标准，确保农村低保标准动态达到或超过国家扶贫标准。截至 2019 年底，全国农村低保平均标准为每人每年 5336 元，所有县（市、区）农村低保标准全部动态达到或超过国家扶贫标准，其中，22 个脱贫攻坚任务重的省份农村低保平均标准为每人每年 4697 元，全国深度贫困县平均标准达到每人每年 4199 元，“三区三州”所辖县平均标准为每人每年 4068 元。三是提高农村特困人员救助供养水平。印发《民政部关于进一步加强分散供养特困人员救助服务的通知》，进一步明确救助供养标准、规范照料服务协议、细化委托照料服务内容、强化照料服务资源链接等要求。开展特困人员集中供养需求摸底调查，详细了解分散供养特困人员集中供养意愿，优先集中供养生活不能自理特困人员。会同发展改革委、财政部印发《关于实施特困人员供养服务设施（敬老院）改造提升工程的意见》、《关于进一步加强特困人员供养服务设施（敬老院）管理有关工作的通知》，针对敬老院的设施条件、设备配置和安全管理实施为期三年的改造提升工程，持续增强管理服务能力。截至 2019 年底，全国共有农村

特困人员 439.3 万人，其中集中供养 75.2 万人，生活不能自理特困人员 107.3 万人，全年累计支出农村特困人员救助供养资金 346.9 亿元。四是进一步发挥临时救助兜底功能。会同财政部、国务院扶贫办印发《关于在脱贫攻坚兜底保障中充分发挥临时救助作用的意见》，进一步明确发挥临时救助在解决“两不愁”问题兜底作用和解决“三保障”问题支持作用，以及防范脱贫群众返贫等方面的政策措施，充分发挥临时救助兜底保障作用，及时解决困难群众遭遇的突发性、紧迫性、临时性基本生活困难，积极助力打赢脱贫攻坚战。2019 年，全国共实施临时救助 917.7 万人次，累计支出救助资金 128 亿元，平均救助水平 1395 元 / 人次。其中，救助非本地户籍对象 4.5 万人次。五是争取加大社会救助兜底保障资金投入。2019 年中央财政安排困难群众救助补助资金 1471.7 亿元，较上年增长 5.1%。

二、积极引导社会力量参与脱贫攻坚

一是引导社会组织参与脱贫攻坚。2019 年，全国共有约 4 万家社会组织参与脱贫攻坚工作，项目投入资金近 600 亿元。号召 300 余家全国性社会组织积极参与“三区三州”等深度贫困地区脱贫攻坚，召集 79 家业务主管单位参加全国性社会组织脱贫攻坚动员会。指导 8 个东部发达省份动员社会组织对口支援 8 个“三区三州”等深度贫困地区的贫困县。加强中国社会组织公共服务平台“精准扶贫”栏目建设。第十届“中华慈善奖”评选表彰中重点表彰在扶贫济困领域作出突出贡献的社会组织，中国社会组织公共服务平台等官方网络平台专门对 28 家全国性社会组织开展脱贫攻坚典型案例进行了通报和表扬。二是引导慈善力量参与脱贫攻坚。民政部修订完善《“中华慈善奖”评选表彰办法》，印发《民政部关于开展第十一届“中华慈善奖”的通知》，首次明确将 50% 以上的表彰名额集中到扶贫济困领域作出突出贡献的单位、个人、志愿服务等爱心团队、慈善项目、慈善信托等。为“三区三州”等深度贫困地区的扶贫项目和消费扶贫产品对接意向资金近 75 亿元。动员中国扶贫基金会、中国妇女发展基金会等多家慈善组织在遂川、莲花开展扶贫项目，累计投入金额 3000 多万元。三是引导社会工作和志愿服务力量参与扶贫。民政部向边远贫困地区、边疆民族地区和革命老区选派 1000 名社工，培养 500 名在地社工。指导社会工作先发地区 332 家社会工作服务机构“一对一”牵手帮扶贫困地区社会工作服务机构。促成 200 所社会工作相关院校与贫困县建立对口帮扶关系。推动各地开展一批面向贫困地区困难群众的社会工作服务示范项目，重点向深度贫困地区倾斜。会同共青团中央印发青年志愿者助力脱贫攻坚行动的通知。动员全国性志愿服务组织聚焦“三区三州”等深度贫困地区开展扶贫志愿服务。印发《民政部办公厅关于进一步加强脱贫攻坚志愿服务宣传展示工作的通知》，从各省挖掘 100 多个脱贫攻坚志愿服务感人故事，遴选出 200 余个脱贫攻坚志愿服务品牌项目，总结归纳出 50 多个脱贫攻坚志愿服务典型经验，在民政部网站开设“2019 脱贫攻坚 志愿服务在行动”专栏，引导广大志愿服务力量参与脱贫攻坚。

三、加强对特殊困难群体关爱帮扶

一是加强农村留守老年人关爱服务。2019 年，民政部印发《关于进一步做好贫困地区农村留守老年人关爱服务工作的通知》，对贫困地区农村留守老年人关爱服务工作作出专门部署。加强农村养老服务与脱贫攻坚、乡村振兴战略衔接，推动建立贫困地区老年人帮扶和留守老年人探访制度；将农村留守老年人和分散供养特困人员巡访工作情况，纳入 2019 年民政重点工作综合评估项目指标。指导督促各地制定农村留守老年人关爱服务配套政策文件或实施细则，实现省级全覆盖。完成全国农村“三留守”人员信息管理系统的开发工作，并分三批对所有省份相关工作人员进行政策宣传、培训。新冠疫情期间，部署加强农村留守老年人、孤寡老年人等特殊困难老年人关爱服务，指导各地全面开展摸底排查，及时做好关爱服务工作，支持养老机构优先保障生活不能自理特殊困难老年人入住需求，切实保障他们的基本人身安全和生活服务需求。二是做好农村留守儿童关爱保护和困境儿童保障。会同教育部、公安部等 12 个部门印发《关于进一步加强事实无人抚养儿童保障工作的意见》，明确中央财政对贫困家庭的事实无人抚养儿童给予适当补助，加强事实无人抚养儿童帮扶救助工作。会同教育部、公安部等 10 部门印发《关于进一步健全农村留守儿童和困境儿童关爱服务体系的意见》，明确要求加大贫困地区农村留守儿童和困境儿童关爱服务体系建设支持力度，向贫困地区倾斜并重点支持“三区三州”等深度贫困地区开展儿童关爱服务工作，帮助深度贫困地区解决特殊困难和强化薄弱环节。组织编写《儿童督导员工作指南》（指导版）和《儿童主任工作指南》（指导版），为“三区三州”地区免费发放 3.2 万册。举办罗霄山片区、临夏州和甘南州片区儿童督导员、儿童主任骨干集训班。启动“福彩圆梦·孤儿助学工程”，部本级彩票公益金投入 2.6 亿多元。三是做好农村留守妇女关爱服务工作。会同公安部、司法部等 13 部门印发《关于加强农村留守妇女关爱服务工作的意见》，推进各地进一步完善农村留守妇女关爱服务体系、健全工作机制、提升关爱服务能力，面向有困难、有需求的农村留守妇女提供相应关爱服务。四是做好农村残疾人帮扶。会同财政部、卫生健康委、国务院扶贫办、中国残联印发《关于在脱贫攻坚中做好贫困重度残疾人照护服务工作的通知》，要求并指导各地在构建集中和社会化相结合的照护服务体系时，优先将包括精神障碍患者在内的贫困重度残疾人纳入保障范围。会同财政部、中国残联印发《关于建立困难残疾人生活补贴和重度残疾人护理补贴标准动态调整机制的指导意见》，建立困难残疾人生活补贴和重度残疾人护理补贴标准动态调整机制，分别惠及 1069.3 万生活困难残疾人和 1354.5 万重度残疾人。印发《民政部办公厅关于在脱贫攻坚中做好“福康工程”项目实施工作的通知》及其附件《“福康工程”项目实施管理办法（试行）》，指导各地为有意愿的建档立卡贫困户、低保家庭和特困人员中的残疾人配置康复辅助器具，进行手术矫治和康复训练。

四、加强贫困地区基层政权建设

2019年，民政部指导贫困地区加强农村基层政权和群众性自治组织建设，提升乡镇政府服务能力，制定乡镇政府购买服务指导性目录。民政部联合中央组织部等6部门部署开展村规民约制定修订工作，指导贫困地区等地采取约束性强的措施，完善对婚丧陋习、天价彩礼、“等靠要”、懒汉行为等突出问题奖惩机制。31个省（区、市）制定了贯彻落实的政策性文件，绝大多数贫困村通过制定或修订村规民约在其中充实了相关内容。指导贫困地区加强村务监督委员会对村规民约遵守情况的监督，注重发挥村（居）民议事会、人民调解委员会、道德评议会、红白理事会、禁毒禁赌会等群众组织的作用，推动扶贫与扶志相结合，营造勤劳致富、脱贫光荣的良好氛围。修改完善《关于增强村级综合服务功能的指导意见》，对贫困地区社区共建共治共享行动等工作给予政策倾斜，加强对易地扶贫搬迁安置区村级综合服务设施等方面的政策指导。举办“三区三州”和罗霄山片区乡镇政府服务能力建设示范培训班、第七届全国“村官大讲堂”脱贫攻坚专班，联合中央宣传部举办10期全国社区工作者培训班，加大对“三区三州”、罗霄山片区和民政部定点扶贫县基层干部队伍建设的指导力度。组织开展乡镇政府服务能力建设典型经验征集活动，培育发掘桦南县、临邑县、乐安县等贫困县在内的一批乡镇政府服务能力建设典型。深入开展贫困地区婚俗改革调研，摸清天价彩礼、铺张浪费、大操大办、恶俗婚闹、攀比随礼等基本现状和产生原因，研究提出相关对策建议。广泛宣传婚俗改革的相关政策和主动实践，积极引导群众树立正确的婚姻观，促进社会风气好转。举办贫困地区婚姻管理工作培训班，指导各地研究推动婚俗改革的有效措施。

五、加强贫困地区行政区划调整和地名管理

2019年，民政部开展贫困地区优化行政区划设置专题研究，深入分析研究贫困地区行政区划设置不适应经济社会发展和脱贫攻坚的突出矛盾及问题，加大对贫困地区行政区划调整工作的指导支持力度。指导贫困地区加强地名文化遗产保护，支持相关地区申报“千年古县”。以《中国地名大会》节目为契机，深入挖掘贫困地区地名文化资源，通过题目设置、文化解读等方面大力宣传弘扬贫困地区优秀地名文化，助力决胜全面小康、决胜脱贫攻坚。优先安排大别山集中连片特困地区皖鄂线、六盘山集中连片特困地区甘宁线和有扶贫任务的晋豫线等3条省界界桩更换工作，向相关省份拨付界桩更换经费288万元。在“中国·国家地名信息库”增设脱贫攻坚专栏版块，为“三区三州”等贫困地区开展宣传。举办区划地名工作业务培训班，培训对象向“三区三州”等贫困地区倾斜。

六、做好片区扶贫和定点扶贫

2019年，民政部修订《罗霄山片区扶贫攻坚工作实施方案》，组织召开2019年罗霄山片区区域发展与脱贫攻坚部际联系会议，专题召开片区重点需求事项专题协

调会，围绕“义务教育、基本医疗、住房安全”三保障、饮水安全以及交通、水利等基础设施建设，进行沟通协调。持续跟进片区需求事项，对2019年片区会专题协调的重点需求进行归纳整理，同时持续跟踪长赣铁路、瑞梅铁路等重点项目进展，加快项目选线等前期工作进度。加大彩票公益金的倾斜支持力度，2019年安排部本级彩票公益金倾斜资金5836万元支持罗霄山片区民政事业发展，2019年共向片区安排彩票公益金13803万元，比去年增长5907万元，安排中央预算内投资7367万元，比去年增长426万元，用于支持片区社会福利设施项目建设。面向罗霄山片区县级民政部门组织开展民政业务培训班，组织部机关各业务司局业务骨干专题授课，推动提升片区民政干部政策理论水平。片区23个县已有19个县通过脱贫摘帽验收。民政部领导多次前往江西遂川和莲花两个定点扶贫县调研、指导工作，推动解决现实问题。民政部定点扶贫工作2018-2019年连续两年被国务院扶贫工作领导小组综合评价为“好”。与中国茶叶有限公司、遂川县签订产业扶贫战略合作协议，直接投资280万元支持遂川县建设茶叶示范加工厂，促进狗牯脑茶产业发展。为莲花县神泉乡筹集资金130万元，支持蜂蜜养殖、中药材种植产业发展；引进资金300万元，帮扶莲花县以甘祖昌干部学院为依托，升级改造困难群众民宿，发展红色培训产业。加强宣传推广，协调央视二套在福彩开奖节目前播放茶叶广告，在部门户网站开设专栏，推介两县特色农产品。积极发挥民政部主管社会组织登记管理的职能作用，动员引导社会组织支持定点扶贫。2019年向遂川县引入29家组织和企业，帮扶资金3171万元，向莲花县引入31家组织和企业，引进帮扶资金2575万元。经过各方努力，2019年4月28日，江西省人民政府批复遂川、莲花县脱贫退出。组织开展扶贫日系列活动，开展干部职工向两县献爱心捐款活动，共捐款36万余元。积极协调中国社会福利基金会向两定点县捐赠扶贫日活动资金110余万元，支持两县社会公益项目。通过“福彩圆梦·改建南屏小学”“福彩圆梦·修缮龙潭水库”“福彩圆梦·农家小货车”等项目，帮助定点扶贫县完善基础设施建设，发展特色产业。

七、加大对深度贫困地区民政领域脱贫攻坚支持力度

2019年，民政部认真落实中央部署，积极协调相关部门在资金、项目、人才等方面，持续加大对贫困地区支持力度。一是加大资金支持力度。2019年中央财政新增安排的困难群众救助补助资金70.6亿元，全部补助给“三区三州”等深度贫困地区。实施民政部彩票公益金“三区三州”专项倾斜项目，加大民政部彩票公益金对“三区三州”等贫困地区倾斜支持力度，专项倾斜额度3.5亿元。二是加大项目倾斜力度。会同发展改革委印发《关于进一步支持“三区三州”等深度贫困地区做好社会服务兜底工程实施工作的通知》，优先安排“三区三州”等深度贫困地区的社会服务兜底工程项目。2019年，“福康工程”项目在西藏等“三区三州”地区为福利机构集中供养的残障者、社会特困人员、贫困人员、低收入残障对象实施肢体畸形矫治手术150例，为残障者配置假肢500具、配置矫形器974具，为“三区三州”示范福利机构配发康复辅具产品1230件（套），有效助力残疾人精准脱贫。三是加强培训支持力度。

切实加大对“三区三州”等深度贫困地区基层民政干部的培训力度，民政部组织的相关培训重点向“三区三州”深度贫困地区倾斜，帮助提高基层工作人员业务能力。

（民政部 付晓媛）

财政部扶贫开展情况

2019 年是攻坚克难、打赢脱贫攻坚战的关键之年。财政部全面深入学习领会习近平总书记关于扶贫工作的重要论述和重要指示批示精神，认真贯彻落实党中央、国务院脱贫攻坚决策部署，坚决落实脱贫攻坚政治责任，紧扣脱贫攻坚职能职责，以积极的态度、有力的举措、有效的工作，全力支持脱贫攻坚决战决胜。

一、切实保障支持脱贫攻坚的财政投入

2019 年，中央财政贯彻落实“健全与脱贫攻坚任务相适应的投入保障机制”要求，从三个方面保障好脱贫攻坚投入。

1. 坚决落实好财政综合扶贫投入。一是调整优化一般性转移支付结构，加大均衡性转移支付、县级基本财力保障机制奖补资金等投入，并向贫困地区、革命老区、民族地区等重点地区倾斜，提高地方可统筹安排用于脱贫攻坚的财力水平。二是中央财政持续大幅增加补助地方专项扶贫资金，由 2015 年的 461 亿元增加到 2019 年的 1261 亿元，连续 4 年保持每年 200 亿元增量。三是加大教育、医疗卫生、住房保障、金融、交通等行业扶贫投入。除党中央、国务院有明确规定实行统一标准的普惠制资金外，其他行业扶贫资金都向贫困地区、贫困人口倾斜。

2. 积极拓宽财政扶贫投入渠道。一是落实城乡建设用地增减挂钩节余指标跨省域调剂政策，为深度贫困地区筹集资金 640 亿元，覆盖全国 397 个深度贫困县、1100 多万建档立卡贫困人口。二是指导督促做好东西部扶贫协作工作，加强帮扶资金管理，提高帮扶资金使用效益。三是加大地方政府债务资金支持脱贫攻坚力度。要求各地完善地方政府债务资金用途，重点用于支持易地扶贫搬迁、贫困地区特别是“三区三州”等深度贫困地区基础设施、乡村振兴等，专门安排支持易地扶贫搬迁的债券规模 1293.5 亿元。

3. 支持解决“两不愁三保障”突出问题。 一是积极支持义务教育工作。分配资金时，通过完善分配因素，优化支出结构，加大对深度贫困地区的支持力度；进一步加大中央财政支出责任，支持地方统筹解决好贫困地区义务教育有保障面临的突出问题。二是积极支持基本医疗工作。支持各地资助符合条件的困难群众参加城乡居民医保，对其难以负担的基本医疗自付费用给予补助；针对个别地方存在的多重保障、过度保障等问题，配合有关部门印发实施方案，要求各地于 2020 年底前，将在现有医保制度之外自行实施的医疗保障扶贫措施，转为在基本医保、大病保险和医疗救助三重保障框架下进行。三是积极支持住房安全保障。支持完成建档立卡贫困户等 4 类重点对象危房改造任务 135 万多户，将 4 类重点对象存量危房改造任务一次性安排，支持地震高烈度设防地区开展农房抗震改造试点。四是积极支持饮水

安全工作。通过中央基建投资农村饮水安全巩固提升工程支持包括深度贫困地区在内的地方解决农村饮水安全问题，并首次将农村饮水工程维修养护纳入中央财政支持范围，安排补助资金支持中西部贫困地区、东部原中央苏区等地约 10 万处农村饮水工程维修养护，覆盖约 1.13 亿人。

二、完善落实支持脱贫攻坚的财税政策

在切实加大脱贫攻坚投入力度的同时，积极完善财税支持政策，抓实抓细政策落实工作。

1. 研究完善支持脱贫攻坚的税费政策。通过“提标、扩围”的方式，进一步加大对包括建档立卡贫困人口在内的重点群体创业就业税收优惠力度；对企业符合条件的扶贫捐赠准予在所得税前据实扣除；对符合条件的扶贫货物捐赠免征增值税；对易地扶贫搬迁项目免征城市基础设施配套费、不动产登记费等政府性基金和行政事业性收费等。上述政策实施以来，对促进建档立卡等贫困人口创业就业、引导各类企业和社会组织参与扶贫捐赠、促进易地扶贫搬迁等发挥了积极作用。

2. 进一步落实贫困县涉农资金整合试点政策。一是细化实化政策要求。联合国务院扶贫办印发工作通知，指导督促各地放权到位，规范推进整合工作。举办培训班，对 832 个贫困县整合试点工作进行“面对面”的政策指导和答疑解惑。二是落实增幅保障。在下达纳入整合范围的各项中央财政涉农资金时，明确要求各省分配给试点贫困县的资金增幅不得低于该项资金的平均增幅，不得指定具体项目或提出与脱贫攻坚无关的任务要求。三是完善管理制度。会同相关部门修订完善水利发展资金等多项资金管理办法，明确整合试点管理要求。将中央层面纳入整合试点的 20 大项资金归并为 17 大项，推动解决扶贫资金多头管理的问题。

3. 制定支持脱贫攻坚的政府采购政策促进消费扶贫。一是要求各级预算单位结合实际，在同等条件下优先采购贫困地区农副产品和物业服务。二是会同国务院扶贫办、供销总社，对贫困地区农副产品供应商认定、价格监测、质量控制、网络销售平台渠道建设等工作作出部署。三是会同有关部门依托供销总社“供销 e 家”平台改造建设贫困地区农副产品网络销售平台，推动贫困地区农副产品销售。

4. 抓好脱贫攻坚与乡村振兴衔接政策储备研究。将“财政支持脱贫攻坚与乡村振兴衔接政策研究”作为 2019 年度重点调研课题，部领导带队赴多地开展调研，对现有各项财政扶贫政策进行全面评估，研究提出完善财政支持脱贫攻坚与乡村振兴的政策思路和建议。

三、强化财政扶贫资金监督管理

财政部高度重视财政扶贫资金监管工作，采取多项措施持续加大资金监管力度，切实提高扶贫资金使用效益。

1. 推进扶贫项目和资金绩效管理。一是开展 2018 年扶贫项目资金绩效自评，组织对自评结果开展抽审，督促地方对发现的问题及时整改。二是进一步明确扶贫项

目资金绩效管理口径、职责分工、工作重点、监督检查等要求，指导地方以财政专项扶贫资金为示范抓好扶贫项目资金绩效管理工作。三是完善财政专项扶贫资金绩效评价体系，改进考核方式，进一步提高评估抽查比例，增强评价指标体系的科学性，提高评价结果的公平公正性。四是从严开展绩效评价并强化评价结果应用，配合国务院扶贫办对2018年专项扶贫资金绩效评价结果进行通报，督促抓好问题整改。

2. 优化财政扶贫资金动态监控平台。完善全国财政扶贫资金动态监控平台，对各级各类财政扶贫资金分配下达、资金支付及项目资金绩效目标执行等情况进行监控。2019年，监控平台已实现中央、省、市、县上下贯通，在中央本级、有脱贫攻坚任务的28个省份、339个地市、3043个县（地市县均含开发区、实验区）稳定运行。各级财政运用监控平台，掌握财政扶贫资金投入情况，督促加快预算下达和执行进度，加强扶贫资金监管，及时发现和纠正问题。

3. 强化财政扶贫领域的监督检查。一是组织财政部各地监管局对相关审计问题整改问责情况进行了跟踪督促，研究提出意见建议。二是聚焦深度贫困地区，组织8家监管局对财政支持深度贫困地区脱贫攻坚政策落实及资金管理使用情况开展专项核查。三是开展脱贫攻坚领域群众信访事项核查。督促地方纠正扶贫项目管理中存在的问题，举一反三，认真查找工作作风方面的差距。四是建立扶贫资金违规管理使用责任追究制度，针对财政扶贫资金使用管理中十种具体违规情形，明确追责形式，加强责任追究。

四、扎实完成定点扶贫工作

财政部积极发挥中央国家机关扶贫优势，拓宽思路，精准施策，扎实推进湖南平江和云南永胜两县定点扶贫工作。一是加强对定点扶贫的组织领导。部党组书记、部长刘昆同志先后多次就做好定点扶贫工作作出批示，代表财政部签订《中央单位定点扶贫责任书》。部党组成员多次主持召开会议，研究部署落实帮扶措施。加大选派帮扶干部力度，保持帮扶干部稳定。二是强化督促指导和政策培训，压实脱贫主体责任。部党组成员带头多次赴定点县开展实地调研，实地对接帮扶工作，加强对定点县扶贫资金使用管理和项目推进工作的指导力度。2019年，通过多种形式培训两县干部2214人次、专业技术人员2251人次。三是帮助协调引进扶贫项目，加大资金项目支持力度。针对两县提出的帮扶需求，发挥财政部门四级联动作用，帮助协调引进项目，指导定点帮扶用好各项支持资金和政策。

（财政部农业农村司扶贫开发处供稿）

自然资源部扶贫开展情况

2019年，自然资源部以习近平新时代中国特色社会主义思想为指导，深入学习贯彻习近平总书记关于扶贫工作的重要论述，增强“四个意识”、坚定“四个自信”、做到“两个维护”，认真落实《中共中央 国务院关于打赢脱贫攻坚战三年行动的指导意见》，不忘初心、牢记使命，强化脱贫攻坚工作的政治担当和行动自觉，聚焦实现“两不愁三保障”目标标准，抓住政策扶贫、对口扶贫两条主线，坚持问题导向，区分轻重缓急，把握工作节奏，努力为打赢精准脱贫攻坚战尽好分内职责。

一、实施超常规的扶贫政策

（一）超常规用地保障政策。

一是计划管理方面。在分解下达年度新增建设用地计划时，对全国832个贫困县专项安排每县新增建设用地计划指标600亩。同时，足额保障深度贫困地区基础设施建设、易地扶贫搬迁、民生发展等用地需求，土地利用规划计划指标不足部分由国家协同所在省份解决，为顺利推进脱贫攻坚提供了空间保障。二是用地审批方面，允许深度贫困地区建设用地，涉及农用地转用和土地征收的，在做好补偿安置前提下，可以边建设边报批；涉及占用耕地的允许边占边补，确实难以落实占优补优、占水田补水田的，可按补改结合方式落实，并按用地审批权限办理用地手续。三是土地利用方面，鼓励深度贫困地区探索农村集体经济组织以出租、合作等方式盘活利用空闲农房及宅基地；通过村庄整治、宅基地整理等节约的建设用地，鼓励采取入股、联营等方式，重点支持农村新产业新业态和农村一二三产业融合发展，为贫困群众增加财产性收入、实现稳定脱贫提供了重要渠道和制度保障。

（二）超常规增减挂钩政策。

对集中连片特困地区、国家和省级扶贫开发工作重点县、开展易地扶贫搬迁的贫困老区，允许将增减挂钩节余指标在省域范围流转使用；对“三区三州”及其他深度贫困县，允许将增减挂钩节余指标跨省域调剂使用。一是省域内流转方面，自2016年2月以来，有18个省份开展了省域内流转，累计流转指标超过45万亩，流转收益超过1300亿元。二是跨省域调剂方面，2018年，深度贫困地区所在省份调出节余指标19.43万亩，获得资金607.28亿元。2019年，深度贫困地区所在省份调出节余指标20.88万亩，获得资金640.06亿元。

（三）超常规耕地保护政策。

一是永久基本农田保护方面，允许832个国家级贫困县省级以下基础设施、易地扶贫搬迁、民生发展等建设项目，确实难以避让永久基本农田的，可纳入重大建设项目范围，进一步加大对贫困地区建设项目用地保障力度。二是生态退耕方面，扩大贫困地区退耕还林还草规模，将 25 度以上坡耕地、严重沙化耕地、重要水源地 15~25 度的坡耕地、陡坡梯田、严重污染耕地等五种地类纳入贫困地区退耕还林还草范围。明确新一轮退耕还林集中用于贫困地区所在的 11 个省份。三是跨省域补充耕地方面，出台跨省域补充耕地国家统筹管理办法，选择承担补充耕地省份优先考虑老少边穷地区。2019 年拨付第一批承担补充耕地任务的新疆、吉林、四川、黑龙江、青海 5 省区补充耕地经费约 103.8 亿元。

（四）超常规项目支持政策。

一是生态保护修复方面，在全国 25 个山水林田湖草生态保护修复工程试点中，向生态环境脆弱的贫困地区倾斜，在“三区三州”深度贫困地区所在省区实施山水林田湖草生态保护修复试点工程 6 个，已下达中央财政补助资金 116.6 亿元。二是土地整治重大工程方面，支持实施四川乌蒙山、云南乌蒙山、贵州乌蒙山、江西赣南、广西兴边富民、新疆生产建设兵团等 6 个土地整治重大工程，下达中央财政补助资金 40.50 亿元。三是地质调查方面，投入地质调查扶贫项目经费 6.5 亿元，在全国 14 个集中连片特困地区完成施工探采结合井 281 眼，建设饮水安全示范工程 18 处，帮助 14.5 万人解决安全饮水难题；向当地人民政府移交富硒等特色土地资源 595 万亩，提出特色农业基地规划建议 316 处，助推特色优质农业产业发展；识别地质灾害隐患 3996 处，实施地质灾害监测预警示范点 21 处，开展地灾防治培训 3730 余人次；发现地质遗迹点 440 多处，鉴评出国家级及以上地质遗迹点 22 处。

同时，为抓好自然资源扶贫政策举措的落实，先后开展了《关于支持深度贫困地区脱贫攻坚的实施意见》和《关于打赢脱贫攻坚战三年行动的指导意见》分工任务评估，有针对性完善和改进政策举措。注重培训指导，举办“10.17”全国扶贫日扶贫用地政策论坛，深入解读自然资源扶贫政策。举办 3 期自然资源政策助推深度贫困地区脱贫攻坚培训班，培训“三区三州”及其他深度贫困县、乌蒙山片区县及 6 个定点扶贫县（市、区）自然资源主管部门负责同志 460 余人。编辑出版《自然资源扶贫政策汇编》和《自然资源政策助力脱贫攻坚 50 例》，为各地提供政策指导和典型经验借鉴。

二、深入开展定点扶贫工作

自然资源部定点扶贫江西省赣州市赣县区、兴国县、于都县、宁都县，黑龙江省海伦市和海南省琼中黎族苗族自治县共 6 个县（市、区）。2019 年，认真落实定点扶贫部门职责，对标对表《中央单位定点扶贫责任书（2019 年度）》各项任务目标，聚焦“两不愁、三保障”特别是饮水安全目标，不断加大帮扶工作力度。

（一）深入开展扶贫调研。

陆昊部长深入江西赣州市赣县区、兴国县、于都县调研，库热西·买合苏提副部长、凌月明副部长分赴黑龙江海伦市、江西赣州市兴国县、于都县、宁都县和海南省琼中县调研，督促指导定点扶贫县落实主体责任，覆盖了全部的6个定点扶贫县。

（二）加大资金投入力度。

直接投入项目资金12245.06万元。其中，地质调查项目资金7119万元，安排地质调查项目24个，实施探采结合井192眼，解决8万多人饮水安全问题；提前实现赣州18个县（市、区）主要农耕地调查全覆盖，圈定绿色富硒土地面积394.8万亩，提出特色农业基地建议区212处，重点支撑贫困地区开展富硒土地资源开发利用和产业发展、富硒品牌创建等。通过下达2019年增减挂钩节余指标跨省域调剂任务和省域内流转、土地综合整治、国土空间生态修复项目等，帮助引进资金91229.8万元，协调社会力量捐赠30.5万元。

（三）加强智力扶持。

向6个定点扶贫县各派出1名挂职干部，任区委副书记或县委常委、副县长，分管或协助分管扶贫工作。派出2名干部，挂职任县直部门副局长。选派3名干部在赣县区夏潭村、海伦市长发村、琼中黎族苗族自治县番响村任第一书记。先后举办13期定点扶贫县贫困村党支部书记、致富带头人和实用技术人才培训班，培训党支部书记343人，培训致富带头人和实用技术人才2130人。组织定点扶贫县品学兼优的贫困学生36名前往北京、上海、青岛等地开展夏令营等研学活动；捐助赣县区夏潭村幼儿园建设，受益学生30人；捐助海伦市贫困学生59人；在琼中黎族苗族自治县设立奖学金，捐资助学，举办科普讲座，受益849人。

（四）加大消费扶贫力度。

通过举办部定点扶贫县特色农产品展销，设立定点扶贫县特色农产品专卖点，动员全系统干部职工购买定点扶贫县农产品148万元。协调京东电商和中国农业银行扶贫商城，扩大定点扶贫县特色农产品销售，帮助销售390多万元。

（五）深入开展党建扶贫。

制定《关于做好抓党建促脱贫攻坚工作的通知》，部属12个单位党支部与和定点扶贫县贫困村党支部结对共建，开展联学活动，捐款88.89万元，捐赠图书2.37万册。

三、认真履行乌蒙山片区牵头联系职责

（一）加强片区脱贫攻坚自然资源政策差别化支持。

赴片区3省5个市（州）13个县调研走访，通过实地调研、座谈交流，认真排查摸清省、市、县三级意见和诉求，梳理形成《乌蒙山片区自然资源政策差别化需求事项》，专题研究形成《乌蒙山片区自然资源政策差别化需求事项答复意见》《乌

蒙山片区脱贫攻坚个别地方具体自然资源政策需求事项答复口径》，对 11 个方面 150 余项具体问题给予了明确答复。

（二）积极协调有关部委加强片区脱贫攻坚支持。

加强与有关部门协调，针对乌蒙山片区提出的饮水安全、医疗保障、住房安全、交通设施、生态保护、扶贫产业发展等方面的 40 余项需求事项，逐项提出答复意见。

（三）加强部省联动共克深度贫困堡垒。

7 月份，我部将乌蒙山片区脱贫攻坚需求事项答复意见反馈片区三省后，片区三省高度重视，要求省直有关部门主动对接，把部委支持事项落到实处。9 月 24 日，在四川凉山召开乌蒙山片区部际联系会议，陆昊部长再次请片区 38 个县的负责同志直接向部提出困难问题，对提出的 100 余项需求事项已协调形成答复和支持意见，并反馈三省。

（自然资源部扶贫办 李东法）

住房和城乡建设部扶贫开展情况

2019 年，住房和城乡建设部认真学习贯彻习近平总书记关于扶贫工作的重要论述，深入贯彻落实中央经济工作会议、中央农村工作会议精神，大力推进脱贫攻坚农村危房改造、定点扶贫、大别山片区脱贫攻坚联系等重点工作，全面完成住房和城乡建设部 2019 年度脱贫攻坚任务。

一、聚焦解决“两不愁三保障”突出问题，全面推进农村危房改造工作

一是全力以赴完成存量危房改造任务。会同国务院扶贫办等相关部门印发《关于抓紧核实报送建档立卡贫困户等重点对象危房存量台账的通知》（建办村函〔2019〕125 号），组织各地核实确认，全国建档立卡贫困户存量危房改造任务 64 万户，低保户、农村分散供养特困人员和贫困残疾人家庭存量危房改造任务 71 万户，合计 135 万户任务，安排补助资金，较往年提前 2 个月下达中央财政补助资金，帮助贫困户提前备工备料。每月调度工作进展，切实加强农村危房改造工作进度。

二是加强技术指导灵活保障方式。组织编制了适用性和操作性强的危房鉴定、改造、竣工验收等技术标准，开展农房建设相关工作和技术培训，组织技术力量对深度贫困地区进行支援和帮扶。指导各地编制农村危房改造技术指南和图集，为贫困群众建房免费提供技术方案和关键环节技术指导，严格执行质量安全闭合管理，施工关键环节现场检查并记录，竣工验收满足质量安全要求后方能全额拨付补助资金，确保实现改造目标。指导各地帮助贫困群众选择合理的改造方式，通过拆除重建、修缮加固等方式改造危房，降低贫困群众的建房负担。另外，鼓励地方采用统建农村集体公租房及幸福大院、修缮加固现有闲置公房、置换或长期租赁村内闲置农房等方式，兜底解决那些自筹资金和投工投料能力极弱的特殊贫困群体的基本住房安全问题。

三是千方百计倾斜支持深度贫困地区。提高对“三区三州”等深度贫困地区建档立卡贫困户等 4 类重点对象危房改造补助标准，2019 年中央财政户均补助增加 2000 元，达到 1.6 万元。督促指导有关省份组织技术力量开展帮扶，指导并协助当地落实相关技术要求。召开“三区三州”深度贫困地区调度会，督促各地危房改造工作进度。特别是针对凉山州改造任务重、资金压力大、工程进度慢等问题，分管部领导带队实地督导调研，商财政部给四川省预拨明年中央补助资金 21 亿元，督促协调四川省追加补助资金 2.8 亿元，派专家给予技术支持，促进了凉山州农村危房改造。

四是压实地方工作职责。5 月 19 日，会同国务院扶贫办在河南省信阳市召开农

村危房改造脱贫攻坚工作推进会，指导和督促各地严格执行“中央统筹、省负总责、市县抓落实”的责任机制，精准锁定改造任务，逐户制定改造措施；坚持让贫困人口不住危房的住房安全有保障标准，既不降低标准影响农房使用安全，也不擅自拔高标准加重农户负担；因地制宜确定建设标准和改造方式，灵活运用多种方式解决特困户基本住房安全；加大对深度贫困地区的倾斜支持，组织技术力量帮扶；加强危房鉴定和竣工验收技术指导，确保改造后的房屋基本安全有保障。

五是提前谋划明年危房改造工作。按照国务院扶贫开发领导小组工作部署，会同有关部门组织各地开展农村危房改造“回头看”排查，重点排查已实施改造的农房是否安全、已下达任务是否能如期开工等内容。已商财政部预拨 180 亿元中央补助资金予以支持，确保 2020 年底前实现贫困户住房安全有保障目标。

六是扎实开展保障贫困户基本住房安全方面漠视侵害群众利益问题专项整治。成立工作领导小组，会同有关部门联合印发实施方案，明确整治重点，督促指导各地将专项整治作为第二批主题教育的重点内容，压实主体责任。坚决查处群众投诉举报问题，并加强跟踪督办。通过专项整治，着力解决群众最关心最直接最现实的利益问题，确保如期完成建档立卡贫困户等重点对象存量危房改造任务。

二、创新工作机制，举系统之力推进定点扶贫

一是健全帮扶机制。建立组团帮扶和部县联席会议制度。对我部负责帮扶的 4 个定点扶贫县，分别成立 4 个帮扶工作组，各由一个机关司局牵头，一个事业单位、一个行业协会参与。分管部领导带着 4 个帮扶工作组在 4 个县分别召开部县联席会议，与 4 个定点扶贫县主要负责同志深入研究精准扶贫、巩固脱贫成果的具体思路和举措，帮助定点扶贫解决实际困难。

二是大力实施抓党建促脱贫。将 4 县纳入全国第一批“美好环境与幸福生活共同缔造”试点县，扩大“美好环境与幸福生活共同缔造”试点村范围，充分发挥党建引领作用，激发广大贫困群众的内生动力。组织部机关司局和直属单位 6 个党支部与 4 县 6 个贫困村党支部结对共建，深入开展“支部共建聚合力，助推脱贫谋发展”活动，支持贫困村党支部加强基层组织建设。在河南省兰考县张庄村组织培训，帮助 4 县培养一批精通抓党建促脱贫的党支部书记。向 4 县捐赠党费补助资金 80 万元，捐赠计算机、投影仪等办公设备 200 余台，重点用于建设和修缮贫困村党员活动场所，更新党员教育设备。向驻村第一书记下拨 2.6 万元专项用于开展党建活动。

三是选优配强挂职干部。按照“尽锐出战”要求，及时完成了挂职干部轮换。从部机关司局新选派 1 名综合素质好的正处级干部，到湖北省麻城市的贫困村担任驻村第一书记。加强业务培训和指导，落实挂职干部生活补助，及时帮助家属解决生活难题，支持挂职干部全身心投入扶贫工作。

四是加大产业扶贫力度。协助红安县引进湖北高翔节能科技有限责任公司年产 5 万吨岩棉生产项目；帮助红安县柏林寺村培育致富带头人。协助麻城市引进甘肃富园农业科技开发有限公司发展现代农业，目前正在推进土地流转；引进南京农业大

学等技术力量，指导和支持麻城市福白菊品种复壮，发展菊花会展经济等。协助大通县引进青海海森农牧业开发有限公司发展农业种植，目前已达成初步意向。协调中燃集团在大通县土关村成立大通县中燃城镇燃气有限公司，目前已完成主体建设。指导大通、湟中县发展中药材产业，帮助引进中药材收购企业，扩大销路；在云南省彝良县举办中药材方面致富带头人和实用技术人才培训班，帮助培养一批行家里手，全面提升种植、加工、销售水平。

五是整合行业力量。安排中央补助资金 17430 万元，支持定点扶贫县完成棚户区改造 5645 套，改善贫困群众居住条件。将定点扶贫县 4 个传统村落列入中央财政支持范围，补助资金 1200 万元。指导定点扶贫县挖掘传统文化资源，4 县 9 个村落已列入第五批中国传统村落公示名单。帮助红安县建设传统村落数字博物馆，指导红安县加强传统村落保护和发展。中国城市规划设计研究院无偿帮助红安县编制完成城乡生活垃圾无害化处理、城乡生活污水治理、“厕所革命”等专项规划，为红安县“四个三”重大生态工程建设提供规划技术支持。组织建筑业、房地产业、物业管理、风景园林等行业协会和企业参与我部脱贫攻坚工作。帮助引进龙头建筑业企业，提升 4 县建筑业发展水平。为 4 个定点扶贫县培训贫困村党支部书记等基层干部 517 人次，培训技术人员 430 人次。组织行业优秀技术力量指导定点扶贫县推广“美好环境与幸福生活共同缔造”的经验，有效激发了贫困群众的内生动力，提升了乡村治理水平。

三、凝聚大别山片区攻坚合力

一是推进大别山片区脱贫攻坚联系工作。部领导多次深入片区县考察调研，积极协调推进片区区域发展和脱贫攻坚工作。研究制定建筑业产业扶贫政策，在建筑业产业培育、资质申报等方面给予指导支持，协调大型建筑企业与有关片区县对接帮扶，有效促进贫困户就业增收。在脱贫攻坚农村危房改造、传统村落保护、历史文化保护传承、棚户区改造、老旧小区改造、城乡美好环境与幸福生活共同缔造等方面对片区给予大力指导和支持，助力大别山片区打赢脱贫攻坚战。

二是召开大别山片区区域发展与脱贫攻坚推进会议。主动与安徽、河南、湖北 3 省扶贫部门、22 个片区部际联系会议成员单位和在片区开展定点帮扶的 22 家中央部门沟通，聚焦解决“两不愁三保障”突出问题和片区县需要解决的具体问题，对片区县需求研提支持意见。10 月 23 日，在安徽省金寨县召开大别山片区区域发展与脱贫攻坚推进会议，邀请 3 省负责同志、片区部际联系会议成员单位代表和在片区开展定点帮扶的中央部门代表参会，深入学习习近平总书记关于脱贫攻坚的最新重要指示，学习李克强总理的重要批示，围绕解决“两不愁三保障”突出问题和坚决落实“四个不摘”工作要求，总结分析工作，交流典型经验，凝聚攻坚合力。

截至 2019 年 12 月 31 日，定点扶贫责任书确定的量化任务全部超额完成。其中，计划向 4 县投入帮扶资金 550 万元、帮助引进帮扶资金 1000 万元，实际向 4 县投入帮扶资金 4500 万元，并向 4 县无偿捐建装配式公厕，捐赠助听器、图书、计算机等办公设备及软件，价值540余万元，帮助引进帮扶资金2.8亿元。计划培训基层干部300人、培训技术人员200人，通过举办专题培训班和各类技术培训等，为4县培训贫困村党支部书记等基层干部517人次，培训技术人员430人次。计划购买和帮助销售农产品各30万元，通过鼓励部机关和直属单位工会、食堂采购，动员干部职工自行购买，组织4县农产品进机关展销，搭建“公益住建”扶贫平台等，完成购买4县农产品262.4万元，帮助销售93.6万元。

（住房和城乡建设部扶贫办公室　陈瑶）

交通运输部扶贫开展情况

2019 年，交通运输部坚持以习近平总书记关于扶贫工作的重要论述和指示批示精神为指导，切实落实党中央、国务院决策部署，始终把打赢交通运输脱贫攻坚战作为头号政治任务和第一民生工程，将中央脱贫攻坚专项巡视整改与“不忘初心、牢记使命”主题教育紧密结合，以“三区三州”深度贫困地区为重点，扎实推进交通扶贫、定点扶贫、对口支援和联系六盘山片区工作，圆满完成了 2019 年各项目标任务，为贫困地区打赢打好脱贫攻坚战提供坚实保障。

一、行业扶贫情况

（一）加强对交通运输脱贫攻坚工作的全面领导。

深入学习贯彻落实习近平总书记关于扶贫工作重要论述和指示批示精神。先后召开 12 次党组会、15 次部务会、6 次领导小组会，传达学习贯彻，研究推进交通运输脱贫攻坚工作。及时组织部机关司局及部属在京各单位党组织，结合理论学习中心组学习、“三会一课”、组织生活日等形式开展专题学习。完善工作机制，调整充实交通运输服务乡村振兴战略、推进“四好农村路”建设和脱贫攻坚领导小组，主要负责同志担任“双组长”，形成党组领导、小组主抓、司局落实的责任体系。在部综合规划司成立扶贫处，充实稳定专职扶贫工作队伍。着眼于综合交通全局视野，构建部与铁路局、民航局、邮政局“一部三局”大交通扶贫格局。

（二）抓好中央脱贫攻坚专项巡视整改。

对照巡视反馈问题，明确 20 项巡视整改任务，制定 52 条整改措施，由党组成员分工抓好整改落实。将巡视整改纳入“不忘初心、牢记使命”主题教育重要内容，党组成员分别深入定点扶贫县、对口支援县、六盘山片区、“三区三州”实地调研检查 17 次，将调研发现问题与巡视整改任务并账管理。各类问题均已全部整改完成并转入常态化工作。

（三）完善交通扶贫规划计划体系。

交通运输部在《“十三五”交通扶贫规划》《支持深度贫困地区交通扶贫脱贫攻坚实施方案》《交通运输脱贫攻坚三年行动计划（2018—2020 年）》的基础上，2019 年制定了《打赢交通扶贫脱贫攻坚战 2019—2020 年实施方案》，分省细化分解后两年剩余交通扶贫建设任务。会同各地交通运输部门抓好交通扶贫基础底数核查确认，建立了县对外通道、乡镇通硬化路通客车、建制村通硬化路通客车三级项目台账。将交通扶贫规划目标任务量化指标全部纳入统计制度，并对“三区三州”单独管理，严防数据虚假。印发《关于贯彻落实习近平总书记重要指示精神做好交通建设项目更多向进村入户倾斜的指导意见》，指导各地因地制宜推进通自然村道路建设。

（四）加快推进交通基础设施建设。

2019 年交通运输部安排车购税资金 2154 亿元用于贫困地区交通基础设施建设，其中 519 亿元用于农村公路建设。全年新增国家高速公路通车里程约 1880 公里，建成普通国道约 6200 公里，新改建农村公路 18.2 万公里，实现了所有具备条件的乡镇和建制村 100% 通硬化路。着力攻克深度贫困堡垒。对“三区三州”交通扶贫脱贫攻坚作出专项安排，新增资金、新增项目、新增举措进一步向深度贫困地区倾斜，2019 年安排车购税资金 602 亿元支持“三区三州”交通项目建设，其中安排农村公路切块资金 99 亿元。

（五）大力推动“四好农村路”建设。

交通运输部深入贯彻落实习近平总书记关于“四好农村路”重要指示批示精神，联合发展改革委等 7 部门共同印发《关于推动“四好农村路”高质量发展的指导意见》，组织召开全国推动“四好农村路”高质量发展现场会，加快农村公路发展从规模速度型向质量效益型转变。推动国办印发《深化农村公路管理养护体制改革的意见》，大力推广“路长制”，逐步建立健全农村公路管理养护长效机制。强化示范引领，联合农业农村部、国务院扶贫办共同命名 83 个县为“四好农村路”全国示范县，其中 36 个为贫困县，加快实现农村公路建管养运协调可持续发展。健全农村公路法规标准体系，着力推动《中华人民共和国公路法》修订，加快《农村公路条例》立法进程，先后印发了《小交通量农村公路工程技术标准》《农村公路养护技术规范等技术标准》。

（六）加快提升运输服务水平。

持续扩大农村客运覆盖范围，督导各地因地制宜采取公交、班线客运、区域经营、预约响应等模式，加快推进剩余具备条件的乡镇和建制村通客车，推动将通客车工作纳入地方脱贫攻坚考核目标。2019 年，贫困地区新增 7000 余个具备条件的建制村通客车，具备条件的乡镇和建制村通客车率达 99.8%、99.6%。大力推进县乡村三级物流网络节点建设，有序整合交通运输、农业、供销、商务、邮政等资源，构建“多站合一、资源共享”农村物流基础设施体系。印发《深化交通运输与邮政快递融合推进农村物流高质量发展的意见》，推动贫困地区交通运输与邮政快递融合发展。

（七）做好对口支援和联系六盘山片区工作。

2019 年交通运输部按照国务院部署要求，认真推进对口支援和联系六盘山片区工作。一是组织召开六盘山片区脱贫攻坚部省协调推进会，协调有关部委帮助解决片区难题。杨传堂、李小鹏等部领导分别带队赴对口支援县和六盘山片区督导调研，压实主体责任，落实各项帮扶任务，协调解决问题困难。二是深化结对帮扶机制，各个结对帮扶工作组制定年度工作计划，协助片区加快推进剩余脱贫攻坚任务，巩固安远县和片区已摘帽县脱贫成果，积极协调动员各方力量为帮扶地区想实招办实事。开展对口支援和联系片区工作自查评估，进一步改进工作举措，补齐短板弱项。三是加大行业支持力度。2019 年分别向安远县、六盘山片区安排 0.68 亿元、188.5 亿元车购税资金，支持加快交通扶贫各项建设任务。会同地方交通运输部门制定 2019—2020 年对口支援专项帮扶资金使用方案，强化资金监管。截至 2019 年底，对口支援县已摘帽，牵头联系的六盘山片区 61 个县中 55 个已经摘帽，2020 年将实现最后 6 个县摘帽，对口支援县和六盘山片区县均实现了具备条件的乡镇和建制村 100% 通硬化路、通客车。

（八）持续加大“扶志”“扶智”工作力度。

积极做好扶贫干部轮换和管理工作。选派储备各级各类干部人才 58 人，轮换定点扶贫、六盘山片区挂职干部 12 人，轮换第九批援疆专业技术人员 4 人、轮换 6 名援藏干部人才和 2 名援青干部人才。印发《关于做好扶贫挂职干部服务管理工作的意见》，切实做好后方保障。通过专题培训、送教上门等方式举办精准扶贫专题培训班 36 期，涵盖 26 个省（区、市），累计培训 3076 人次。启动第二轮《对口援助新疆交通职业技术学院行动计划（2018—2020 年）》，选派 2 批 20 名骨干教师支援建设。组织开展 2019 年度全国交通运输行业领导干部培训班，不断夯实贫困地区交通人才基础。

（九）持续开展腐败和作风问题专项治理。

制定专项治理 2019 年工作要点和专项治理工作规则，构建常态化工作机制。印发《交通扶贫项目和资金监督管理办法》，开展交通扶贫资金审计调查，加强交通扶贫项目和资金监管。对中央和有关部门在各类监督检查中发现的涉及交通扶贫有关问题及内部检查发现问题，建立台账统一归口管理，系统推进整改落实。

（十）全方位多渠道积极开展交通扶贫宣传。

组织开展 2019 年交通扶贫重大主题宣传活动，由人民日报、新华社等 20 多家媒体记者采访团，深入地方报道交通扶贫成就经验。配合人民日报、中央广播电视总台深入报道漠视侵害群众利益问题专项整治工作。通过部官方微信发表“我的扶贫故事”系列文章，充分宣传扶贫挂职干部感人事迹。利用官方微博和组织“四好农村路”示范县开展线下展示周、行业主题征文、月度特色农村路评选等，大力宣传“四好农村路”建设和交通扶贫成效。

二、定点扶贫情况

交通运输部定点扶贫四川阿坝州黑水县、小金县、壤塘县和甘孜州色达县等 4 个高原深度贫困县（以下简称四县）。2019 年，交通运输部深入学习贯彻习近平总书记关于扶贫工作重要论述和指示批示精神，切实履行中央单位定点扶贫工作的职责任务，在各方共同努力下，2019 年底四县已全部脱贫摘帽。交通运输部 2019 年定点扶贫工作考核等次连续第三年被评为第一档“好”。部公路局农村公路处获得“全国民族团结进步模范集体”荣誉称号，部驻四川涉藏州县定点扶贫联络组获得“四川省脱贫攻坚奖先进集体”荣誉称号。

（一）落实定点扶贫责任。

及时召开党组会、部务会、脱贫攻坚领导小组会，传达学习习近平总书记脱贫攻坚重要指示精神，研究部署推动定点扶贫工作。部领导带队督导责任落实，党组书记杨传堂、部长李小鹏、副部长戴东昌等部领导分赴四县调研并主持召开现场办公会，了解脱贫攻坚进展，压实主体责任，帮助解决困难和问题。4 个结对帮扶工作组累计到县开展跟踪督导 9 次，推动政策和帮扶举措落实。驻地定点扶贫联络组发挥驻地优势，抓好日常统筹调度，定期报送工作情况。

（二）扎实完成定点扶贫任务。

签订《中央单位定点扶贫责任书（2019 年度）》并超额完成全部任务。制定年度工作要点和各结对帮扶工作组年度计划，印发消费扶贫实施方案，通过教育培训、支部共建、帮助就业、捐款捐物、技术援助等方式，形成了行业带动社会各方参与的合力攻坚局面。开展定点扶贫工作自查评估，进一步改进工作举措，补齐短板弱项。2019 年，投入帮扶资金约 7.6 亿元，引进社会帮扶资金约 279.6 万元。新选派轮换 6 名干部到一线承担脱贫攻坚任务，目前 9 名挂职干部组成了州、县、乡、村全覆盖的驻地扶贫干部团队。

（三）充分发挥交通行业优势。

2019 年，交通运输部安排 15.6 亿元车购税资金支持四县加快交通基础设施建设。一是实现“出门水泥路，抬脚上客车”。全面实现具备条件乡镇建制村 100% 通硬化路，整合涉农资金建设通组通寨路。二是干线公路“外通内联”。四县建设 266 公里国省道，完成 S454 色达至泥朵公路建设，畅通了色达县通往青海的省际通道。推进 G227 壤塘段改造，显著提升了进出壤塘县主干通道的交通服务保障能力。加快 S446 扎窝至红岩段隧道工程建设，确保黑水县 5 个乡镇 1.5 万人通行安全顺畅。三是加快“四好农村路”建设。支持四县建设 932 公里农村公路安保工程，新改建农村公路 351 公里，进一步提升了农村公路安全保障能力和防灾抗灾水平。加大农村公路管理养护投入，实现有路必养。

（交通运输部综合规划司投资计划处 李娜）

水利部扶贫开展情况

一、水利行业扶贫

2019年，水利部深入学习贯彻习近平总书记关于扶贫工作的重要论述，全面贯彻落实党中央、国务院关于打赢脱贫攻坚战的决策部署，按照“水利工程补短板、水利行业强监管”水利改革发展总基调，坚持问题和目标导向，以专项巡视问题整改为统揽，聚焦“两不愁三保障”突出问题和深度贫困地区薄弱环节，强化责任落实，加大工作力度，圆满完成年度各项目标任务，为贫困地区打赢脱贫攻坚战提供了重要水利支撑和保障。2019年安排832个贫困县中央水利建设投资771.02亿元。

（一）提高政治站位，强力推进扶贫攻坚。

一是强化理论武装。召开8次部党组中心组学习会议，集中系统学习研讨习近平总书记关于扶贫工作的重要论述、重要讲话和重要指示批示。认真学习领会习近平总书记在解决“两不愁三保障”突出问题座谈会等会议上的重要讲话精神。二是强化部署推动。鄂竟平部长主持召开13次部党组会、部扶贫领导小组会、部巡视整改领导小组会，其他部领导召开67次水利扶贫专题会，研究部署水利扶贫和巡视整改工作。水利部先后召开全国水利扶贫暨深度贫困地区农村饮水安全脱贫攻坚推进会、水利部定点扶贫工作座谈会、滇桂黔石漠化片区区域发展与脱贫攻坚现场推进会，部署行业扶贫、定点扶贫和片区联系工作。部扶贫领导小组办公室召开8次主任会议，调度水利扶贫工作。三是强化调研指导。鄂竟平部长先后5次采取明察暗访的方式，赴贫困地区开展水利扶贫及农村饮水安全工作调研。其他部领导39次深入贫困地区专题调研水利扶贫工作。部扶贫领导小组成员单位结合职能职责，多次开展水利扶贫调研。四是强化政策支持。印发《中共水利部党组关于进一步加强水利扶贫工作的意见》《水利部关于推进农村供水工程规范化建设的指导意见》《水利部办公厅关于进一步加大贫困地区水土保持力度助力脱贫攻坚的意见》等政策文件，修订完善《水利部定点扶贫三年工作方案（2018—2020）》，调整优化《“十三五”全国水利扶贫专项规划》。五是强化监督检查。构建以常规监督为主，综合监督、专项监督为辅的“1+N”水利扶贫监管体系，建立水利部机关22个司局对22个省级水行政主管部门“一对一”水利扶贫工作监督机制。对22个贫困地区省份开展水利扶贫“一对一”监督检查，涉及64个贫困县186个村1062个农户。对6个定点扶贫县（区）开展专项督查，涉及18个村191个农户。对3109个村的农村饮水安全开展了暗访督查。会同国家电网公司完成宁夏脱贫攻坚督查工作。六是强化巡视整改。成立由部党组书记鄂竟平任组长，其他部领导任副组长，各有关司局主要负责同志任组员的水利部落实中央脱贫攻坚专项巡视整改领导小组。制定了中央脱贫攻坚专项巡视整改实施方案，提出91项整改措施。将巡视整改工作作为水利部2019年督办重点考核事项，加强督促推进。50项需2019年完成的整改任务全部按期完成，41项长期整改任务持续有力推进。

（二）加大工作力度，全力解决饮水问题。

一是明确农村饮水安全脱贫攻坚标准。联合国务院扶贫办、卫生健康委发文采信《农村饮水安全评价准则》，明确水量、水质、供水保证率、用水方便程度等量化指标和要求。指导督促有关省份结合实际编制省级评价标准。编写《脱贫攻坚农村饮水安全评价若干问题解答》。二是摸清贫困人口饮水安全状况底数。会同国务院扶贫办指导各地对农村饮水安全情况进行全覆盖拉网式核查和“回头看”大排查，建立到县到村到户工作台账，加强数据动态管理，及时滚动销号。截至2018年底全国还有104.2万贫困人口存在饮水安全问题。三是推进农村饮水安全巩固提升工程建设。会同发展改革委提前一年下达“十三五”农村饮水安全巩固提升工程建设剩余全部中央投资76.7亿元，还通过调整水利投资结构等方式新增下达45亿元中央投资，支持地方加快工程建设。2019年全国巩固提升受益人口5480万人，其中解决了101.7万建档立卡贫困人口的饮水安全问题。四是建立健全农村饮水安全工作机制体系。督促指导各地落实农村饮水安全管理地方人民政府主体责任、水利部门行业监管责任、供水单位运行管理责任等“三个责任”，健全完善县级农村饮水工程运行管理机构、运行管理办法和运行管理经费等“三项制度”，推动逐步建立水价水费机制。2019年会同财政部首次将中西部地区农村饮水工程维修养护纳入中央财政补助范围，下达中央补助资金14.5亿元，促进工程运行管护。

（三）紧盯薄弱环节，加快补齐基础短板。

一是大力实施农田灌排工程。将贵州、重庆、青海等省份的中小型灌区打捆作为大型灌区予以支持。支持贫困地区31处大型灌区续建配套与节水改造、10处大型灌排泵站更新改造、115处重点中型灌区节水配套，支持西南5个省份建设小型水源工程，支持14个省份开展牧区水利建设。二是提升水旱灾害防御能力。支持贫困地区19座大中型病险水库（水闸）和500多座小型病险水库除险加固。支持贫困地区中小河流治理1547公里、新建38座中型水库和44座小型水库，支持贫困地区开展山洪灾害防治非工程措施巩固提升、重点地区山洪沟防洪治理和农村基层防汛预报预警体系建设，在贫困地区新改建水文测站138处。三是加大水土流失综合治理。支持449个贫困县治理水土流失面积8260平方公里，支持9个贫困县实施江河湖库水系连通项目建设，支持贫困地区11个河湖示范项目建设。四是推进重大水利工程建设。贫困地区新开工4个重大水利工程，在建工程加快推进，10项工程完工并发挥效益，江西峡江水利枢纽、云南牛栏江滇池补水已通过竣工验收。截至2019年底，已开工的142项节水供水重大水利工程涉及贫困地区有81项。

（四）紧贴脱贫实际，落实水利惠民政策。

一是实施农村水电扶贫工程。支持湖北、湖南、广西、重庆、贵州、陕西6个省份实施30个农村水电扶贫工程建设，建设装机容量12.5万千瓦。截至2019年底，“十三五”中央投资支持建设的农村水电扶贫项目累计投产70个，已按协议累计上缴了1.18亿元收益，帮助5.4万建档立卡贫困户受益。二是推进水库移民脱贫工程。支持25个有贫困移民的省份统筹推进水库移民脱贫工作。指导督促地方大力扶持库区发展特色产业，推动探索发展飞地经济、物业经济、电商经济等新业态。开展水库移民避险解困工程，加快推进项目实施，持续改善贫困移民生产生活条件，助力脱贫攻坚。三是开展水利劳务扶贫工作。指导地方鼓励引导水利工程实施单位优先吸纳贫困家庭劳动力参与建设就业，村级水管员、河道保洁员、河堤巡护员、淤地坝管护员等水利工程公益管护岗位优先聘用有相应能力的当地贫困家庭劳动力。指导中西部地区采取“河长制+精准扶贫”模式，优先选聘贫困户担任巡河员、护河员。贫困地区水利工程建设与管护就业岗位吸纳贫困家庭劳动力30多万人，人均增收6000多元。

（五）聚焦深度贫困，实施重点区域扶贫。

一是加强滇桂黔石漠化片区联系。会同林草局两次召开滇桂黔石漠化片区会议，研究推进片区联系工作。组织片区联系有关单位赴片区开展2次调研，实地帮助解决脱贫攻坚有关问题。对片区3个省份提出28项需中央有关部委支持的脱贫攻坚事项，协调片区联系单位给予帮助支持解决，件件有着落。支持片区脱贫攻坚水利建设，推进贵州安顺石漠化片区水利精准扶贫示范区建设。二是加大深度贫困地区支持力度。组织22个省级水行政主管部门签署水利扶贫承诺书。加快推进“三区三州”深度贫困地区水利扶贫工作，统筹做好其他深度贫困地区水利扶贫工作。“三区三州”新开工新疆玉龙喀什水利枢纽工程、四川凉山州龙塘水库及灌区工程2个重大水利工程。2019年“三区三州”农村饮水安全巩固提升受益人口416.6万人。三是加快对口支援地区水利建设。支持河北阜平、安徽金寨、江西宁都、甘肃临夏、青海贵德等对口支援地区水利建设。加快推进对口支援地区“十三五”水利扶贫有关规划和方案年度任务实施。指导督促对口支援各地做好水利建设前期工作和实施管理。四是推进革命老区水利扶贫工作。指导督促有关地方加大革命老区水利扶贫工作力度，支持21处大型灌区和50处重点中型灌区续建配套与节水改造，实施17个农村水电扶贫工程。新开工3项重大水利工程，推进11项在建重大水利工程建设。

（六）采取多种形式，强化攻坚保障措施。

一是加强人才智力帮扶。对21名在贫困地区挂职期满干部进行考核，新选派21名干部挂职扶贫，截至2019年底，在贫困地区挂职扶贫干部31人。建立健全挂职干部“六位一体”管理模式，加大挂职干部关心关爱力度。大力推广“订单式”和“菜单式”培训模式，通过中国水利教育培训网开展远程教育培训，依托院校开设贫困地区水利专班或函授班。2019 年水利部机关举办 18 期水利扶贫专题培训班，培训贫困地区水利干部 4300 多人次。加大对西藏阿里、那曲等地区“组团式”专业技术帮扶力度，指导贫困地区开展“一河（湖）一档”“一河（湖）一策”编制工作，接收贫困地区 8 名干部到水利部机关和直属单位交流锻炼，接收贫困地区 26 名专业技术人员参与水利重点课题研究、工程建设，支持西藏、新疆等贫困地区实施 6 个水利技术示范项目，搭建退休老同志扶贫平台。二是营造攻坚良好氛围。协调人民日报、新华社、中央广播电视总台等中央媒体宣传报道水利扶贫工作动态近 200 篇，国新办举行巩固提高农村饮水安全保障水平吹风会，《乡村振兴面对面》央视栏目专访农村饮水安全保障等工作。组织水利媒体宣传报道水利扶贫情况近 600 篇，水利部网站开设水利扶贫行动专题，中国水利报、中国水利杂志定期刊发水利扶贫文章，水利媒体在“10·17”扶贫日集中宣传报道水利扶贫。三是强化统计支撑作用。指导各地落实统计制度，组织开展水利扶贫、定点扶贫和劳务扶贫统计，完成了 2018 年年报和 2019 年季度报填报任务。

二、水利部定点扶贫

2019 年，水利部按照党中央、国务院的决策部署，认真抓实定点扶贫工作，督促指导 6 个定点扶贫县（区）党委政府履行脱贫攻坚主体责任，加快脱贫攻坚进程。不断巩固万州、武隆、丰都脱贫成果，助力巫溪、城口、郧阳如期脱贫。2017、2018、2019 年连续三年水利部在定点扶贫工作考核中被评为“好”的等次。

（一）加强帮扶工作部署。

对定点扶贫工作方案进行修订完善，充实深入调研、激发内生动力等方面的工作任务。召开水利部定点扶贫工作座谈会，分析脱贫攻坚形势，全面研究部署年度工作。6 个定点扶贫对口帮扶组召开 14 次专题会议，研究谋划具体对口帮扶工作。编制 2019 年定点帮扶各县（区）的工作方案，明确年度任务目标、工作要求和具体举措。

（二）推进帮扶举措落地。

及时将《中央单位定点扶贫责任书（2019 年度）》任务分解到 6 个定点扶贫对口帮扶组，并签订帮扶责任书。深化 6 个对口帮扶组 84 家单位“组团式”帮扶，开展 410 人次调研指导，合力帮扶攻坚。6 个对口帮扶组投入帮扶资金 3043.42 万元，完成任务的 380.19%；引进帮扶资金 8828.94 万元，完成任务的 158.42%；培训基层干部 1253 名，完成任务的 501.20%；培训技术人员 921 名，完成任务的 221.93%；开展勤工俭学 416 人，完成任务的 132.06%；购买贫困地区农产品 294.92 万元，完成任务的 196.61%；帮助销售贫困地区农产品 1452.56 万元，完成任务的 124.36%。

（三）抓好“八大工程”实施。

实施水利行业倾斜支持工程，完成水利建设投资 15.11 亿元，其中中央投资 9.32

亿元。实施贫困户产业帮扶工程，落实贫困户产业帮扶资金 650 万元，投入股权帮扶贫困户 2844 户，撬动贷款资金 3206 万元。实施贫困户技能培训工程，举办 47 期贫困户技能培训班，培训 1288 人次。实施贫困学生勤工俭学帮扶工程，帮助贫困学生勤工俭学 416 人，人均增加收入 2719 元。实施水利建设技术帮扶工程，组织 322 人次专业技术人员开展技术帮扶，帮助编制规划 6 个，开展水利工程前期工作 18 个。实施专业技术人才培训工程，举办 75 期专业技术人员培训班，培训 1024 人次。实施贫困村党建促脱贫帮扶工程，划拨 140 万元党费支持 23 个贫困村修缮党组织活动场所、更新教育设施。邀请 6 名定点扶贫县（区）贫困村党支部书记参加水利部第二批主题教育党支部书记培训班。实施内引外联帮扶工程，与有关部委沟通协调引进帮扶资金 8828.94 万元，协调开展远程医疗会诊 320 人次。

（水利部水库移民司 蓝希龙 杨帆）

农业农村部扶贫开展情况

2019 年，农业农村部在党中央、国务院坚强领导下，以习近平新时代中国特色社会主义思想为指导，深入学习贯彻习近平总书记关于扶贫工作的重要论述和中央脱贫攻坚决策部署，将脱贫攻坚作为全年“三农”大事要事之首，以脱贫攻坚专项巡视整改为强劲动力，强化统筹协调，聚力精准施策，狠抓措施落实，扎实推进产业扶贫、定点扶贫等工作，取得了显著成效。

截至 2019 年底，全国建档立卡贫困人口中，90% 以上得到了产业扶贫和就业扶贫支持，三分之二以上能够主要依靠外出务工和产业脱贫，产业扶贫在脱贫攻坚“五个一批”中涉及面最广、带动人口最多。贫困地区农民人均可支配收入 11567 元，同比增长 10.8%，实际增速比全国农民人均可支配收入快 1.8 个百分点。

一、切实强化产业扶贫工作指导

农业农村部切实发挥产业扶贫牵头部门作用，加大对外协调、对下指导工作力度。会同国务院扶贫办组织召开全国产业扶贫工作推进会，胡春华副总理出席会议并讲话，对新阶段产业扶贫工作作出系统部署和安排。部领导多次带队到贫困地区调研现代农业农村发展和脱贫攻坚工作，为当地农业农村现代化和农业产业脱贫出谋划策。组织开展以脱贫攻坚为重要内容的“百乡万户”调查活动。从严从实推进脱贫攻坚专项巡视整改，2019 年底专项巡视反馈的问题均得到了有针对性的解决，制定的整改措施全部落实到位。针对贫困地区产业发展需求，出台主体培育、风险防范、农产品加工等方面政策措施，推动相关部门出台金融服务、信贷担保、保险支持等方面政策措施。遴选推介了河北阜平香菇、江西井岗蜜柚、云南怒江草果等第二批 22 个产业扶贫典型范例。组织编制 832 个贫困县特色主导产业一县一业发展目录。完善贫困县项目资金倾斜支持和监管调度机制，2019 年共安排 832 个贫困县各类中央财政资金 700 多亿元，支持贫困地区特色产业发展。

二、深入推进贫困地区农产品产销对接

指导各地认真落实贫困地区农产品产销对接措施，加大农产品营销推介力度，实施乡村特色产业品牌提升行动，加快发展农产品加工流通业，促进贫困地区农产品出村进城。2019 年，印发《关于做好 2019 年贫困地区农产品产销对接工作的通知》，对全年的贫困地区农产品产销对接进行系统安排。组织专家到四川凉山州、云南怒江州、新疆喀什等地区开展农产品市场营销专题调研，形成了 3 份专题调研报告。先后在北京新发地、云南迪庆州、甘肃临夏州、湖南湘西州等地举办 10 场全国性贫困地区农产品产销对接活动，组织 500 多个贫困县展示展销特色农产品，现场签约

累计超过 150 亿元。中国农民丰收节期间，组织相关电商企业、互联网企业开展“庆丰收·消费季”活动，销售贫困地区农产品超过 10 亿元。全年扶持贫困地区建设农产品初加工设施 4.3 万个（座），新增初加工能力 829 万吨，支持发展绿色食品和有机农产品 4080 个、农产品地理标志 67 个，认定“一村一品”示范村镇 131 个。

三、着力提升新型经营主体带贫能力

培育壮大带贫主体，832 个贫困县已累计培育市级以上龙头企业 1.44 万家，平均每个贫困县 17 家。在第六批农业产业化国家重点龙头企业认定中，将贫困县数量作为各省（区、市）认定名额分配的重要测算因素。农民合作社质量提升项目优先支持贫困地区，深入开展“空壳社”专项清理，832 个贫困县已累计发展农民合作社 68.2 万家，直接带动贫困户 626.6 万户、贫困人口 2197.8 万人。组织龙头企业与贫困地区开展有效对接，推动龙头企业到深度贫困地区投资兴业。组织贫困地区国家重点龙头企业负责人培训班，提升企业经营管理水平。组织专家赴青海涉藏州县、云南迪庆等深度贫困地区，开展农业产业化扶贫专家公益行活动。举办农民合作社带头人能力提升专题培训班，提高合作社辅导员和带头人产业发展的能力。指导贫困地区构建以“龙头企业 + 合作社 + 贫困户”为主的带贫模式，探索建立产业扶持政策与带贫效果挂钩机制，引导各类主体通过订单生产、土地流转、就地务工、股份合作、资产租赁等方式与贫困户建立长期稳定利益联结机制，带动贫困群众持续稳定增收。超过 2/3 的贫困户实现了新型经营主体带动，四川苍溪“四保四分红”、河北滦平“一地生四金”、云南怒江草果、青海生态畜牧业等新型经营主体带贫模式和机制在全国得到广泛推广。

四、持续开展贫困地区科技人才服务

2019 年，农业农村部坚持把科技精准服务作为产业扶贫的重要抓手，印发《关于加强农业科技工作助力产业扶贫的通知》，动员全国 4400 多个农业科研单位和技术部门、15000 多名专家参与产业扶贫。指导 832 个贫困县组建 4100 多个产业扶贫技术专家组，在 22 个脱贫任务重的省份招募特聘农技人员 3000 多名，指导各地建立产业发展指导员 26 万人，到村到户开展生产指导和技术服务。与中央组织部联合开展的农村实用人才带头人和大学生村官示范培训全部面向贫困地区实施，高素质农民培育工程向贫困地区倾斜，全年培训脱贫带头人和贫困农民 37.5 万人。

五、大力推进重点区域农业扶贫

坚持发挥行业优势，采取超常规措施，推动“三区三州”等深度贫困地区及大兴安岭南麓片区、环京津贫困县特色产业加快发展。2019 年，会同有关部门为“三区三州”等深度贫困地区安排各类中央财政资金 282 亿元，举办 3 场“三区三州”农产品产销对接专场活动，签约 68 亿元，帮助“三区三州”组建 6 个科技服务团、544 个专家组，支持开展高素质农民培训 11.2 万人次。牵头推进大兴安岭南麓片区扶贫，累计安排中央预算内资金9亿元，安排中央财政转移支付资金67.67亿元支持片区粮食生产、草食畜牧业、农产品产地初加工和农技推广体系建设，协调推动落实105项实事。开展环京津贫困地区农业扶贫，继续开展技术指导、营销帮扶、企业合作、典型示范等工作。2019年，大兴安岭南麓片区19个贫困县、环京津28个贫困县全部脱贫摘帽。

六、认真完成定点帮扶任务

2019年，农业农村部定点帮扶湖北省咸丰县、来凤县，湖南省永顺县、龙山县和贵州省剑河县。完善了定点扶贫联系工作机制，明确部长为定点扶贫工作第一责任人、每位副部长分别联系1个定点扶贫县。进一步健全部领导调研督导、挂职干部日常督导、部扶贫办专题督导、脱贫进展定期调度、重大事项随时报告等“五位一体”相结合的督促指导机制，督促指导定点扶贫县落实脱贫攻坚主体责任。部领导多次带队赴定点扶贫县调研，分县召开帮扶措施专题对接会，督促落实定点扶贫年度实施方案和责任书承诺事项。组织55个司局单位党组织与定点扶贫县71个贫困村党支部开展联学共建和结对帮扶，促进帮扶村产业发展、提升党建工作水平、密切干群关系。加大倾斜支持力度，全年安排5个定点扶贫县项目资金5.9亿元，帮助建立33个产业扶贫技术专家组，开展技术服务94次，培训基层各类人才4999人。组织5县开展农产品营销推介活动58场次，帮助销售农产品8.4亿元，部系统干部职工直接购买定点扶贫县农产品207万元。在农业农村部连续33年帮扶下，5个定点扶贫县于2019年圆满完成减贫任务，全部脱贫摘帽。在2019年中央单位定点扶贫工作成效考核中农业农村部被评为“好”，为2017年中央开展定点扶贫成效考核以来，连续3年获得“好”的等次。

（农业农村部扶贫办 孔箐锌）

农业农村部深入推进贫困地区农产品产销对接

为贯彻落实习近平总书记关于组织消费扶贫的重要指示精神和中央部署要求，农业农村部先后研究制定了《贫困地区农产品产销对接实施方案》，启动了全国贫困地区农产品产销对接行动，聚焦重点地区，牵头举办贫困地区农产品产销对接活动，推动解决贫困地区农产品卖难问题，深化拓展产业扶贫的有效形式，在全社会营造了关心贫困地区，服务贫困农户，共助产业升级，创建农业品牌的浓厚氛围。

2018 年以来，先后在北京新发地、云南迪庆州、甘肃临夏州、湖南湘西州等地举办了17场贫困地区农产品产销对接活动，全国四分之三以上贫困县参加，展示展销万余种农产品，开展了 20 多场品牌推介活动，近 3000 名经销商、采购商参与对接采购，现场签约金额累计超过 340 亿元。其中，为“三区三州”举办了 5 场农产品产销对接活动，累计签约总额 86.22 亿元。在中国国际茶叶博览会、中国国际农产品交易会和亚太水产养殖展览会上，专门设置扶贫展区，免费为贫困县搭建营销平台，有效提升了贫困地区特色产品影响力和知名度。

一是转变贫困地区发展意识。贫困地区以产销对接为契机，通过展览展示、营销推介、网络促销等方式，提升了品牌价值，带来了无限商机，实现了产业发展、群众增收。通过农业农村部牵头的贫困地区农产品产销对接活动，广大农民群众得到了实实在在的好处，信心更足了，观念也有了转变。贫困县负责同志认为，找准产业、找好措施、找对市场是今后发展特色产业的可行之策。湖北恩施的一位合作社理事长表示，通过产销对接活动了解了市场，反思了生产，今后将按照市场需求调整种植方向。

二是畅通贫困地区农产品流通。“政府搭台，企业唱戏，产销双方得实惠”。贫困地区农产品产销对接实现了千家万户的小生产和千变万化的大市场有效对接，不仅缓解了贫困地区农产品卖难、卖贱问题，也降低了采购商采购、流通成本，密切了产销，惠及生产、消费各环节。新疆御品汇电子商务有限公司董事长王兴福认为，产销对接就是为更多农业企业找到市场，为推进特色产业发展出力，让“家门口”的特色优质农产品走得更远。

三是提升了贫困地区农产品品牌知名度。各地借助农业展会、农民丰收节活动、产销对接活动等组织了 500 余场品牌农产品专场推介，提高了贫困地区农业品牌知名度和影响力，让贫困地区感受到了品牌的价值和魅力，树立了创品牌、推品牌、强品牌的意识，成为产品出村、产业兴旺、助力脱贫的有力手段。山西吕梁市通过“明星＋县长＋主播”的形式，一次直播卖出10万斤红枣，安徽砀山、怀远、泗县开展了酥梨采摘节、石榴采摘节、金丝绞瓜品鉴会等活动，吸引市民购买，扩大了产品知名度。

四是赢得社会各界广泛关注和支持。贫困地区农产品产销对接让小生产者有效对接广阔大市场。西藏那曲羌塘牧业公司私曲多吉说：“这样的活动让我们开了眼，很快找到了买主，我们要把公司的产品宣传出去，展示出去。”中央国家机关各部门、各单位机关服务局和驻京办事处的数百名代表共同参与“三区三州”专场对接活动，新发地等大型农产品批发市场，物美集团、苏宁易购等国企、商超和电商等3000名采购商共助产销对接，人民日报、新华社、中央广播电视总台等500多家媒体积极报道。贫困地区农产品产销对接，赢得了全社会的认可，形成了处处推进、人人支持的良好氛围。让农产品产销对接成为贫困群众的“欢乐季”，消费者的“购物节”，采购商的“嘉年华”。

国家卫生健康委员会扶贫开展情况

2019 年，国家卫生健康委深入学习贯彻习近平总书记关于扶贫工作的重要论述和一系列重要指示批示精神，落实党中央、国务院脱贫攻坚决策部署，落实精准扶贫精准脱贫的基本方略，将脱贫攻坚作为全委重要的政治任务，将解决基本医疗有保障突出问题作为健康扶贫底线性任务，供需两侧同步发力，救治预防双管齐下，全力推动工作落实，有效保障了贫困人口基本医疗卫生服务。

一、坚持供需两侧同步发力，解决基本医疗有保障突出问题，确保贫困人口有地方看病、有医生看病、有制度保障看病

在供给侧，统筹政策、资金、项目，进一步优化农村贫困地区卫生健康服务。国家卫生健康委深入学习领会习近平总书记关于基本医疗有保障的重要指示精神，会同有关部门制定印发工作方案，明确贫困人口基本医疗有保障的内涵和指导工作标准，组织开展全面排查，以县医院能力建设、“县乡一体、乡村一体”机制建设、乡村医疗卫生机构标准化建设为主攻方向，加快改善县域内医疗卫生服务条件和能力。在基础设施建设方面，将符合条件的贫困县县医院全部纳入全民健康保障工程支持范围，支持指导地方全面推进乡村两级医疗卫生机构标准化建设，合理设置移民搬迁安置点临时医疗点，解决贫困人口有地方看病的问题。2019 年落实中央投资 74 亿元支持贫困地区 200 个县级医院建设项目。在优化资源配置方面，推进县域医共体建设，加强“县乡一体、乡村一体”机制建设，指导地方通过县聘县管乡用、乡聘村用或巡诊派驻等灵活方式，解决乡村缺乏合格医务人员的问题。全国已累计支援乡村两级医务人员 9.8 万人，726 个贫困县已建立了县域医共体，县域内医疗卫生服务整体绩效逐步提升。在人才队伍建设方面，深化三级医院对口帮扶工作，1007 家城市三级医院 2019 年派出 6174 名医生蹲点帮扶并实行定期轮换。累计派出 8 万人次医务人员采取“组团式”方式支援县医院；远程医疗覆盖全部 832 个贫困县并向乡镇卫生院逐步延伸；实施农村订单定向免费医学生培养、全科医生特岗计划，近年来中央层面累计为贫困地区乡镇卫生院补充 1.4 万名全科医生，为村卫生室培训 6 万名村医、培养 3 万名乡村全科执业助理医师。截至 2019 年底，乡村两级医疗卫生机构和人员“空白点”全面消除，832 个贫困县每个县至少有 1 家公立医院，其中 811 个县至少有一所公立医院达到二级医疗机构服务水平，668 个县有一所县医院达到二甲，贫困群众常见病、慢性病基本能够就近获得及时诊治。

在需求侧，完善基本医疗保障机制，确保贫困人口得了大病、重病基本生活过得去。配合国家医保局实施医疗保障扶贫，把贫困人口全部纳入基本医疗保险、大病保险和医疗救助等制度保障范围，大病保险、医疗救助等医疗保障制度对农村贫

困人口实行提高报销比例等倾斜政策，将贫困人口就医负担控制在可承受范围内。采取县域内住院先诊疗后付费和“一站式”结算等便民举措，进一步减轻贫困家庭垫资负担。

二、坚持救治预防双管齐下，努力改善贫困群众健康状况和贫困地区健康环境，推动健康扶贫关口前移

在疾病救治方面，建立贫困人口制度化的分类救治机制，推动健康扶贫工作落实到人、措施精准到病。继续实施贫困人口大病和慢性病分类救治，将大病专项救治病种扩大到25种，基本实现“应治尽治”。落实家庭医生签约服务工作，重点对高血压、糖尿病、结核病、严重精神障碍等4种慢性病患者实行“应签尽签”。截至2019年底，累计分类1600余万贫困人，覆盖98%的贫困患者。

在疾病防控方面，实行专病专防，强化健康促进，努力消除健康危险因素。将区域性重点疾病防治措施与健康扶贫精准施策、靶向治疗的工作思路相结合，以“三区三州”为重点区域，针对包虫病、艾滋病、结核病等重大传染病和地方病，一地一策、一病一策，开展综合防治，并从人、财、物、政策和技术等方面给予全方位支持。2019年中央转移支付地方病防治资金约7亿元，支持开展地方病防治措施落实、病人救治救助、监测评价、健康教育以及能力建设等相关工作。投入2.06亿元支持西藏和四省涉藏州县综合防控包虫病，设立24个干预区。重点加强南疆四地州结核病防治，将结核病筛查纳入新疆全民免费健康体检，设置66个隔离治疗点，实行特殊医疗保障政策，结核病高发态势得到有效遏制。将艾滋病防治作为凉山州健康扶贫主攻方向，与四川省人民政府签订帮扶协议，截至2019年底，凉山州抗病毒治疗覆盖率、成功率分别达到91.4%、86.2%。全面提升贫困地区妇幼健康服务水平。深入实施贫困地区农村妇女“两癌”检查、儿童营养改善和新生儿疾病筛查等项目。2019年，农村妇女“两癌”检查项目被纳入国家基本公共卫生服务项目。深入开展爱国卫生运动和健康促进三年攻坚行动。采取健康教育进乡村行动、健康教育进家庭行动、健康教育进学校行动、健康教育阵地建设行动以及基层健康教育骨干培养行动等措施，扎实推进贫困地区健康促进工作，提升贫困地区居民健康素养水平。指导贫困地区深入开展爱国卫生运动，持续改善卫生状况。

三、聚焦深度贫困，合力攻坚克难

召开“三区三州”健康扶贫攻坚座谈会，结合“三区三州”实际，重点部署，推进工作落实。召开全国卫生健康系统对口援藏、援疆、援青工作会议，动员全系统力量推进解决西藏、青海、新疆等深度贫困地区基本医疗有保障突出问题，协调加大东西部扶贫协作、对口支援工作力度，聚力攻坚。会同财政部加大对“三区三州”项目资金倾斜力度，2019年安排“三区三州”补助资金49.9亿元，其中，倾斜安排17.5亿元。安排25.8亿元支持“三区三州”和深度贫困县县乡村医疗服务能力提升，其中补助“三区三州”199个县13.9亿元并专门安排1.99亿元支持其乡村医生远程

培训能力建设。实施贫困地区妇幼健康服务能力提升项目，统筹资源对“三区三州”等地30个市县级妇幼保健机构进行对口帮扶。深入推进医疗人才“组团式”援藏援疆，实施适宜技术推广扶贫，着力提升“三区三州”医疗卫生服务能力。

经过共同努力，贫困地区医疗卫生服务的可及性和公平性明显改善，基本实现农村群众公平享有基本医疗卫生服务，农村地区健康环境显著改善，群众健康水平逐步提升，累计近千万因病致贫返贫人口成功摆脱了贫困，健康扶贫取得显著成效。

（国家卫生健康委扶贫办 庄蔚澜）

审计署扶贫开展情况

一、扶贫审计工作情况

2019年，审计署深入贯彻党中央、国务院关于打赢脱贫攻坚战的决策部署，认真学习贯彻习近平总书记在解决“两不愁三保障”突出问题座谈会上的重要讲话精神，创新组织方式和技术方法，坚持审计项目审计组织方式“两统筹”，深化扶贫大数据审计，组织各级审计机关全力做好扶贫审计工作，完成了对832个贫困县的扶贫审计全覆盖，进一步助力脱贫攻坚。聚焦“两不愁三保障”和农村饮水安全方面的薄弱环节，推动及时补齐短板。把防止返贫摆在扶贫审计工作的重要位置，推动及时将返贫人口和新发生贫困人口纳入帮扶。持续关注贫困群众稳定增收情况，推动建立健全扶贫产业发展、就业扶贫、易地扶贫搬迁后续扶持、扶贫资金项目绩效管理等长效机制，促进脱贫攻坚政策措施与乡村振兴战略有效衔接。持续推动扶贫审计发现问题整改落实到位，深化与党内监督和其他监督贯通协调，进一步提升整改实效。

（一）全面部署决战决胜阶段扶贫审计工作。

2019年，审计署认真学习领会习近平总书记关于扶贫工作的重要论述，把做好决战决胜阶段扶贫审计作为当前审计工作重中之重持续推进。在全国审计工作会议上，署党组书记、审计长、扶贫审计工作领导小组组长胡泽君同志将深入开展扶贫审计，促进脱贫攻坚作为审计重点工作进行了部署。9月，审计署组织召开聚焦推动解决“两不愁三保障”突出问题视频培训会，胡泽君同志在会上做了题为《践行初心使命 积极担当作为扎实做好决胜脱贫攻坚战关键阶段扶贫审计工作》的讲话，对当前形势下持续深化扶贫审计，切实提高扶贫审计质量和效率，向全国审计机关2000多名扶贫审计干部提出具体要求。胡泽君审计长及各位署领导全年共深入20多个深度贫困和定点扶贫县调研，督促脱贫攻坚各项政策落实。署领导带队完成了对陕西省的脱贫攻坚督查巡查工作。

一是聚焦“两不愁三保障”突出问题，着力推动补短板。以着力保障全面完成剩余脱贫攻坚任务为审计目标，在扶贫审计工作中，聚焦影响如期脱贫的突出问题和薄弱环节，聚焦义务教育、基本医疗、住房安全保障、饮水安全等方面工作的不足，关注特殊困难群体，通过审计推动及时补齐短板。

二是聚焦防止返贫，着力巩固脱贫成果。把防止返贫摆在扶贫审计工作的重要位置，助力对不稳定脱贫户、边缘户的动态监测工作，推动及时将返贫人口和致贫人口纳入帮扶，着力推动建立巩固脱贫攻坚成果长效机制；加强对贫困退出质量的审计，努力推动扶贫政策稳定；积极关注产业、就业扶贫等政策措施与乡村振兴规划的衔接情况，推动研究建立解决相对贫困的长效机制，促进全面脱贫与乡村振兴有效衔接。

三是聚焦工作创新，着力提高审计实效。持续深化扶贫大数据审计，积极探索大数据审计路径和方法，持续推动数据标准化，进一步提升数据可用性。强化大数据对做好脱贫攻坚决战决胜阶段扶贫审计工作的支持，推动数据全面采集，积极探索运用大数据手段对相关地区脱贫攻坚情况开展总体评价。强化数据共享，打通扶贫和涉农数据关联分析渠道，加强审计机关上下联动和横向协作，推进跨层级、跨领域、跨区域的数据整合利用。

（二）完成扶贫审计全覆盖。

审计署不断强化对地方审计机关的指导，每季度不间断组织地方审计机关、特派办开展扶贫审计，通过统一工作方案、统一问题处理原则、统一工作步骤等，有效促进全国审计机关脱贫攻坚决战决胜阶段扶贫审计工作的开展。坚持全国审计“一盘棋”，统筹推进中央部门、省、市、县各级审计机关上下联动，努力构建集中统一、全面覆盖、权威高效的审计监督体系。做好审计项目和审计组织方式“两统筹”，在政策跟踪审计、经济责任审计及财政、金融、企业、社保等专项审计中，均将所审计部门、地区贯彻落实脱贫攻坚决策部署情况作为重点审计内容。东部援助地省级审计机关与受援地审计机关及时签订东西部扶贫协作审计协议，明确职责分工。坚持扶贫审计计划统筹、资源整合、项目融合、成果共享，既做到不留盲区与死角，又避免交叉重复，有效提升审计质量和效能，促进突破脱贫攻坚政策措施落实的“中梗阻”，促进打通政策落实的“最先一公里”和“最后一公里”。截至2019年底，审计署统一组织全国审计机关完成了对全部832个国定贫困县的审计全覆盖。

2019年，审计署通过专项审计、政策落实跟踪审计等方式，组织特派办、全国各级地方审计机关，直接投入审计力量2100多人次，对26个省（市、区）的210个贫困县开展审计，涉及4100多个单位、2000多个乡镇、5100多个行政村，入户走访1.7万多户贫困家庭，有效促进扶贫审计全覆盖的完成。2019年1季度组织全国审计机关对20个省（市、县）130个贫困县扶贫专项审计、9个东部省市东西部扶贫协作审计；2至4季度持续组织对56个贫困县扶贫政策跟踪审计，其中，组织7个特派办对西藏深度贫困地区开展了审计。全年依纪依法向纪检监察、司法机关等移送问题线索80余件。

（三）持续督促整改落实，助力脱贫攻坚。

审计署认真贯彻落实习近平总书记关于“审计就像体检，不仅是为了查病，更是为了治已病、防未病”的重要指示精神，坚持查处问题与解决问题并重，组织全国各级审计机关认真落实督促整改责任，建立整改跟踪检查工作台账，做到逐一对账销号，不定期组织“回头看”。在2019年度审计方案中，明确将2016以来全国各级审计机关审计发现问题的整改情况作为审计重点内容，有关情况纳入审计报告，持续推动有关地方和部门将问题整改到位。围绕推动解决“两不愁三保障”突出问题，揭示返贫风险、巩固脱贫攻坚成果等方面，研究编报信息等专题材料共 14 篇，加强对普遍性、趋势性问题的分析研判，提出审计建议，促进相关问题更加全面有效得到解决。

截至 2019 年底，对于 2018 年度审计工作报告涉及的具体问题，督促有关部门和地方认真整改，推动制定或完善扶贫相关规章制度 189 项，促进精准扶贫政策落地 145 项，追责问责 474 人，切实维护了贫困群众的切身利益。审计查出问题金额占抽查资金比例由 2013 年的 36.3% 下降到 2019 年的 3.2%，贪污侵占等严重违纪违法问题占比持续下降至 0.51%，进一步巩固脱贫攻坚成果。

（四）强化工作协调，形成监督合力。

审计署持续深化与党内监督和其他监督有机贯通、相互协调。与中央纪委国家监委建立健全审计发现问题线索定期移交机制，不断加强扶贫领域腐败和作风问题专项治理，解决好贫困地区群众反映强烈、损害群众利益的突出问题。加强与发展改革委、教育部等相关主管部门的沟通协作，及时提供相关审计发现问题，共同推动扶贫审计问题整改落实，推动惠民政策落实到位。强化与人大、政协等部门的交流配合，有效发挥了监督合力，为决胜全面建成小康社会、决战脱贫攻坚提供坚强保障。

全年向中央纪委国家监委移交扶贫领域典型问题线索 52 件，按要求及时向中央巡视组等单位提供扶贫审计发现问题，向国务院扶贫办提供扶贫审计发现问题 1400 余个，按季度向国家发展改革委提供易地扶贫搬迁相关审计发现问题共 97 个，不定期向教育部提供教育扶贫相关审计发现问题，认真协助做好人大、政协有关提案和建议的答复工作，合力推动问题整改和脱贫攻坚政策措施落地生效。

二、定点扶贫工作情况

2019 年，审计署认真学习领会习近平总书记关于扶贫工作的重要论述，按照党的十九大关于打赢脱贫攻坚战的总体部署，增强政治担当、责任担当和行动自觉，抓党建促脱贫攻坚，发挥审计行业特色助力脱贫攻坚，坚持扶贫同扶志扶智相结合、产业扶贫与消费扶贫相结合，指导帮助定点帮扶的河北顺平县、贵州丹寨县努力巩固脱贫成果，推动脱贫攻坚与实施乡村振兴战略有效衔接。

（一）不断加大调研力度，切实解决实际困难。

署对口支援和定点扶贫领导小组组织研究制定《审计署 2019 年定点扶贫和对口支援工作计划》，不定期召开定点扶贫专题工作会适时跟进，署领导先后 6 次赴定点扶贫县开展调研。署党组书记、审计长胡泽君同志作为定点扶贫工作第一责任人，于 11 月赴河北顺平深入了解脱贫攻坚情况，实地考察署援建引进项目，向当地学校捐赠教学设施，在贫困村一线召开现场工作会，指出要巩固提升帮扶县脱贫成效，防止脱贫返贫现象，与乡村振兴战略有效对接，提升定点扶贫工作质量，切实加强农村基层党组织建设，发挥基层党组织的战斗堡垒作用。其他署领导在调研中听取当地党委和政府脱贫攻坚工作汇报，深入基层一线考察了解经济社会运行情况，了解掌握脱贫攻坚工作面临的困难，向署党组专题报告并积极协调解决。如，署党组成员、副审计长王文斌同志在丹寨调研了解到当地旅游产业发展需求时，立即要求署相关单位积极协调国机集团等推动龙泉山索道建设。署对口支援和扶贫工作领导小组办公室多次派员赴扶贫一线掌握新情况、活情况，帮助协调解决扶贫工作中遇到的问题，全年共协调署相关单位直接投入资金 144.05 万元，支持建设贫困县建设现代农业产业项目、购置教学设备、建设村党建设施和村民活动广场等。

（二）继续选派优秀干部，抓党建促脱贫攻坚。

继续选派政治强、懂党建的青年干部担任挂职干部和驻贫困村第一书记。通过充分发挥挂职县委领导和驻村第一书记作用，加强基层党组织建设，选优配强党支部书记，坚持支部引路、党员带路、产业铺路，推行“支部＋基地＋合作社＋贫困户”模式和“党建＋集体经济”模式，推动挂职扶贫干部定期深入帮扶村讲党课，支持村级党组织活动场所建设，帮助打造党建云平台 APP 智慧党建模式等。所派干部真抓实干、倾情付出，得到当地党委政府和群众好评。在贵州丹寨甲石村担任第一书记的姜海泉同志挂职期满后，甲石村群众先后 2 次联名写信挽留请求延长挂职时间，相关事迹在中央电视台焦点访谈节目播出，被评为中央和国家机关脱贫攻坚优秀个人；在贵州丹寨县挂职县委副书记、副县长的周俊同志被评为贵州省脱贫攻坚优秀共产党员。

（三）大力促进产业发展，多种渠道消费扶贫。

引入帮扶资金 18670 万元，主要用于水利项目、现代农业产业项目、商务部农村电商示范县项目、村级光伏电站项目，花卉种植项目、丹寨万达小镇游客集散中心、剧院等旅游发展项目等。充分利用当地资源优势，重点支持贫困村、贫困户因地制宜发展特色种植养殖业、林草业、特色手工业和乡村旅游等，培育和壮大特色产业，发展农产品精深加工，提高产品附加值和市场竞争力，增强地方经济自我“造血”能力，切实增加农民收入。采取工会集中采买、预算预留份额、扶贫日活动、联系产销对接渠道等方式直接购买贫困地区农产品 135 万元；联系协调人民网“人民优选”等平台帮助销售贫困地区农产品 47 万元；通过开展扶贫日展销活动等营造“消费扶贫人人可为”的氛围，使消费扶贫转化为干部职工的行动自觉。

（四）加大教育培训支持，与扶志扶智相结合。

积极开展基层干部培训，6 月在南京审计干部教育学院举办对口支援和定点扶贫地区审计机关审计业务培训班培训河北省顺平县、保定市及所属其他县审计机关 60 余人；9 月在南京审计干部教育学院培训贵州省丹寨县财会人员 50 人，提高帮扶县基层干部政策理论水平，传授审计、财会业务知识；发挥挂职干部驻在优势，协调有关部门组织开展优良红薯种植技术、钩藤种植等技术培训班培训技术人才 67 人。注重教育扶贫，颁发 30 万元审计长奖学金，资助河北顺平贫困学生 255 人；协调民建江苏省泰州市医药高新区支部资助贵州丹寨南皋乡 22 名品学兼优一年级学生每人每年 1000 元，直至高中毕业；协调中华思源工程扶贫基金会培训丹寨县优秀教师；署机关党委（人教司）、署妇工委组织开展“六一”跳蚤市场义卖活动，将收入 6200 元全部捐赠甲石村贫困女大学生。

国家林业和草原局扶贫开展情况

2019年，国家林业和草原局认真学习习近平总书记关于扶贫工作的重要论述，贯彻落实《中共中央 国务院关于打赢脱贫攻坚战三年行动的指导意见》，充分发挥林草行业优势，着力实施生态补偿扶贫、国土绿化扶贫、生态产业扶贫三项举措，聚焦深度贫困地区、滇桂黔石漠化片区和定点扶贫县，着力加强作风建设和问题整改，林草生态扶贫工作取得显著成效，实现贫困地区生态保护与脱贫攻坚协同推进，在一个战场同时打好脱贫攻坚和生态保护两场攻坚战。

一、贯彻落实习近平总书记关于扶贫工作的重要论述，全面落实政治责任

国家林业和草原局党组以习近平总书记关于扶贫工作的重要论述为根本遵循和行动指南，高度重视脱贫攻坚工作，坚持把生态脱贫抓在手里，扛在肩上，把做好林草生态扶贫工作作为重大政治任务，增强“四个意识”，坚定“四个自信”，做到“两个维护”，不折不扣地贯彻落实中央关于脱贫攻坚工作的决策部署，全力做好决战决胜阶段生态扶贫工作。

（一）强化责任落实，切实增强政治自觉。

2019年，国家林业和草原局党组书记、局长张建龙同志多次主持召开局党组会议，传达学习习近平总书记关于脱贫攻坚工作的重要指示批示精神，坚持生态文明与脱贫攻坚同谋划、同部署、同落实。2月20日、5月9日、12月24日，3次召开局扶贫工作领导小组会议，传达学习习近平总书记在党的十九届四中全会、中央经济工作会议、中央农村工作会议、全国扶贫开发工作会议、2019年扶贫日期间关于脱贫攻坚工作重要讲话和重要指示批示精神，认真落实习近平总书记在重庆市主持召开解决“两不愁三保障”突出问题座谈会和在中央政治局会议听取2018年脱贫攻坚成效考核时的重要部署，研究林草生态扶贫领域存在薄弱环节的整改工作，扎实推进林草生态扶贫工作。5月30日，与水利部联合召开滇桂黔石漠化片区区域发展与脱贫攻坚现场推进会，推进片区脱贫攻坚。9月27日，会同发展改革委等有关部门召开全国生态扶贫工作会议，推动今明两年生态扶贫任务落地实施。张建龙局长带领局领导班子成员多次赴局定点扶贫县和贫困地区调研指导生态扶贫工作。

（二）提高脱贫质量，切实改进工作作风。

国家林业和草原局党组认真学习宣讲习近平总书记关于生态扶贫工作的重要指示批示精神，向国务院扶贫办报送了学习贯彻《习近平扶贫论述摘编》的报告。配合发展改革委等部门认真抓好《生态扶贫工作方案》目标任务落实，与财政部、国

务院扶贫办连续4年联合印发《关于开展建档立卡贫困人口生态护林员选聘工作的通知》，印发《国家林业和草原局2019年扶贫工作要点》《2019年林业草原生态扶贫宣传工作方案》等系列扶贫政策文件。向国务院扶贫办报送了《关于支持深度贫困地区脱贫攻坚的实施意见》落实情况的报告和《打赢脱贫攻坚战三年行动重要政策措施分工任务落实情况》的报告。国家林业和草原局党组向党中央上报了《关于2018年度脱贫攻坚工作情况的报告》《关于2019年度脱贫攻坚工作情况的报告》。

（三）认真整改问题，切实抓好问题整改。

针对中央扶贫专项巡视和考核暗访以及中央审计办发现的问题，印发《关于做好2018年脱贫攻坚成效考核林草生态扶贫存在问题整改工作的通知》《关于结合“不忘初心、牢记使命”主题教育 扎实做好今明两年林草生态扶贫工作的通知》《关于做好中央审计办审计发现问题整改的通知》，指导并督办相关省区认真排查，检视问题，查找薄弱环节，严肃整改生态扶贫领域存在的问题。会同国务院扶贫办向中央领导同志上报《关于贯彻落实中央领导同志对贫困人口生态护林员政策有关问题批示情况的报告》。按照国务院扶贫开发领导小组的统一部署，会同中国人民银行赴黑龙江省开展脱贫攻坚督查。

二、推动林草生态扶贫取得新进展

国家林业和草原局充分发挥林草推进贫困地区脱贫攻坚的资源优势、行业优势和政策优势，积极完善生态护林员选聘管理、推广合作造林脱贫模式、助推深度贫困地区脱贫攻坚，探索形成了一批可复制可推广的模式，得到了中央和地方的认可，受到了基层干部群众的普遍欢迎。在2019年国务院扶贫办组织开展的《贯彻实施〈中共中央、国务院关于打赢脱贫攻坚战三年行动的指导意见〉重要政策措施分工方案》第三方评估中，国家林业和草原局牵头任务分工落实情况获得“好”。

（一）生态补偿扶贫增益增收。

在财政部、国务院扶贫办的大力支持下，2019年中央财政新增安排生态护林员补助资金25亿元，年度中央资金规模达到60亿元。各地方政府积极响应，增加生态护林员配套资金12亿元。截至2019年底，在中西部22个省（含自治区、直辖市，下同）选聘建档立卡贫困人口生态护林员近100万名，结合其他帮扶举措，精准带动300多万贫困人口脱贫增收。将有劳动能力的贫困人口选聘为生态护林员这一举措，一方面帮扶了这些无门路就业、无技能增收的贫困群体通过劳动脱贫，贫困人口的受益水平显著提升；另一方面扩充了基层急需的生态保护队伍，织密织牢了生态脆弱区的林草生态资源保护网，各类破坏林草生态资源的案件明显减少，资源保护力度不断加强。贫困地区涌现出了一批以生态护林员带动的林草大户、产业能手和致富带头人，极大激发了贫困人口摆脱贫困的内生动力。此外，不断完善天然林资源保护政策，进一步提高补助标准。我局积极协调财政部，优先将贫困地区集体和个人所有的天然商品林纳入停伐管护补助范围。不断完善森林生态效益补偿政策，中央财政将集体和个人所有的国家级公益林补偿补助标准由每年每亩 15 元提高到 16 元。

（二）国土绿化扶贫增绿增收。

2019 年，共安排贫困地区中央林业资金 450 亿元，其中，中央预算内投资 136 亿元、中央财政资金 314 亿元。大力支持中西部 22 个省深入实施退耕还林还草、退牧还草、京津风沙源治理、天然林资源保护、三北等重点防护林体系建设、石漠化综合治理、沙化土地封禁保护区建设、湿地保护与恢复、农牧交错带已垦草原综合治理、青海三江源生态保护和建设等重大生态工程，截至 2019 年底，全国共组建 2.1 万个扶贫造林专业合作社，吸纳 120 万贫困人口参与生态保护修复工程建设。

（三）生态产业扶贫增产增收。

在保护生态的基础上，为贫困地区和贫困群众“量身打造”木本油料、林下经济、森林旅游、特色种养等产业，实现一个产业带动一批人。2019 年制定出台了《国家林业和草原局关于促进林草产业高质量发展的指导意见》，提出通过重点扶持和积极推动经济林和花卉产业、林下经济、特种养殖、林产品加工、森林旅游、森林康养、草产业等产业项目，为贫困地区巩固生态扶贫成果、发挥特色资源优势打下坚实基础。2019 年中西部 22 个省林业产业总产值达到 4.26 万亿元。油茶种植面积扩大到 6700 万亩，建设国家林下经济示范基地 370 家，依托森林旅游实现增收的建档立卡贫困人口达 110 万人，实现户均增收 3500 元。

三、助推深度贫困地区、滇桂黔石漠化片区、定点扶贫县等重点区域打赢脱贫攻坚战

（一）聚焦“三区三州”深度贫困地区。

重点推进怒江州深度贫困地区林草生态脱贫。根据与国务院扶贫办联合编制的《云南怒江傈僳族自治州林业生态脱贫攻坚区行动方案》，2019 年安排怒江州生态护林员补助资金 2.1 亿元，怒江州共选聘生态护林员 30145 名，带动 11 万余名贫困人口增收和脱贫，占全州贫困人口总人数的 77.2%。落实怒江州森林生态效益补偿补助 7612.81 万元，8.7 万户、30.4 万人直接受益，其中建档立卡贫困人口 4.1 万户、14.7 万人。怒江州累计完成新一轮退耕还林还草 51.28 万亩，涉及贫困人口 2.53 万户、8.95 万人，国家下达补助资金 6.02 亿元，退耕农户人均收入 2451 元。继续开展竹编实用技术培训，共培训云南省怒江州 4 个贫困县的 37 名建档立卡贫困户、扶贫专业合作社社员和林农群众。

（二）着力做好滇桂黔石漠化片区生态扶贫。

滇桂黔石漠化片区是贫困人口最多、贫困程度最深，生态恢复与治理任务最重的地区。国家林业和草原局与水利部共同牵头做好滇桂黔石漠化片区区域发展与脱

部门篇

贫攻坚工作，聚焦片区、深度贫困地区、定点县和特殊贫困群体，全面落实“生态补偿脱贫一批”各项任务，抓实抓细林草生态扶贫攻坚举措，将政策、资金、项目向片区倾斜，不断加大投入力度，2019 年安排片区中央林草投入 57.5 亿元，为片区决战决胜脱贫攻坚奠定了坚实基础。

（三）超额完成年度定点扶贫责任书任务。

2019 年，我局协调广西、贵州两省区林业部门安排龙胜、罗城、独山县、荔波 4 个定点县中央林业资金 2.9 亿元，安排省级林业资金 4888.72 万元。通过资金帮扶、捐款捐物、人员培训、购买和帮助销售农产品、结对帮扶、支部共建等措施，超额完成了《中央单位定点扶贫责任书》6 项任务，引进帮扶资金 1 项任务超额近 5 倍，有 3 项任务完成超过 200%，在中央国家机关中位居前列。创新设立“林业草原生态扶贫专项基金”，成为定点扶贫工作新的亮点，募集捐款 1656 万元，首批 1240 万元支持定点扶贫县生态产业示范项目相继落地实施。4 个定点扶贫县全年实现 4.71 万人脱贫，减贫率 17.2%，2019 年国家林业和草原局连续第三年获得国务院扶贫开发领导小组对定点县扶贫考核“好”的成绩。

（国家林业和草原局规划财务司 陈桂首）

国家铁路局扶贫开展情况

2019 年，国家铁路局坚决贯彻习近平总书记关于脱贫攻坚的重要指示精神，落实党中央关于定点扶贫贵州榕江县、对口支援江西永丰县以及帮扶秦巴山区集中连片特困地区的部署要求，积极服务国家打赢精准脱贫攻坚战，增强“四个意识”，坚定四个自信，做到“两个维护”，立足铁路行业实际，深入推进扶贫支援工作，定点扶贫县贫困发生率逐年下降，对口支援县经济社会发展势头良好，秦巴山片区基础设施明显改善，制约区域发展和扶贫攻坚的交通瓶颈有效缓解。

一、认真学习领会习近平总书记关于脱贫攻坚的重要指示精神，强化政治责任

国家铁路局党组高度重视扶贫工作，自觉坚持以习近平新时代中国特色社会主义思想为指导，认真学习习近平总书记关于脱贫攻坚的重要论述和指示批示精神，2019 年先后组织专题学习 5 次，开展以“加强扶贫工作坚决打赢脱贫攻坚战”为题的集中研讨，深刻认识打赢攻坚战的艰巨性、重要性、紧迫性，夯实思想基础，坚定意志决心。通过反复学习，深入思考，局党组对习近平总书记关于脱贫攻坚的重要指示精神、对坚决打赢脱贫攻坚战有了更加深刻的思想认识、更加坚定的情感认同、更加坚决的行动自觉。同时，深刻认识到，习近平总书记关于脱贫攻坚的重要论述和指示批示精神是马克思主义中国化最新理论成果重要组成部分，彰显了党的宗旨和群众路线、群众史观的生动实践，体现了中华民族优秀政治文化传统，深刻回答了新形势下党和国家脱贫攻坚工作中的一系列重大理论和现实问题，内涵丰富、思想深邃，为我局开展好扶贫工作指明了方向。

二、大力推进定点扶贫贵州省榕江县工作

根据国务院扶贫办、中组部、中宣部等九部门《关于进一步完善定点扶贫工作的通知》（国开办发〔2015〕27 号）要求，国家铁路局承担定点扶贫贵州省黔东南州榕江县任务。榕江县总面积 3316 平方公里，辖 19 个乡镇、263 个行政村（社区），总人口 37.2 万。

（一）明确目标，加强顶层设计。

为顺利推动 2019 年定点扶贫工作，先后制定印发了《国家铁路局定点扶贫榕江县 2019 年工作推进计划》《国家铁路局 2019 年扶贫工作推进方案》，对定点扶贫工作进行统一部署，明确相关工作任务及责任部门，强调责任落实，突出扶贫实效，强化长期扶贫措施的延续性，确保各项扶贫工作共同推进。同时，按照国务院扶贫

办《关于组织签订 2019 年中央单位定点扶贫责任书的通知》要求，在年初签订并上报了《2019 年度定点扶贫责任书》，明确定点扶贫工作任务目标，为帮助榕江县如期打赢脱贫攻坚战做出保证。

（二）深入调研，加强督促指导。

2019 年 11 月 27 日 -28 日，局党组书记、局长刘振芳到任伊始，带队到榕江县开展扶贫调研，深入了解榕江县脱贫攻坚工作情况，督促指导榕江县委县政府落实脱贫攻坚主体责任。此外，还先后 5 次派员到榕江县开展调研，其中局党组成员开展调研 1 人次，其他干部开展调研 25 人次。调研人员到榕江县积极与县委县政府交流座谈，深入到田间地头掌握第一手情况，慰问贫困户和贫困学生，指导县委县政府开展扶贫工作，对接帮扶重点项目，摸清我局定点扶贫工作项目推进情况，了解挂职干部工作生活中的问题困难，明确扶贫工作任务目标、工作要求、前期采取的扶贫措施以及下一步工作计划，为进一步推进定点扶贫工作提供参考。

（三）聚焦责任，积极推进重点任务目标。

结合定点扶贫责任书，2019 年重点推进的工作有：一是向榕江县忠诚镇捐赠帮扶资金 100 万元，用于人居环境整治工作，共覆盖 57 户 310 人，并硬化 3 个活动广场 1120 平方米，修建边沟 235 米，助力推动贫困村实现“两不愁三保障”。二是联合中交集团为榕江县投资 851 万元，用于修建沿河步道、小香鸡产业路、野人谷步道以及旅游公厕等工程项目。三是通过挂职交流、安排人员参加党务工作者培训等方式，帮助榕江县培训干部 9 名。四是协调榕江县人社局、贵州铁路技师学院举办榕江县贫困人员焊工技能培训班，培训贫困人员 108 名。五是以中秋节、国庆节为契机，通过工会购买 25 万元榕江县农特产品用于职工福利发放。六是积极协调铁路企业在站车销售榕江县农特产品，在贵阳站设立榕江特产销售区，积极帮助销售农特产品，全年共销售 121 万余元。

（四）多措并举，扎实做好其他定点扶贫工作。

一是立足行业优势积极协调主管部门和地方政府，推动将 S413 四格至水尾公路列入“十三五”交通规划调整项目，着力强化榕江县交通基础建设。二是积极开展好党建促扶贫，直属机关党委党支部与榕江县乐乡社区党支部开展结对帮扶，先后组织 2 次共建联学活动，并于儿童节、国家扶贫日到贫困村小学慰问贫困儿童，通过推动加强基层党组织能力建设，提升村党支部在脱贫工作中的战斗堡垒作用。三是继续推进前期投资开办的小香鸡养殖场、罗汉果种植园、农产品加工厂以及乡村农家乐等扶贫项目，确保相关产业有序经营，切实为贫困群众脱贫致富提供帮助。四是协调成都局集团有限公司贵阳客运段通过铁路杂志在高铁、车站宣传榕江人文自然特色，助推榕江县旅游产业发展。五是加强政策扶贫，积极协调相关部门，帮助榕江县新增护林员指标 905 名，精准提高榕江县贫困户护林员家庭收入。六是进一步推进扶志扶智扶贫，按照“升学一人，就业一个，脱贫一家”的思路，协调贵阳职业技术学院、贵州铁路技师学校招收榕江籍学生 62 名，在毕业后协调铁路企业安排就业。并针对榕江籍应届毕业大学生，协调 16 名榕江籍铁路相关专业大学生到铁路企业就业。七是强化挂职干部接续性，在上一任挂职干部任职期满的情况下，及时选拔年富力强、表现优秀的青年干部接任榕江县挂职副县长，确保扶贫工作有效延续。

通过我局倾情帮扶和榕江县人民群众的不懈努力，截至 2019 年底，榕江全县累计实现 16 个乡镇减贫摘帽、137 个贫困村出列（其中深度贫困村 94 个）、27861 户 126262 名贫困人口脱贫，剩余未脱贫人口 3974 户 11793 人，贫困发生率从 2014 年的 35.54% 下降到 3.52%。

三、扎实做好对口支援江西省永丰县工作

根据国务院办公厅《中央国家机关及有关单位对口支援赣南等原中央苏区实施方案》（国办发〔2013〕90 号），国家铁路局承担对口支援江西省吉安市永丰县任务。2019 年，国家铁路局积极落实对口支援政策，主动担当作为，发挥自身优势，推动永丰县发展取得长足进步。

（一）摸清基础情况，明确工作思路。

为确保年度对口支援工作的有序开展，2019 年由局党组成员牵头，深入实地开展专题调研，全面了解永丰县实际情况和发展诉求，结合年度对口支援工作与属地政府进行了对接。

（二）立足行业特点，强化交通建设。

一是密切关注吉武温铁路项目在浙江、福建、江西三省间的前期沟通协调情况，积极做好与福建的对接工作，全力推进该项目进入国家铁路“十四五”规划。二是发挥铁路运输优势，建立客流运转新通道。借力昌吉赣高铁开通的契机，建设永丰高铁无轨站，实现永丰与吉安站、吉安西高铁站公铁联运，打破近 10 万群众铁路出行的“最后一公里”瓶颈，使永丰人民的铁路出行从县市铁的三级换乘变成点到点的无缝衔接，建成后在铁路购票和通市班车的近站停靠等方面将享受到便捷服务，节省周转时间近 40 分钟，极大提升当地招商引资交通环境。

（三）突出扶志扶智，强化就业扶贫。

一是发挥铁路行业吸纳就业优势，全力支援永丰发展铁路职业教育，实施教育扶贫。协调衡水铁路电气化学校、郑州铁路技师学院和中铁十五局技工学校开展联合办学，并协同华东交通大学、永丰县人民政府联合签署了关于合作办学的三方会议纪要。二是助推地方企业投资铁路产业，扩大本地用工数量和范围，优先招聘有劳动能力的建档立卡贫困户。

（四）加强宣传帮扶，推介特色产品。

一是针对永丰滨江公园铁路主题区域建设工作，帮助永丰县对接废旧铁路机车车辆的购买工作，加强铁路文化宣传。二是充分发挥铁路行业媒体传播优势，积极帮助优质食品类企业扩大品牌知名度。

截至 2019 年底，永丰县已脱贫 6560 户 24848 人，未脱贫 211 户 507 人。该县 30 个“十三五”省级贫困村在 2018 年已经全部脱贫出列。贫困发生率由 2014 年初国家铁路局开始对口支援时的 6.9% 下降为 0.14%。

四、积极推进秦巴山区集中连片特困地区扶贫工作

国家铁路局始终注重发挥铁路作为国家关键基础设施、国民经济大动脉和大众化交通工具的重要作用，坚持服务国家精准脱贫攻坚大局，着力抓好集中连片特困地区扶贫工作。

一是积极实施《铁路“十三五”发展规划》，坚决打赢脱贫攻坚战，推进深度贫困地区铁路建设攻坚，提升铁路网规模、覆盖率、电气化率和复线率。将昭攀丽、贵阳至南宁、喀什至红其拉甫、敦化至白山至沈阳等项目纳入规划，积极开展川藏铁路前期工作。二是积极推进区域铁路建设。会同有关部门、地方政府和铁路企业加快建设敦煌至格尔木、格尔木至库尔勒、兰州至合作、大理至瑞丽、玉溪至磨憨等铁路，实施成昆复线等一批既有铁路扩能改造。建成哈尔滨至牡丹江、京沈（沈阳至承德段）、济南至青岛、青岛至连云港至盐城、怀化至邵阳至衡阳等一批重大项目。三是组织开展滇中城市群、广西等区域铁路网规划评审，发挥专业技术优势，指导地方政府推进铁路规划。四是组织专项课题研究。委托专业机构开展《中西部铁路发展政策研究》等课题，为乡村地区、贫困地区铁路网规划布局提供理论支撑。五是密切关注革命老区、民族地区、边疆地区、贫困地区（简称“四类地区”）群众出行难问题，研究修订《铁路旅客运输规程》，拟将支持老少边穷地区群众乘坐“慢火车”有关内容纳入其中，努力让“四类地区”群众充分享受到更便捷更优质的铁路运输服务。

（国家铁路局 张海东）

全国妇联扶贫工作开展情况

2019年，全国妇联深入学习贯彻习近平总书记关于脱贫攻坚的重要讲话精神，把团结引领广大妇女积极投身脱贫攻坚作为增强“四个意识”、坚定“四个自信”、做到“两个维护”的具体体现，进一步强化政治担当，聚焦深度贫困、聚焦建档立卡贫困妇女、聚焦突出问题，创新思路举措，狠抓工作落实，召开深入推进“巾帼脱贫行动”现场会，推动妇女脱贫工作取得新成效。

一、认真学习贯彻习近平总书记关于脱贫攻坚的重要讲话精神，引领广大妇女为决战脱贫攻坚贡献力量

全国妇联深入学习贯彻习近平总书记关于脱贫攻坚的重要讲话精神，切实把思想和行动统一到党中央的决策部署上来。沈跃跃同志、黄晓薇同志多次赴甘肃临夏、内蒙古、四川凉山等深度贫困地区调研，走村入户，为贫困妇女儿童送去党和政府的关怀温暖，指导推进妇女脱贫攻坚。党组、书记处召开10次会议，专题学习习近平总书记关于扶贫工作重要论述以及党中央、国务院关于脱贫攻坚工作的工作部署和要求，认真研究在决战决胜脱贫攻坚战中充分发挥妇女“半边天”作用和妇联组织独特作用的新思路、新举措，用心用情用力助推贫困妇女尽快脱贫致富，不让一个贫困妇女在小康路上掉队。今年7月，全国妇联在甘肃省临夏州召开深入推进“巾帼脱贫行动”现场会，沈跃跃同志出席会议并讲话，对进一步深入学习贯彻习近平总书记关于扶贫的重要论述，团结带领广大妇女为确保如期打赢脱贫攻坚战贡献巾帼力量进行再动员、再部署。强调各级妇联组织要以习近平总书记重要讲话精神为指导，进一步扛起脱贫攻坚的政治责任，坚持问题导向，勇于担当、主动作为，积极配合党委政府推动扶贫惠民政策落地落实，把巾帼脱贫工作做得更扎实、更精准、更有实效。要求各级妇联要进一步激发妇女脱贫的内生动力，积极助推产业扶贫，广泛动员社会力量，以更大的力度、更精准的举措、更扎实的作风，团结动员广大妇女为决战决胜脱贫攻坚、全面建成小康社会作出积极贡献。

二、强化思想政治引领，着力做好贫困妇女扶志扶智工作

扶贫先扶智和志。全国妇联采取多种方式，引领广大贫困妇女提升内生动力和脱贫能力。一是活动引领。深入开展“巾帼脱贫大讲堂”“巾帼脱贫故事会”等宣讲活动，用贫困妇女群众听得懂、学得进、用得了的方式，大力宣传习近平总书记关于扶贫工作的重要讲话精神、脱贫攻坚的惠民政策和取得的巨大成效，引领贫困妇女听党话、跟党走。持续深化寻找“最美家庭”活动，弘扬好家风，大力倡导移风易俗，简办婚事丧事，引导妇女自觉抵制高价彩礼。全年共举办各类活动3.75万

场，337 万人次贫困妇女群众参与。二是典型引领。注重培树先进典型，充分发挥典型引领作用，鼓励帮助各地组织荣获全国脱贫攻坚奖的优秀妇女典型和各地妇女脱贫典型组成“脱贫攻坚报告团”，进央企、进高校、进乡村开展巡讲活动，讲好妇女脱贫故事，激励更多有能力的带头人成为带动妇女脱贫致富的带领人，做给贫困妇女看、带着贫困妇女干，引导贫困妇女坚定脱贫信心决心。三是宣传引领。充分运用微信群、移动客户端和农村远程教育等平台，集中宣传报道典型的先进经验和突出事迹，扩大先进典型社会影响力。通过举办“老区妇女巾帼建功、决战脱贫攻坚”平行论坛、开设《巾帼脱贫风采》专栏等方式，营造扶贫光荣、脱贫光荣的氛围，汇聚脱贫攻坚正能量。四是培训引领。强化妇女脱贫培训，全国妇联举办 2 期深度贫困县妇联主席培训班，培训 400 余人，提升贫困地区妇联干部政策水平和帮扶能力。全年各地妇联共组织动员 189 万人次贫困妇女参加各类扶贫培训。四川省妇联在凉山州实施“树新风助脱贫”巾帼行动计划，推进文明习惯、科学家教、优良家风进家庭，13 万人次参与培训；组织 1 万余支健康卫生、家教志愿者队和“妇女互助队”“达体舞宣讲队”等群众性队伍，进村入户开展禁毒防艾、计划生育、控辍保学宣传 8467 次，10 万余名妇女群众参与；开展“洁美家庭”创建活动 1.2 万次，向陈规陋习宣战、向贫穷宣战，70% 以上的农村家庭参与。

三、聚焦深度贫困，助推妇女产业脱贫

发展产业是实现脱贫的根本之策。全国妇联积极推动各地妇联引领贫困妇女因地制宜发展产业、增收脱贫。一是大力发展妇女特色产业。一方面，依托“扶贫工厂”“扶贫车间”，带动引导妇女宜绣则绣、宜剪则剪，着力培育手工创业带头人、扶持龙头企业、打造特色手工品牌，帮助她们提高手工产品附加值和市场竞争力，引领带动更多贫困妇女就近就地就业脱贫致富。今年，全国妇联以促进妇女居家灵活就业、助力脱贫攻坚为目标，举办“中国妇女手工创业创新大赛”，吸引了 1197 个女性双创团队报名参赛，参赛项目吸纳带动近 100 万名妇女就业创业、脱贫致富。另一方面，认真落实《国务院关于促进家政服务业提质扩容的意见》，鼓励各地妇联大力开展家政扶贫，帮助 12.7 万人次贫困妇女参与家政转移就业。二是巩固做强优势产业。聚焦深度贫困地区，以“三区三州”等深度贫困地区为重点，以“全国巾帼脱贫示范基地”为抓手，鼓励扶持妇女创办领办新型农业经营主体和服务主体，带动贫困妇女依托当地资源优势，因地制宜发展种植养殖业、休闲农业和乡村旅游等脱贫产业。全年共创建 150 个“全国巾帼脱贫示范基地”，培训 12.5 万妇女，直接帮助 1.16 万名建档立卡贫困妇女增收。带动各地妇联在 832 个贫困县创建 3637 个妇字号基地，帮助 24 万农村贫困妇女实现增收。三是扶持助推新产业发展。积极用好农村电商、直播农业等新产业、新业态，主动对接中国社会扶贫网、中国建设银行、中国供销电商公司、快手等电商、视频平台，推动各地妇联着力培养一批巾帼电商创业带头人，着力培育“巾帼电商”“网姐”等品牌，帮助建档立卡贫困妇女销售农副特产品，以小鼠标对接大市场，带动 7.5 万贫困妇女稳定增收。新疆维吾尔自治区妇联创建

2985 个“靓发屋”，帮助 4961 名贫困妇女就业，每月增收 800-1200 元。此外，各地妇联还协助扶贫部门发放扶贫小额信贷 67.9 亿元，扶持 11.6 万名妇女创业增收。

四、开展巾帼健康行动，助力妇女健康脱贫

目前，我国建档立卡贫困户中，因病致贫、返贫的比例在 40% 左右，是致贫的主要原因之一。全国妇联按照“健康中国”行动计划，积极开展巾帼健康行动，努力帮助贫困妇女缓解因病致贫返贫。一是广泛开展健康宣传教育活动。围绕实施“健康中国—母亲行动”，聚焦“三区三州”深度贫困地区，结合贫困地区和少数民族妇女群众的健康需求，通过邀请专家学者开展健康大讲堂、发放健康知识宣传品、开展义诊和组织健康长跑活动等形式，解读国家卫生健康相关政策，普及家庭健康知识，传播健康理念，提高健康水平。全年共举办 60 场妇女健康大讲堂，直接培训农村妇女 15000 多人。印制发放 70 万册“两癌”防治折页，其中为南疆贫困妇女翻译制作维语版宣传折页 20 万册。开设“巾帼健康行动”网络课堂 40 期，制作推送女性健康电子杂志，浏览量 25 万余人次。带动各地妇联举办“两癌”项目培训讲座 4.8 万余场，参与妇女 485 万人次。二是继续实施农村妇女“两癌”免费检查和救助项目。配合国家卫生健康委在贫困地区实施农村妇女“两癌”免费检查项目，到今年，项目实现了 832 个贫困县的全覆盖，并不断扩大贫困妇女检查人群覆盖面。大力开展农村贫困妇女“两癌”救助，实现建档立卡贫困“两癌”患病妇女及深度贫困地区患病妇女救助全覆盖，截至目前，共救助农村患病贫困妇女 16 万余人。2019 年共争取中央彩票公益金 3 亿元，对 3 万名农村贫困患病妇女实施救助，其中建档立卡贫困妇女 1.4 万余人。三是加大妇女健康扶贫力度。继续与中国人寿保险公司合作，拓展妇女“两癌”健康保险覆盖面，目前已有 850 多万妇女受益，提供约 5600 亿元的保险保障。积极争取阿里巴巴集团支持，为近 100 万建档立卡贫困女性提供公益保险。向偏远贫困县捐赠 31 辆“母亲健康快车”。云南、贵州省妇联结合异地搬迁开展文明新风进家庭培训和卫生整治活动，指导她们打扫卧室、厨房、堂屋等室内环境卫生，带动家庭成员养成文明卫生习惯和健康的生活方式。

五、广泛动员社会力量，关爱特殊困难妇女儿童

全国妇联充分发挥“联”字优势，协调各方力量，动员各级妇联执委和团体会员积极参与，发挥中国妇女发展基金会、中国儿童少年基金会公益平台作用，为特殊困难妇女儿童送温暖、办实事。一是进一步关注特殊困难贫困妇女。与民政部等单位联合制定出台《关于加强农村留守妇女关爱服务工作的意见》，落实任务分工，扎实推进工作。与中国残联等单位联合扫除青壮年贫困残疾妇女文盲，助力有劳动能力的贫困残疾妇女发展产业增收。二是组织妇联执委结对帮扶。下发通知开展“姐妹手拉手·巾帼脱贫快步走”活动，组织妇联执委与特殊困难妇女开展结对帮扶，因地制宜开展扶志扶智、项目带动、关爱服务。湖南妇联开展“户帮户亲帮亲　互助脱贫奔小康”活动，全省 33 万余名村妇联执委结对帮扶贫困家庭 11 万户、三留守

人员 18.62 万人。三是整合资源合力帮扶。充分发挥公益平台作用，积极争取社会力量支持，实施“母亲健康快车”“母亲水窖”“母亲创业循环金”“春蕾计划”“儿童快乐家园”等项目，让贫困妇女儿童感受到社会主义大家庭的温暖关爱。针对饮水困难妇女，建设“母亲水窖”供水工程 103 处，受益群众 6.45 万人。针对贫困、流动和患病儿童等，通过实施“春蕾计划”“儿童快乐家园”项目以及对学龄前儿童提供营养健康支持、进行大病及住院医疗保险保障、开展支教活动等，资助惠及贫困儿童近 300 万人次。

六、举全会之力，扎实做好定点扶贫工作

全国妇联高度重视定点扶贫工作，强化政治担当，举全会之力积极开展帮扶，助力漳县如期脱贫摘帽、西和县完成年度脱贫攻坚任务。沈跃跃同志、黄晓薇同志 2019 年分别赴定点扶贫县调研指导工作。黄晓薇同志 4 次主持召开定点扶贫专题工作会，3 次与定点扶贫县主要负责同志专题研究定点帮扶。党组书记处 8 人次赴两县调研解决相关问题，部署推进工作。认真落实沈跃跃同志在漳县调研时提出的“抓党建带妇建”工作要求，指导两县把“党建带妇建、妇建促党建”工作机制纳入基层党组织建设总体规划，建立完善“四培三带一引领”工作机制，积极引领广大妇女在脱贫攻坚中贡献巾帼力量。并按照中央定点扶贫工作要求，通过加强组织领导、坚持志智双扶、抓好三支队伍培训、大力开展产业及消费扶贫、推广巾帼家美积分超市以及关爱贫困妇女儿童等工作，层层压实帮扶责任。全年落实帮扶资金物资 1534.2768 万元，引进帮扶资金 1173.3935 万元，选派 40 名挂职扶贫干部和扶贫小分队队员，新建 16 个定点扶贫基地、扶贫车间，直接培训基层干部和致富骨干 3357 人次，超额完成定点扶贫责任书承诺的目标任务。

（全国妇联妇女发展部 供稿）

中国残疾人联合会扶贫开展情况

2019年是打赢脱贫攻坚战的关键之年。中国残联深入贯彻落实习近平总书记关于“全面建成小康社会，残疾人一个也不能少”的重要指示精神，不断提高政治站位，强化责任担当，与相关部门通力配合，助推贫困残疾人脱贫攻坚取得了新进展。

一、提高政治站位，加强对贫困残疾人脱贫攻坚工作的组织领导

中国残联党组、理事会按照党中央、国务院的统一决策部署要求，全力推进贫困残疾人脱贫攻坚，多次召开专题会议进行研究部署，把做好贫困残疾人脱贫攻坚工作作为残联突出的政治任务和义不容辞的责任，重点提出，一要找准残联组织在脱贫攻坚工作中的定位，切实摸清贫困残疾人底数，及时向党委、政府反映贫困残疾人的特殊困难和迫切需求，利用好残联组织的优势，把扶贫政策和惠残政策叠加起来，为贫困残疾人提供切实有效的服务。二要与残联改革任务和“走转改”工作紧密结合，聚焦深度贫困地区和建档立卡残疾人家庭，紧盯贫困残疾人各项扶持政策有效落地；三要全力推进东西部残疾人扶贫协作工作；四要持续做好定点扶贫河北省南皮县帮扶工作。

二、深入开展贫困残疾人脱贫工作调研

结合“不忘初心、牢记使命”主题教育和中央群团改革要求，中国残联主席张海迪，党组书记周长奎和党组各同志带头，集中开展了“走转改”基层蹲点调研，分赴16个省区市的18个县（市、区、旗），围绕贫困残疾人脱贫攻坚热点难点问题，深入贫困地区的贫困残疾人家庭，宣传习近平总书记关于残疾人事业的重要指示批示精神和国家脱贫攻坚政策，共走访65个乡镇、123个村，访谈209户困难残疾人家庭、慰问292名贫困残疾人，实地考察了104个残疾人服务机构组织，召开近30个基层座谈会，详细了解贫困残疾人脱贫攻坚和农村残疾人工作，广泛听取意见建议，提出了下一步贫困残疾人脱贫攻坚的对策意见。

三、聚焦重点难点，着力解决贫困残疾人“两不愁三保障”突出问题

一是基本医疗方面。协调国家卫生健康委等有关部门推进各地加大对重度残疾人大病保险、护理补贴等保障力度，将20项医疗康复项目纳入城乡基本医疗保险支付范围。协调国家医保局对贫困残疾人参加基本医疗保险情况进行核实排查，确保贫困残疾人都能参加基本医疗保险。与国家卫生健康委印发《关于做好残疾人家庭医生签约服务工作的通知》，并及时召开会议对推进残疾人特别是贫困残疾人家庭

医生签约做出专门部署。二是义务教育方面。会同教育部就适龄残疾儿童接受义务教育等问题进行会商，印发通知要求县级残联会同当地教育行政部门，成立残疾人教育专家委员会，对残疾儿童接受义务教育的方式进行评估认定，优先解决5000余名建档立卡适龄残疾儿童少年义务教育问题。进一步做好家庭经济困难残疾学生的认定和资助工作。与国家语委加大"三区三州"特教学校骨干教师的国家通用手语和国家通用盲文培训力度，助力提升贫困地区特殊教育质量。落实《"十三五"残疾青壮年文盲扫盲行动方案》，指导各地以多种形式开展残疾青壮年文盲扫盲工作。三是住房安全方面。配合住房城乡建设部等4部门印发《关于抓紧核实报送4类重点对象危房存量台账的通知》，同时要求各地残联主动配合住建、民政、扶贫等部门做好农村贫困残疾人家庭危房存量的核实认定、统计汇总等工作。共同召开农村危房改造工作推进会，推动各地将贫困残疾人作为危房改造四类重点群体之一，鼓励各地在实施改造过程中对残疾人家庭提高补贴标准，优先实施危房改造。

四、进一步推动落实贫困残疾人脱贫攻坚各项兜底保障政策

一是进一步推动各地将贫困残疾人纳入社会救助范围，与民政部签订了残疾人低保等数据比对协议，及时比对数据，目前农村有766.4万残疾人享受最低生活保障，有123万残疾人享受了特困人员救助供养，1697.6万残疾人享受了医疗救助。二是推进贫困重度残疾人照护服务，会同民政部等5部门印发《关于在脱贫攻坚中做好贫困重度残疾人照护服务工作的通知》，共同召开电视电话会议，对做好贫困重度残疾人照护服务工作进行部署安排。举办专题座谈会，交流经验做法，探讨推进贫困重度残疾人的照护工作。目前各省区市贫困重度残疾人托养照护工作均在探索中推进。三是推动完善困难残疾人生活补贴和重度残疾人护理补贴制度，与民政部共同推动残疾人"两项补贴"信息系统全国上线运行，指导各地依照经济和社会发展调整补贴标准，建立动态调整机制。目前已有18个省提高了补贴标准，6个省建立了动态调整机制，享受"两项补贴"的残疾人稳定在2000万人以上。

五、加强部门协作，共同推动贫困残疾人脱贫攻坚工作

一是会同国务院扶贫办、农业农村部召开全国残疾人扶贫基地现场会，视频交流6省区经验做法，进一步推动各地通过产业带动帮助有劳动能力的贫困残疾人及其家庭成员实现脱贫增收。二是会同国务院扶贫办召开了东西部残疾人扶贫协作工作推进会，8省市交流发言，就聚焦贫困残疾人脱贫攻坚的突出困难，积极做好东西部残疾人扶贫协作工作提出明确要求。三是会同财政部、农业农村部、国务院扶贫办召开了资产收益扶贫项目优先安排贫困残疾人家庭政策落实工作座谈会，对及时了解各地贫困残疾人家庭享受资产收益扶贫状况，收集宣传各地典型案例，推广好经验、好做法等作出部署安排。四是分别在甘肃兰州、贵州遵义、山西大同按片区组织召开了贫困残疾人脱贫攻坚工作调度会，重点对全国22个有扶贫任务的省区市贫困残疾人脱贫工作进度进行调度，进一步推动各项政策落实落地。

六、发挥群团组织优势，助力做好贫困残疾人脱贫攻坚工作

一是充分发挥基层残联在贫困残疾人脱贫攻坚中的作用。印发《关于深入推进贫困残疾人脱贫攻坚工作的通知》，要求各地残联尤其是县级残联主动作为，采取有力举措，聚焦解决贫困残疾人“两不愁三保障”突出问题，加强数据分析比对和扶残惠残扶贫政策落实，助推贫困残疾人家庭如期实现脱贫。二是加大贫困残疾人康复服务和辅具适配服务工作力度。主动对接有关部门核实贫困残疾人康复服务需求，动态监测各地贫困残疾人接受康复服务情况。印发《关于做好国家建档立卡贫困残疾人康复工作的通知》，加强贫困地区康复保障制度与服务能力建设。印发《关于加快推进残疾人辅助器具适配服务工作的通知》，指导各地为贫困残疾人提供辅具适配服务，助力贫困残疾人脱贫攻坚。三是部署贫困重度残疾人家庭无障碍改造工作。印发《关于切实做好建档立卡重度残疾人家庭无障碍改造工作的通知》，要求各地集中做好建档立卡贫困重度残疾人家庭无障碍改造工作，力争到 2020 年底前实现全覆盖。召开全国残联系统推进贫困重度残疾人家庭无障碍改造工作现场会，推广各地好经验、实做法。争取中央彩票公益金支持，用于各地开展贫困重度残疾人家庭无障碍改造工作。四是推进送文化下基层，助力脱贫攻坚。中国残疾人艺术团以“共享芬芳 · 共铸小康”为主题，全年赴 8 个省区市开展公益演出活动，将党的关怀和温暖送到贫困残疾人中，同时也激发了当地基层干部帮助带领贫困残疾人脱贫奔小康的热情。

七、全力做好残疾人脱贫攻坚宣传工作

一是组织开展残疾人脱贫典型和助残先进典型巡回报告会。中国残联拣选了 12 名来自全国各地的残疾人脱贫典型和助残先进典型代表组成报告团，赴 6 省区开展了先进典型事迹巡回报告宣讲活动，充分展现了广大残疾人身残志坚、自强不息、顽强拼搏的时代精神和社会各界关心关爱、扶残助残的传统美德，向社会传递了向上向善的正能量。报告会在各地反响热烈，自强脱贫和助残扶贫的感人故事起到了一般脱贫户起不到的感召和带动示范作用。二是广邀媒体大力宣传残疾人脱贫攻坚。10 月 17 日，会同国务院扶贫办邀请获得全国脱贫攻坚奖的残疾人代表和助残代表召开贫困残疾人脱贫攻坚专题座谈会，分享他们的感人事迹，会上，中国残联主席张海迪要求各级残联深入学习贯彻习近平总书记对自强脱贫和助残扶贫先进代表的勉励，发挥群团组织优势，进一步增强责任感、紧迫感，以更加务实的态度和更加扎实的工作完成好残疾人脱贫攻坚任务，全力以赴在党委政府领导下坚决打赢残疾人脱贫攻坚战。三是出版了《自强之歌》，对残疾人自强模范和典型人物的事迹进行宣传，在中国残联“两微一端”设立《自强风采录》《助残风尚志》专栏，展示全国残疾人脱贫攻坚先进典型，目前已推送 80 期。

（中国残联扶贫办 郝大鹏）

中国国家铁路集团有限公司扶贫工作情况

2019 年，中国国家铁路集团有限公司（以下简称“国铁集团”）深入学习贯彻习近平总书记关于扶贫工作的重要论述，坚决落实党中央、国务院关于打赢脱贫攻坚战三年行动的决策部署，聚焦“两不愁三保障”突出问题和深度贫困地区，充分发挥铁路行业企业优势，多措并举创新帮扶方式，精准推进铁路建设扶贫、运输扶贫、定点扶贫等工作，展示了国铁企业的责任担当。

一、加大贫困地区铁路建设力度

以中西部和贫困地区为重点，加大铁路建设力度。落实《铁路建设扶贫行动方案（2018—2020 年）》，加快推进 14 个集中连片特困地区特别是深度贫困地区铁路项目规划建设。陆东福同志先后与新疆、甘肃、青海等深度贫困地区省区主要领导会商铁路建设和扶贫工作，5 次带队现场踏勘，为高起点高标准高质量推进川藏铁路等重大项目规划建设奠定了基础。截至 2019 年底，百项交通扶贫骨干通道工程 16 个铁路项目，已开通 3 项（青藏铁路格拉段扩能、张家口至大同、郑州至阜阳铁路）、在建 12 项、批复 1 项（西宁至成都铁路）；14 个集中连片特困地区等老少边穷地区 2019 年投产铁路 7440 公里，完成铁路基建投资 4175.8 亿元，占铁路基建投资总额的 75.9%。2019 年，在 14 个集中连片特困地区实施的铁路建设中，累计修建永临结合道路 970 公里、水井 288 口、通信基站 135 座；使用当地农民工 4.8 万人次、支付劳务费 23 亿元、技能培训 15 万人次，采购农副产品 4200 万元。

二、做好贫困地区旅客运输

有效运用大数据分析贫困地区出行需求，适时开行棉农、高考、返乡专列等助学惠农列车，增强了服务的精准性和有效性。持续优化开行途经贫困地区的旅客列车，2019 年日均开行 2328 列，是 2012 年的 2 倍多。重点组织开好 81 对公益性“慢火车”，经停 500 余个车站，分布在 21 个省（区、市），覆盖湘西、云贵、川北、东北、南疆等 35 个少数民族地区，方便贫困地区、边远山区群众出行，2019 年运送旅客 2600 余万人，其中途经南疆四地州、四川凉山州“慢火车”发送旅客 120 余万人，被贫困群众亲切地誉为“赶集车”“大篷车”“连心车”。在不通铁路的地区建设具备购取票、公铁接驳、农副产品销售等功能的铁路无轨站 154 个，打通了百姓出行与物流运输的“最后一公里”，让偏远地区成功融入“高铁经济圈”。2019 年 14 个集中连片特困地区旅客发送量约 2.4 亿人、同比增长 5.9%。

三、加强贫困地区重点物资运输保障

进一步调整贫困地区物流基地布局，加强货运服务设施建设，不断提升货运服务能力。2019年底，在国家级贫困县开办的货运站达到512个，较上年增加7个。全面落实国家支农惠农政策，全力保障贫困地区重点物资供给和农产品外运需求。积极组织开行新疆棉花、东北粮食等农产品“点对点”运输专列、大宗货物直达列车、集装箱特色快运班列等，为贫困地区提供方便快捷的货运服务。2019年，累计运输贫困地区货物6.63亿吨、同比增长11.4%。同时对涉农物资实施运价优惠政策，全年减免费用17.5亿元。

四、精准推进定点扶贫工作

国铁集团定点扶贫河南省栾川县、陕西省勉县、宁夏回族自治区固原市原州区、新疆维吾尔自治区和田县。围绕河南栾川县于2019年5月正式脱贫摘帽，陕西勉县、宁夏固原市原州区、新疆和田县以及部分省级定点扶贫村2019年底达到脱贫条件等目标任务，落实精准扶贫精准脱贫方略，举全路之力进行帮扶，2019年累计向中央和省级定点扶贫地区投入帮扶资金（含捐助物资折算等）约1.35亿元，其中，向定点扶贫4县区投入资金超过1亿元，较上年翻了一番。组织18个铁路局集团公司签订年度定点扶贫责任书，组织13家在京铁路单位协同做好帮扶工作。对深度贫困地区和田县加大倾斜帮扶力度，全县贫困发生率由2018年底的9.2%下降到2019年的0.06%。对退出贫困县序列的栾川县坚持落实“四个不摘”要求，持续加大投入，帮助其培育发展“铁路小镇”等旅游产业项目和“栾川印象”特色品牌，巩固提升脱贫摘帽质量。加大帮扶力量，全路扶贫干部增加到165人，其中定点扶贫4县区100人。2019年，有37名驻村干部被当地政府评价为“优秀”，18人获得县级以上荣誉。2人事迹被《中央和国家机关驻村第一书记扶贫典型案例集》收录。

五、全面推进产业扶贫

以发展壮大集体经济和强化带贫机制为着力点，加强龙头企业培育，实施“铁路帮扶＋龙头企业＋合作社＋贫困户”等产业发展模式，因地制宜精准选好项目、规范用好资金，推动贫困户长期受益和产业持续发展，2019年在定点扶贫地区实施产业项目174个，取得了明显的经济效益和带动脱贫效果。与地方政府合力培育能够带动贫困户产业发展、增收致富的龙头企业。进一步延伸扶贫项目产业链条，推动产业集约化发展。实施特色产业提升工程，进一步提升产业项目影响力。以发展壮大集体经济为突破点，推动当地优势产业发展。

六、创新实施消费扶贫

重点实施定向采购专项行动，组织铁路单位建立集中采购消费扶贫机制，定期开展贫困地区农副产品直采直销活动；实施进站上车专项行动，在全国129个车站、1396列高铁动车组设立1624个扶贫产品直销店（专柜）帮助推介销售，将公益性“慢火车”和铁路无轨站打造成为流动便民的“乡村农贸市场”，为贫困群众携带生鲜活禽等农副产品乘车赶集或在列车车厢集中售卖提供便捷周到服务；实施电商扶贫专项行动，投入1400余万元开发铁路12306、中铁快运商城电商扶贫平台，对入驻企业免收平台费，利用铁路媒体资源广泛宣传推介；建立铁路建设消费扶贫督导机制，引导铁路建设施工单位优先采购贫困地区农副产品和劳务服务。同时强化产销对接、带贫效果和质量保障，帮助引导贫困地区企业提升市场竞争力和可持续发展能力。2019年购买和帮助销售4县区农副产品5010万元、其他国家级贫困县12446万元，分别为上年2.2倍、3.6倍。国务院扶贫办领导对铁路消费扶贫工作给予批示肯定。

七、全面解决“两不愁三保障”突出问题

注重发挥铁路行业企业优势，研究制定贯彻落实“两不愁三保障”工作方案和细化措施，举全路之力帮助贫困地区重点解决“两不愁三保障”突出问题，扎实推进中央决策部署在铁路扶贫工作中落实落地，进一步增强铁路扶贫工作的精准性和实效性。聚焦定点扶贫地区义务教育、基本医疗、住房安全、饮水安全等短板，优先安排和调整铁路扶贫资金和项目的投入方向。同时通过中国扶贫基金会、詹天佑基金会等多渠道筹集帮扶资金。全年投入“两不愁三保障”资金2167万元，其中投入定点扶贫4县区1547.8万元，帮扶贫困人口5.8万人。

八、强化“扶志扶智”行动

持续增强贫困地区脱贫攻坚内生动力。一是抓党建促脱贫。充分发挥铁路驻村第一书记和铁路基层单位党组织的优势作用，积极与贫困村进行党支部联建、党内活动联搞、党课联上、贫困户联帮，组织铁路单位与32个村党支部联学联建、261名干部与926户贫困户“结对认亲”，定期开展送温暖、送点子、送文化、送信息、买特产“四送一买”活动，带动村“两委”班子战斗力进一步增强。铁路帮扶的和田县贫困村先后有572人递交了入党申请书，其中236人光荣入党，49名优秀少数民族青年成长为合格“村官”。二是抓培训帮脱贫。邀请中央党校教授和知名管理专家深入定点扶贫县举办基层干部培训班，组织乡村干部和贫困群众代表乘坐高铁，观摩先进农产品企业。全年培训基层干部2799人次、村“两委”班子成员761人次、创业致富带头人340人次。三是抓就业助脱贫。按照“一人就业全家脱贫”的思路，路地联建务工培训基地，组织定点扶贫县区贫困群众参与挖掘机、电焊工、厨师等技能培训8547人次。持续加大铁路单位劳务用工和招聘大学毕业生向贫困地区倾斜力度，全年为贫困地区安排劳务用工和毕业生就业岗位6780个。

九、加大扶贫宣传力度

积极参加中央和国家机关工委“不忘初心、牢记使命—优秀驻村第一书记先进事迹巡回宣讲”报告会和定点扶贫工作成果展。以国家扶贫日和新中国成立70周年庆祝活动为契机，组织开展12306电商扶贫平台上线推介、“贫困儿童乘高铁看发展、

立大志圆梦想”“创青春”铁路定点扶贫青年创业大赛等扶贫主题活动。组织铁路文工团创作话剧《火火火车头》，印制《中国铁路扶贫纪实摄影作品集》。充分利用铁路宣传资源和学习强国、央视、人民网、新华网等主流媒体平台，讲好铁路扶贫故事，全年刊播宣传报道2600余篇、视频47部，编发《铁路扶贫直通车》6万册投放到270组高铁列车，在铁路主要车站设立655个公益扶贫宣传点，取得了良好的社会效应。

十、加强铁路扶贫组织领导

2019年，国铁集团扶贫开发领导小组组长陆东福同志就贯彻落实中央决策部署、做好扶贫工作42次作出批示，自觉承担第一责任，多次主持召开党组会研究部署。扶贫开发领导小组及时研究制定贯彻落实“两不愁三保障”要求的工作方案，形成了“三年行动方案+专项工作制度办法”的铁路扶贫工作制度体系，组织18个铁路帮扶单位签订《定点扶贫责任书》、与帮扶乡镇签订《帮扶项目协议书》、与扶贫干部派出单位签订《定点扶贫任务书》。认真落实中央关于关心基层扶贫干部的相关要求，严格执行派驻干部待遇补助、健康体检、人身保险等规定，帮助解决工作生活困难。坚决克服形式主义、官僚主义，大力压缩会议文件和检查活动，进一步减轻了基层工作负担。强化铁路扶贫领域廉政建设和作风建设把扶贫工作情况纳入公司党组巡视和专项审计，严格实施月度督导、半年通报、全年综合评价考核制度。

（国铁集团扶贫办 任君）

中国农业银行扶贫开展情况

2019 年，农业银行深入贯彻学习习近平总书记关于扶贫工作的重要论述，认真落实党中央脱贫攻坚决策部署，将金融扶贫作为一项重要政治任务来抓，切实加大政策资源投入，不断丰富金融扶贫形式，持续优化工作推进机制，有效发挥了金融扶贫国家队、主力军作用。截至 2019 年末，农业银行在 832 个国家扶贫工作重点县贷款余额 10914 亿元，精准扶贫贷款余额 3942 亿元，累计带动服务贫困人口 1264.6 万人。

一、完善金融扶贫工作推进机制

一是全面压实责任。总行金融扶贫工作领导小组先后多次专门召开会议，研究金融扶贫工作，多次召开全行性工作会议，持续部署、压茬推进工作开展。不断完善“总行统筹、省市分行推进、县支行抓落实”的金融扶贫工作管理机制，以钉钉子精神和绣花功夫，层层传导压力、层层压实责任，确保金融扶贫工作持续向纵深推进。二是强化工作推动。农行党委对金融扶贫工作直接部署、直接推动，党委书记对重点工作直接抓、直接督，以上率下，带动全行将金融扶贫工作不断抓紧抓实抓细。全年党委班子成员 30 次深入扶贫一线调研，协调解决基层行金融扶贫工作的痛点难点问题，共计协调解决基层行建议诉求 160 余条。如，董事长周慕冰同志在凉山州调研期间，了解到当地核桃产业缺乏龙头企业带动，存在销售难、价格低问题，亲自协调引进浙江油脂加工企业，帮助四川凉山开发优质核桃资源，辐射带动 20 万贫困人口增收。三是扎实推进专项巡视整改。针对中央脱贫攻坚专项巡视反馈意见，及时研究制定整改问题、任务、责任三个清单，逐一落实到责任部门与责任人，实行挂图作战、按期督办、销号管理。注重源头治理，将整改工作与完善制度有机结合，通过整改进一步完善了金融扶贫工作推进体系和差异化政策制度体系，促进全行金融扶贫工作整体水平明显提升。中央脱贫攻坚专项巡视“回头看”对农业银行整改工作给予充分肯定。

二、切实加大扶贫贷款投放

一是加大重点领域信贷支持力度。重点支持贫困地区基础设施建设、民生设施改善、特色产业开发以及贫困人口发展生产，将扶贫带动情况作为授用信调查的重要内容，作为落实优惠贷款条件的重要依据，引导扶贫企业带动贫困农户共同发展。截至 2019 年末，农行在 832 个国家扶贫工作重点县贷款余额 10914 亿元，比年初增加 1676 亿元，增幅 18.14%；精准扶贫贷款余额 3942 亿元，比年初增加 642 亿元，增幅 19.44%，均高于同期全行贷款增幅。二是积极开展金融扶贫产品创新。进一步扩大贫困地区分行的产品创新权限，增设三农产品创新基地，指导相关分行按照“一地一特色”“一行一产品”思路，因地制宜创新符合扶贫企业和建档立卡贫困人口需要的贷款产品。2019 年共新增贫困地区三农产品创新基地 14 个，总数达 34 个，新创新金融扶贫产品 17 项，使在贫困地区适用的三农特色产品总数达 213 项。三是突出做好深度贫困地区金融服务。把深度贫困地区作为全行金融扶贫工作的重中之重，将资金、人员、政策等各类资源最大限度向其倾斜，实行重点推动、靶向突破。实施差异化信贷政策，在业务准入、审查审批、风险容忍、尽职免责等方面给予专项支持。截至 2019 年末，农业银行在深度贫困县各项贷款余额 4026 亿元，比年初增加 688 亿元，增幅 20.62%。其中，在“三区三州”深贫县各项贷款余额 1128 亿元，比年初增加 175 亿元，增幅 18.42%，均高于同期全行贷款增幅。

三、不断延伸贫困地区金融服务渠道

一是加大贫困地区网点建设投入。优先保障贫困地区网点建设改造投资需要，对贫困地区新建网点开辟绿色通道，加快建设周期。2019 年，农业银行在贫困地区累计新建在建人工网点 57 个、自助网点 46 个，特别是在青海、西藏等高海拔地区，正常人工网点建设周期为 620 天，在监管部门支持下，农业银行 2019 年平均建设周期缩短到 86 天。二是提高惠农通服务点覆盖面。在物理网点无法布局的乡镇，农业银行主要通过布放惠农通电子机具形式，满足当地居民基础金融服务需求。当年共在 832 个国家扶贫工作重点县新布放电子机具 4.21 万台，截至年末，布放的电子机具对国家扶贫工作重点县、“三区三州”深度贫困地区行政村覆盖率分别达 86% 和 87.9%，较年初提高 16.1 和 35.3 个百分点。三是推广互联网金融服务。重点推广掌上银行、网上银行和“惠农 e 通”平台，截至 2019 年末，互联网服务方式已覆盖至全部贫困县，扶贫重点县掌银客户数突破 1000 万户。四是试点开展流动金融服务。为四川、云南、西藏、新疆和新疆兵团等 5 家“三区三州”分行配置移动服务车，通过优化网点劳动组合、弹性排班等方式，释放人力资源投入到流动服务中去，全年共为 190 个空白乡镇提供移动金融服务。

四、大力开展非信贷扶贫专项行动

一是深入开展消费扶贫。动员全行各级机构和全体员工，通过后勤集采、员工自愿购买、帮助销售等方式，积极采买贫困地区特色农产品。充分发挥农行遍布全国的客户资源、网点资源优势，主动为农行客户购买贫困地区农产品牵线搭桥。截至 2019 年末，农行直接购买和帮助销售贫困地区农产品累计超过 8 亿元。研发创办“扶贫商城”，为贫困地区搭建特色农产品展销平台，与 160 余家中央和国家机关单位、央企等开展合作，上线商品实现 592 个中央单位定点帮扶县全覆盖，对 832 个国家扶贫工作重点县覆盖率超过 90%，线上交易额超过 3000 万元。二是实施东西部行扶贫协作。发挥东部地区行经营管理、资金技术、客户资源等方面优势，统筹安排上海、江苏等 12 家东部地区行结对帮扶“三区三州”12 个地州。建立日常对接机制，协助深贫县政府招商引资、引进无偿资金、帮助销售农产品，2019 年共成功引进落地 8 个投资项目。三是组织教育扶贫和就业扶贫行动。实施“金穗圆梦”助学活动，由农行各级单位和员工自愿捐款 5178 万元，按每人 5000 元的标准，累计资助 7828 名贫困家庭大一新生，其中 2019 年资助 3832 名。实施“千人计划”，将应聘农行的深贫地区贫困家庭大学毕业生全部纳入笔试和面试范围，符合条件的优先录用，计划三年内专项招聘 1000 名深贫地区贫困家庭大学毕业生，已招聘 547 人。

五、扎实开展定点扶贫工作

一是加强组织领导。总行定点扶贫工作领导小组和党建与定点扶贫整改工作组先后 8 次召开会议，研究部署定点帮扶工作。党委班子成员先后 6 次赴定点扶贫县调研督导，总行机关和省（市）分行先后 277 人次赴定点扶贫县调研督导，协调解决定点县支行金融扶贫中的困难和问题。截至 2019 年末，农业银行在直接帮扶的 4 个定点县贷款余额 104 亿元，比年初增加 15.3 亿元，贷款增幅大幅高于同期全行贷款增幅。二是强化干部和资源投入。继续选派总行优秀干部赴定点扶贫县挂职副县长、村第一书记、支行副行长，协助引进资金、信息、技术。聚焦定点县产业发展、贫困村基础设施建设、专业人员培训、“两不愁三保障”等重点领域，全年对 4 个定点县累计投入直接帮扶资金 1.1 亿元，实施 39 个扶贫项目，受益贫困人口超过 4.3 万人次。农行选派的河北饶阳县挂职副县长李海波荣获“全国脱贫攻坚创新奖”“河北省脱贫攻坚创新奖”，派驻贵州黄平县定点扶贫工作组被评为“贵州省脱贫攻坚先进集体”。三是加大对口帮扶力度。组织北京、山东、广东、浙江 4 家发达地区行对口帮扶 4 个定点扶贫县，2019 年 4 家分行共协助引进无偿帮扶资金 2358 万元，帮助和促成 7 个招商引资项目落地，实际投资 3.7 亿元。国务院扶贫办《扶贫信息》刊发了浙江分行对口帮扶贵州黄平县优秀案例。在 2019 年中央定点扶贫单位工作考核中，农业银行被评价为第一等次“好”。

六、强化金融扶贫政策资源保障

一是倾斜信贷资源。持续对国家扶贫重点县支行贷款实行计划单列，予以全额保障，经济资本超计划部分由总行全额补充。继续在信贷业务审查审批、风险容忍、尽职免责等方面，向贫困地区行倾斜，增强经营行扶贫贷款投放的积极性。二是倾斜费用和捐赠资源。自 2016 年起，每年投入 1 亿元工资和 1 亿元费用，专项用于金融扶贫工作激励，2019 年进一步增加到 2 亿元专项费用和 2 亿元专项工资，并在服务三农下乡差旅费开支政策、“三区三州”深贫县机构职工周转房建设、业务用车等方面给予贫困地区行更大支持，切实改善一线扶贫人员生活和工作条件。三是选派优秀人才充实扶贫一线。增加贫困地区行招聘计划指标，适度放宽招聘条件，2019 年共为国家扶贫工作重点县支行招聘新员工 1993 人。全年全行新选派扶贫干部 667 人充实到扶贫一线，截至 2019 年末，奋战在扶贫前线的农行干部总数达 2410 人，其中国家扶贫重点县 1495 人，深贫县 842 人。广大扶贫干部长年奋战在扶贫一线，有的甚至献出了自己宝贵的生命。四是强化对客户让利和基层行激励。继续对全行个人类精准扶贫贷款执行不高于基准利率、最低可执行基准利率 0.9 倍的优惠政策，对深贫地区法人类精准扶贫贷款客户执行不高于 LPR 的优惠利率政策。对经营行因发放优惠利率贷款而导致的收益损失，总行给予专项收益补贴，确保经营行精准扶贫贷款收益不低于所在分行三农贷款平均收益。

农业银行金融扶贫工作与成效赢得了社会各界的广泛好评，《人民日报》、中央电视台、新华社等主流媒体都曾专门宣传报道农行服务三农举措和精准扶贫成效。在金融时报社组织的“2019 年度中国金融机构金牌榜 · 金龙奖”评选中，农业银行获评“年度最佳脱贫攻坚银行”，还被南方周末评为“2019 精准扶贫贡献年度典范企业”，被第一财经评为“2019 金融价值榜 · 年度金准扶贫”，被中国网评为“优秀扶贫先锋机构”。

（中国农业银行扶贫开发金融部 姚长存）

地 区 篇

河北农村减贫情况

2019 年，河北省坚持以习近平新时代中国特色社会主义思想为指导，坚决贯彻习近平总书记对河北工作重要指示，全面落实党中央、国务院决策部署，践行新发展理念，推动高质量发展。坚持底线思维，精准施策，决战攻坚，着力解决“两不愁三保障”突出问题，加强扶贫力量，加大资金投入，强化社会帮扶，贫困地区自我发展能力稳步提高。据 2019 年农村贫困监测调查相关数据显示，河北贫困地区①农村居民收入增长较快，贫困人口大幅减少，贫困发生率不断下降。农民生活质量显著提升，基础设施及公共服务水平持续改善，脱贫攻坚成效明显。

一、扶贫成效显著

（一）贫困地区农村贫困人口减少 46 万人。

按照现行国家农村贫困标准测算，2019 年末，全省贫困地区农村贫困人口 10 万人，减少 46 万人，减贫幅度为 82.1%。

①河北省贫困地区包括国家扶贫开发工作重点县和燕山－太行山连片特困地区贫困县，共计 45 个。其中扶贫开发工作重点县 39 个，连片特困地区贫困县 22 个，16 个县相重合。

表 1　2013-2019 年河北农村及河北贫困地区农村贫困人口规模情况

年　份	全省农村	贫困地区
	贫困人口（万人）	贫困人口（万人）
2013	366	304
2014	320	265
2015	241	197
2016	188	147
2017	124	97
2018	63	56
2019	—	10

（二）全省贫困地区农村贫困发生率降至 0.7%。

2012-2019 年，河北贫困地区农村贫困发生率由 23.8% 下降到 0.7%，下降 23.1 个百分点。

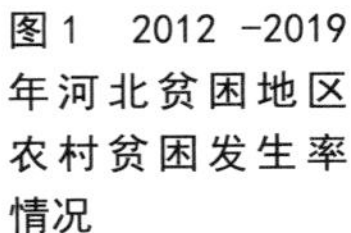

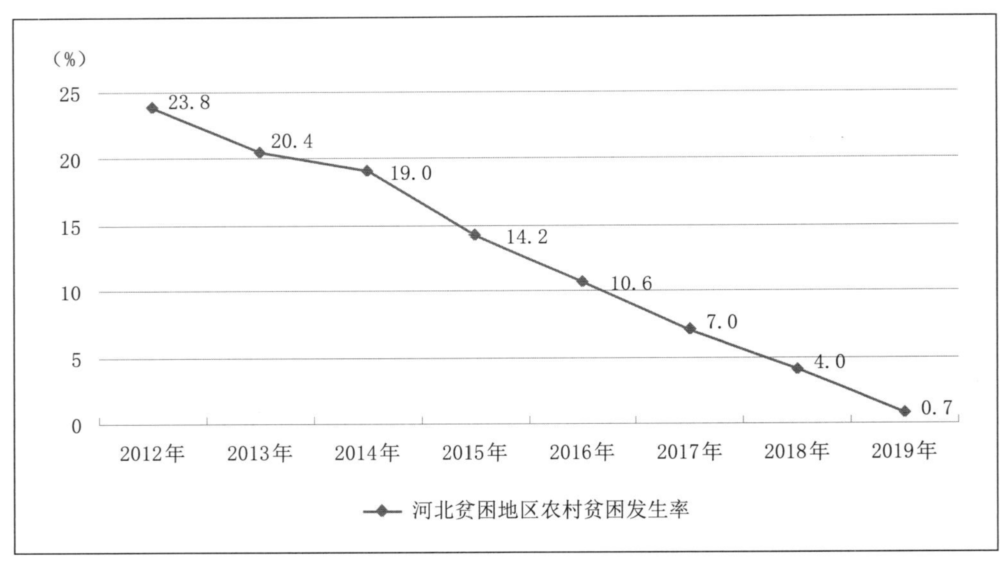

图 1　2012-2019 年河北贫困地区农村贫困发生率情况

二、贫困地区农村居民收入稳步增长

据国家统计局河北调查总队农村贫困监测调查数据显示：2019 年河北贫困地区农村居民人均可支配收入为 11684 元，比上年增加 1291 元，增幅为 12.4%，高于同期全省农村居民人均可支配收入增速 2.8 个百分点，高于全国贫困地区农村居民人均可支配收入增速 0.9 个百分点，呈良好发展的态势。

（一）工资性收入和转移净收入仍是拉动农村居民收入增长的主要动力。

2019 年河北贫困地区农村居民人均工资性收入 5840 元，同比增长 13.6%，占可支配收入的 50%，拉动可支配收入增长 6.8 个百分点；人均转移净收入 2585 元，同比增长 10.8%，占可支配收入的 22.1%，拉动可支配收入增长 2.4 个百分点。

（二）财产净收入快速增长。

2019 年贫困地区农村居民人均财产净收入 185 元，同比增长 14.9%，占可支配收入的 1.6%，拉动可支配收入增长 0.2 个百分点。

（三）经营净收入稳步增长。

2019 年贫困地区农村居民人均经营净收入 3074 元，同比增长 11.4%，占可支配收入的 26.3%，拉动可支配收入增长 3.0 个百分点。

三、贫困地区居民生活水平进一步改善

随着贫困地区居民收入水平的不断增长，居民消费也稳步提升。2019 年河北贫困地区农村居民人均消费支出 10053 元，较上年增加 1141 元，增长 12.8%，消费支出增速连续五年持续走高。

表 2　2019 年河北贫困地区农村居民人均消费支出情况

指　标	金额（元）	增加（元）	增速（%）
人均消费支出	10053	1141	12.8
1. 食品烟酒	3052	303	11.0
2. 衣着	646	124	23.8
3. 居住	2056	337	19.6
4. 生活用品及服务	593	74	14.2
5. 交通通信	1140	96	9.2
6. 教育文化娱乐	1092	144	15.3
7. 医疗保健	1305	48	3.8
8. 其他用品和服务	170	14	8.9

（一）恩格尔系数下降。

随着脱贫攻坚工作持续深入推进，贫困地区农村居民八大类消费支出均实现增长。其中，食品烟酒、衣着、居住、生活用品及服务、教育等消费支出较快增长，食品消费支出占消费支出的比重为 30.4%，比上年下降 0.4 个百分点。

图 2　2013-2019 年居住、教育、医疗消费支出对比图

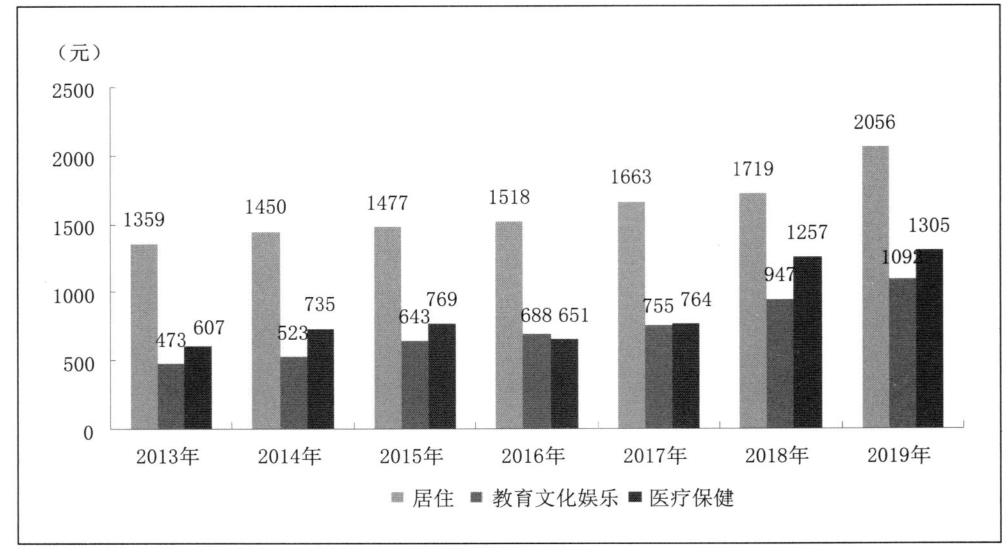

（二）居住和生活条件不断改善。

2019 年，贫困地区农村居住竹草土坯房的农户比重为 1.3%；使用管道供水的农户比重为 81.0%；使用经过净化处理自来水的农户比重为 57.2%；独用厕所的农户比重为 99.2%；炊用柴草的农户比重为 23.8%。

图 3　2013-2019 年贫困地区农村住户住房及家庭设施状况

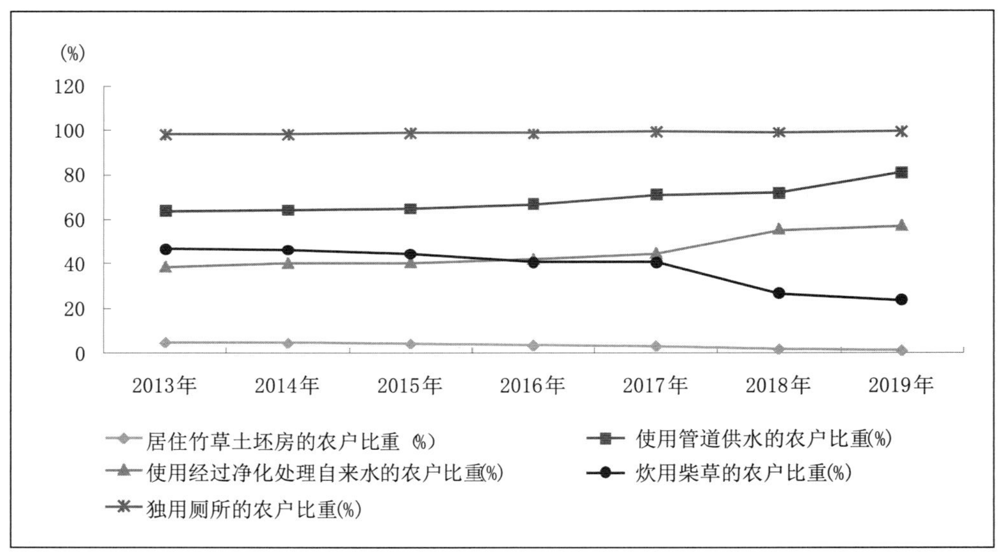

（三）耐用消费品拥有量增加。

随着农村居民生活水平的不断提高，家庭耐用消费品拥有量也不断增加。截至 2019 年底，贫困地区农村居民每百户主要耐用消费品拥有量较上年相比均有所增加。汽车拥有量由 26.4 辆增加到 27.3 辆；洗衣机由 91.4 台增加到 93.4 台；电冰箱由 89.8 台增加到 93.1 台；移动电话由 220.8 部增加到 229.5 部；计算机由 24.1 台增加到 24.5 台。

四、贫困地区整体面貌不断提升

2019年，河北省贫困地区整体面貌不断提升，基础设施条件不断改善，公共服务水平不断提高。

（一）基础设施条件不断改善。

截至2019年底，河北贫困地区所在自然村通电话的农户比重达到100%；所在自然村进村主干道路硬化的农户比重99.8%，较上年提高0.6个百分点；所在自然村能便利乘坐公共汽车的农户比重达88.4%，较上年提高0.5个百分点；所在自然村通宽带的农户比重达99.8%，较上年提高0.4个百分点；所在自然村通公路的农户比重100%，较上年提高0.3个百分点；所在自然村能接收有线电视信号的农户比重98.1%，较上年提高0.9个百分点。

（二）公共服务水平不断提高。

截至2019年底，河北贫困地区所在自然村能集中处理垃圾的农户比重达到94.1%，较上年提高9.2个百分点；所在自然村上幼儿园便利的农户比重达到93.1%，较上年提高1.6个百分点；所在自然村上小学便利的农户比重达到96.1%，较上年提高3个百分点；所在自然村有卫生站的农户比重达到99.8%，较上年提高1.8个百分点。

（国家统计局河北调查总队 水宁）

山西农村减贫情况

党的十九大把精准脱贫作为决胜全面建成小康社会的三大攻坚战之一。2019年，山西省委、省政府深入贯彻落实习近平总书记关于扶贫工作的重要论述精神，精准扶贫，举措落地，脱贫攻坚向深度贫困地区聚焦，集中解决“两不愁三保障”突出问题，贫困地区脱贫攻坚步伐加快，贫困县全部实现脱贫摘帽，脱贫攻坚取得决定性胜利，走出了一条具有山西特色的减贫之路，为全面建成小康社会打下了坚实基础。

一、山西省农村贫困人口减少58万人

按现行国家农村贫困标准（2010年价格水平每人每年2300元）测算，2019年末，山西农村贫困人口为16万人，比上年末减少58万人，减贫速度为78.4%；贫困发生率为0.6%，比上年末下降2.4个百分点，与全国平均水平持平。

党的十八大以来，山西农村贫困人口由2012年末的359万人减少至2019年末的16万人，累计减少343万人；贫困发生率由2012年末的15%下降至2019年末的0.6%，累计下降14.4个百分点。

图1　2012-2019年山西农村贫困人口及贫困发生率

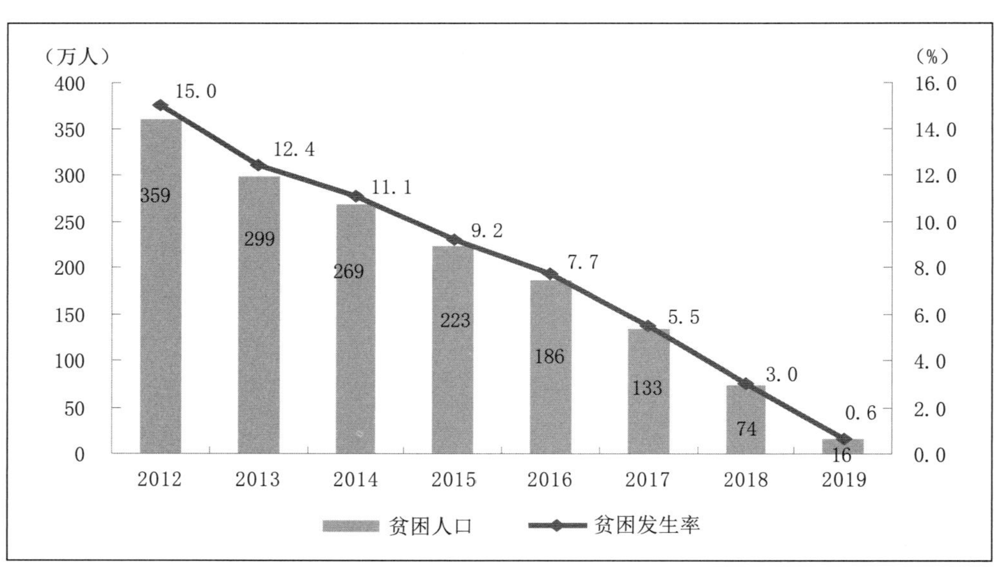

二、山西贫困地区农村贫困人口减少21万人

按现行国家农村贫困标准测算，2019年末，山西贫困地区农村贫困人口为7万人，比上年末减少21万人；贫困发生率为1.3%，比上年末下降3.7个百分点。

党的十八大以来，山西贫困地区农村贫困人口由2012年末的157万人减少至2019年末的7万人，累计减少150万人；贫困发生率由2012年末的27.3%下降至2019年末的1.3%，累计下降26个百分点。

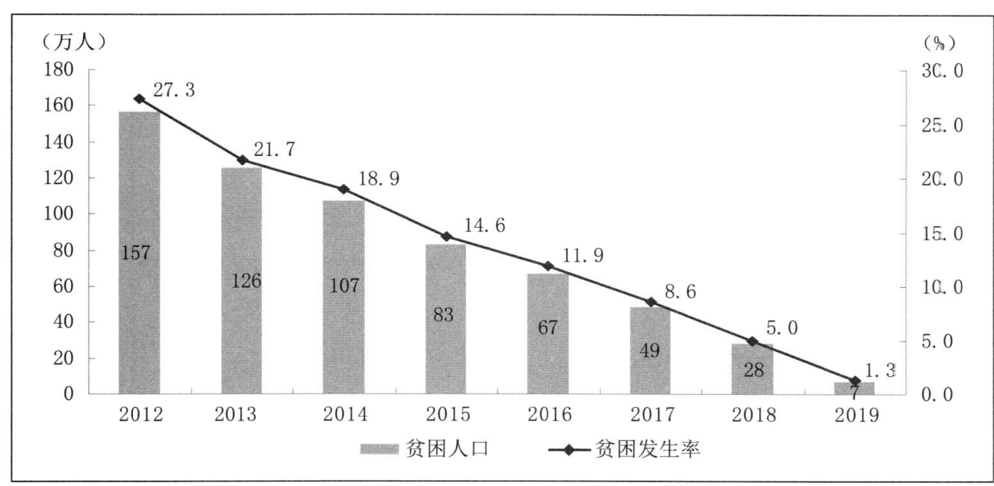

图 2 2012-2019 年山西贫困地区农村贫困人口及贫困发生率

三、山西贫困地区农村居民收入水平稳步提高

近年来，山西省委、省政府始终把脱贫攻坚作为头等大事和第一民生工程，摆在山西工作的突出位置。坚定高位推动，实施精准方略，相继出台了《2019 年特色农业扶贫行动计划》等 24 个专项行动计划，政策持续向深度贫困县倾斜，连续打出政策、资金、项目等精准帮扶“组合拳”，扶贫取得显著成果，贫困地区农村居民收入实现较快增长。

（一）贫困地区农村居民收入与全省、全国差距进一步缩小。

据国家统计局山西调查总队农村贫困监测调查，2019 年，山西贫困地区农村居民人均可支配收入为 9379 元，比上年增加 1129 元，增长 13.7%。比全省农村居民人均可支配收入增速高 3.9 个百分点，比全国贫困地区农村居民人均可支配收入增速高 2.2 个百分点。绝对额占全省农村和全国贫困地区农村平均水平的比重分别为 72.7% 和 81.1%，比上年分别提高 2.5 个和 1.6 个百分点。山西贫困地区农村居民收入与全省、全国差距进一步缩小。

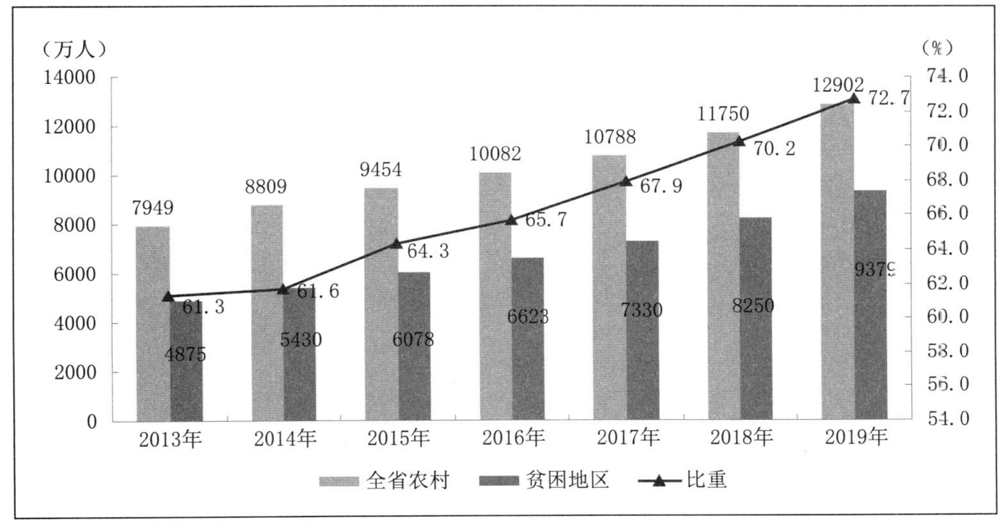

图 3 2013-2019 年山西全省和贫困地区农民收入对比

地区篇

（二）四大项收入全面增长。

1. 工资性收入平稳增长。2019 年，山西贫困地区农村居民人均工资性收入为 3575 元，比上年增加 418 元，增长 13.3%，对贫困地区农村居民人均可支配收入增长的贡献率为 37.1%，拉动可支配收入上涨 5.1 个百分点。

2. 经营净收入稳步增长。2019 年，山西贫困地区农村居民人均经营净收入为 2544 元，比上年同期增加 145 元，增长 6.0%，对贫困地区农村居民人均可支配收入增长的贡献率为 12.8%，拉动可支配收入上涨 1.8 个百分点。其中：第一产业经营净收入为 1911 元，增长 2.9%；第二产业经营净收入为 29 元，增长 4.6%；第三产业经营净收入为 604 元，增长 17.4%。

3. 财产净收入继续增长。2019 年，山西贫困地区农村居民人均财产净收入为 102 元，比上年增加 4 元，增长 3.9%，对贫困地区农村居民可支配收入增长的贡献率为 0.3%。

4. 转移净收入快速增长。2019 年，山西贫困地区农村居民人均转移净收入为 3158 元，比上年增加 562 元，增长 21.6%，对贫困地区农村居民可支配收入增长的贡献率为 49.8%，拉动可支配收入上涨 6.8 个百分点，转移净收入占可支配收入的比重为 33.7%，比上年提高 2.2 个百分点。

图 4　2018-2019 年山西贫困地区农村居民可支配收入

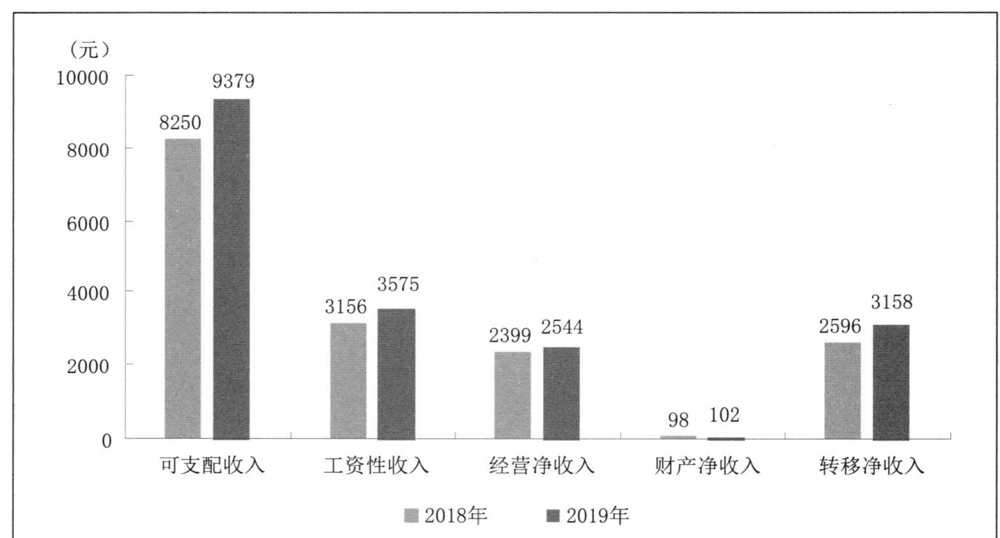

（三）促进农民收入增长的主要因素。

1. 特色产业扶贫持续推进。深入开展“一村一品一主体”、大力发展光伏扶贫、乡村旅游扶贫、电商扶贫，持续完善提升“五有机制”（村有脱贫产业、有带动企业、有合作社、户有增收项目、有技能），及时出台对扶贫龙头企业和扶贫农民专业合作社扶持政策，有效带动扶贫企业和农村居民增收致富的积极性。

2. 培训就业扶贫不断提升。近年来，省委、省政府及相关部门相继印发了《关于推行终身职业技能培训制度的实施意见》《关于进一步加大就业扶贫政策支持力度着力提高劳务组织化程度的通知》等文件精神，同时实施全民技能提升工程，持续打造“吕梁山护工”“天镇保姆”等特色劳务品牌，推动全省贫困地区农村居民转移就业和工资性收入稳步增长。

3. 生态扶贫拓展带动。联动实施退耕还林奖补、荒山绿化务工、森林管护就业、经济林提质增效和特色林产业增收“五大项目”，创新机制，广泛吸纳贫困户参与，带动贫困地区农村居民增收。

4. 易地扶贫搬迁成绩显现。聚焦 3350 个深度贫困自然村，坚持精准识别对象、新区安置配套、旧村拆除复垦、产业就业保障、生态修复整治、社区治理跟进。到 2019 年 10 月底全省 1502 个集中安置点全部竣工，整村搬迁 3285 个、整村拆除 2177 个，完成复垦 1371 个。

5. 消费扶贫不断推进。山西省政府印发《关于开展消费扶贫促进精准脱贫若干措施》，以 10 个深度贫困县为重点、覆盖全省 58 个贫困县，以建档立卡贫困村贫困户为支持对象，以购买贫困群众农特产品和服务为主要手段，形成消费扶贫新格局。

6. 扶贫成果多重保障。健康扶贫“三保险三救助”“双签约”“一站式结算”体系，贫困人口住院综合报销达到 90%。教育扶贫健全义务教育控辍保学机制，对各阶段贫困生应助尽助。农村低保提高标准。2019 年我省农村低保标准每人每月再提高 30 元，确保全省所有涉农县（市、区）农村低保标准达到或超过国家贫困标准线，符合条件的贫困人口应保尽保。

四、山西贫困地区农村居民消费能力不断提升

随着收入的持续增长，山西贫困地区农村居民消费水平不断提升。2019 年，山西贫困地区农村居民人均消费支出为 8000 元，比上年增加 994 元，增长 14.2%，增速比上年快 2.5 个百分点。

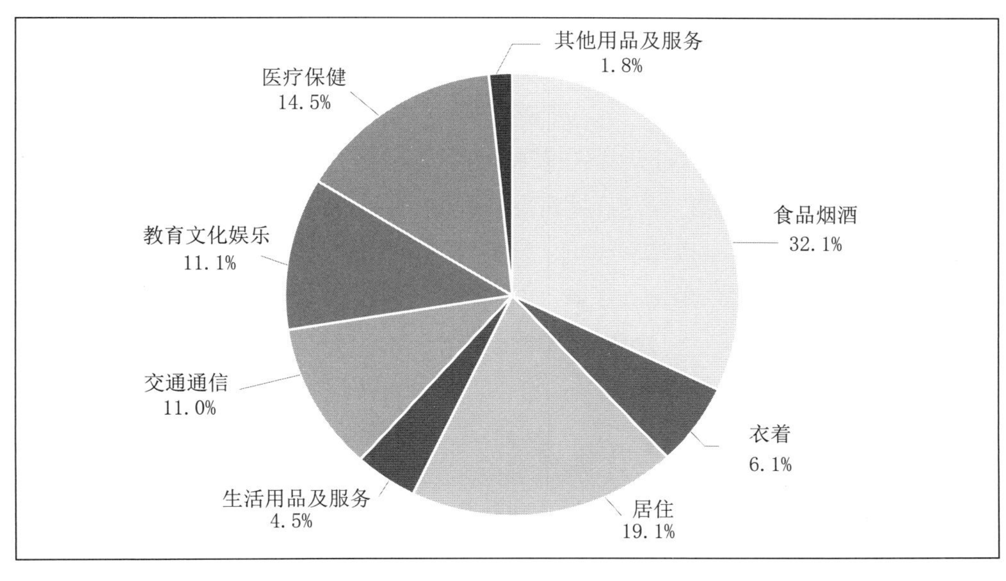

图 5　2019 年山西贫困地区农村居民消费情况

（一）八项消费普遍提升。

与上年相比，八项生活消费支出均有不同程度的增加。从绝对额看，食品烟酒、居住和医疗保健消费支出仍是构成贫困地区农村居民消费支出的重要部分，占消费总支出的65.7%；从增速来看，其他用品和服务、医疗保健、衣着消费支出位居前三，增速分别为49.1%、20.1%和19.2%。

（二）衣食消费较快增长。

2019年，山西贫困地区农村居民人均食品烟酒消费支出为2565元，比上年增加282元，增长12.3%；人均衣着消费支出为484元，比上年增加78元，增长19.2%。基本消费支出稳步增长，表明贫困地区农村居民已基本实现吃穿不愁，衣食选择更加多样。

（三）发展型消费支出增加明显。

近年来，山西不断加大对贫困地区农村村容村貌、基础设施、教育、文化、医疗卫生等方面的建设和扶持力度，加之贫困地区农村居民收入水平逐步提高，农村居民在基本实现“两不愁、三保障”的基础上消费观念逐步转变，朝着改善生活状况、提高生活品质方向发展，消费结构趋于合理。2019年山西贫困地区农村居民人均医疗保健消费支出1161元，比上年增长20.1%；人均教育文化娱乐消费支出886元，增长13.2%；人均交通通信消费支出877元，增长4.8%；人均生活用品和服务消费支出356元，增长11.5%。

五、贫困地区农村居民生活条件进一步改善

脱贫攻坚战打响以来，山西加快贫困地区道路交通、水利电力、网络覆盖等基础设施建设，不断推进科教文卫事业稳定发展，为贫困地区发展破除瓶颈制约，贫困地区农村居民生活条件进一步改善。

（一）生活质量持续向好。

2019年山西贫困地区农村居民主要耐用消费品拥有量有所增加。从洗衣机、冰箱等传统耐用消费品来看，每百户拥有量分别为85.5台和74.4台，比2018年分别增加3.7台和4.1台。从汽车、手机、计算机等现代耐用消费品来看，每百户拥有汽车12.9辆，比2018年增加0.3辆；拥有移动电话201.1部，比2018年增加7.2部；拥有计算机21.4台，比2018年增加1.9台。贫困地区农村居民生活条件改善，生活质量明显提升。

（二）基础设施建设稳步推进。

2019年山西贫困地区道路建设基本完善；所在自然村能便利乘坐公共汽车的农户比重为93.1%，比2018年上升2.1个百分点，出行更加方便。贫困地区自然村电话通讯基本全部覆盖，通信网络基本畅通；所在自然村通宽带的农户比重为98.2%，

比 2018 年上升 2.3 个百分点，网络覆盖更加全面；所在自然村垃圾能集中处理的农户比重为 88.5%，比 2018 年上升 6.6 个百分点，村容村貌更加整洁。

（三）公共服务水平继续提升。

2019 年贫困地区 78.4% 的农户所在自然村上幼儿园便利，81.2% 的农户所在自然村上小学便利，比 2018 年分别上升 2.8 个和 2.1 个百分点，教育条件进一步改善。97.2% 农户所在自然村有卫生站，上升 0.8 个百分点，医疗覆盖面持续扩大。72.9% 的农户可以使用经过净化的自来水，上升 4.5 个百分点，饮水更加安全卫生；居住竹草土坯房和炊用柴草的农户比重分别为 1.2% 和 14.5%，分别下降 0.8 个和 2.6 个百分点，农民居住环境不断优化。

（国家统计局山西调查总队 杨力军 樊美艳）

专栏

实施扶贫孝心基金工程着力破解老年贫困难题

临县建档立卡贫困人口中，70周岁及以上老年贫困人口近2万人，占比9%。这部分贫困群体，无法通过产业扶持和就业帮助实现脱贫，是攻坚深度贫困的重点和难点，是脱贫攻坚战役中的“娄山关”“腊子口”。2017年，习总书记来山西考察时，在深度贫困地区脱贫攻坚座谈会上强调，“要发扬中华民族孝亲敬老的传统美德，引导人们自觉承担家庭责任、树立良好家风，强化家庭成员赡养、扶养老年人的责任意识，促进家庭老少和顺”。为此，临县县委、县政府围绕深入学习贯彻落实习总书记重要讲话精神，在加强社会保障兜底工作的同时，积极探索传统美德与精准扶贫相结合的养老新模式，启动实施了扶贫孝心基金工程，出台了《实施方案（试行）》，着力破解老年贫困难题。

具体做法如下：

一是建立贫困老年人档案，知根知底、常态关注。组织乡村干部对全县符合政策要求的老年贫困人口进行调查摸底、登记造册，建立贫困老年人档案。档案内容包括贫困老年人基本信息和子女基本信息，并动态记录贫困老年人收入来源、生活状况、身体状况以及子女赡养情况等。根据档案信息，便于及时制定采取有针对性的关怀帮扶举措。

二是设立扶贫孝心基金，百川入海、聚爱反哺。按照“子女孝心为主体，政府关心、社会爱心为补充”的原则，成立扶贫孝心基金，专户设在县慈善总会，由子女赡养金、县财政统筹整合资金和社会募集资金三部分组成。扶贫孝心基金实行按季发放，在每季度的最后一个月，从基金专户直接打入老年贫困人口财政惠民补贴资金“一卡通”中。发放具体金额为：子女缴纳的赡养金＋扶贫孝心基金补贴，补贴比例是子女缴纳赡养金的20%，扶贫孝心基金补贴最高限额为每年500元；对五保孤寡老人以及子女为贫困户的贫困老年人，按每人每年500元标准，直接由扶贫孝心基金补贴发放。

三是建立各级扶贫孝心基金工作机构，三级联动、遵规守矩。县级层面成立了扶贫孝心基金工程领导小组，由县委书记、县长任组长，县委常委、宣传部部长任常务副组长，领导小组下设办公室，设在县委宣传部，具体负责县扶贫孝心基金工程的政策制定、组织协调、督促指导以及监督管理等。乡镇层面组成扶贫孝心基金工作机构，由乡（镇）组宣员具体牵头，扶贫工作站站长、民政助理员、农经服务中心负责人参与，具体负责扶贫孝心基金工程的组织发动、缴纳群体资格认定、接收各村缴纳的子女赡养金并按时按要求上缴上报。村级层面成立了扶贫孝心基金理事会，理事会由村内 5–7 名老党员、老干部、群众代表和老年贫困人口子女代表组成，具体负责调查摸底、宣传发动、子女赡养金收缴、日常入户走访、定期公开公示等工作。另外，县慈善总会负责向社会爱心企业、爱心人士广泛募集爱心资金，纳入县扶贫孝心基金专户。同时，出台了《临县扶贫孝心基金管理实施细则》，县慈善总会对基金实行专户储存、专账管理、专款使用、封闭运行，确保基金管理的规范化、稳妥性、实效性。

四是设置扶贫孝心晾晒台，德润民心、化风成俗。各村扶贫孝心基金理事会在村内公共场所设置扶贫孝心晾晒台，每季度结束时，对贫困老年人子女缴纳养老金情况、领取"孝心红包"情况以及子女平时看望父母次数、孝敬父母的具体表现等统一进行公示。并适时开展子女孝心星级评选活动，三星级由村评选、四星级由乡镇评选、五星级由县评选。同时，鼓励各行政村结合村情实际，利用村集体收入以及募集到的爱心资金以"孝心红包"形式，奖励补贴孝老敬老星级子女。通过"晒一晒""比一比""评一评"，激发子女对父母的孝心，让孝顺的更孝顺，让不孝顺的向孝顺看齐，强化了子女赡养父母的责任意识，有力助推了乡风文明进程，促进了好家风、好村风、好民风的形成。

（临县统计局供稿）

内蒙古农村减贫情况

2019 年，内蒙古紧扣“人脱贫、县摘帽”目标，抓住精准、可持续、激发群众内生动力和提升自我发展能力三个关键环节，聚集深度贫困地区和特殊贫困群体，着力解决影响“两不愁、三保障”的突出问题，进一步提高脱贫质量，取得明显效果。据国家统计局内蒙古调查总队农村贫困监测调查资料显示：2019 年，内蒙古贫困地区①农村居民人均可支配收入为 12272 元，增加 1307 元，同比增长 11.9%，贫困旗县全部摘帽。

一、贫困地区居民收入较快增长。

（一）增速跑赢 GDP 和全区农村居民收入，收入差距进一步缩小。

2019 年，内蒙古贫困地区农村居民人均可支配收入快速增长，高于内蒙古 GDP 增速，也高于全区农村居民人均可支配收入增速 1.2 个百分点；与全区农村居民收入比由 1：1.259 缩小为 1：1.245，差距进一步缩小。

党的十八大以来，内蒙古贫困地区农村居民人均可支配收入累计增加 5395 元，累计增长 96.9%，年均增长 10.2%，高于同期全区农村居民人均可支配收入增速 2.0 个百分点，保持了较快的增长速度。与全区农村居民收入差距进一步缩小，收入比由 2012 年的 1:1.43 下降为 2019 年的 1：1.26。

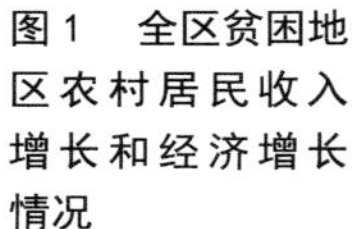
图 1 全区贫困地区农村居民收入增长和经济增长情况

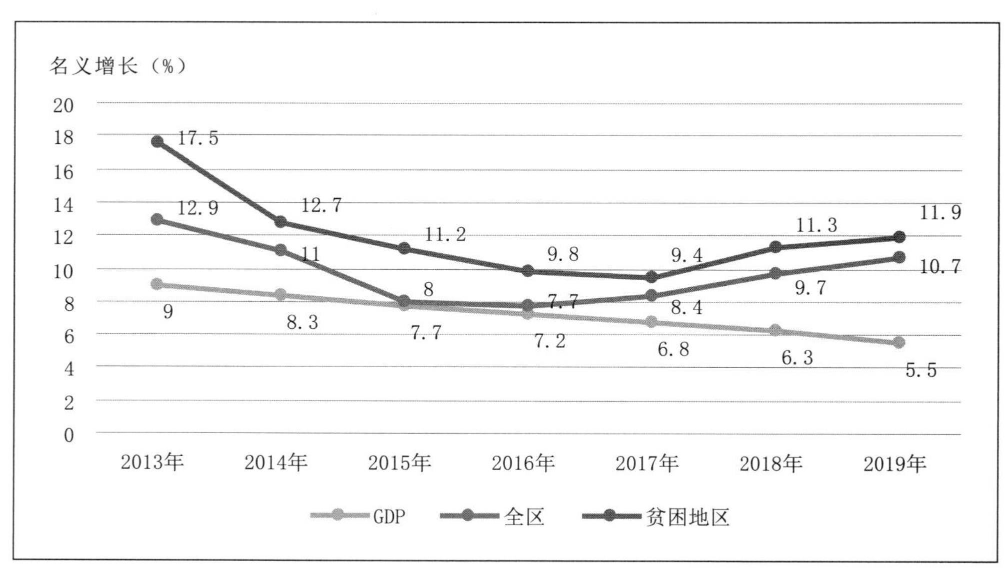

①贫困地区，包括集中连片特困地区和片区外的国家扶贫开发工作重点旗县，共 31 个旗县。

（二）经营收入稳定，工资和转移收入较快增长，为农民增收夯实基础。

2019年，内蒙古贫困地区农村居民人均经营净收入5924元，增长2.6%，占可支配收入的比重为48.3%，拉动收入增长1.4个百分点，是贫困地区农村居民的主要收入来源；人均转移净收入为3375元，增长31.5%，占可支配收入比重30.8%，是农村居民增收的主要因素；人均工资性收入2364元，增长12.8%，占可支配收入的比重为19.3%，拉动可支配收入增长2.4个百分点。其中，经营净收入与转移净收入占可支配收入比重变动较大，经营净收入占比较上年下降4.4个百分点，转移净收入占比较上年提高4.6个百分点。

表1　2019年内蒙古贫困地区农村居民收入结构

指　标	金额（元）	增长（%）	占可支配收入比重（%）	拉动可支配收入增长（%）	贡献率（%）
可支配收入	12272	11.9	——		
1. 工资性收入	2364	12.8	19.3	2.4	20.5
2. 经营净收入	5924	2.6	48.3	1.4	11.6
3. 财产净收入	209	-7.7	1.7	-0.2	-1.3
4. 转移净收入	3775	31.5	30.8	8.3	69.2

（三）贫困地区农村贫困人口减少8万人。

按现行国家农村贫困标准测算，2019年末内蒙古贫困地区农村贫困人口6万人，比上年末减少8万人；贫困发生率0.8%，比上年末下降1.1个百分点。贫困地区农村贫困人口明显减少，贫困发生率显著下降，但剩余贫困人口贫困程度较深，脱贫任务仍然艰巨。

表2　2012-2019年内蒙古贫困地区农村贫困人口、贫困发生率情况

年　份	贫困人口		贫困发生率	
	规模（万人）	比上年末减少（万人）	贫困发生率（%）	比上年末下降（百分点）
2012	134	19	19.7	4.8
2013	110	24	16.0	1.5
2014	95	15	13.4	1.2
2015	66	29	9.3	4.1
2016	47	19	6.6	2.7
2017	34	13	4.8	1.8
2018	13	20	1.9	2.9
2019	6	8	0.8	1.1

从上表可以看出，从2012年末到2019年末，内蒙古贫困地区农村贫困人口累计减少128万人，年均减少18.3万人；贫困发生率从2012年末的19.7%下降至2019年末的0.8%，累计下降18.9个百分点。

二、消费支出升级，生活质量明显改善

随着收入水平的稳步增长和社会保障不断完善，内蒙古贫困地区农村居民生活消费支出明显增加，消费能力逐步增强，生活质量稳步提升。2019年，内蒙古贫困地区农村居民人均消费支出为11376元，同比增加1171元，增长11.5%，扣除价格因素实际增长9.0%。

（一）增速快于全区农村居民平均水平。

随着贫困地区农村居民收入水平较快增长，消费能力也在逐年提升，生活水平进一步提高。2019年，内蒙古贫困地区农村居民人均消费支出同比增长11.5%，比全区农村居民平均水平高2.4个百分点。

图2 2012年-2019年全区与贫困地区农村居民人均消费水平及增长情况

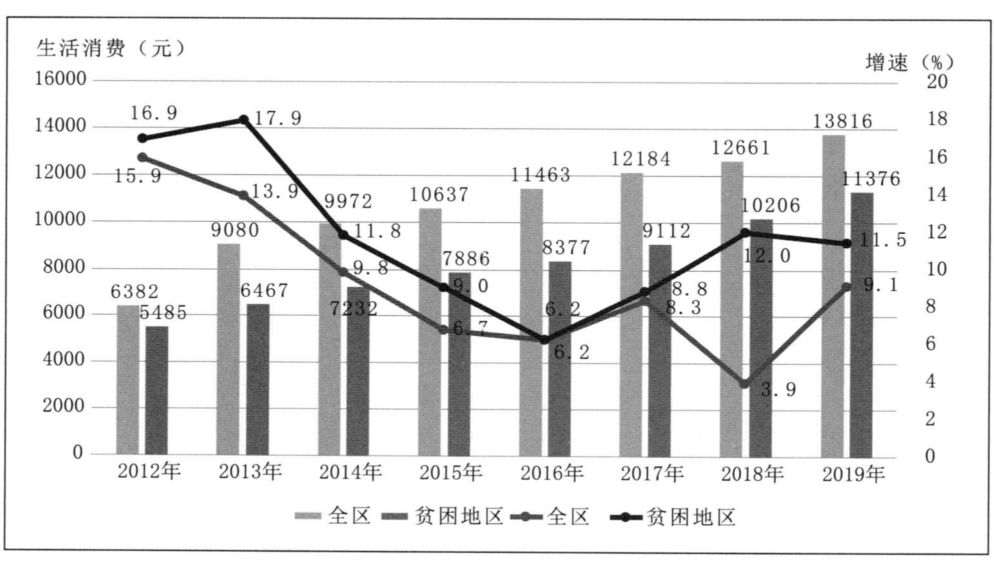

由上图可以看出，2012-2019年期间，贫困地区农村居民人均消费支出逐年增加，连续突破6000元、7000元、8000元、9000元和10000元大关，增速明显快于全区农村居民。贫困地区农村居民生活消费规模越来越大，消费需求也越来越高。

（二）消费八大类呈全面增长态势。

2019年，内蒙古贫困地区农村居民人均食品烟酒支出3183元，同比增长9.1%；人均衣着支出607元，同比增长10.1%；人均居住支出1842元，同比增长9.9%；人均生活用品及服务支出471元，同比增长8.7%；人均交通通信支出1867元，同比增长16.1%；人均教育文化娱乐支出1489元，同比增长11.4%；人均医疗保健支出1673元，同比增长11.2%；人均其他用品和服务支出245元，同比增长36.8%。

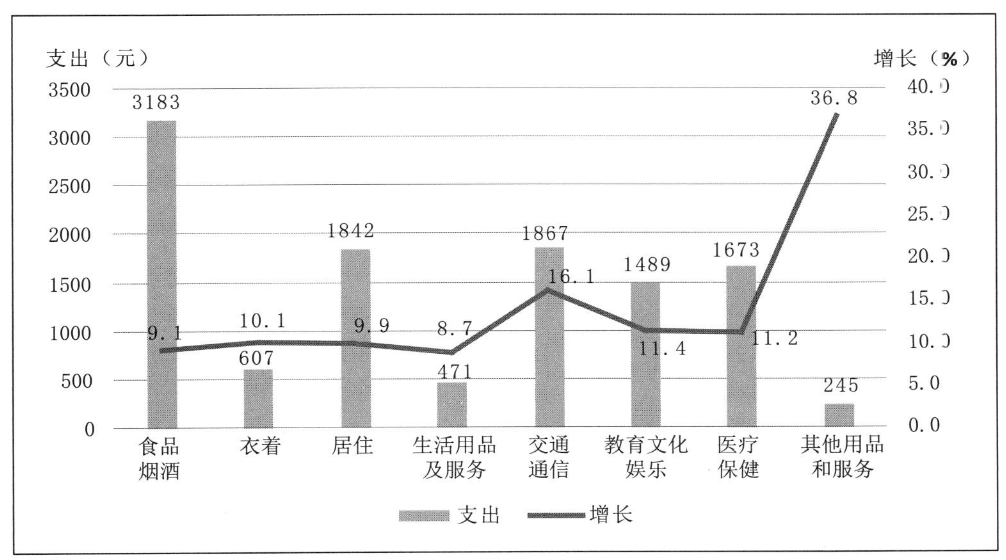

图3 2019年贫困地区农村居民消费八大类支出水平和增长情况

（三）恩格尔系数下降0.6个百分点。

2019年，贫困地区农村居民人均食品烟酒消费支出占人均消费支出的比重（即恩格尔系数），由2018年的28.6%下降为28.0%，下降0.6个百分点。2012-2019年期间，贫困地区农村居民食品支出占消费支出的比重（即恩格尔系数）逐年下降，由2012年的37.5%下降至2019的28.0%，下降9.5个百分点。恩格尔系数的下降，反映出随着贫困地区农村居民收入的增加，食品支出所占比例越来越小，非食品性支出总体在上升；也反映出贫困地区农村居民消费观念的改变，不再处于简单的温饱型饮食消费，开始追求食品的享受性和饮食质量。

（四）交通通信支出首次超越居住支出，成为第二大消费。

随着贫困旗县道路覆盖范围的扩大和公路通达通畅深度的提高，农村居民用于“行”的投入日渐增加。2019年，贫困地区农村居民人均交通通信支出为1867元，占消费支出总额的16.4%，首次超越居住支出成为第二大消费支出；其中，交通支出快速增长是交通通信支出增长的主要因素。

2019年，贫困地区农村居民人均购买交通工具支出为458元，同比增长35.9%；人均交通费支出为226元，增长16.7%；人均交通工具燃料支出为434元，增长15.7%；人均交通工具使用及维修支出为302元，增长30.7%。多样的出行方式及家庭交通工具拥有量的增长，助推了贫困地区农村居民交通支出的增长。

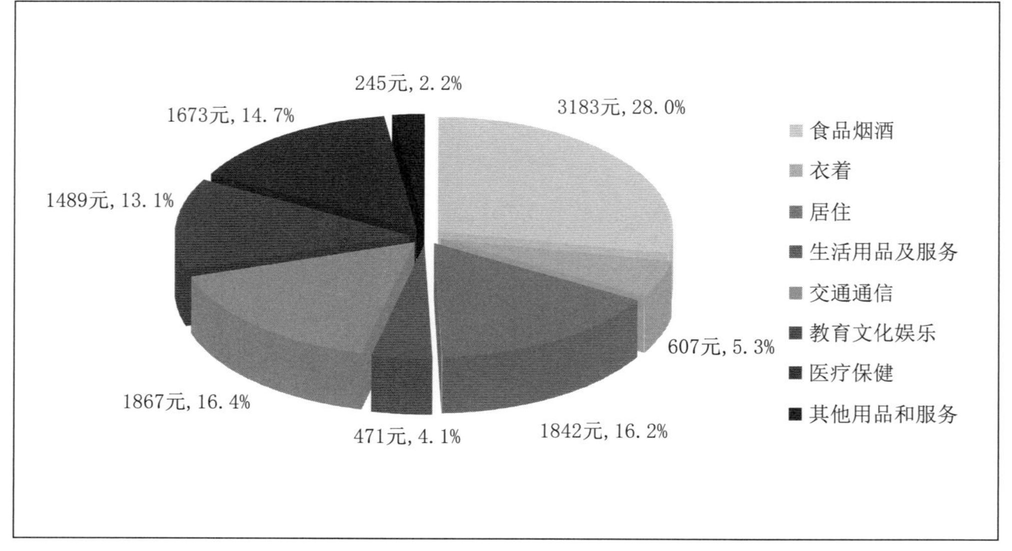

图4　贫困地区农村居民人均消费支出及结构

三、贫困地区农村居民生活及居住条件明显改善

（一）住房面积增加，居住条件明显改善。

随着内蒙古扶贫政策的实施，贫困地区农村居民居住条件明显改善，户均住房面积增加。2019 年，内蒙古贫困地区农村居民户均住房面积为 79.7 平方米，比 2012 年增加了 12.4 平方米；居住在钢筋混凝土、砖混及砖瓦砖木结构的农牧户比重为 96.3%，比 2012 年提高 31.5 个百分点；居住竹草土坯房的农牧户比重为 2.8%，比 2012 年下降 20.9 个百分点。住宅外道路为硬化路面的农牧户比重为 96.6%，比 2012 年提高 56.4 个百分点。

（二）生活设施进一步改善，生活品质明显提升。

随着内蒙古各项扶贫工程的深入开展，贫困地区农村居民生活设施进一步得到改善，生活品质明显提升。2019 年，内蒙古贫困地区农村居民使用管道供水的农牧户比重为 68.1%，比 2013 年提高 34.2 个百分点；使用净化自来水的农牧户比重为 50.6%，比 2013 年提高 21.6 个百分点；独用厕所的农户比重为 95.2%，其中，使用水冲式厕所农户的比重为 4.1%，比 2013 年提高 3.5 个百分点。炊用柴草的农户比重为 46.1%，比 2013 年下降 31.8 个百分点。

表 3　2013-2018 年内蒙古贫困地区农户家庭设施情况

年　份	使用管道供水的农户比重（%）	使用净化自来水的农户比重（%）	独厕所的农户比重（%）	炊用柴草的农户比重（%）
2013	33.9	29	91.4	77.9
2014	35.2	29.2	91.4	77.5
2015	39.2	32.5	91.4	75.1
2016	51.7	43.9	91	70.2
2017	52.5	43.3	91	70
2018	51.8	46.2	89.4	54.3
2019	68.1	50.6	95.2	46.1

（三）耐用消费品拥有量迅速提高。

随着贫困地区农村居民家庭收入的增加，生活条件的进一步改善，日常耐用消费品拥有量随之迅速提高。2019 年，贫困地区农村居民每百户洗衣机拥有量为 93.3 台，比 2012 年增加 30.3 台；百户电冰箱拥有量为 97.8 台，比 2012 年增加 29.8 台。百户彩色电视机拥有量 106.0 台，比 2012 年增加 4.6 台；百户热水器拥有量为 21.0 台，比 2012 年增加 14.9 台；百户移动电话拥有量为 237.1 部，比 2012 年增加 75.9 部；百户计算机拥有量为 23.0 台，比 2012 年增加 17.5 台；百户家用汽车拥有量 25.7 辆，比 2012 年增加 22.1 辆。

四、基础设施持续改善，公共服务水平提高

（一）“四通”实现全覆盖。

2019 年，内蒙古贫困地区自然村电、电话、有线电视、公路通达实现全覆盖；所在自然村通宽带的农户比重为 97.0%，比上年提高 2.7 个百分点；交通便利情况也有改善，所在自然村通客运班车的农户比重为 68.7%，比上年上升 1.0 个百分点；能便利乘坐公交车的农户比重为 77.7%，比上年上升 1.1 个百分点。

（二）教育资源配置进一步优化。

从上学便利方面来看，2019 年，所在自然村上幼儿园便利农户比重为 74.4%，较上年下降 5.1 个百分点，主要原因是部分自然村幼儿园合并，导致上幼儿园便利程度有所下降。所在自然村上小学便利的农户比重为 79.5%，较上年提高 5.1 个百分点。义务教育阶段，98.4% 的孩子上学花费的时间在 30 分钟以内，较上年提高 2.1 个百分点，上学路途花费时间的缩短大大降低了学生在上学途中的安全隐患。普通高中和中等职业教育阶段，85.6% 的学生选择住校，6.8% 的学生校外租房，只有 7.3% 的跑校，上学均比较便利。

从对师资的满意程度来看，普通高中教育阶段对学校师资条件的评价最高，认

为非常好的占 71.5%，较上年提高 7.2 个百分点。义务教育阶段对学校师资条件的评价较上年明显提高，认为非常好的占 67.8%，较上年提高 9.1 个百分点。中等职业教育阶段对学校师资条件的评价较上年有所下降，认为非常好的占 49.9%，较上年下降 14.4 个百分点；认为比较好的占 16.5%，较上年下降 10.3 个百分点。

（三）医疗、卫生条件继续改善。

2019 年，内蒙古贫困地区医疗卫生保障水平进一步提高，所在自然村垃圾能集中处理的农户比重为 72.9%，比上年提高 0.7 个百分点。所在自然村有卫生站的农户比重为 98.3%，比上年提高 3.2 个百分点，拥有合法行医证医生（卫生员）的行政村比重为 89.7%，比上年提高 2.5 个百分点。

五、四大因素力促贫困地区农村居民增收

党的十八大以来，内蒙古加大扶贫投入力度，通过发展贫困地区农村牧区经济、组织农村居民外出务工经商、落实惠农惠牧政策、开展社会帮扶等措施，多方面促进农村居民收入持续稳定增长。

（一）农牧产品量价双增，带动农村居民收入增长。

2019 年，玉米每公斤价格同比上涨 1.2%；生猪、仔猪、猪肉价格分别比上年同期上涨了 110.8%、69.5% 和 109.2%；活牛、牛肉、活羊和羊肉平均价格分别上涨了 10.8%、18.4%、11.4% 和 12.7%；牛和羊出栏同比分别增长 2.2% 和 1.1%。2019 年，内蒙古贫困地区农村居民一产收入中，农业收入为 3785 元，同比增长 3.6%，牧业收入为 1717 元，同比增长 15.6%。

（二）惠农惠牧政策，助力农村居民收入增长。

2019 年，内蒙古加大了对贫困旗县的补贴力度，增加了贫困旗县补贴项目。此外，惠农惠牧补贴发放时间错期，使得现金政策性惠农补贴明显增长。2019 年，贫困地区农村居民人均转移性收入为 3775 元，同比增加 905 元，增长 31.5%。其中，现金政策性惠农补贴 1917 元，增加 838 元，同比增长 77.6%；社会救济和补助为 525 元，增加 92 元，增长 21.3%。

（三）精准帮扶措施，推动农村居民收入增长。

2019 年，内蒙古升级精准扶贫大数据平台，强化贫困人口的动态监测和已脱贫人口的脱贫质量和返贫风险的返贫监测，因人而异、因人施策开展精准帮扶。一是围绕区域，采取“菜单式”、企业或合作社带动、资产收益等方式，支持有劳动能力的贫困群众参与产业发展。内蒙古累计实施农牧业产业扶贫项目 1.9 万个，覆盖贫困人口 124.7 万人次。二是将 84% 以上的国家重点林业生态工程和建设资金安排到贫困地区，为 1.67 万名贫困人口提供公益性护林员岗位，年人均补贴 1 万元。三是推进低保兜底、社会救助和社会保险工作，建立低保渐退制度，约 43.57 万贫困

人口纳入低保；落实基本养老政策，通过政府代缴保费，实现贫困人口城乡居民养老保险应保尽保。

（四）社会帮扶，拉动农村居民收入增长。

一是京蒙双方进一步聚焦深度贫困地区和特殊贫困人口，各领域务实合作深入开展。2018 年至今，北京市共拨付市级财政援助 20.86 亿元，实施京蒙扶贫协作项目 586 个；北京市 16 个结对区投入财政援助资金 6.12 亿元。引导北京市 199 家企业到 31 个贫困旗县投资，到位资金 56.69 亿元，共建产业园区 44 个，援建扶贫车间 169 个，北京各界采购销售结对国贫旗县的特色农畜产品金额达 32.73 亿元，帮助 4.86 万名建档立卡贫困人口实现区内外就业。二是推进中央单位和区直单位帮扶工作。2019 年中央单位直接投入帮扶资金 1.87 亿元，帮助引进项目资金 3.48 亿元。自治区区直单位帮扶贫困嘎查村累计投入帮扶资金 1.57 亿元。三是开展“万企帮万村”行动，全区 745 家企业与 1835 个贫困嘎查村结成对子，投入帮扶资金 6 亿元，实施项目 1459 个，11.21 万贫困群众受益。四是采取“以购代帮、以买代捐”的形式，与帮扶对象建立持续稳定的购销合作关系；开展贫困地区农产品直销进食堂活动，扩大贫困地区产品和服务消费；打造内蒙古优质绿色农产品进京的“直通车”，实现消费扶贫，助力脱贫攻坚。

（国家统计局内蒙古调查总队 宗哲丽）

吉林农村减贫情况

党的十八大以来，吉林省坚持以习近平新时代中国特色社会主义思想为指导，认真学习贯彻习近平总书记关于扶贫工作的重要论述和重要指示精神，时刻聚焦“两不愁、三保障”的目标，全面打响脱贫攻坚战，持续发力，精准扶贫，脱贫攻坚工作持续推向深入，取得显著成效。截至 2020 年 4 月中旬，吉林省 8 个国家扶贫开发工作重点县已全部实现脱贫摘帽。据 2019 年全省居民收支与生活状况调查及农村贫困监测调查相关数据显示，全省农村贫困人口总量持续减少，贫困地区农村居民收入水平稳步提高，农民生活质量显著提升，基础设施及公共服务水平不断改善。

一、全省农村贫困人口持续减少，贫困发生率不断降低

按现行国家农村贫困标准测算，2019 年末吉林省农村贫困人口为 9 万人，比上年末减少 17 万人，贫困发生率为 0.6%，比上年末减少 1.2 个百分点。吉林省农村贫困人口总量约占全国总量的 1.6%，是全国农村贫困发生率在 0.5%-1% 的 7 个省份之一。

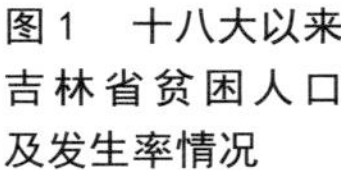
图 1　十八大以来吉林省贫困人口及发生率情况

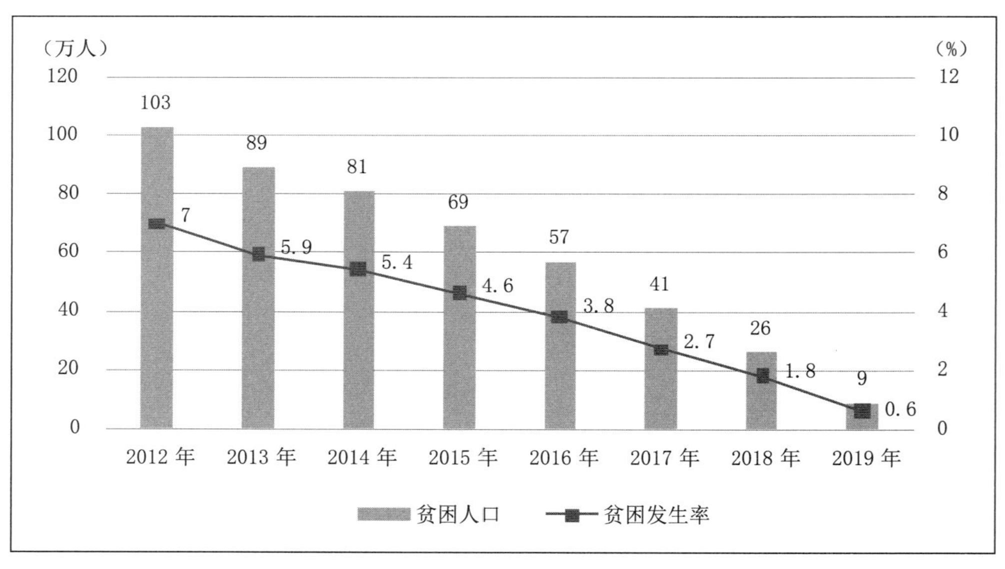

二、贫困地区农村居民收入稳定增长，收入结构日趋合理

据农村贫困监测调查数据显示：2019 年全省贫困地区农村居民人均可支配收入为 10494 元，比上年增加 1164 元，增长 12.5%，增速比上年加快 0.9 个百分点，高于同期全省农村居民人均可支配收入 3.9 个百分点，贫困地区农村居民收入稳步提升。

近五年，全省贫困地区农村居民人均可支配收入快速增长，从 2015 年的 7045 元增长到 2019 年的 10494 元，增加 3449 元，年均增速达到 10.5%，高于同期全省农

村居民人均可支配收入年均增速 3.3 个百分点。2019 年贫困地区农村居民人均可支配收入水平相当于全省农村居民人均可支配收入水平的 70.3%，比 2015 年提升了 8.1 个百分点，贫困地区农村居民收入快速提升。

表 1　近五年贫困地区与全省农村居民收入对比

年　份	贫困地区农村居民人均可支配收入（元）	名义增速（%）	全省农村居民人均可支配收入（元）	名义增速（%）
2015	7045	9.8	11326	5.1
2016	7669	8.9	12123	7.0
2017	8361	9.0	12950	6.8
2018	9330	11.6	13748	6.2
2019	10494	12.5	14936	8.6

从收入来源看，贫困地区农村居民人均工资性收入 2266 元，比上年增加 296 元，增长 15.0%，对收入增长的贡献率为 25.4%；人均经营净收入 5731 元，比上年增加 504 元，增长 9.7%，贡献率为 43.3%；人均转移净收入 2150 元，比上年增加 406 元，增长 23.3%，贡献率为 34.9%；人均财产净收入 348 元，比上年减少 42 元，下降 10.7%。与全省农村居民收入结构相比，贫困地区农村居民转移净收入占可支配收入的比重明显高于全省农村居民。

表 2　2019 年贫困地区与全省农村居民收入结构对比

指　标	贫困地区		全省农村	
	水平（元）	构成（%）	水平（元）	构成（%）
人均可支配收入	10494	100.0	14936	100.0
1. 工资性收入	2266	21.6	3933	26.3
2. 经营净收入	5731	54.6	8264	55.3
3. 财产净收入	348	3.3	307	2.1
4. 转移净收入	2150	20.5	2431	16.3

三、贫困地区农村居民消费持续增长，消费结构不断优化

随着人均可支配收入的增加，贫困地区农村居民人均消费支出也稳步提升。近五年，全省贫困地区农村居民人均生活消费支出从 2015 年的 6607 元增长至 2019 年的 9878 元，增加 3271 元，年均增速为 10.6%，高于全省农村居民人均消费年均增速 3.7 个百分点。

表 3　近五年贫困地区与全省农村居民生活消费对比

年　份	贫困地区（元）	增速（%）	全省农村（元）	增速（%）
2015	6607	11. 1	8783	7. 9
2016	7272	10. 1	9521	8. 4
2017	7647	5. 2	10279	7. 9
2018	8653	13. 2	10826	5. 3
2019	9878	14. 2	11457	5. 8

2019 年，全省贫困地区农村居民人均食品烟酒支出为 3021 元，恩格尔系数为 30. 6%，比 2012 年的 42. 7% 下降了 12. 1 个百分点。其中，食品烟酒和衣着支出合计为 3601 元，占总消费支出的 36. 5%，高于全省农村居民 2. 3 个百分点；教育文化娱乐、医疗保健和居住支出合计为 4340 元，占总消费支出的 43. 9%，低于全省农村居民 0. 8 个百分点。

表 4　2019 年贫困地区与全省农村居民消费结构对比

指　标	贫困地区		全省农村	
	水平（元）	构成（%）	水平（元）	构成（%）
人均消费支出	9878	100	11457	100
1. 食品烟酒	3021	30. 6	3225	28. 1
2. 衣着	580	5. 9	694	6. 1
3. 居住	1606	16. 2	1834	16. 0
4. 生活用品及服务	401	4. 1	438	3. 8
5. 交通通信	1389	14. 1	1701	14. 8
6. 教育文化娱乐	1109	11. 2	1552	13. 5
7. 医疗保健	1625	16. 4	1737	15. 2
8. 其他用品和服务	148	1. 5	276	2. 4

四、贫困地区基础设施条件继续改善，公共服务水平大幅提升

全面打赢脱贫攻坚战，农村基础设施水平和公共服务是关键。2019 年末，全省贫困地区“四通”（通电、通电话、通有线电视信号、通宽带）农户比重、所在自然村进村主干道硬化的农户比重均达到 100%。能便利乘坐公交汽车的农户比重为 93%，比上年提高了 4. 5 个百分点。从农村贫困监测调查结果上看，贫困地区基础设施条件持续改善，公共服务水平大幅提升。

农村教育基础设施发展较快卫生状况明显改善。2019 年，全省贫困地区所在自然村上幼儿园、上小学便利的农户比重分别是 92.7% 和 96.7%，比上年分别提高 9.2 个和 6 个百分点。全省贫困地区自然村有卫生站的农户比重为 99.0%，与上年持平；自然村垃圾集中处理的农户比重为 88.8%，比上年提高 19.8 个百分点。

表 5　2018-2019 年贫困地区基础设施条件和公共服务状况

单位：%

指　标	2019 年	2018 年
所在自然村上幼儿园便利农户比重	92.7	83.5
所在自然村上小学便利农户比重	96.7	90.7
所在自然村有卫生站农户比重	99	99
所在自然村垃圾集中处理农户比重	88.8	69

五、贫困地区农村居民居住和生活条件不断完善，生活质量稳步提高

随着脱贫攻坚力度的不断加大和扶贫工作持续深入推进，惠及民生的效果逐步显现，贫困地区农村发展加快，农民居住及生活条件不断改善。据农村贫困监测结果显示，2019 年，全省贫困地区农村居民人均住房建筑面积达到 30.9 平方米，比上年增加 0.2 平方米；居住竹草土坯及炊用柴草的农户比重分别为 0.4% 和 75.6%，比上年分别下降了 1.1 个和 1.7 个百分点；农户使用净化自来水、独立用厕所的比重分别为 99.4%、100%，分别上年提高 0.8 和 0.3 个百分点。

表 6　2018-2019 年全省贫困地区农户居住及生活条件

指　标	2019 年	2018 年
现住房建筑面积（m^2）	30.9	30.7
居住竹草土坯房农户比重（%）	0.4	1.5
使用净化自来水农户比重（%）	99.4	98.6
独立用农户厕所农户比重（%）	100	99.7
炊用柴草农户比重（%）	75.6	77.3

生活条件改善的另一个方面就是耐用消费品拥有量的持续增加，消费水平明显提升。2019 年，传统耐用消费品中，贫困地区每百户拥有小汽车 21.6 辆，比上年增加 2.5 辆；每百户拥有电冰箱和计算机分别为 91.2 台和 31.3 台，分别比上年增加 1.7 台和 0.1 台；每百户拥有移动电话为 202.5 部，比上年增加 1.3 部。

表7 2018-2019年贫困地区农户每百户耐用消费品拥有量

指 标	2019年	2018年
小汽车（辆）	21.6	19.1
洗衣机（台）	90.5	91.5
电冰箱（台）	91.2	89.5
移动电话（部）	202.5	201.2
计算机（台）	31.3	31.2

六、相关建议

吉林省国家扶贫开发工作重点县已全部实现脱贫摘帽，但是，2019年末全省农村贫困人口还有9万人，打赢脱贫攻坚战，确保到2020年末现行标准下我省农村贫困人口全部脱贫，面临的压力依然不小，建议做好以下几方面工作：

（一）扶贫力度不能减，扶贫政策不能松。

从2014年至2017年，省内贫困地区收入增速始终低于全国贫困地区收入增速，2018年与2019年增速均高于全国增速1个百分点，但与全国水平的绝对差距逐年拉大，从2014年时的438元拉大至2019年的1073元。所以，现阶段扶贫力度要继续向前推进，扶贫政策要继续保持稳定，要继续巩固现有的扶贫成果，不断缩小与全国的差距，争取早日赶上。

表8 全省贫困地区与全国贫困地区居民可支配收入比较

年 份	省内贫困地区（元）	增速（%）	全国贫困地区（元）	与全国差距
2014	6414	-	6852	-438
2015	7045	9.8	7653	-608
2016	7669	8.9	8452	-783
2017	8361	9.0	9377	-1016
2018	9330	11.6	10371	-1041
2019	10494	12.5	11567	-1073

（二）大力提高科技扶贫水平，助力第一产业快速发展。

吉林是农业大省，贫困地区农村居民收入结构比较单一，主要依赖于第一产业经营收入，农产品收成及价格波动对农民稳定增收的影响特别明显。2019年，第一产业经营净收入占人均可支配收入的53.4%，可谓举足轻重。当前，要针对贫困地区地理因素、生态环境、土壤状况等条件，大力推广先进农业、林业、牧业技术，加快农业产业化发展步伐，发展特色产业，加强技术指导与培训，引进新的种养植品种，发展新的种养植产业，生产附加值相对高的农牧林业产品，增强农民的科技意识和生产技术水平，带动一方脱贫致富。

（三）提升劳动技能水平，不断拓宽就业渠道。

具备一定的劳动技能才能从根本上脱贫，实现本地劳动力有产业能创业，外出劳动力有技能能创收，才能实现农村劳动力转移就业，不断增收，彻底脱贫。面对贫困地区劳动力职业技能不足和教育水平偏低的现状，要有针对性地开展贫困家庭劳动力就业创业培训，切实抓好劳动力职业技能培训，提升培训的实用性和适用性，要为转移就业提供相应的文化知识和劳动技能作支撑，拓宽就业渠道。在就业途径上，要发挥政府和社会组织的桥梁纽带作用，积极鼓励各类企业和行业组织开发就业岗位，为贫困地区劳动力创造更多的就业机会。

（四）发展特色产业经济，解决区域性整体贫困。

立足吉林省的资源优势和生态优势，因地制宜，科学合理精准制定产业发展规划，大力发展产业扶贫项目，加快形成稳定增收和可持续发展的长效脱贫机制，将贫困群众与合作社、家庭农场、集体企业等经营主体有机结合起来，探索发展现金入股和资产入股方式，保证贫困户有就业、有产业，实现全面小康。

（国家统计局吉林调查总队 范银超）

专栏

延边州推广“爱心超市”扶贫模式助力脱贫攻坚

延边州自脱贫攻坚战打响以来，创新工作模式，开展“志智双扶”，积极探索推广“爱心超市”扶贫模式，鼓励贫困群众用辛勤劳动换取积分兑换物品，激发贫困群众参与脱贫的内生动力，实现扶贫与扶志扶智并行，物质脱贫与思想脱贫同步，助力全州决战脱贫攻坚，决胜全面小康。

一是政府搭台，各方参与。从 2017 年 9 月开始，延边州借鉴外地先进经验做法，按照“政府搭台、各方参与、群众受益”原则，秉承“爱心扶贫、用行济困、全民文明”的理念，逐步探索出符合县（市）自身实际的“爱心超市”扶贫模式，各县（市）根据当地实际纷纷建立起“以奖代补、多劳多得”的积分奖励机制。截至目前，全州设立“爱心超市”708 家，其中贫困村 231 家，非贫困村 477 家。

二是面向群众，巩固成果。“爱心超市”扶贫模式推广后，逐步实现了贫困群众从被动试探参与到主动积极参与村内活动的质的转变。“爱心超市”面向农村常住人口，重点是建档立卡贫困户及各类生活困难群众。村民们通过参加评选活动、志愿服务、脱贫攻坚等活动，积攒“爱心超市”积分，定期到“爱心超市”兑换生活用品。进一步扭转贫困群众“等靠要”思想，树立起“幸福是奋斗出来的”理念，实现了乡风文明、村容村貌的较大改观，从而提升了贫困户的幸福感、非贫困户的认可度，巩固了脱贫攻坚成果。据统计，“爱心超市”受益的贫困人口超过 25.7 万人次。

三是聚拢资金，保障运营。“爱心超市”资金投入来源主要包括财政补贴、扶贫收益、社会捐助、帮扶投入等，标准为每户（在村村民）200 元左右，商品种类以群众生活必需品为主。据统计，各县（市）累计投入“爱心超市”的各种资金已经超过 2000 万元，保障了“爱心超市”的持续运营，树立了“政策扶贫、勤劳致富”的理念，群众的幸福感和认可度不断提升。

四是规范操作，群众认可。“爱心超市”本着“方便群众、便于管理”的原则，依托村部或现有超市、电商服务站点等，力争达到“七有”标准，即有牌子、有货架、有物品、有制度、有台账、有标价、有专人管理，制定出台的运营管理办法、评分标准等规则制度必须要经群众认可认账。各相关部门按照职责分工，全力管好用好“爱心超市”，运用积分激励措施，把党建、扶贫、环境整治、精神文明等工作融为一体，将以往平均分配的帮扶物资，变为困难群众通过辛勤劳动，有尊严地获取所需物品。

（吉林省延边州扶贫开发办公室 师成文）

黑龙江农村减贫情况

2019 年是黑龙江省脱贫攻坚进入决战决胜的关键之年，省委、省政府坚持把脱贫攻坚作为重大政治任务和第一民生工程，聚焦“两不愁、三保障”，突出提升脱贫质量、巩固脱贫成果，着力健全稳定脱贫长效机制，加大产业、就业、教育、社会保障等扶贫工作力度，脱贫攻坚取得显著成效，贫困人口大幅度下降，贫困地区农村居民人均可支配收入实现新突破，人均生活消费水平稳步提高。

一、全省贫困地区减贫事业取得显著成效

（一）2019 年末，全省贫困地区农村贫困人口数量大幅减少，贫困发生率显著下降。

按现行国家农村贫困标准测算，2019 年末，黑龙江贫困地区农村贫困发生率为 0.6%，比全国贫困地区农村低 0.8 个百分点，比吉林、内蒙古分别低 1.0 和 0.2 个百分点。贫困发生率比上年末下降 3.5 个百分点，降幅比全国贫困地区农村高 0.7 个百分点。

（二）贫困地区农村贫困人口规模大幅减少，占全国贫困地区农村贫困人口的比重明显下降。

按现行国家农村贫困标准测算，2019 年末，黑龙江贫困地区农村贫困人口 3 万人，占全国贫困地区农村的 0.8%，所占比重比上年下降 1.2 个百分点。

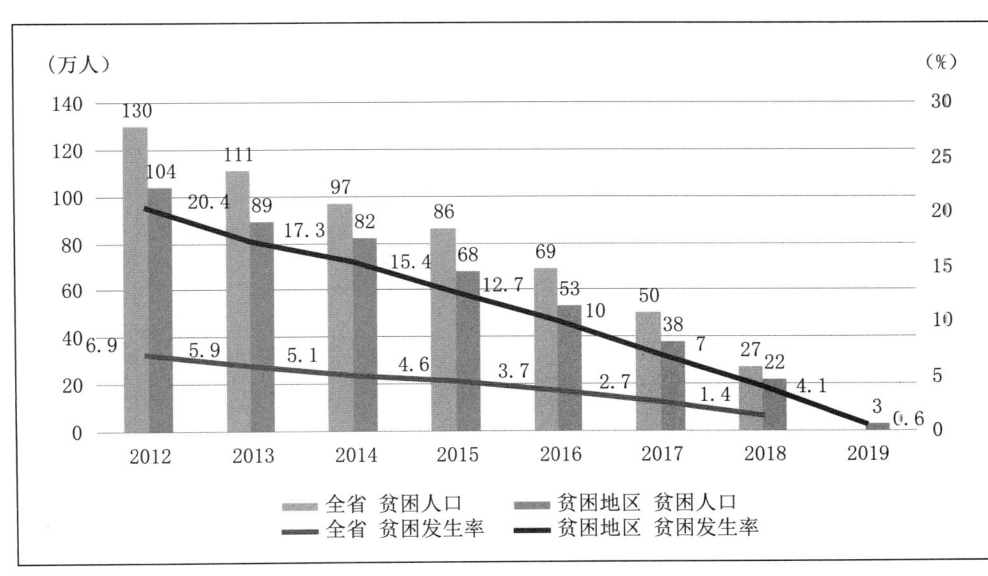

图 1 2012-2019 年全省和贫困地区贫困人口及贫困发生率

二、贫困地区农村居民人均可支配收入突破万元大关

据国家统计局黑龙江调查总队农村贫困监测调查，2019 年，黑龙江贫困地区农村居民人均可支配收入迈上万元新台阶，达到 10815 元，比上年增长 12.4%，比全省农村增速高 3.9 个百分点，比全国贫困地区增速高 0.9 个百分点。党的十八大以来，全省贫困地区农村居民人均可支配收入年均增速达 11.8%，高于同期全省农村居民人均可支配收入年均增速 3.1 个百分点（见表 1）。

表 1　2012-2019 年全省和贫困地区农村居民人均可支配收入及增速

年 份	全省农村居民人均可支配收入（元）	增速（%）	贫困地区农村居民人均可支配收入（元）	增速（%）
2012	8367	-	4942	-
2013	9369	12.0	5896	19.3
2014	10453	11.6	6450	9.4
2015	11095	6.1	7174	11.2
2016	12123	6.6	7828	9.1
2017	12665	7.0	8572	9.5
2018	13804	9.0	9621	12.2
2019	14982	8.5	10815	12.4

（一）工资性收入快速增长，拉动人均可支配收入增长 2.1 个百分点。

2019 年，黑龙江省继续加大农村劳动力转移就业力度，全省实现贫困劳动力就业 13.9 万人次，比上年增加 3.6 万人次。农民工监测调查数据显示，2019 年，在本乡镇内从业的农民工人数比上年增长 10.8%。在本地就业农民工人数的增加及教师等稳定职业薪资水平的提高，使得工资性收入快速增长。2019 年，黑龙江贫困地区农村居民人均工资性收入 1186 元，比上年增长 20.7%，拉动人均可支配收入增长 2.1 个百分点。

表 2　2019 年贫困地区农村居民人均可支配收入增长情况

年 份	水平（元）	增速（%）	对收入增长贡献率（%）	拉动收入增长（个百分点）
人均可支配收入	10815	12.4	-	-
1. 工资性收入	1186	20.7	17.0	2.1
2. 经营净收入	5161	-6.3	-28.8	-3.6
3. 财产净收入	844	79.7	31.3	3.9
4. 转移净收入	3624	36.1	80.5	10.0

（二）经营净收入下降6.3%，呈现“两升一降格局”。

2019年，黑龙江贫困地区农村居民人均经营净收入为5161元，比上年下降6.3%。一是牧业净收入增长32.8%。2019年主要牧业产品价格一路上扬，特别是猪肉价格坚挺带动了牧业收入整体快速增长。全年活猪、活牛、活羊、活鸡、鸡蛋价格指数分别为162.3、112.0、137.3、108.6、102.8；二是三产经营净收入增长26.9%。2019年，黑龙江省农村三产经济稳定发展，贫困地区农村居民交通运输仓储和邮政业、住宿和餐饮业、居民服务修理和其他服务业等不同程度增长；三是农业净收入下降8.5%。2019年，黑龙江省农作物生长季受低温阴雨寡照、暴雨洪涝等气象灾害影响，贫困地区农作物产量下降，加之水稻价格低迷使得农业收入下降。

（三）财产净收入增长79.7%，拉动人均可支配收入增长3.9个百分点。

2019年，黑龙江省继续深入推进供给侧结构性改革，稳定和完善农村土地承包关系和经营制度，农业生产规模经营也在不断发展壮大。2019年，黑龙江贫困地区农村居民人均财产净收入为844元，比上年增长79.7%。其中，人均转让承包土地经营权租金净收入为871元，比上年增长78.1%。

（四）转移净收入增长36.1%，拉动人均可支配收入增长10.0个百分点。

2019年，全省民生保障力度持续加大，企业及机关事业单位退休人员基本养老金标准、农村低保和特困人员救助供养标准、新型农村养老保险标准均上调。同时，惠农补贴的增加和外出务工人员寄带回收入增加等因素，使得转移净收入快速增长。2019年，黑龙江贫困地区农村居民人均转移净收入为3624元，比上年增长36.1%。

三、贫困地区农村居民生活消费支出增长较快，生活质量进一步提升

据国家统计局黑龙江调查总队农村贫困监测调查，2019年，黑龙江贫困地区农村居民人均生活消费支出为9409元，比上年增长15.7%。其中，用于衣、食、住和生活用品及服务等基础消费比重为56.3%，比上年下降2.1个百分点；用于交通通信、教育文化娱乐、医疗保健等服务型消费比重为41.6%，比上年提高1.8个百分点。党的十八大以来，全省贫困地区农村居民人均消费支出年均增速达11.3%，高于同期全省农村居民人均消费支出年均增速0.3个百分点（见表3）。

表 3 2012-2019 年全省和贫困地区农村居民生活消费支出及增速

年 份	全省农村居民人均消费支出（元）	增速（%）	贫困地区农村居民人均消费支出（元）	增速（%）
2012	6035	-	4446	-
2013	7192	19.2	5006	12.6
2014	7830	8.9	5612	12.1
2015	8391	7.2	5930	5.7
2016	9424	12.3	6471	9.1
2017	10524	11.7	7283	12.5
2018	11417	8.5	8132	11.7
2019	12495	9.4	9409	15.7

（一）消费观念发生转变，消费结构变化明显。

随着收入持续提高，农村居民的消费观念发生明显转变，服务型消费支出不断增加。2019 年，贫困地区农村居民人均食品烟酒消费占生活消费支出比重（恩格尔系数）为 28.1%，比 2014 年下降 4.1 个百分点。交通通信、教育文化娱乐和医疗保健支出占生活消费支出的比重分别比 2014 年提高了 2.6、1.7 和 7.6 个百分点（见表 4）。

表 4 2014-2019 年贫困地区农村居民人均消费及结构占比

指标名称	2019 年（元）	占比（%）	2014 年（元）	占比（%）
人均消费支出	9409	100.0	5612	100.0
1. 食品烟酒	2640	28.1	1806	32.2
2. 衣着	601	6.4	452	8.1
3. 居住	1705	18.1	1391	24.8
4. 生活用品及服务	353	3.8	230	4.1
5. 交通通信	1197	12.7	565	10.1
6. 教育文化娱乐	1148	12.2	587	10.5
7. 医疗健康	1571	16.7	513	9.1
8. 其他用品和服务	194	2.1	68	1.2

（二）住房及家用设施条件明显改善。

2019 年，黑龙江贫困地区农村居民人均自有住房建筑面积达到 30.1 平方米，比 2014 年增加 4.8 平方米，增长 19%。其中，钢筋混凝土结构住房比重为 4.9%，比

2014 年提高 3.8 个百分点；砖混结构住房比重为 37.9%，比 2014 年提高 18.5 个百分点；砖瓦结构住房比重为 43.8%，比 2014 年减少 13.4 个百分点。2019 年末每百户家庭拥有洗衣机 92.3 台、电冰箱 92.5 台、热水器 8.1 台、移动电话 210.5 部、彩色电视机 103.2 台和计算机 11.3 台，分别比上年增长 5.7%、5.7%、5.2%、5.7%、0.7% 和 3.7%；使用管道供水和净化自来水的农户比重分别比上年提高 13.8 和 8.9 个百分点，住土坯房和炊用柴草的农户比重继续下降（见表 5）。

表 5　2019 年贫困地区农村居民住房及饮水安全等情况

指　标	2019 年（%）	2018 年（%）	比上年增减（个百分点）
居住竹草土坯房农户比重	6.4	7.6	-1.2
炊用柴草的农户比重	81.4	84.3	-2.9
使用管道供水的农户比重	93.6	79.8	13.8
使用净化处理自来水农户比重	85.7	76.8	8.9
使用互联网的农户比重	70.2	62.2	8.0

（三）基础设施、公共服务和社会保障水平进一步提升。

2019 年，黑龙江继续加大农村基础设施建设投入，贫困地区农村居民的生活环境得到极大改善。2019 年，贫困地区使用照明电的农户比重、通电话的自然村比重和通有线电视信号的自然村比重都达到了 100%，主干道路经过硬化处理的自然村比重为 95.9%，比上年提高 1.3 个百分点；拥有文化活动室和合法行医证医生的行政村比重分别为 96.7% 和 98.9%，分别比上年提高 4.7 和 3.0 个百分点。

表 6　2019 年贫困地区基础设施、公共服务和社会保障情况

指　标	2019 年（%）	2018 年（%）	比上年增减（个百分点）
主干道路面经过硬化处理的自然村比重	95.9	94.6	1.3
拥有文化活动室的村比重	96.7	92.0	4.7
拥有合法行医证医生 / 卫生员的村比重	98.9	95.9	3.0
所在自然村能便利乘坐公共汽车的农户比重	91.1	90.9	0.2
所在自然村上幼儿园便利的农户比重	86.0	77.9	8.1

（国家统计局黑龙江调查总队 王楠）

2019年安徽农村减贫情况

2019年，安徽省委、省政府坚决贯彻落实以习近平同志为核心的党中央决策部署，始终把脱贫攻坚作为重大政治任务，举全省之力、集各方之智，坚决打赢打好脱贫攻坚战。全省贫困地区农村居民收入稳步增长、贫困人口大幅减少、农村环境逐步改善，取得了决定性成就。

一、贫困人口持续减少

近几年安徽省脱贫减贫进入冲刺阶段，按现行国家农村贫困标准测算，2019年底全省贫困地区贫困人口16万，比上年减少了40万，贫困发生率0.8%，比上年降低了2.1个百分点。

表1　安徽省近年减贫情况

指　标	2014年	2015年	2016年	2017年	2018年	2019年
全国贫困发生率（%）	7.2	5.7	4.5	3.1	1.7	0.6
全省农村贫困人口（万人）	371	309	237	158	67	–
全省农村贫困发生率（%）	6.9	5.8	4.4	3.0	1.3	–
全省贫困地区贫困人口（万人）	252	209	155	108	57	16
全省贫困地区贫困发生率（%）	12.9	10.7	7.9	5.5	2.9	0.8

图1　近年安徽省贫困地区农村贫困人口和贫困发生率

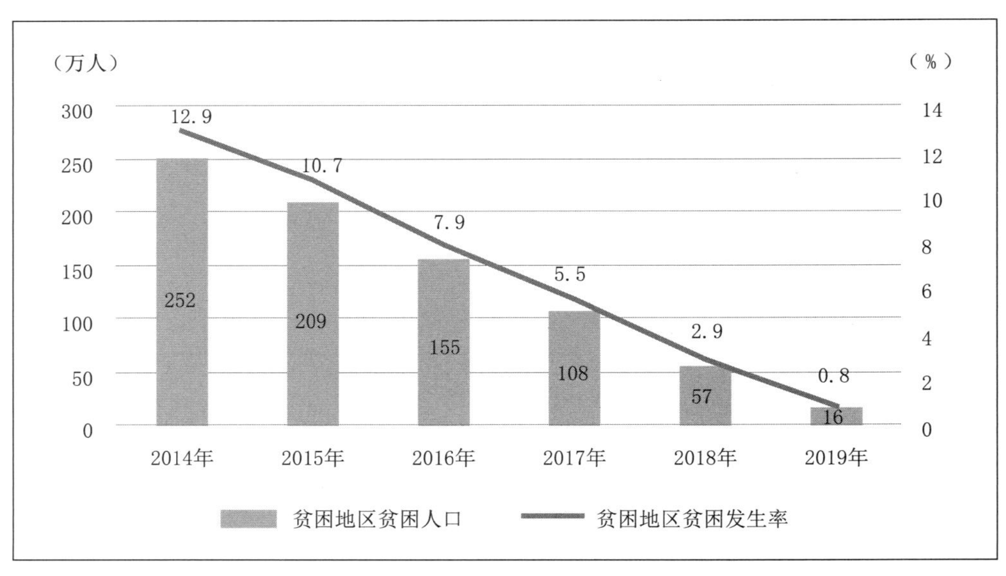

由表 1 和图 1 可以看出，近年来安徽省减贫幅度呈不断加速的趋势，贫困人口稳定减少；而在贫困地区，农村贫困人口仅余 16 万人，比去年减少 40 万。

二、农村居民收入较快增长

据国家统计局安徽调查总队农村贫困监测调查，2019 年安徽贫困地区农村居民收入同比增长 11.7%，比全省农村居民收入增速高 1.6 个百分点，比全国贫困地区平均水平高 0.2 个百分点；绝对数在全国 22 个贫困监测省份中排第 2 位，仅次于重庆市，比全国平均数高 1918 元（见表 2）。

表 2　全国、安徽不同地区农村居民人均可支配收入比较表

指　标	2019 年人均收入（元）	2018 年人均收入（元）	全年增幅（%）
全国贫困地区农村居民	11567	10371	11.5
安徽省农村居民	15416	13996	10.1
安徽省贫困地区农村居民	13485	12078	11.7

（一）四项收入均快速增长。

2019 年安徽贫困地区农村居民人均工资性收入 4345 元，同比增长 10.6%；经营净收入 5031 元，同比增长 12.9%；转移净收入 3931 元，同比增长 10.9%；财产净收入 178 元，同比增长 21.1%（见表 3）。

表 3　安徽省 2019 年贫困地区农村居民人均可支配收入

指　标	2019 年（元）	2018 年（元）	增幅（%）	增长贡献率（%）
人均可支配收入	13485	12078	11.7	100
1. 工资性收入	4345	3928	10.6	29.6
2. 经营净收入	5031	4457	12.9	40.8
3. 财产净收入	178	147	21.1	2.2
4. 转移净收入	3931	3546	10.9	27.4

（二）经营净收入对农民增收贡献最大。

从分项看，人均可支配收入四个大项中，贫困地区农村居民经营净收入增长贡献率最大，为 40.8%，而且仍在上升中，比去年高 4.7 个百分点；工资性收入和转移净收入贡献率分别为 29.6% 和 27.4%；财产净收入贡献率为 2.2%。

（三）转移净收入增速放缓。

2019 年安徽贫困地区农村居民人均转移净收入 3931 元，同比增长 10.9%，增速低于可支配收入增速 0.8 个百分点。其中政策性生活补贴、社会救济和补助、现金政策性惠农补贴增长最快，同比分别增长 23.8%、25.7% 和 23.3%。

从 2017 年开始，转移净收入同比增速已连续 3 年低于可支配收入，主要原因是家庭外出从业人员寄带回收入增速放缓。

（四）财产净收入涨幅高。

2019 年安徽贫困地区农村居民人均财产性收入 178 元，同比增长 21.1%。其中，转让承包土地经营权租金净收入是财产收入的主要来源，占财产净收入比重为 51.1%。

三、生活质量大幅提高

（一）各项消费支出全面提高。

随着扶贫攻坚力度不断加大，安徽贫困地区农村居民生活水平也有了显著提高，消费支出也随之增加。据国家统计局安徽调查总队农村贫困监测调查，2019 年安徽贫困地区农村居民人均消费支出 12797 元，同比增长 14.2%。从具体分类来看，贫困地区农村居民八大类消费支出全部上涨（见表 4）。

表 4　安徽省 2019 年贫困地区农村居民人均消费支出

指　标	2019 年（元）	2018 年（元）	增幅（%）	增长贡献率（%）
人均消费支出	12797	11210	14.2	100.0
1. 食品烟酒	3936	3481	13.0	28.8
2. 衣着	613	507	21.0	6.7
3. 居住	3295	3033	8.7	16.6
4. 生活用品及服务	783	668	17.2	7.3
5. 交通通信	1254	962	30.4	18.5
6. 教育文化娱乐	1386	1241	11.6	9.1
7. 医疗保健	1275	1078	18.3	12.5
8. 其他用品和服务	256	240	6.6	1.0

（二）基础型消费比重下降。

2019 年，安徽省贫困地区农村居民在食品烟酒、居住等基础刚性消费比重下降。食品烟酒消费支出占生活消费支出 30.7%，比上年下降 0.4 个百分点，而且在食品中肉类、蛋奶、水果、外出就餐等消费快速增长，生活品质逐步提高；居住消费支出占生活消费总支出 25.7%，比去年下降 1.4 个百分点。

（三）发展型消费大幅增长。

随着安徽省脱贫攻坚不断深入，贫困地区农村居民消费结构向着发展型和享受型发展。2019 年，安徽交通通信、医疗保健、生活用品及服务等“软性”消费所占比重都有所上升，同比增长分别为 30.4%、18.3% 和 17.2%。另外，对子女教育的重视和投入也不断上升。2019 年安徽贫困地区农村居民人均教育文化娱乐支出 1386 元，同比增长 11.6%，其中教育支出同比增长 14.7%，教育支出占家庭消费支出 8.8%，所占比重与去年持平。

四、补齐农村基础建设和公共服务“短板”

农村特别是贫困地区农村基础设施不足、公共服务落后，是城乡和地区发展不平衡的直观体现。2019 年以来我省围绕着如何接长这一短板采取了一系列措施，取得了很好的成效。

（一）在村基础设施方面。

2019 年，贫困地区农村主干道路面硬化的自然村比重为 92.8%，比上年上升了 11.1 个百分点；通有线电视的自然村比重为 93.7%，比上年上升了 0.2 个百分点；通宽带的自然村比重为 97.5%，比上年上升了 2.5 个百分点；拥有畜禽集中饲养区的村比重为 39.2%，比上年上升了 0.7 个百分点；垃圾能集中处理的自然村比重为 95.2%，比上年上升了 6.4 个百分点。

（二）在文教卫设施方面。

2019 年，贫困地区有文化活动室的村比重为 95.4%，比上年上升了 1 个百分点；拥有合法行医证医生、卫生员的村比重为 98%，比上年上升了 1.2 个百分点。

（三）基础设施发展不平衡。

尽管贫困地区农村基础设施有了长足进步，但县与县、村与村之间还有很大差距。如很多村已做到所有自然村农村公交全覆盖，但仍有小部分村覆盖率很低。其他如自然村进村主干道路面硬化、饮用水集中净化、卫生厕所等问题也存在着类似问题。

随着脱贫攻坚的深入，贫困地区大多数农村在基础设施及公共服务方面都已完善，但与“全覆盖”还差最后一点距离。如仍有 4.8% 的自然村的垃圾不能集中处理、2% 的村没有配备执证的医生或卫生员等。

（四）易地扶贫搬迁成效显著。

截至 2019 年底，安徽有易地扶贫搬迁任务的 9 个市、28 个县（市、区）共完成 866 个安置点、26922 套安置住房建设，建成住房总面积 207 万平方米，人均住房面积 24.4 平方米，全面完成了 8.5 万人搬迁安置任务。搬迁人口中，已累计脱贫 8.34 万人，脱贫率 98.1%。

一是安置方式灵活多样，在易地扶贫搬迁安置方式上，各地因地制宜，因户施策，“挪穷窝”与“换穷业”并举，聚焦薄弱环节，进一步提升配套服务设施功能；二是后续帮扶精准施策，为确保贫困户搬迁后能提高收入、稳定脱贫，各地按照各具特色、产业化经营的思路和精准到点、精准到户到人的要求，在贫困户搬迁后产业扶持、就业帮扶等方面下功夫，取得了积极成效。

（国家统计局安徽调查总队 郝黎）

江西农村减贫情况

2019年是江西省脱贫攻坚巩固提升年，是打赢精准脱贫三年行动攻坚战关键年，全省各地把脱贫攻坚作为重大政治任务和第一民生工程，进一步落实“核心是精准，关键在落实，确保可持续”要求，扎实推进脱贫攻坚战，贫困地区经济保持稳健发展，贫困地区农村贫困人口11万人，比上年减少27万人。贫困发生率0.9%，比上年下降2.2个百分点。贫困地区农村居民收入增长较快，增幅快于全省农村居民平均水平，居民生活消费水平大幅提高。

一、贫困地区农村居民收入保持较快增长，增速高于全省平均水平

据国家统计局江西调查总队农村贫困监测调查显示，2019年全省贫困地区农村居民人均可支配收入达到11767元，比上年增加1132元，增长10.6%，比全省农村居民人均可支配收入增长幅度高1.4个百分点，扣除价格因素，实际增长7.6%。贫困地区收入水平达到全省农村居民平均水平的74.5%，比上年提高了1.0个百分点。同时，全国贫困地区农村居民人均可支配收入是全国农村居民平均水平的72.2%，江西省占比超过全国2.3个百分点，贫困地区农村居民收入与全省农村居民收入差距进一步缩小（见图1）。

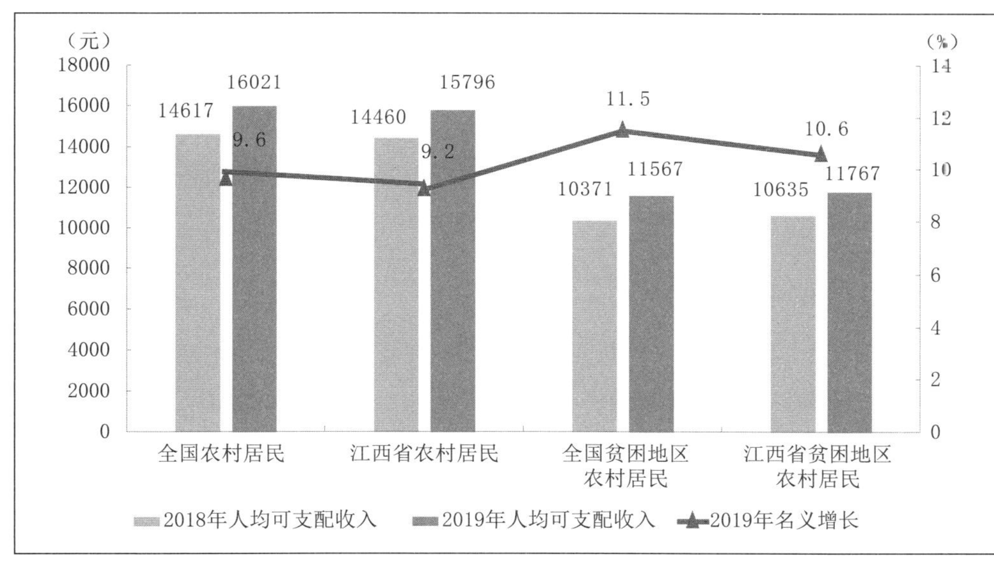

图1　全国、江西省不同地区农村居民人均可支配收入情况

二、江西省贫困地区农村居民收入主要影响因素

2019年，江西部分事业单位提高基本工资，各地劳务工资、小工工资不同程度上涨，推动贫困地区农村居民人均工资性收入增长较高，达到5588元，比上年增加

595元，增长11.9%。

全年洪涝灾害对农业造成较大损失，农药、化肥、农业雇工工资上涨等因素导致生产性经营成本上升，生猪价格经历大幅涨价后涨幅收窄，存栏量大幅下跌，产量、出售量仍旧不足，总体对农村家庭经营增收不利。贫困地区农村居民人均家庭经营净收入为2625元，比上年下降311元，降低10.6%。人均财产性净收入为52元，比上年下降22元，降低28.8%。

江西省脱贫攻坚整改工作进一步抓紧实施，扶贫政策进一步落实到位，农村居民社会保障体系进一步完善，对农村养老、农村社保的投入力度逐年加大，现金政策性惠农补贴、赡养收入和其他转移性收入有所增长，外出务工寄回带回也有一定增长，多因素共同作用，贫困地区人均转移净收入为3501元，比上年增加869元，增长33%。

表2　江西省贫困地区农村居民人均可支配收入构成情况

指　标	2018年绝对值（元）	2019年绝对值（元）	比上年增加（元）	2019年增幅（%）
人均可支配收入	10635	11767	1132	10.6
1. 工资性收入	4993	5588	595	11.9
2. 经营净收入	2936	2625	-311	-10.6
3. 财产净收入	74	52	-22	-28.8
4. 转移净收入	2632	3501	869	33.0

三、贫困地区农村居民生活消费水平进一步提高，生活质量不断改善

从消费方面来看，江西省贫困地区农村居民生活消费水平、村居环境得到极大改善和提高，恩格尔系数下降显著，生活水平进一步提高。

（一）消费保持较快增长。

2019年江西省贫困地区农村居民人均消费支出为10254元，比上年增加1269元，增长14.1%，扣除价格因素实际增长11.0%。

（二）消费结构明显优化，恩格尔系数下降。

2019年人均消费支出中，人均食品烟酒消费支出达到3338元，比上年增加363元，增长12.2%；人均衣着消费支出为413元，比上年增加42元，增长11.5%；人均居住消费支出为2848元，比上年增加312元，增长12.3%；人均生活用品及服务支出为547元，比上年减少10元，降低1.7%；人均交通和通信消费支出达到945元，比上年增加91元，增长10.7%；人均教育、文化娱乐消费支出达到1041元，比上年增加199元，增长23.6%；人均医疗保健支出达到1008元，比上年增加277元，增

长 37.9%；其他商品和服务人均支出为 114 元，比上年减少 5 元，降低 4.4%。江西贫困地区农村居民生活支出大部分稳定增加，对生活品质有了更高的要求，对精神文化生活和医疗保障也有了更多需求，恩格尔系数由上年的 33.1% 下降到 2019 年的 32.5%。（见图 2）。

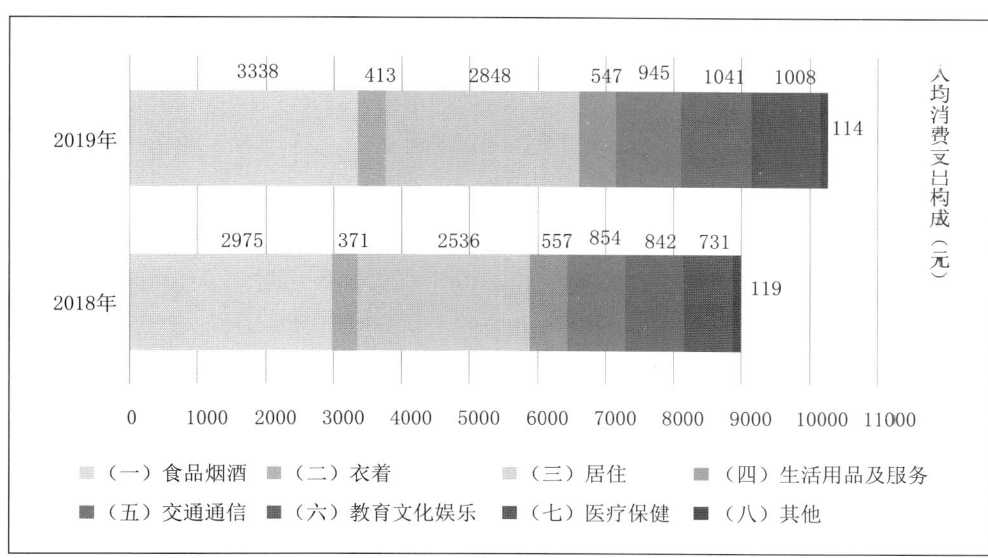

图 2 江西省贫困地区农村居民消费构成

四、贫困地区村庄建设加快发展，居住、卫生、用水、用电状况明显改善

（一）居住环境持续改善。

2019 年全省贫困地区土坯房改造取得明显成效，农村居民居住混凝土和砖混材料结构住房的比重达到 91.1%，比上年上升 1.2 个百分点；居住砖木结构住房的比重为 8.6%，下降 0.5 个百分点；居住竹草土坯结构的农户比重为 0.1%，下降 0.4 个

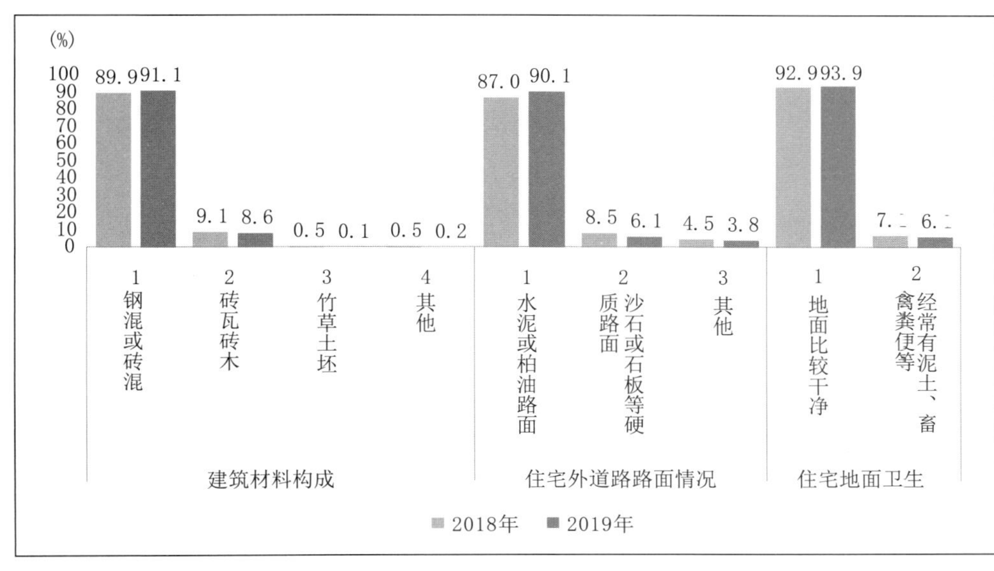

图 3 江西省贫困地区住房环境示意图

百分点，还有其他结构住房 0.2%。房前屋后使用水泥或柏油路面的农户比重达到 90.1%，比上年上升 3.1 个百分点；使用沙石或石板等硬质路面的农户比重为 6.1%，比上年下降 2.4 个百分点；使用其他路面的农户比重为 3.8%，比上年下降 0.7 个百分点。农村居民家庭环境得到改善，屋内地面比较干净的比重为 93.9%，比上年上升 1.0 个百分点，屋内经常有泥土、畜禽粪便的占 6.1%（见图 3）。

（二）贫困地区居民家庭耐用品拥有量不断增加。

据国家统计局江西调查总队农村贫困监测调查显示，2019 年，随着经济发展，江西省贫困地区农村居民对生活品质有了更多追求，每百户居民家庭耐用品拥有量进一步增加，贫困地区人民生活质量得到提升。助力车每百户拥有量为 56.9 辆，比上年增加 2.2 辆；洗衣机每百户拥有量为 64.5 台，比上年增加 6.1 台；电冰箱每百户拥有量为 92.8 台，比上年增加 2.3 台；微波炉每百户拥有量 11.9 台，比上年增加 1.5 台；彩色电视机每百户拥有量 120.6 台，比上年增加 1.7 台；空调每百户拥有量 53.2 台，比上年上升 5.9 台；热水器每百户拥有量达到 76.7 台，比上年增加 4.2 台；排油烟机每百户拥有量为 33.8 台，比上年上升 3.8 台；移动电话拥有量增长势头放缓，每百户拥有量为 277.3 部，比上年增加 3.6 部，其中联网的移动电话为 178.6 部，比上年增加 14.9 部；计算机每百户拥有量为 20.8 台，与上年持平（见表 3）。

表 3　江西省贫困地区每百户农民家庭拥有耐用消费品情况

家庭耐用品指标名称	单位	2018 年	2019 年	2019 年增加值
1. 助力车	台	54.7	56.9	2.2
2. 洗衣机	台	58.4	64.5	6.1
3. 电冰箱（柜）	台	90.5	92.8	2.3
4. 微波炉	台	10.4	11.9	1.5
5. 彩色电视机	台	118.9	120.6	1.7
6. 空调	台	47.3	53.2	5.9
7. 热水器	部	72.5	76.7	4.2
8. 排油烟机	台	30.0	33.8	3.8
9. 移动电话	部	273.7	277.3	3.6
其中：接入互联网	部	163.7	178.6	14.9
10. 计算机	台	20.8	20.8	0

（三）卫生状况进一步改善。

江西省新农村建设进一步推进，“厕所革命”三年攻坚行动取得显著成效，2019 年贫困地区农村居民使用水冲式厕所的农户比重为 98.4%，比上年提高 9.0 个百分点；使用卫生旱厕的比重为 0.7%，下降 1.8 个百分点；仍然使用普通旱厕的农户比重为 0.5%，下降 7.1 个百分点；没有厕所的农户比重占 0.4%，比上年下降 0.1 个百分点。贫困地区统一供热水洗澡的农户比重为 1.3%，比上年下降 0.2 个百分点；家庭自装热水器的农户比重上升到 75.4%，提高 4.0 个百分点；没有良好洗澡设施的占 23.2%，下降 3.8 个百分点（见表 4）。

表 4　江西省贫困地区农村居民家庭卫生情况

卫生情况	分类	2018 年占比（%）	2019 年占比（%）	2019 年增加（个百分点）
住户厕所类型	1. 水冲式厕所	89.4	98.4	9
	2. 卫生旱厕	2.5	0.7	-1.8
	3. 普通旱厕	7.6	0.5	-7.1
	4. 无厕所	0.5	0.4	-0.1
农户洗澡设施情况	1. 统一供热水	1.5	1.3	-0.2
	2. 家庭自装热水器	71.4	75.4	4
	3. 无良好洗澡设施	27	23.2	-3.8

（四）饮用水和能源使用状况得到改善。

饮用水来源上经过净化处理的自来水的农户比重达到 49.5%，比上年提高 1.6 个百分点；使用受保护的井水和泉水的住户比重为 39.2%，下降 0.8 个百分点；使用不受保护的井水和泉水的农户比重为 9.7%，降低 0.8 个百分点；使用江河湖泊水的农户比重为 0.4%，比上年下降 0.1 个百分点；使用其他不便分类来源饮水的农户比重为 1.2%（见图 4）。

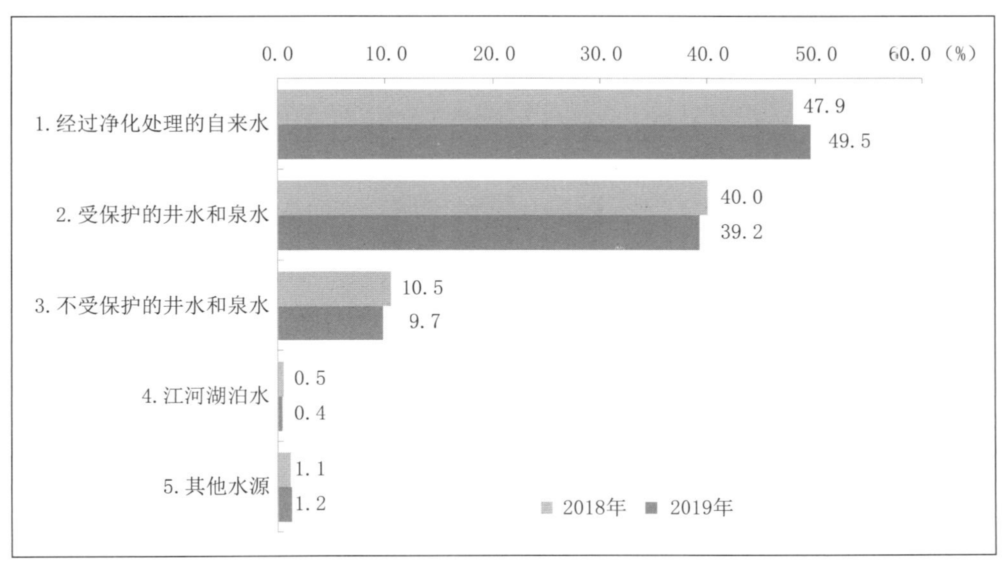

图 4　江西省贫困地区饮用水来源结构示意图

地区篇

在能源使用情况上，2019 年使用柴草作为炊用能源的农户比重为 38.1%，比上年降低 4.6 个百分点；使用煤炭的比重为 4.1%，比上年下降 0.6 个百分点；使用罐装液化石油气作为主要能源的农户比重为 44.6%，比上年提高 3.3 个百分点；使用电作为主要能源的占 9.9%，比上年增加 0.3 个百分点；使用其他能源的农户比重为 3.3%。

表 5　江西省贫困地区炊用能源使用情况分布表

主要炊用能源状况	2018 年占比（%）	2019 年占比（%）	2019 年增加（个百分点）
1. 柴草	42.7	38.1	-4.6
2. 煤炭	4.7	4.1	-0.6
3. 罐装液化石油气	41.3	44.6	3.3
4. 电	9.6	9.9	0.3
5. 其他	1.7	3.3	1.6

五、贫困地区基础设施建设得到进一步提升

随着江西省扶贫项目的实施，贫困地区村庄改造不断推进，调查户所在的社区或自然村，实现通电、通电话 100% 全覆盖；主干道路经过硬化处理的自然村达到为 100%，比上年增加 0.6 个百分点；所在自然村能便利乘坐公共汽车的农户比重达到 67.3%，比上年增加 3.4 个百分点；通宽带的自然村比重达到 98.8%，比上年提高 0.8 个百分点；被通信信号覆盖的自然村的比重达到 95.0%，比上年下降 0.6 个百分点；有健身器材的自然村比重为 24.1%，比上年提高 4.2 个百分点；饮用水经过集中净化处理的比重为 56.7%，比上年提高 7.1 个百分点；实现卫生厕所全覆盖的自然村比重为 85.9%，比上年提高 14.1 个百分点；所在自然村垃圾能集中处理的比重为 98.6%，比上年增加 1.5 个百分点；所在自然村有卫生站的占 93.4%，比上年增加 1.7

表 6　2019 年贫困地区农村基础设施和公共服务状况

基础建设指标	2018 年覆盖率（%）	2019 年覆盖率（%）	增加百分点
1. 主干道路面经过硬化处理的自然村	99.4	100.0	0.6
2. 所在自然村能便利乘坐公共汽车的比重	63.9	67.3	3.4
3. 通电的自然村	100.0	100.0	0.0
4. 通电话的自然村	100.0	100.0	0.0
5. 通宽带的自然村	98.0	98.8	0.8
6. 被通信信号覆盖的自然村	95.6	95.0	-0.6
7. 有健身器材的自然村	19.9	24.1	4.2
8. 饮用水经过集中净化处理的自然村	49.6	56.7	7.1
9. 实现卫生厕所全覆盖的自然村	71.8	85.9	14.1
10. 所在自然村垃圾能集中处理	97.1	98.6	1.5
11. 所在自然村有卫生站	91.7	93.4	1.7

个百分点。贫困地区村庄基础设施建设得到进一步提升，农村生产、生活的基础条件有较大改善（见表 6）。

六、贫困地区农村居民增收面临的问题

（一）农业经营成本上升，农业增收不稳定。

近年来市场上农业投资成本不断上升，如化肥、农药价格、人力雇佣成本等上涨，带动农业经营成本上升，而市场农产品价格上涨空间有限，造成种养户经济效益下降。另一方面，由于山区、丘陵地带较多，存在耕地资源有限、交易成本高、经营方式落后、人力成本逐年上涨等因素，制约贫困地区家庭经营进一步发展。

（二）脱贫攻坚步入收尾，帮扶难度持续加大。

脱贫攻坚行至今日，剩下的更多是因病致贫、因残致贫、因老致贫的“贫中之贫、困中之困、坚中之坚”，稳定脱贫能力差，返贫情况极易发生。此外，疫情给脱贫攻坚增加了难度，一是给贫困群众就业、扶贫产业发展带来了挑战；二是对扶贫政策的落实和扶贫工作的开展带来了挑战。

（三）收入对工资性收入和外出务工寄回带回依赖性较大，增收方式单一

从江西省历年收入结构变化情况看，家庭经营净收入对贫困地区居民增收推动力日渐削弱，2016 年占可支配收入比重达到 38.7%，一直到 2019 年的 22.3%，总体占比呈下降趋势。而工资性收入和转移净收入占比越来越高，其中工资性收入占比从 2016 年的 42.1% 上升到 2019 年的 47.5%，转移净收入从 2016 年的 18.0% 上升到 2019 年的 29.8%。财产净收入一直难以增长，甚至伴随着外出人员的增加，出现下降趋势，农村居民的资金投资主要局限在储蓄、土地流转出租等方面，其他投资方式如保险投资收入、租房收益、理财收益等更是少之又少（见图 5）。

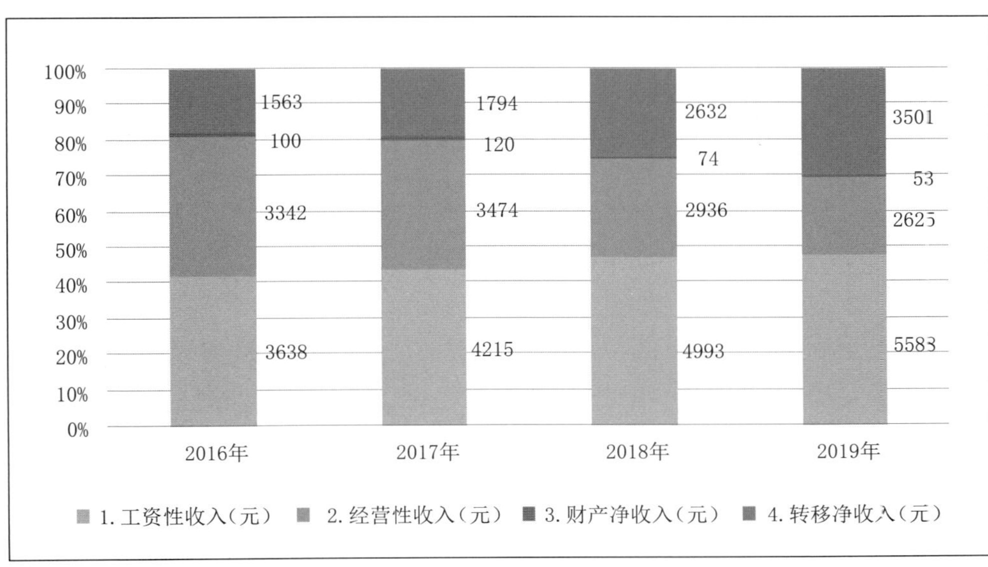

图 5　江西省贫困地区人均可支配收入结构构成

贫困地区居民取得的工资性收入对增收起到极大推动作用，退休金、政府的社保及各种补贴和居民外出务工寄回带回收入则推动了转移性收入增加。传统农村收入所依赖的家庭经营重要性不断降低，对本地务工和外出务工收入的依赖性则不断增加，与此同时本地务农及本地经营的人数正在下降，日益增长的人力成本、农药化肥成本进一步制约了家庭经营的发展。

（四）贫困地区劳动力人口文化教育程度偏低。

据贫困监测调查显示，贫困地区劳动力受教育年限仅为 7.7 年。从分项来看，劳动力中初高中教育程度占比有所下降，女性劳动力受教育程度明显低于男性，受教育年限仅为 7.0 年，男性劳动力受教育年限为 8.4 年（见表 8），教育性别差异现象仍一定程度存在。贫困人员素质普遍偏低和社会培训制度不完善已成为了制约农村地区居民就业和发展经济的重要因素。贫困人员素质的高低决定了人力资源存量的高低，也决定了可持续性发展能力的高低，需加强引导和宣传强调读书学习重要性，帮助贫困人口提高脱贫能力，树立脱贫信心，以提高劳动力素质为手段，达到可持续性发展和脱贫致富的目的。

表 7　劳动力受教育程度分布表

单位：%

劳动力文化程度	全体成员		男性成员		女性成员	
	2018 年	2019 年	2018 年	2019 年	2018 年	2019 年
1. 不识字或识字不多	4.9	5.8	1.9	1.5	8.0	10.0
2. 小学	41.8	43.1	33.6	35.8	50.2	50.3
3. 初中	42.3	40.8	48.8	48.2	35.6	33.5
4. 高中	7.9	7.3	12.0	11.0	3.8	3.7
5. 大专及以上	3.1	3.0	3.7	3.5	2.4	2.5
换算受教育年限（年）	7.8	7.7	8.5	8.4	7.2	7.0

（五）贫困地区人口老龄化现象加重。

按照联合国关于社会老龄化的标准，一个国家或社会，如果 60 岁以上的人口占总人口的比例达到 10%，或者 65 岁以上的人口占总人口的比例达到 7%，则意味着该国家（或地区）进入了老龄化社会。考虑到联合国近期对老年人定义有所改变，本文特将老年人年龄界限提高到 66 岁及以上。贫困地区人口老龄化现象对贫困地区的影响较大，加重家庭养老负担并削弱脱贫创收能力。据江西省贫困监测调查显示，2019 年江西省贫困地区 66 岁及以上老年人占全部人口比重达到 10.3%，比上年增加 0.7 个百分点；壮年人口比重为 49.5%，比上年上升 0.3 个百分点；青年人口比重为 17.3%，比上年下降 0.7 个百分点；15 岁及以下少年占人口较为稳定，为 22.9%（见

图6）。从常住人口口径来看，由于青壮年劳动力容易流动，成为进城务工人口，造成常住人口老龄化比重进一步上升，在常住人口中66岁及以上老人占常住人口比重达到13.1%。

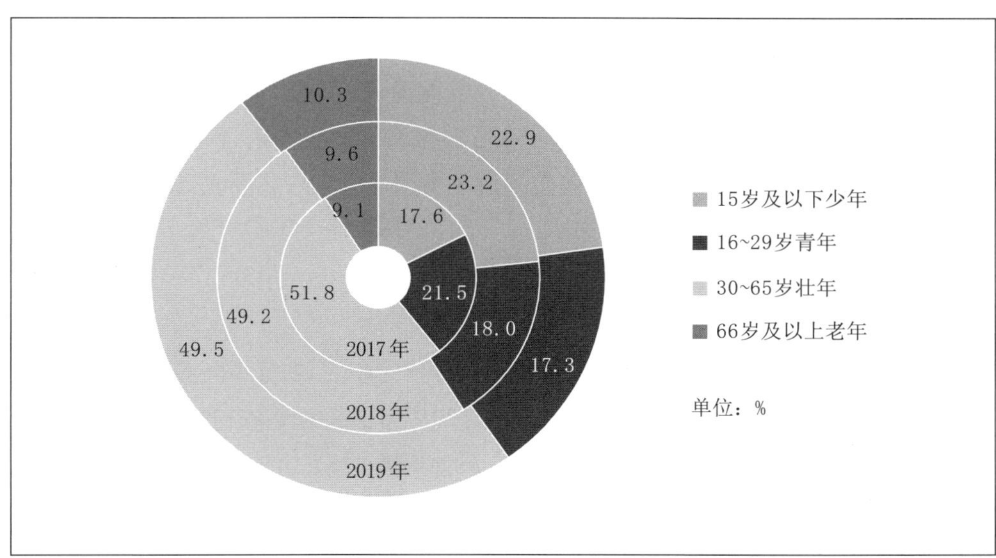

图6　江西省贫困地区住户人口年龄结构示意图

（国家统计局江西调查总队　彭明　肖曦）

河南农村减贫情况

2019年是打赢脱贫攻坚战的关键一年，河南各级、各部门紧紧围绕“两不愁，三保障”，坚持精准扶贫、精准脱贫基本方略，狠抓扶贫政策落实，不断发挥产业扶贫、金融扶贫、就业扶贫等扶贫作用，有效促进了贫困地区农村居民收支状况的改善和生活质量的提高。

一、河南农村贫困人口不断减少

2019年，河南脱贫攻坚工作成效显著，农村贫困人口数量不断减少，贫困发生率明显下降。按现行国家农村贫困标准测算，2019年末河南省农村贫困人口为51万人，同比减少117万人；贫困发生率0.6%，同比下降1.5个百分点。

表1　河南农村贫困人口变化情况

指　　标	2015年	2016年	2017年	2018年	2019年
贫困人口（万人）	463	371	277	168	51
贫困发生率（%）	5.8	4.6	3.4	2.1	0.6

二、河南贫困地区农村居民收支水平持续增长

随着扶贫力度的不断加大，河南脱贫成效显著，2019年河南贫困地区农村居民收入和消费水平逐步提高，增幅均高于全省农村平均水平。

（一）贫困地区农村居民收入增长明显。

图1　河南贫困地区农村与全省农村居民收入增幅情况

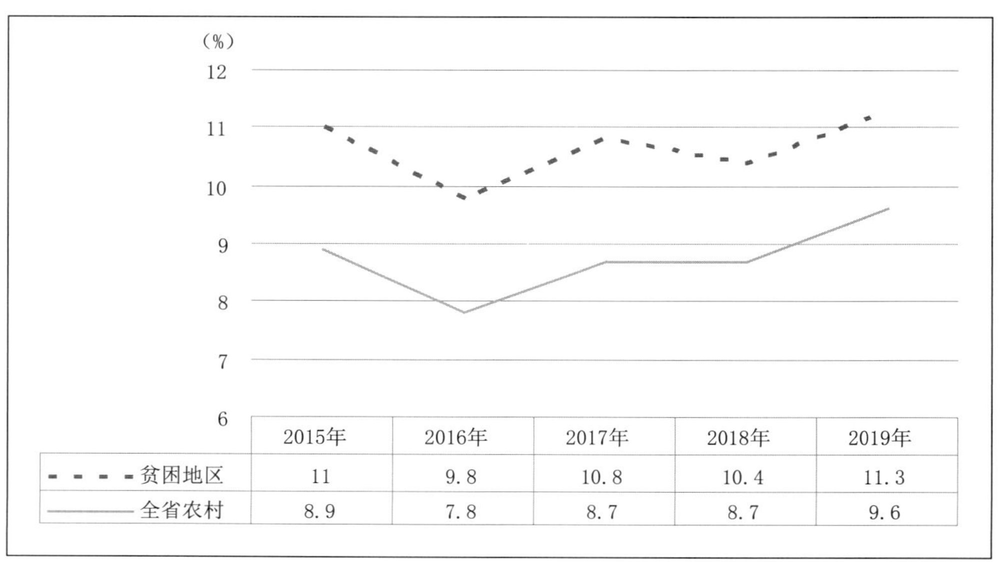

	2015年	2016年	2017年	2018年	2019年
贫困地区	11	9.8	10.8	10.4	11.3
全省农村	8.9	7.8	8.7	8.7	9.6

2019 年河南贫困地区农村居民人均可支配收入 13252 元，同比增加 1342 元，增长 11.3%，比全省农村居民人均可支配收入增幅高 1.7 个百分点。

工资性收入保持较快增长。2019 年河南贫困地区农村居民人均工资性收入 4172 元，同比增加 496 元，增长 13.5%。工资性收入占贫困地区农村居民人均可支配收入的比重为 31.5%，比上年提高 0.6 个百分点，对收入增长的贡献率为 37.0%，拉动贫困地区农村居民人均可支配收入增长 4.2 个百分点。

在产业扶贫、就业扶贫等政策的扶持下，农民工最低工资标准得到提高，同时就业环境不断改善，农民工权益保护相关制度日益完善，农村剩余劳动力得以充分转移，务工人数持续增加，诸多有利因素促使工资性收入增速较快。

三大产业同步发展，家庭经营净收入稳步增长。2019 年河南贫困地区农村居民人均家庭经营净收入为 4518 元，同比增加 339 元，增长 8.1%，对收入增长的贡献率为 25.3%，拉动贫困地区农村居民人均可支配收入增长 2.8 个百分点。

第一产业逐步摆脱上半年恶劣天气、虫害以及非洲猪瘟疫情的影响，实现全年经营净收入增长 7.7%；同时，由于近年来城乡基础设施建设投入不断加大，部分县创建生态园林县城、卫生县城、省级文明县城，为农民在非农产业创业提供了广阔的领域，同时部分农民返乡创业，促进了农村二、三产业的发展，同比分别增长 3.8% 和 10.8%。

财产和转移净收入保持增长态势，政策扶持效果明显。2019 年河南贫困地区农村居民人均转移净收入 4422 元，同比增加 504 元，增长 12.9%。随着国家对贫困地区的扶持力度不断加大，各项政策性补贴、最低生活保障、农村养老保险、新农合大病补偿报销标准等不断提高，社会保障覆盖面进一步扩大，拉动了转移净收入的增长。

同时，居民理财意识不断增强，以及土地流转加快等原因，人均财产净收入为 139 元，同比增加 3 元，增长 2.1%。

（二）河南贫困地区农村居民消费支出平稳增长。

随着贫困地区农村居民收入的增加，以及社会保障范围的扩大和体系的完善，居民生活消费能力逐步增强，生活质量稳步提升，生活消费支出持续增长。

2019 年河南贫困地区农村居民人均消费支出为 9572 元，同比增加 904 元，增长 10.4%。消费占比较大的三大类支出分别为食品烟酒消费支出、居住支出和教育文化娱乐支出，分别占比 29.3%、22.4% 和 11.7%。

图 2　河南贫困地区农村居民消费支出变化情况

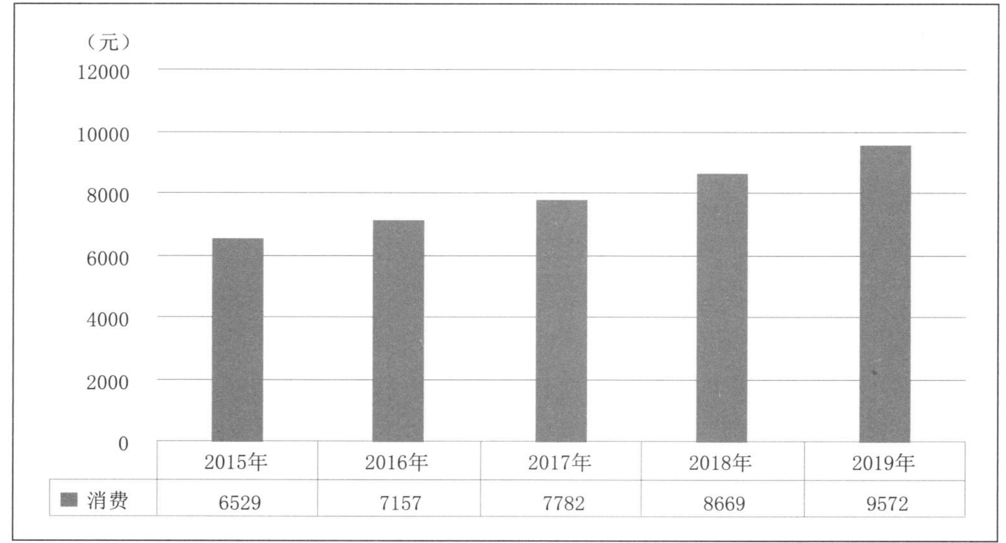

	2015年	2016年	2017年	2018年	2019年
消费	6529	7157	7782	8669	9572

一是食品烟酒消费支出明显增长。人均食品烟酒消费支出 2809 元，同比增加 238 元，增长 9.2%。

二是衣着消费支出平稳增长。人均衣着消费支出 712 元，同比增加 59 元，增长 9.1%。

三是居住消费支出稳中有增。人均居住支出 2149 元，同比增加 99 元，增长 4.9%。

四是生活用品及服务消费支出持续增长。人均生活用品及服务消费支出 646 元，同比增加 32 元，增长 5.2%。

五是教育文化娱乐和医疗保健支出大幅增长。人均教育文化娱乐消费支出 1117 元，同比增加 176 元，增长 18.7%；人均医疗保健消费支出 990 元，同比增加 191 元，增长 23.9%。

另外，人均交通通讯消费支出 984 元，同比增加 88 元，增长 9.9%；人均其他用品和服务支出 165 元，同比增加 20 元，增长 14.0%。

图 3　2019 年河南农村贫困地区居民消费结构图

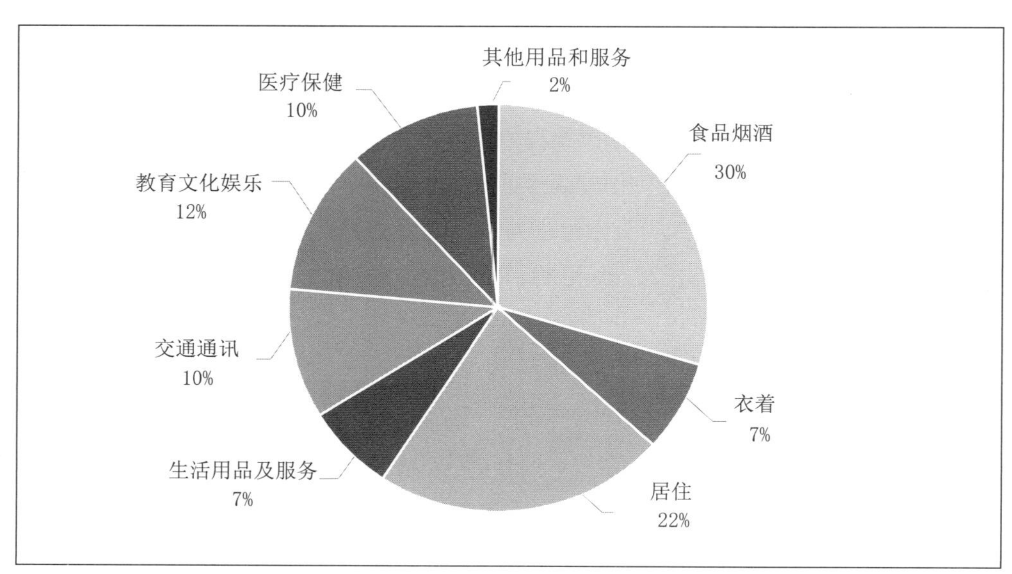

三、河南贫困地区农村基础设施及基本社会服务水平不断提高

（一）生活居住条件持续改善。

2019 年河南贫困地区农村居民住房及家庭设施状况持续改善。居住竹草土坯房和炊用柴草农户的比重分别为 0.1% 和 25.1%，同比分别下降 0.1 和 3.2 个百分点；使用管道供水和经过净化处理自来水的农户比重分别为 93.6% 和 71.3%，同比分别提高 16.1 和 2.1 个百分点。

表 2　河南农村贫困地区住房及家庭设施变化情况

单位：%

指　　标	2015 年	2016 年	2017 年	2018 年	2019 年
竹草土坯房农户比重	1.3	0.6	0.5	0.2	0.1
管道供水农户比重	46.3	60.7	61.3	77.5	93.6
净化自来水农户比重	37.3	50.9	52.1	69.2	71.3
炊用柴草的农户比重	44.6	41.7	41.6	28.3	25.1

（二）耐用消费品拥有量普遍增加。

2019 年河南贫困地区农村居民主要耐用消费品数量不断增加。2019 年，河南贫困地区农村居民每百户拥有家用汽车 20.9 辆，同比增加 2.1 辆；拥有洗衣机 96.4 台，同比增加 2.4 台；拥有电冰箱 93.4 台，同比增加 5.0 台；拥有移动电话 259.8 部，同比增加 13.0 部；拥有计算机 19.6 台，同比增加 2.3 台。

表 3　河南贫困地区农村居民主要耐用消费品拥有量变化情况

单位：台 / 百户、辆 / 百户、部 / 百户

指　　标	2015 年	2016 年	2017 年	2018 年	2019 年
汽车	7.4	10.1	10.7	18.8	20.9
洗衣机	89.3	92.7	93.9	94.0	96.4
电冰箱	70.0	79.1	80.6	88.4	93.4
移动电话	204.2	220.8	226.9	246.8	259.8
计算机	14.9	18.8	20.9	17.3	19.6

（三）基础设施状况不断完善。

2019 年，河南贫困地区农村所在自然村通公路的农户比重、所在自然村通电话的农户比重稳定保持在 100%；所在自然村能接收有线电视信号的农户比重首次达到 100%，同比增加 2.8 个百分点；所在自然村通宽带的农户比重为 97.8%，同比增加 1.4 个百分点；所在自然村进村主干道路硬化的农户比重为 99.8%，同比增加 0.1 个百分点；所在自然村能便利乘坐公共汽车的农户比重为 89.1%，同比增加 9.0 个百分点；所在自然村垃圾能集中处理的农户比重为 95.5%，同比增加 8.7 个百分点。

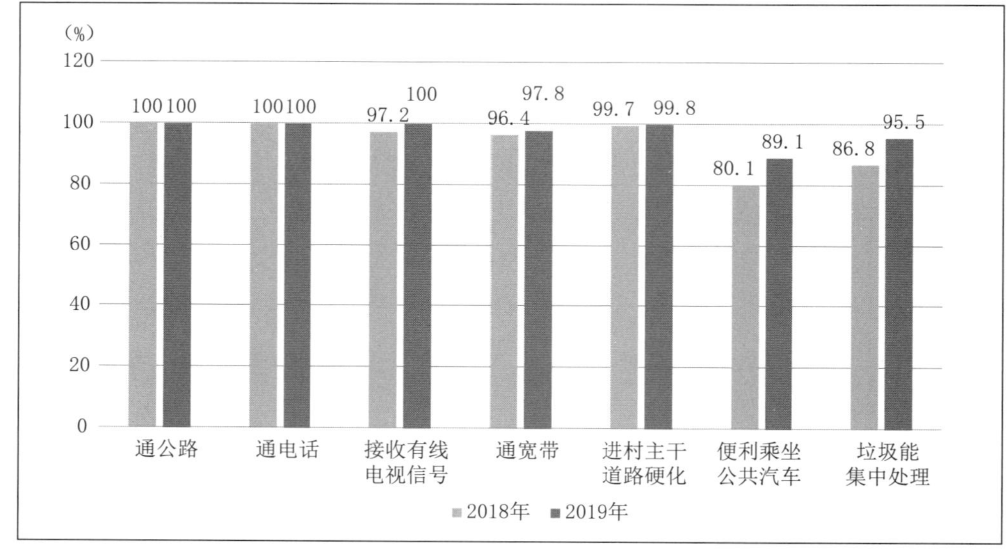

图 4 2018-2019 年河南贫困地区农村基础设施状况对比

（四）医疗教育便利程度日益提高。

2019 年，河南贫困地区农村所在自然村有卫生站的农户比重为 97.9%，同比增加 2.4 个百分点；所在自然村上幼儿园便利的农户比重为 98.2%，同比增加 1.7 个百分点；所在自然村上小学便利的农户比重为 99.3%，同比增加 1.4 个百分点。

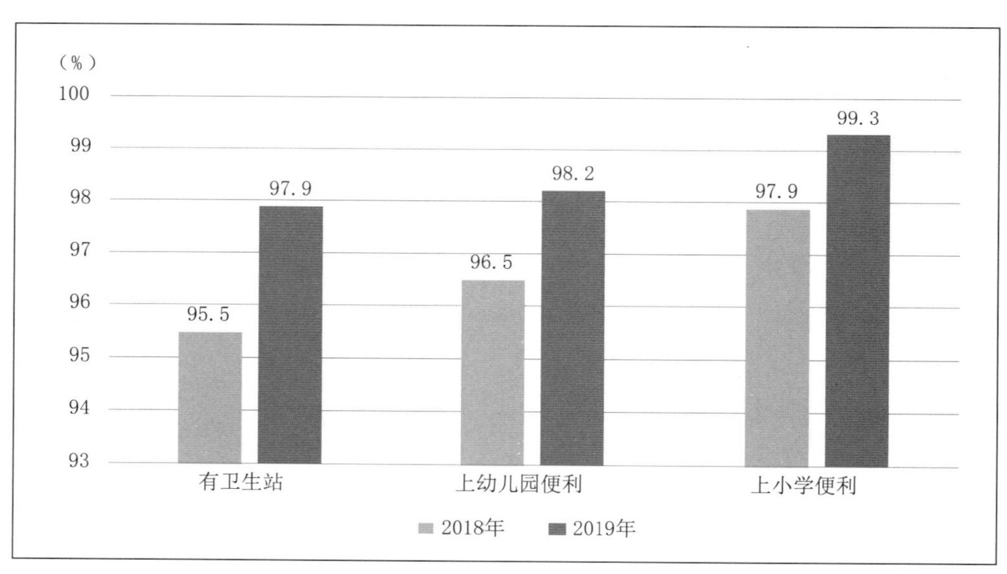

图 5 2018-2019 年河南贫困地区农村医疗及教育便利程度对比

四、影响河南贫困地区农村脱贫致富的主要因素

2019 年，河南贫困地区农村经济社会发展水平进一步提高，居民生活条件不断改善，但与全省农村平均水平相比仍存在差距，制约居民生活水平提高的因素仍存在。

（一）收支水平仍有上涨空间。

一是与全省农村平均收入水平差距仍然较大。2019 年河南贫困地区农村居民人均可支配收入比全省农村平均水平低 1911 元，仅为全省平均水平的 87.4%；工资性收入比全省农村平均水平低 1694 元，为全省农村平均水平的 71.1%。二是生活消费水平有待提高。2019 年河南贫困地区农村居民人均消费支出比全省农村平均水平低 1974 元，相当于全省农村平均水平的 82.9%。

（二）劳动技能有待提高。

人才是地区经济发展的主要竞争力，由于基础教育条件相对薄弱等，贫困地区农村人口综合素质不高，普遍存在知识贫乏、技能不足、文化层次低等特点，对新知识、新事物的接收能力不高，难以满足劳动力市场专业化、技能化的需求。贫困地区农村劳动力大部分从事劳动密集型工作，就业渠道狭窄，转移就业和增收难度大。

（三）产业化体系急需完善。

受自然条件、经济水平等因素制约，贫困地区农村产业化起步较晚且面临诸多难题。河南贫困地区农村大多为传统农业占据主导地位，优质、高效、生态、绿色农产品的比重偏小。同时农业产业化程度低，缺少农产品加工等产业链，难以把产、加、销等多个环节连接起来，带动二、三产业共同发展，二、三产往往以家庭式、小作坊为主，增收能力有限。

（国家统计局河南调查总队 李静）

湖北农村减贫情况

2019 年是打赢脱贫攻坚战攻坚克难的关键之年。湖北省按照中央精神和省委部署要求，坚持把脱贫攻坚作为最大的政治任务，最大的民生工作，最大的发展机遇，聚焦贫困地区“两不愁 三保障”突出问题，统筹推进脱贫攻坚和乡村振兴，集中精力、集中火力攻克坚中之坚，大力实施精准扶贫、精准脱贫，不断加大脱贫攻坚投入力度，着力补齐基础设施短板，改善贫困地区生产生活条件。湖北省脱贫攻坚任务如期完成，贫困地区农村常住居民收入保持较快增长，基础设施进一步改善，公共服务水平稳步提升。

一、湖北省农村脱贫攻坚成效显著

按现行国家农村贫困标准测算，湖北农村贫困人口规模由 2012 年末的 395 万人减少到 2019 年末基本消除农村贫困人口，年均减贫 56 万人（见图 1），全省 28 个国家级贫困县全部摘帽。贫困地区农村贫困人口规模也呈下降趋势，2019 年贫困地区贫困人口为 14 万，比上年末减少 34 万人；贫困发生率为 1.2%，比上年末下降 2.8 个百分点。

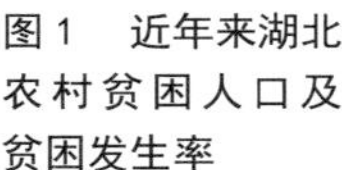
图 1　近年来湖北农村贫困人口及贫困发生率

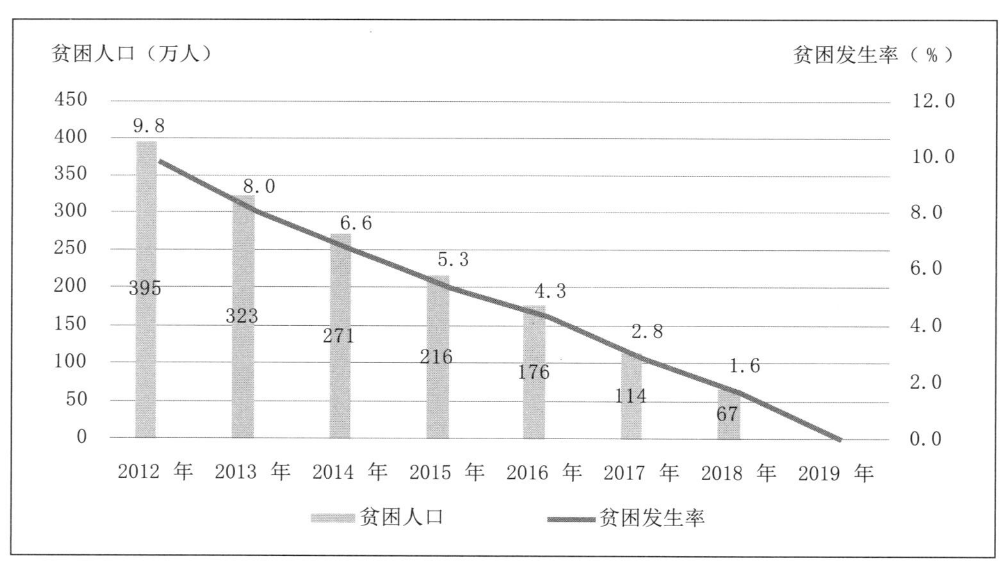

注：“.”表示数值较小，统计上不显著。

二、贫困地区农村居民收入增长较快

据国家统计局湖北调查总队农村贫困监测调查，2019 年，湖北贫困地区农村常住居民人均可支配收入 12874 元，比上年增加 1322 元，增长 11.4%；比 2015 年增加 4192 元，增长 48.3%。近五年来，人均可支配收入保持 10% 左右的增速逐年稳定增长。

（一）贫困地区农村居民收入增幅高于全国农村、全省农村平均水平。

2019 年，湖北贫困地区农村常住居民人均可支配收入增速比全国农村和全省农村平均水平分别高 1.8 和 2.0 个百分点，绝对额占全国农村和全省农村比重分别为 80.4% 和 78.5%，比 2015 年分别提高了 4.4 和 5.2 个百分点。贫困地区农村与全省农村居民收入水平差距不断缩小。2015-2019 年，湖北贫困地区农村居民人均可支配收入年增速均高于全国农村及全省农村平均水平（见表 1）。

表 1　2015-2019 年全国、湖北及湖北贫困地区农村居民人均可支配收入

地　区	2015 年		2016 年		2017 年		2018 年		2019 年	
	绝对数（元）	增幅（%）	绝对数（元）	增幅（%）	绝对数（元）	增幅（%）	绝对数（元）	增幅（%）	绝对数（元）	增幅（%）
全国	11422	8.9	12363	8.2	13432	8.6	14617	8.8	16021	9.6
湖北	11844	9.2	12725	7.4	13812	8.5	14978	8.4	16391	9.4
贫困地区	8682	10.9	9502	9.4	10471	10.2	11552	10.3	12874	11.4

（二）贫困地区农村居民收入快速增长。

2019 年，湖北贫困地区农村居民四大项收入同比全面增长。其中，人均财产净收入增长最快，人均工资性收入和转移净收入增长对农村居民增收的贡献率位居前两位。

1. 工资性收入增长明显，贡献率仅次于转移净收入。2019 年，湖北贫困地区农村居民人均工资性收入 4212 元，同比增长 10.5%，工资性收入占人均可支配收入比重 32.7%，对可支配收入增长的贡献率为 30.2%，拉动增长 3.5 个百分点。其增长原因：一是贫困地区就业扶持政策落实到位，贫困地区农村居民就业机会增多。2019 年“春风行动”期间，湖北组织各类专场招聘会 1214 场，其中包括精准扶贫专场招聘会 476 场，比上年增加了 75 场，同比增加 18.7%，参会企业约 3.03 万家，提供就业岗位 115.23 万余个；二是外出务工人员增加，薪资水平进一步提升。据 2019 年湖北省农民工监测调查显示，全省农民工总量 1512.9 万人，同比增长 0.6%；非农务工月均收入 4575 元，同比增长 5.6%。

2. 经营净收入稳步增长，主要来自第三产业收入增加。近几年，湖北贫困地区积极推进农业供给侧结构性改革，培育了一批发展潜力大、产品质量优的特色农产品及旅游扶贫产业项目，助力贫困地区农村居民经营净收入稳步增长。2019 年，湖北贫困地区农村居民人均家庭经营净收入 4163 元，同比增长 7.8%。其中，第三产业经营净收入增速较快，同比增长 11.7%。

3. 财产净收入大幅增长。2019 年，湖北贫困地区农村居民人均财产净收入 142 元，同比增长 49.5%。虽然财产净收入增幅较高，但由于只占可支配收入的 1.1%，仅拉动收入增长 0.4 个百分点。财产净收入高速增长的主要原因是随着农村土地确权推

进和“三权分置”政策明确，土地流转提速，促使农村居民转让承包权、村集体红利等收入快速增加，拉动财产净收入实现较大幅度增长。

4. 转移净收入增长较快，对增收的贡献率最大。自 2019 年 4 月 1 日起，湖北各地上调城乡居民最低生活保障标准，平均涨幅为 10% 左右；政府加大对贫困人口医保支付的倾斜力度，贫困人口大病保险起付线为 5000 元，支付比例较普通参保群众提高 5 个百分点，全面取消封顶线；个人所得税专项附加扣除政策惠及 140 多万纳税人，惠农补贴落实到位。2019 年，湖北贫困地区农村居民人均转移净收入 4357 元，同比增长 15.1%，对可支配收入增长贡献率为 43.3%，拉动增长 5.0 个百分点（见表 2）。

表 2　湖北贫困地区农村居民可支配收入总体情况

指　标	2018 年（元）	2019 年（元）	增加额（元）	增幅（%）	占比（%）	贡献率（%）	拉动增长（个百分点）
人均可支配收入	11552	12874	1322	11.4	-	-	-
1. 工资性收入	3813	4212	399	10.5	32.7	30.2	3.5
2. 经营净收入	3860	4163	303	7.8	32.3	22.9	2.6
3. 财产净收入	95	142	47	49.5	1.1	3.6	0.4
4. 转移净收入	3784	4357	573	15.1	33.8	43.3	5.0

三、贫困地区农村居民生活水平不断提高

2019 年，湖北贫困地区农村居民消费八大类支出均呈现全面增长态势，消费结构进一步优化，耐用消费品拥有量增加，消费水平提升，生活质量不断改善。

（一）消费支出保持较快增长。

2019 年，湖北贫困地区农村常住居民人均消费支出为 12029 元，比上年增加 1381 元，增长 13.0%。增速较上年加快 0.4 个百分点。人均消费支出增速高出人均可支配收入增幅 1.6 个百分点（见表 3）。消费占比较大的三类支出分别为食品烟酒消费支出、居住消费支出和医疗保健支出，分别占 30.5%、21.4% 和 12.1%。

表 3　湖北贫困地区农村居民消费支出及构成

指　标	2018 年（元）	2019 年（元）	增加额（元）	增幅（%）	2019 年占比（%）
人均生活消费支出	10647	12029	1381	13.0	-
1. 食品烟酒	3247	3667	420	12.9	30.5
2. 衣着	569	652	82	14.4	5.4
3. 居住	2392	2575	184	7.7	21.4
4. 生活用品及服务	647	712	65	10.0	5.9
5. 交通通信	1082	1436	354	32.8	11.9
6. 教育文化娱乐	1091	1244	153	14.1	10.4
7. 医疗保健	1346	1458	112	8.3	12.1
8. 其他	273	285	11	4.1	2.4

（二）生活消费支出结构进一步优化。

2019 年，湖北贫困地区农村居民消费结构进一步优化，吃、穿、住等生存型消费支出为 6894 元，占生活消费支出的比重为 57.3%，同比下降 1.0 个百分点，同时随着湖北不断加大对贫困地区农村基础设施、教育文化、医疗保健等方面的扶持力度，发展型和享受型消费支出不断提高，湖北贫困地区农村居民人均交通通信、教育文化娱乐、生活用品服务及其他支出分别为 1436 元、1244 元、712 元、285 元，同比分别增长 32.8%、14.1%、10.0% 和 4.1%。

（三）耐用消费品拥有量稳步增加。

随着湖北贫困地区农村居民收入水平不断提高，扶贫政策的有效落实，耐用消费品拥有量稳步增加，消费结构持续升级。2019 年，湖北贫困地区农村居民每百户拥有家用汽车、移动电话、计算机分别为 22.0 辆、261.8 部、28.9 台，比上年增加 2.0 辆、5.9 部、42.6 台；每百户拥有洗衣机、电冰箱分别为 88.9 台和 101.7 台，同比增加 3.9 台和 5.2 台（见表 4）。

表 4　湖北贫困地区每百户农村居民家庭拥有耐用消费品情况

消费品名称	单位	2018 年	2019 年	增加
家用汽车	辆	20.0	22.0	2.0
洗衣机	台	85.0	88.9	3.9
电冰箱	台	96.5	101.7	5.2
移动电话	部	255.9	261.8	5.9
计算机	台	26.3	28.9	2.6

四、贫困地区农村基础设施和生活条件全面提升

随着脱贫攻坚战略深入实施，相关政策持续发力，扶贫资金不断投入，贫困地区农村的基础设施和公共服务能力全面提升。

（一）居住生活条件改善。

表 5　近三年湖北贫困地区卫生和饮用水占比情况

指　标	2017 年（%）	2018 年（%）	2019 年（%）
独用厕所的农户比重	94.2	97.0	98.5
使用管道供水的农户比重	72.7	87.6	97.4
使用经过净化处理自来水的农户比重	43.9	59.4	60.8

2019年，居住竹草土坯结构住房的农户仅1.4%，同比下降1.2个百分点。2019年，贫困地区农村居民使用独用厕所的农户比重为98.5%，比2017年提高4.3个百分点；使用管道供水的农户比重为97.4%，比2017年提高24.7个百分点；使用经过净化处理自来水的农户为60.8%，比2017年提高16.9百分点（见表5）。

（二）基础设施建设和公共服务能力进一步提升。

2019年调查的所在自然村通公路的农户比重和通电话的农户比重均为100%；所在自然村进村主干道路硬化的农户比重为99.9%。所在自然村垃圾能集中处理的农户比重为90.6%；所在自然村有卫生站的农户比重为96.8%；农村公共服务状况有大幅改善，宽带覆盖面进一步扩大，所在自然村通宽带的农户比重为100%；所在自然村上幼儿园便利的农户比重为91.3%；所在自然村上小学便利的农户比重为92.4%。比重均持续提高（见表6）。

表6　近三年湖北贫困地区基础设施情况

指标名称	2017年（%）	2018年（%）	2019年（%）
所在自然村主干道路面硬化的农户比重	99.2	99.3	99.9
所在自然村垃圾能集中处理的农户比重	70.2	87.3	90.6
所在自然村有卫生站的农户比重	94.1	95.3	96.8
所在自然村能接收有线电视信号的农户比重	98.1	98.8	98.5
所在自然村通宽带的农户比重	92.2	99.0	100.0
所在自然村上幼儿园便利的农户比重	85.0	88.9	91.3
所在自然村上小学便利的农户比重	87.4	89.0	92.4

（国家统计局湖北调查总队 陈茜）

构建减贫防贫长效机制高质量打赢打好脱贫攻坚战

2019 年 6 月 28 日，湖北省首个减贫防贫服务中心在通城县正式挂牌成立，为建立减贫防贫长效机制做出了有益探索。8 月 20 日，扶贫长效机制研讨及中国太平洋保险防贫减贫（武汉）研究院成立大会在通城县减贫防贫服务中心举行。截止 12 月底，通城县已投入减贫防贫保险 300 万元，其中财政自筹资金 100 万元，整合县慈善总会、县红十字会慈善资金 200 万元；实际完成理赔 175 户 265 万元，有效阻止了受助群众致贫返贫。

一、主要做法

（一）创设“一项保险”。与太平洋财险公司达成协议，合作创设了全省第一份“精准防贫保险”，由县财政拿出 300 万元作为防贫保险金，并通过购买“第三方”服务，借助太平洋财险公司专业化手段，入户实施勘察核算，负责对经综合认定符合条件的防贫对象发放保险金。

（二）紧扣“三个二”。一是服务两类人群。确定减贫防贫服务对象为城乡临贫户（城乡居民因病、因灾、因学等原因临近贫困边缘的低收入户）和建档脱贫户（建档立卡贫困人口因病、因灾、因学造成生活困难且人均收入不高不稳的已脱贫户简称）。二是设定两个标准。根据减贫防贫服务对象家庭支出和收入情况，设立减贫防贫预警线和减贫防贫保障线。预警线标准为减贫防贫保险合同确定的免赔金额或起付线；城镇居民、农村居民保障线标准分别为上年度全县城镇居民、农村居民人均可支配收入的 40%。三是整合两类资源。在通城县减贫防贫服务中心设立“通城县减贫防贫账户”（资金池），通过县慈善总会、县红十字会等社会组织捐赠，依法接受社会公众捐赠，不足部分由县财政自筹资金兜底保障。

（三）突出“两个三”。一是把准因病、因学、因灾致贫三大重点。因病防贫上，建档立卡贫困户以自付费用 0.5 万元起作为预警监测线，分设 0.5 万元以下、0.5–1.5 万元、1.5–3.5 万元、3.5 万元以上四个区间，分别按 30%、50%、70%、90% 阶梯式比例，发放防贫保险金；城乡临贫户以自付医疗费用 2 万元设置预警线，分设 2 万元以下、2–7 万元、7–12 万元、12 万以上四个区间，采用同样比例发放防贫保险金。因学防贫上，年支付学费、住宿费、教科书费超出预警线的，在总学费扣除 0.8 万元起付线后，分设 0.3 万元以下、0.3–0.5

万元、0.5 万元及以上三个区间，按 100%、80%、60% 发放防贫保险金。因灾防贫上，自然灾害类扣除 1 万元起付线后，分设 1 万元以下、1–3 万元之间、3 万元以上三个区间，按 30%、50%、70% 比例发放防贫保险金，最高不超过 3 万元。二是“三种途径”增强造血功能。发展产业。通过建设“扶贫微工厂”“扶贫车间”等方式将减贫防贫与产业发展深入融合，不断增加村集体经济收入，对无劳力、无技术的家庭，采取光伏扶贫、“量资入股”等方式，增加贫困户收入。引导就业。保障对象家庭有就业意愿的，安排到县内外有需求的企业就业，或安排到“四员”岗位（生态护林员、农村保洁员、河湖库巡查员、农村道路护路员）实现就业，增加工资性收入；保障对象家庭缺技术的，由县人社部门统一组织，免费提供技能培训，提升就业技能。自主创业。保障对象家庭有创业或发展产业潜力的，建档脱贫户采用“扶贫小额信贷”助其发展，城乡临贫户推荐到县人社部门（就业局）依规申领“创业担保贷款”助其发展。另外，专门创建“防贫创业基金”，按每户 2 万元、周转期 1 – 3 年、无息、免抵押、到期还本等标准要求，因户制宜帮扶发展特色养殖、高效种植、小本经营、家庭手工业等致富产业，增加生产经营性收入。

（四）采取“四方”联动。坚持县、乡、村和第三方四方联动，明确分工、各有侧重，相互配合、密切协调，建立环环相扣、衔接顺畅、高效快捷的运转流程。一是信息收集。县政务服务和大数据局牵头组织扶贫、卫健、医保、教育、民政、应急、交警等部门，对近三年因病、因灾、因学有关数据信息及具体案例进行“大数据”分析，将监测情况报送县减贫防贫服务中心。二是调查核实。县减贫防贫服务中心将收集到的监测对象（监测名单）及相关材料，分类转交给保险公司（“第三方”），保险公司将调查取证结果形成案件查勘核查报告和减贫防贫保险金理赔建议方案（建议名单），报县减贫防贫服务中心。三是评议公示。由涉及乡镇按村进行任务分解，对调查结果进行评议、公示（为期五天），无异议的，将人员名单连同评议记录、公示照片等交至乡镇，再以乡镇为单位上报减贫防贫服务中心。四是审批拨付。县减贫防贫服务中心收集乡镇报送的评议、公示材料，提请县减贫防贫工作管理委员会评审，确定减贫防贫保障方案（保障名单），保险公司在保险合同规定时间内，通过保障对象银行账户拨付保险金。

（咸宁市人民政府扶贫开发办公室 王雄伟；通城县人民政府扶贫开发办公室 徐东江；中共通城县委政策研究室 吴浩颖）

湖南农村减贫情况

2019年，湖南紧扣中央脱贫攻坚决策部署，精准施策，强化责任，明确落实，脱贫攻坚取得重大进展。2019年湖南省农村贫困人口继续大幅减少，农村基础设施不断完善，基本公共服务明显改善，脱贫根基不断夯实，为夺取脱贫攻坚全面胜利打下坚实基础。

一、2019年湖南农村贫困人口规模减少63万人

按现行国家农村贫困标准测算，2019年末，湖南省农村贫困人口为42万人，比上年减少63万人；2019年末，湖南省农村贫困发生率为0.7%，比上年下降1.1个百分点。其中，2019年末，湖南贫困地区农村贫困人口为33万人，比上年减少49万人，下降59.8%；贫困地区贫困发生率为1.6%，下降2.5个百分点。

党的十八大以来，湖南农村贫困人口由2013年末的640万人减少至2019年末的42万人，累计减少598万人，累计下降幅度为93.4%，平均每年减少99.7万人；贫困发生率由2013年末的11.2%下降至2019年末的0.7%，累计下降10.5个百分点，平均每年下降1.8个百分点（见图1）。

图1　2013-2019年湖南省农村贫困人口及贫困发生率

二、贫困地区农村居民收入增长较快

据国家统计局湖南调查总队农村贫困监测调查，2019年，湖南贫困地区农村居民人均可支配收入10938元，比上年增加1063元，增长10.8%。

（一）贫困地区农村居民收入增幅高于全国、全省平均水平。

2019年，贫困地区农村居民人均可支配收入增速比全国和全省农村平均水平分别高出1.2和1.6个百分点，绝对额占全国和全省比重分别为68.3%和71.0%，比2015年分别提高了5.0和5.3个百分点。贫困地区与全省农村居民收入水平差距不断缩小。2015-2019年，湖南贫困地区农村居民人均可支配收入年增速均高于全国及全省农村平均水平（见表1）。

表1　2015-2019年全国、湖南及湖南贫困地区农村居民人均可支配收入

地　区	2019年		2018年		2017年		2016年		2015年	
	绝对数（元）	增幅（%）	绝对数（元）	增幅（%）	绝对数（元）	增幅（%）	绝对数（元）	增幅（%）	绝对数（元）	增幅（%）
全国	16021	9.6	14617	8.8	13432	8.6	12363	8.2	11422	8.9
湖南	15395	9.2	14093	8.9	12936	8.4	11930	8.5	10993	9.3
湖南贫困地区	10938	10.8	9875	10.9	8908	10.9	8029	11.2	7222	11.8

（二）贫困地区农村居民收入快速增长。

1. 工资性收入稳步增长。2019年，湖南贫困地区农村居民人均工资性收入4484元，比上年增长7.8%，工资性收入占可支配收入比重达41.0%，对可支配收入增长的贡献率为30.4%，拉动增长3.3个百分点，成为可支配收入重要组成部分。其增长主要原因：一是地区经济发展为贫困地区农村居民收入增长提供保障。2019年，湖南经济运行平稳，改革深入推进，经济结构优化，企业效益改善，新旧动能加快转换，新经济蓬勃发展，呈现出“稳、进、新”的特点，稳中向好的宏观经济为从业人员收入增长提供了坚实基础。二是脱贫攻坚政策好，推动贫困人口工资收入增长。当前就业扶贫力度加大，各地扶贫车间、扶贫专场招聘等增多，为农村居民就地就近就业提供更多的选择。三是相关政策逐年完善，农村务工人员的基本权利得到保障。2019年，湖南受雇农民工中，有0.2%的人存在工资被拖欠现象，比上年下降0.3个百分点，为2020年实现农民工工资基本无拖欠打下了良好的基础。

表2　2018-2019年湖南贫困地区农村居民可支配收入总体情况

指　标	2019年（元）	2018年（元）	增加额（元）	增幅（%）	占比（%）	贡献率（%）	拉动增长（%）
人均可支配收入	10938	9875	1062	10.8	-	-	-
1. 工资性收入	4484	4161	323	7.8	41.0	30.4	3.3
2. 经营净收入	2920	2707	213	7.9	26.7	20.0	2.2
3. 财产净收入	129	99	31	31.2	1.2	2.9	0.3
4. 转移净收入	3405	2909	496	17.1	31.1	46.7	5.0

2. 经营净收入持续增长。2019年，湖南贫困地区农村居民人均经营净收入2920

元，比上年增长 7.9%，经营净收入对可支配收入增长的贡献率为 20.0%，拉动增长 2.2 个百分点。2019 年湖南省财政安排的扶贫专项资金增长 19%，通过产业扶贫、就业扶贫等方式，支持和引导农村贫困人口就业或创业，拉动贫困地区农村经营净收入增长。

3. 财产净收入大幅增长。2019 年，湖南贫困地区农村居民人均财产净收入 129 元，比上年增长 31.2%。尽管财产净收入增幅最高，但占比低，仅占可支配收入的 1.2%，拉动收入增长 0.3 个百分点。

4. 转移净收入增长明显。2019 年，湖南贫困地区农村居民人均转移净收入 3405 元，比上年增长 17.1%。转移净收入对可支配收入增长贡献率为 46.7%，拉动增长 5.0 百分点（见表 2）。2019 年是湖南脱贫攻坚的关键年份，湖南全面增强攻坚合力，全面构建保障体系，全面启动重点行动，全面提升基础设施，全面夯实精准基础，全面推开成功经验，脱贫攻坚工作取得了决定性进展。各部门扶贫利好政策频出。从 2019 年 7 月 1 日起，提高了城乡低保标准，农村低保指导标准提高到不低于 3700 元 / 年，农村低保救助水平提高到人均不低于 197 元 / 月。及时启动价格补贴，根据物价上涨情况，全省各地及时启动低收入群体价格临时补贴机制，对符合条件的低收入群体发放价格临时补贴，保障困难群众基本生活水平不因物价上涨而降低，部分地区还适时上调了补贴标准。

三、贫困地区农村居民生活水平稳步提升

据国家统计局湖南调查总队农村贫困监测调查，2019 年，湖南贫困地区农村居民消费八大类支出呈现全面增长态势，消费结构进一步优化，耐用消费品数量增加，消费水平继续提升，生活质量不断改善。

（一）消费支出保持较快增长。

2019 年，湖南贫困地区农村居民人均消费支出为 10686 元，比上年增加 1042 元，增长 10.8%。人均消费支出增速与人均可支配收入增幅持平。

（二）食品消费依然是消费支出的主力。

2019 年，受非洲猪瘟、自然灾害等因素影响，湖南地区食品市场供应总体趋紧，鲜菜、鲜果、猪肉等食品价格长期处在高位，居民受消费刚需影响为自己“菜篮子”加大支出，人均食品消费支出增长平稳。2019 年，湖南贫困地区农村居民人均食品烟酒支出为 3434 元，比上年增长 10.5%。

表 3　湖南贫困地区农村居民消费支出及构成

指　标	2019 年（元）	2018 年（元）	增加额（元）	增幅（%）	2019 年占比（%）
人均生活消费支出	10686	9644	1042	10.8	-
1. 食品烟酒	3434	3107	327	10.5	32.1
2. 衣着	433	384	49	12.7	4.0
3. 居住	2571	2346	225	9.6	24.1
4. 生活用品及服务	585	539	46	8.5	5.5
5. 交通通信	1078	956	122	12.7	10.1
6. 教育文化娱乐	1353	1248	106	8.5	12.7
7. 医疗保健	1067	934	133	14.2	10.0
8. 其他用品和服务	166	131	35	27.0	1.6

（三）教育消费支出增长较快。

随着社会经济的高速发展，对人才素质要求不断提高，贫困地区农村居民教育观念逐渐发生转变，对教育重视程度提高。2019 年，湖南贫困地区农村居民人均教育文化娱乐支出为 1353 元，比上年增长 8.5%，人均教育支出 1102 元，增长 13.8%。

（四）服务型消费支出稳步增长。

2019 年，湖南对贫困地区农村基础设施、生活用品等方面的扶持力度不断加大，居民在交通通信、服务等领域的消费越来越多，呈现消费升级态势。2019 年，湖南贫困地区农村居民人均交通通信、生活用品服务及其他用品和服务支出分别为 1078 元、585 元、166 元，比上年分别增长 12.7%、8.5%、27.0%。

（五）医疗保健支出增速较快。

随着收入的逐步提升，居民对健康的关注度显著提高，医疗保健消费不断升级。同时，随着医改的持续深入，药品加成取消，各大医疗机构相继提升医疗服务价格，进而推动城乡居民医疗保健支出的持续增长。2019 年，湖南贫困地区农村居民人均医疗保健支出为 1067 元，比上年增加 133 元，增长 14.2%，占生活消费支出的比重为 10.0%。

（六）耐用消费品拥有量增加。

随着扶贫政策的有效落实，湖南贫困地区农村居民收入水平不断提高，消费结构持续升级，家用汽车、计算机、电冰箱（柜）、空调等耐用消费需求旺盛。2019 年，湖南贫困地区农村居民每百户家用汽车拥有量 15.9 辆、移动电话拥有量 282.2 部，分别比上年增加 2.1 辆、6.3 部；每百户计算机、洗衣机、电冰箱（柜）、空调、彩色电视机拥有量分别为 22.5、88.6、99.6、36.1 和 106.1 台，分别增加 0.3、3.8、3.7、4.6 和 1.7 台（见表 4）。

表 4　湖南贫困地区每百户农户家庭拥有耐用消费品情况

消费品名称	2019 年	2018 年	增加
家用汽车（辆）	15.9	13.8	2.1
移动电话（部）	282.2	275.9	6.3
计算机（台）	22.5	22.2	0.3
洗衣机（台）	88.6	84.8	3.8
电冰箱、柜（台）	99.6	95.9	3.7
空调（台）	36.1	31.5	4.6
彩色电视机（台）	106.1	104.4	1.7

四、教育、医疗、住房及饮水安全保障工作取得较好进展

（一）义务教育保障工作进一步加强。

2019 年末，湖南贫困地区农村居民家庭中 17 岁及以下成员辍学的比重为 0.3%，比上年下降 0.2 个百分点。在辍学人员中，6.3% 的是“因为生病、残疾等健康原因无法就学”，比上年下降 11.5 个百分点，另外 93.7% 的是因为“不想上学”，比上年提高 28.5 个百分点。无辍学人员因为费用高、附近没有学校、校园暴力或学校不接收等原因辍学。

（二）基本医疗保障总体情况良好。

就医条件继续改善。2019 年末，湖南贫困地区中，96.8% 的自然村有卫生室，比上年提高 2.3 个百分点；95.9% 的自然村有持合法行医证的医生，比上年提高 0.4 个百分点。

（三）现有住房安全性进一步提高，居住条件持续改善。

居住条件持续改善。2019 年末，湖南农村贫困地区农村居民住房建筑面积户均为 204.5 平方米，比上年略减 4.1 平方米，比 2013 年增加 59.3 平方米。使用水冲式卫生厕所的农户比重为 69.8%，比上年提高 14.7 个百分点。从住房主要建筑材料看，25.4% 的为钢筋混凝土，比上年提高 3.5 个百分点，比 2013 年提高 16.5 个百分点；0.2% 的农户住房为竹草土坯材料，比上年下降 0.3 个百分点，比 2013 年下降 1.2 个百分点。

（四）饮水来源更有保障，取水用水更加便捷。

饮水来源更有保障。2019 年末，饮用水经过集中净化处理的自然村占 57.4%，比上年提高 2.7 个百分点。从饮水来源看，48.6% 的农户使用经过净化处理的自来水，比上年提高 8.3 个百分点；37.7% 的农户使用受保护的井水和泉水，比上年下降 5.4 个百分点；使用桶装水的占 2.8%，比上年提高 0.7 个百分点。

用水取水更加便捷。2019 年末，从供水设施看，湖南贫困地区 89.4% 的农户家

庭管道供水入户，比上年提高 6.8 个百分点。

五、贫困地区村级社会事业状况进一步改善

（一）基础设施不断完善。

2019 年末，所在自然村通有线电视信号的农户占 99.0%，比上年提高 8.9 个百分点；通宽带的占 98.6%，比上年提高 8.7 个百分点；通电话的占 100.0%，比上年提高 0.7 个百分点；主干道路面经过硬化处理的占 100.0%，比上年提高 10.5 个百分点；主要道路有路灯的占 66.1%，比上年提高 5.8 个百分点。

图 2　2019 年末湖南贫困地区自然村基础设施及基本公共服务情况

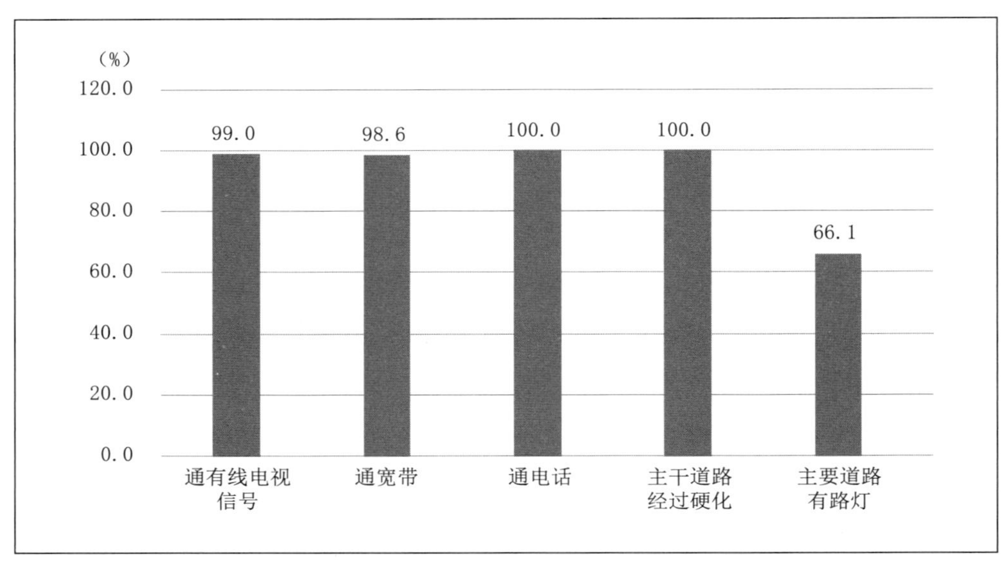

（二）基本公共服务明显改善。

2019 年末，调查村中有文化活动室的村占 91.6%，比上年提高 0.6 个百分点；通客运班车的自然村达 56.9%，比上年提高 4.6 个百分点；有专业经济合作社的自然村占 71.6%，比上年提高 7.4 个百分点；有健身器材的自然村占 16.6%，比上年提高 5.7 个百分点。

（三）参与社会事务更加积极。

2019 年末，调查村中更多的农户参与社会事务。农户当年参加过村务会议的比重为 48.5%，比上年提高 2.8 个百分点；农户当年为村级公共事务提过建议的比重为 34.5 个百分点，比上年提高 1.1 个百分点；有村级扶贫规划的村中了解规划内容的农户所占比重为 71.4%，比上年提高 0.4 个百分点；有村级扶贫规划的村中参与规划制定的农户所占比重为 39.7%，比上年提高 3.6 个百分点。

（国家统计局湖南调查总队 沈琴；国家统计局长沙调查队　杨沛）

“一户一产业工人”培养工程助力稳定脱贫

习近平总书记指出：扶贫先扶智，鼓励开展职业教育，学到一门技术，提高就业创业能力，切断贫困代际相传的根源。资兴市审时度势，把职业技能培训与智力扶贫、技术扶贫、产业扶贫紧密结合起来，在全国率先开展“一户一产业工人”培养工程，为全市每户家庭特别是贫困家庭免费培养1名掌握1–2项就业技能和致富本领的产业工人，实现“培养一人、就业一人、致富一家、带动一方”。

一、贫困概况

资兴市有农村人口25.5万人，其中有建档立卡贫困户6489户、建档立卡贫困人口1.69万人。“一户一产业工人”培养工程实施以来全市已培训建档立卡贫困劳动力5229人次，其中职业技能1555人、实用技术3405人，带动5000多个贫困家庭通过稳定就业和发展产业年均增收3万元以上，“一户一产业工人”培养工程真正成为开启稳定脱贫之门的“金钥匙”。

二、政策举措

强化管理机制。成立资兴市职业教育领导小组，推行“一联会”“六统一”的工作运行机制，定期召开领导小组及成员单位负责人联席会议。出台《资兴市农村贫困劳动力职业培训三年行动计划》，从培训计划编制方面进行改革，将过去的单部门分类数字计划转变为现在的多部门共同办班计划，实现了同一培训对象由相关部门共同培训，“亚行生计培训”与有关常规培训合并培训。实现统一组织协调、统一培训基地、统一培训计划、统一劳务信息、统一资金管理、统一考核考评，切实打破贫困户培训工作“瓶颈”。

完善推进机制。整合教育、人社、农业、移民等涉及职业培训的15个部门的培训资源、项目、经费。整合原职中、电大、劳动技校在内的职教资源成立了市职教中心，明确市职业中专在全市职业教育与“一户一产业工人”培训中的主体地位，形成了贫困户职业培养工作全市一盘棋格局。同时，广揽各类专业人才，特聘48位专家学者组成专家讲师团，深入田间地头开展培训工程，解决贫困户培训师资短缺问题。

规范投入机制。先后投入3200万元改善了市职业教育中心的教学条件。制定《培训资金整合原则》和《培训经费使用操作流程》，按照生源共享、经费互相配套的原则，全面整合部门培训资金和“亚行生计培训”贷款资金，同时财政每年预算安排专项经费用于职业教育培训，确保了“两全免一加倍”培训政策落实。即符合条件参加农村实用技术培训人员的所有费用和部分职业技能培训费全免，建档立卡贫困户参加的所有培训所有费用全免，部分中高级职业技能培训补贴按标准加倍。对参加培训贫困户实施“两贷三扶持”政策，实行小额担保贷款和小额担保贷款贴息，扶持公共就业服务、扶持创业带动就业、扶持高技能人才培养等，全方位构建一整套“技能培训－技能鉴定－扶持创业－推荐就业”的政策保障体系。

三、具体做法

“因人培训”与“因需培训”相结合。坚持“群众需要什么，就培训什么”“市场需要什么，就培训什么”。建立培训信息收集与定期上报制度，投入70多万元建立了市、乡、企业三级劳动力资源信息库，驻村工作队、乡村干部、帮扶联系干部进村入户，逐村、逐户、逐项予以登记，全面掌握劳动力资源的真实情况，根据需求分门别类编排学历教育、职业技能、实用技术培训计划。在家发展产业的贫困户，开展种养殖技术培训，如清江镇贫困户何茂仁参加了“一户一产业工人”柑橘栽培与管理培训班后，结合所学知识发展规模化柑橘种植，形势喜人。想外出务工的贫困户，开设电工、焊工、电子商务、厨师、特种设备操作等市场需求大、就业形势好的培训工种，如州门司镇贫困户李小雄、三都镇贫困户谢喻韩等参加了全市精准扶贫特种设备操作培训班，并考取挖掘机操作资格证后，都在外地找到了满意的工作。

“课堂式”与“田间式”培训相结合。实施“定产业、定对象、定专家、定责任、定方式、定督查、定补贴”的全过程“保姆式”培训，根据贫困户生产生活特点，采取“田间式”培训为主、“课堂式”培训为辅的培训方式，努力提升培训质量和实效。采取“委托代培”“公司＋学校”等多种形式，在乡村举办夜校和现场培训班，把培训课堂搬到生产车间，搬到田间地头，把“生产线”当作“教科书”。大力实施农村劳动力“阳光工程”培训、农业科技扶贫培训等项目，开展“技能大比武”活动，提升农民实际操作能力。如省级贫困村清江镇远和村柑橘产业发展较晚，缺乏种植技术，省级专家团队签约进村开展培训，为村民提供技术服务，村民的种植管理技术得到了很大的提高。村老支书深有感触地说：“这样的培训比送钱好多了，送几千块钱给我们，没几天就花完了，而这样的培训让我们学会了柑橘栽培管理技术，掌握了致富本领，使我们受益终身”。

“免费培训”与“跟踪就业”相结合。将“311”就业扶贫要求切实落到实处。贫困劳动力参加培训实行“免学费、免生活费、免住宿费”，对参加电工、中式烹调师培训的学员发放专用工具一套。人社、就业和扶贫部门牵头每年初认真摸底现有贫困劳动力情况和各地企业用工需求情况，不定期举办用工招聘会等，为贫困劳动力免费进行岗位推介和人岗适配服务，强力助推参训拿证贫困学员能快速稳定上岗就业，并为外出就业人员提供交通补助、点对点集中包车等服务。就业服务部门定期对就业技能参培对象就业情况进行跟踪回访，及时了解不稳定就业贫困劳动力是否有新的培训和就业需求，继续努力为其提供免费培训和就业帮扶，直至贫困户稳岗就业为止。

（资兴市扶贫开发办公室 庞万生）

广西农村减贫情况

2019 年，广西壮族自治区党委、政府认真贯彻党中央、国务院《关于打赢脱贫攻坚战三年行动的指导意见》，贯彻“核心是精准、关键在落实、确保可持续”的要求，强化落实，因地制宜，精准施策，贫困地区农村居民收入水平明显提高，贫困发生率持续下降，减贫成效显著增强，群众获得感不断提升。按现行国家农村贫困标准测算，2019 年广西农村全年减少贫困人口 89 万人，贫困地区农村居民人均可支配收入 11958 元，比上年增长 11.1%，高于全区农村平均水平 1.1 个百分点，高于全国农村平均水平 1.5 个百分点。

一、广西脱贫攻坚工作扎实，成效显著

按现行国家农村贫困标准测算，2019 年末，广西农村贫困人口 51 万人，减少 89 万人；贫困发生率 1.2%，比上年降低 2.1 个百分点。

2012 年以来，广西农村贫困人口由 2012 年末的 755 万人减少至 2019 年末的 51 万人，七年累计减少 704 万人，下降幅度为 93.2%，平均每年减少贫困人口 100.6 万人，贫困发生率由 2012 年末的 18.0% 下降至 2019 年末的 1.2%。

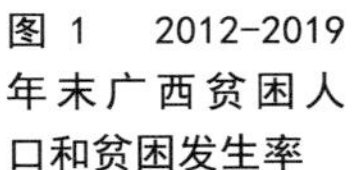
图 1　2012-2019 年末广西贫困人口和贫困发生率

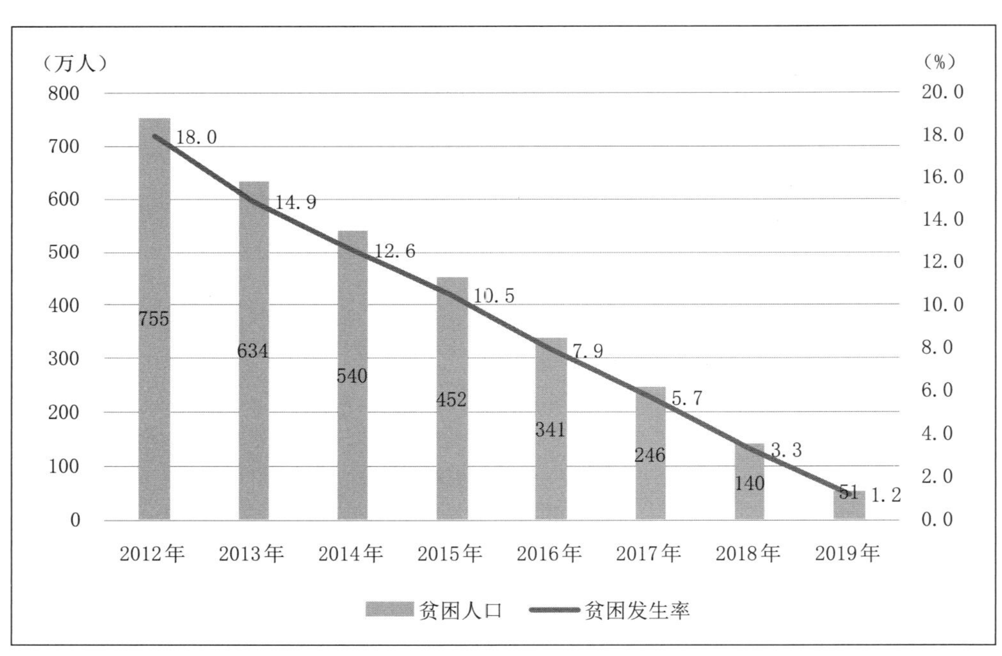

二、贫困地区农村居民收入持续稳定增长

（一）贫困地区农村居民收入增长 11.1%。

2019 年广西贫困地区农村居民人均可支配收入 11958 元，比上年增加 1197 元，增长 11.1%；2013-2019 年，广西贫困地区农村居民人均可支配收入逐年增加，平均增速为 11.4%。2019 年比 2013 年人均可支配收入增加了 5706 元，增长 91.3%。

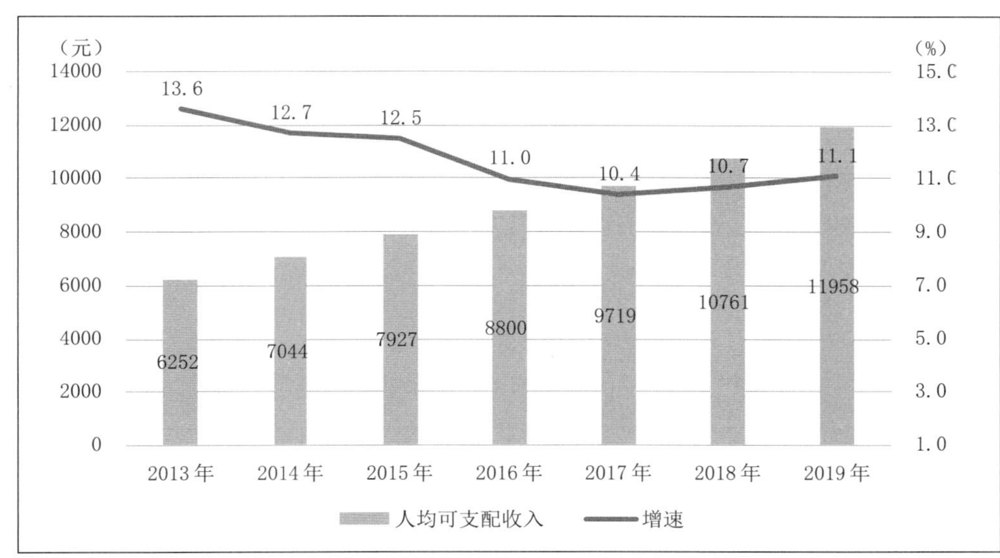

图 2　贫困地区农村人均可支配收入与增速

1. 工资性收入增长 11.4%。2019 年广西贫困地区农村居民人均工资性收入为 3377 元，较上年增长 11.4%，对可支配收入增长的贡献率为 28.8%。工资性收入增长主要得益于：一是本地雇工人数增加。近年来我区先后出台相关扶持政策，鼓励农民工创业，大力发展农村合作社、扶贫车间等，增加了就业岗位。据农民工监测数据显示，2019 年广西本地（本乡镇）务工人员比上年增加 31.8 万人，带动了工资性收入的增长；二是技能培训和就业扶贫显成效。全区实施“千村万企”职业培训大行动，2019 年全区培训劳动者达到 33 万人次，其中农村贫困劳动力 4 万人次。通过培训，提高了劳动技能，拓宽了就业门路。三是监督机制不断完善，务工收入更有保障。2019 年人社部门按季度公布拖欠农民工工资“黑名单”，各部门对名单企业依法实施联合惩戒，在招投标、融资和准入等多个方面进行限制，有力保障了农民工工资的正常发放以及其他合法权益。

2. 经营净收入缓慢增长。2019 年贫困地区农村居民人均经营净收入为 4901 元，比上年增加 319 元，增长 7.0%。经营净收入增长，一是主要得益于二、三产业收入增加。2019 年贫困地区农村居民来源于建筑、餐饮和批发零售业等二、三产业经营净收入分别增长 16.1% 和 10.1%。2019 年从事非农自营人数增加，比上年增加 13 个百分点，带动二、三产业经营收入的提高。二是林业收入大幅增加。2019 年林业收入增长 26.3%，有效拉动经营收入增长。如凌云县积极发展林业产业，实施油茶新造 1 万亩，油茶低改 2 万亩，创建“双高”示范园 10 个，同时积极发展林下经济，该

县全年林业经营净收入较上年增长 2.2 倍。

3. 财产净收入稳定增长。2019 年贫困地区农村居民人均财产净收入 145 元，比上年增长 6.6%。财产净收入主要来源一是村集体经济或合作社收益分红。二是转让承包土地经营权收入增长。随着土地流转越来越普遍，水果、甘蔗等经济作物规模种植，土地租金价格不断上涨。

4. 转移净收入快速增长。2019 年自治区实行一系列惠民政策，对贫困地区在养老、医疗保障方面给予持续支持，全力助推脱贫攻坚。2019 年贫困地区农村居民人均转移净收入 3535 元，比上年增长 17.4%，对可支配增长贡献率为 43.8%。转移性净收入增长的主要原因：一是养老金或离退休金的提高，拉动了居民收入的增长；二是医疗保障政策的落实、低保等社会救济、政策性补贴的实施，也促进了转移净收入的提高；三是外出务工寄带回收入增加。随着外出从业人员待遇提高，以及人社部门加强对拖欠农民工工资问题的治理，有力保障了农民工工资收入，进而促进了农民工寄带回收入增加。

表 1　2019 年广西贫困地区农村居民收入增长情况

指　标	2019 年（元）	2018 年（元）	比上年同期	
			增加额	增幅（%）
人均可支配收入	11958	10761	1197	11.1
一、工资性收入	3377	3032	345	11.4
二、经营净收入	4901	4582	319	7.0
（一）第一产业经营净收入	3499	3320	180	5.4
1. 农业	2022	1995	27	1.4
2. 林业	684	541	142	26.3
3. 牧业	733	726	7	0.9
4. 渔业	61	58	3	5.8
（二）第二产业经营净收入	234	201	32	16.1
（三）第三产业经营净收入	1168	1061	107	10.1
三、财产净收入	145	136	9	6.6
四、转移净收入	3535	3010	525	17.4

（二）贫困地区农村收入增速高于全国和全区农村平均水平。

一是贫困地区农村居民收入增速持续高于全区农村平均水平。从收入增速看，近几年来广西农民收入增速有所减缓，但贫困地区农村居民收入增速仍持续高于全区和全国农村平均水平，2019 年贫困地区农村居民人均可支配收入比上年增长 11.1%，比全区农村平均增速高 1.1 个百分点。

二是贫困地区农村居民收入水平占全区的比重继续增大。监测数据显示，2019

年广西贫困地区农村居民人均可支配收入 11958 元，对比全区农村水平 13676 元，人均收入占全区农村居民人均可支配收入的比重由 2013 年的 80.2% 提高至 2019 年的 87.4%，收入差距不断缩小。

（三）消费支出增加，生活条件不断得到改善。

2019 年广西贫困地区农村居民人均消费支出 10368 元，比上年增加 1016 元，增长 10.9%，医疗保健、教育文化娱乐、食品烟酒等消费支出增长较快。

表 2　贫困地区农村居民生活消费支出情况

指　标	2019 年（元）	2018 年（元）	比上年	
			增加额（元）	增幅（%）
人均消费支出	10368	9352	1016	10.9
1. 食品烟酒	3212	2848	364	12.8
2. 衣着	359	323	36	11.0
3. 居住	2336	2089	246	11.8
4. 生活用品及服务	589	557	33	5.8
5. 交通通信	1307	1248	59	4.7
6. 教育文化娱乐	1355	1200	155	12.9
7. 医疗保健	1067	936	131	14.0
8. 其他用品和服务	143	151	-8	-5.2

三、贫困地区基础设施和居民生活条件逐步改善

（一）农户家庭居住条件持续改善。

2019 年广西贫困地区农村居民住房主要以钢筋混凝土和砖混结构为主，居住竹草土坯房的农户基本消失。使用管道供水的农户比重 91.8%，比上年提高 5.8 个百分点；使用经过净化处理的自来水的农户比重 42.4%，比上年提高 3.8 个百分点。

（二）农户耐用消费品拥有量持续增加。

2019 年广西贫困地区农村居民每百户汽车拥有量为 17.8 辆，比上年增加 2.9 辆；每百户洗衣机拥有量为 83.0 台，比上年增加 7.4 台；每百户电冰箱拥有量为 98.4 台，比上年增加 3.6 台；每百户移动电话拥有量为 286.6 部，比上年增加 2.5 部。精准扶贫持续发力，贫困地区的农户生活条件不断得到改善。

（三）基础设施和公共服务状况持续改善。

2019 年广西贫困地区所在自然村通公路的农户比重为 100%；通电话的农户比重为 100%；通宽带的农户比重为 96.1%，比上年提高 2.7 个百分点；进村主干道路硬

化的农户比重为99.7%，比上年提高0.5个百分点；能便利乘坐公共汽车的农户比重为55.0%，比上年提高4.4个百分点；能接收有线电视信号的农户比重100%；所在自然村垃圾能集中处理的农户比重为89.1%，比上年提高2.6个百分点；所在自然村有卫生站的农户比重为90.5%，比上年提高8.6个百分点；所在自然村上幼儿园便利的农户比重86.2%，比上年提高2.8个百分点；所在自然村上小学便利的农户比重89.7%，比上年提高2.3个百分点。

（国家统计局广西调查总队 王佳辰）

崇左市江州区“五个一”探索脱贫攻坚与乡村振兴衔接新模式

崇左市江州区位于广西西南部，总人口36万。截至2019年底，累计实现7632户、30个贫困村脱贫摘帽，农村贫困发生率从2015年底的9.34%下降到2019年底的0.54%。江州区以列入广西全域乡村风貌提升示范县（区）为契机，把改善农村人居环境、实施乡村风貌提升工作作为衔接脱贫攻坚与乡村振兴两大战略的重要抓手，立足实际和特色，大胆探索、先行先试，把农区变景区，把田园变公园，把一个个贫困村成为网红打卡地，江州区探索出了一条可复制、可推广的脱贫攻坚衔接乡村振兴“五个一”新模式。

一、坚定一个领导核心，强力推进脱贫攻坚与乡村振兴

（一）凝聚党群合力。成立扶贫开发和乡村振兴工作领导小组，统筹推进整体工作，夯实基层党组织领导核心，在每个屯成立“一部两会三队”组织（党支部、党群理事会、乡贤理事会、青年先锋队、妇女突击队、老少助攻队），负责议事理事，组织和督促工作。

（二）压实工作责任。县、乡、村领导、驻村工作队、帮扶联系人等各级层层签订责任状，把责任落实贯穿脱贫攻坚和乡村振兴全过程，形成各项工作有专人抓、专人管，有序、紧凑、高效的工作局面。

（三）找准群众需求。以村支部书记、村委主任带头打开拆旧拆违治乱新局面，大力推行群众“下单”，政府“领单”的工作方法，对群众反映强烈的道路硬化、污水排放等问题，给予优先解决，提升群众内生动力。

二、编制一套村庄规划，整体提升乡村风貌

江州区围绕乡村风貌改造总体要求，通盘考虑土地利用、产业发展、人居环境，点线面结合，编制完善县域乡村振兴规划。

在点上，坚持因地制宜、依山就势，注重挖掘壮族文化、糖文化等特色元素，最大限度保持原生态景观和村容村貌；在线上，高水准建设新和黑水河示范带，覆盖16个自然屯，757户3000多人，打造成为以水上乡村风情为主题，集乡村风貌展示、田园观光、水上娱乐、民俗体验于一体的乡村振兴示范带；在面上，坚持整治提升为主，以沿铁路、公路、黑水河为脉络，改造村庄基础设施，完善村庄公共服务。目前，已成功打造了新和镇卜花村郡造屯、都垌屯、卜花屯

3 个精品示范型村庄、5 个设施完善型村庄、135 个基本整治型村庄。

三、培育一批扶贫产业，夯实乡村产业支撑

大力培育扶贫产业，积极推动产业融合，延长农业产业链、价值链，通过培育产业四种模式，创新农户与新型经营主体的利益联结机制。

（一）发展“甘蔗生产 +”模式。立足产糖大县区优势，积极开展糖业“二次创业”，建立江州区蔗糖循环经济产业园，在产糖的基础上，陆续开展蔗糖循环产业项目，如生产干酵母、改造蔗渣、发展纸业等。

（二）培育种养相融模式。重点抓好百香果和肉鸭种养殖产业性项目。目前累计建成示范基地 98 个，农民专业合作社 843 家。

（三）培育产游相融模式。利用黑水河丰富的文化旅游资源，科学布局如漂流、民宿等旅游项目，推动美丽乡村变成美丽经济。

（四）培育“土地整治 +”模式。利用旱改水项目流转出的 2600 亩土地，进行稻虾、稻鱼、稻蛙一体化养殖，打造农旅融合田园综合体。

四、整合一类项目资金，激活多元化投入效益

江州区通过政府投入、平台融资、集资捐助等渠道筹措资金，聚焦“生活宽裕”，激活多元化投入效益。

一是政府投入，整合交通、水利等部门 1670 万元资金，投入乡村建设；二是银行融资，通过政府平台公司与农发行贷款，争取 10.4 亿元融资授信；三是土地活资，结合“三清三拆”推进农村废弃住宅拆旧复垦，通过交易节余建设用地指标，拓宽乡村振兴建设的资金渠道；四是盘活集资，引导群众将荒山、水库等集体资产进行承包、租赁，盘活集体经济，同时鼓励民资、节约“财”资，形成乡村建设资金多元投入的良好格局；五是竞争奖补，以事前竞争、事后奖补的方式鼓励群众自愿投资投劳，推进乡村建设。在项目资金整合上，整合归并各类涉农资金，设立一支笔审批“资金流”，多个口子进，一个口子出，统筹用于乡村振兴和精准脱贫攻坚的产业发展、基础设施建设。

五、完善一套管理机制，村民自治常态化

江州区依托脱贫攻坚帮扶工作机制，与乡村振兴衔接联动，建立健全乡村管理责任体系、监督体系、考核评估体系，形成城乡融合发展的体制机制，并通过“三微”形成村民自治常态化。

（一）建立“微组织”。指导各村屯成立“一部二会三队”，负责对村庄建设、环境整治、红白喜事操办等进行商议。

（二）搭建“微平台”。以微信群、QQ 群等为载体，把各村屯在外务工、创业能人，机关事业单位工作干部凝聚起来，为家乡建设管理建言献策；

（三）完善“微机制”。制定出台《江州区村民住宅建设管理办法》《江州区乡村建设积分管理实施方案》等措施，以群众广泛认可的制度，规范村庄建设、风貌管控工作，确保村容环境治理的常态化。目前，已有 863 个屯制定了切合村屯实际的村规民约，明确村民缴费、门前三包、维护设施等义务，村民要自觉遵守。

（广西省崇左市江州区扶贫办 陆华勇）

海南农村减贫情况

2019 年，海南省委省政府深入学习贯彻习近平总书记关于扶贫工作重要论述精神，持续加大扶贫投入和力度，着力提高脱贫质量，全省脱贫攻坚取得显著成效，海南农村贫困发生率明显下降，贫困地区农村居民收支实现较快增长。据国家统计局海南调查总队贫困监测调查，2019 年末，海南省贫困地区农村居民人均可支配收入（以下简称收入）为 12789 元，同比名义增长 10.8%①。按现行国家农村贫困标准测算，党的十八大以来，海南农村贫困人口累计减少约 65 万人，2019 年末海南农村贫困发生率低于 0.5%，脱贫攻坚成效显著。

一、2019 年海南贫困地区农村居民收入主要亮点

（一）农村贫困发生率明显下降，贫困人口大幅减少。

按现行国家农村贫困标准测算，2019 年末，海南农村贫困发生率低于 0.5%。党的十八大以来，海南农村贫困人口累计减少约 65 万人；贫困发生率从 2012 年末的 11.4% 下降至 2019 年末的低于 0.5%。

（二）贫困地区农村居民收入增速连续 5 年保持两位数增长。

据国家统计局海南调查总队农村贫困监测调查，2019 年海南贫困地区农村居民人均可支配收入达 12789 元，比上年增加 1244 元，同比名义增长 10.8%。自 2015 年来，海南贫困地区农村居民人均可支配收入连续 5 年保持两位数增长，详见图 1。

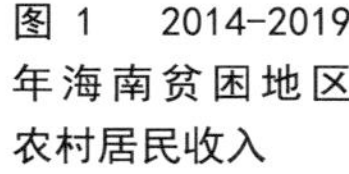
图 1　2014-2019 年海南贫困地区农村居民收入

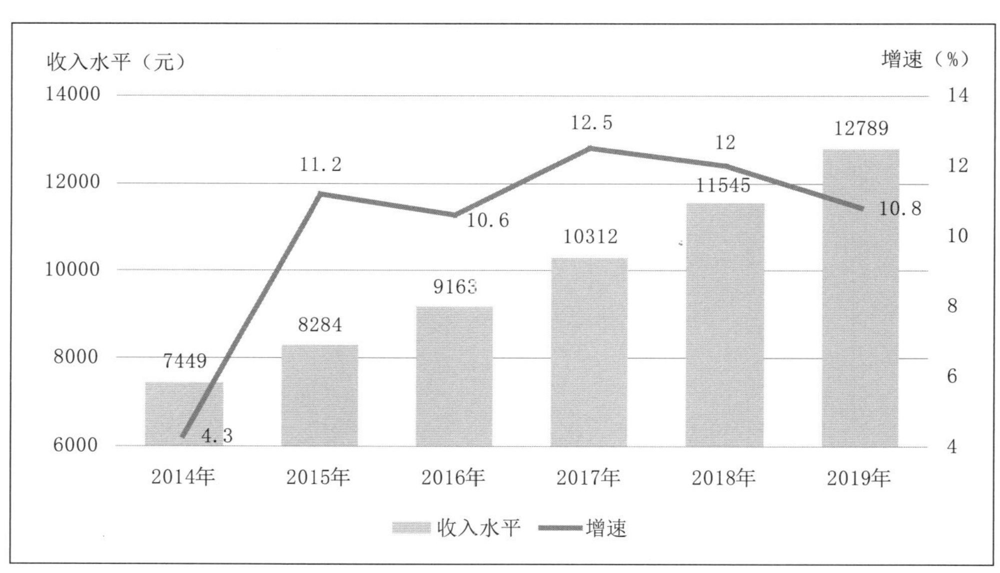

①以下如无特别说明，均指名义增速。

（三）贫困地区农村居民收入结构日渐优化，工资性收入和转移净收入比重提高，贫困地区农村居民抗风险能力进一步增强。

农村经济的全面发展，特别是乡村企业和城市经济的崛起，使农民收入从依靠农业生产到兼营副业、外出打工，收入渠道逐步扩宽，尤其是近十年来随着各项支农惠农政策的落实和农民外出打工人数的增加，农民收入结构日渐优化，工资性收入和转移性收入快速增长。2019 年，海南省贫困地区农村居民人均工资性收入占人均可支配收入比重为 44.9%，比 2014 年提高 7.8 个百分点，占比最高，已成为贫困地区农村居民第一收入来源；转移净收入占人均可支配收入比重为 21.0%，相比于 2014 年的 10.5% 提高了一倍；经营净收入占比为 33.6%，比 2014 年下降 18.5 个百分点。工资性收入和转移净收入比重的提高，进一步增强了海南省贫困地区农村居民抗风险能力。

（四）与全省农民平均收入水平差距继续缩小。

海南省大力实施的精准扶贫、精准脱贫战略带来明显效果，贫困地区农村居民收入保持较快增长，与全省农民平均水平差距继续缩小。从收入水平看，2019 年海南省贫困地区农村居民可支配收入水平低于全省平均水平 2324 元，差距比上年缩小了 120 元；从收入增速看，2019 年海南省贫困地区农村居民收入增速快于全省农民 2.8 个百分点；从收入构成来看，四大项收入中除转移净收入外，其他三项收入增速均快于全省农村居民，贫困地区农村居民人均工资性收入、经营净收入增速分别比全省农民平均水平高出 3.5、3.0 个百分点；从收入比看，贫困地区农村居民人均可支配收入占全省农民平均水平的 84.6%，比上年提高了 2.1 个百分点，贫困地区农村居民收入与全省农民的差距继续缩小。

表 1　2019 年海南贫困地区农村居民与全省农民可支配收入对比

指　标	贫困地区农村居民			全省农民		
	收入水平（元）	结构（%）	名义增速（%）	收入水平（元）	结构（%）	名义增速（%）
人均可支配收入	12789	100.0	10.8	15113	100.0	8.0
1. 工资性收入	5743	44.9	16.1	6317	41.8	12.6
2. 经营净收入	4293	33.6	4.0	5865	38.8	1.0
3. 财产净收入	71	0.5	122.7	283	1.9	11.5
4. 转移净收入	2682	21.0	10.0	2648	17.5	14.3

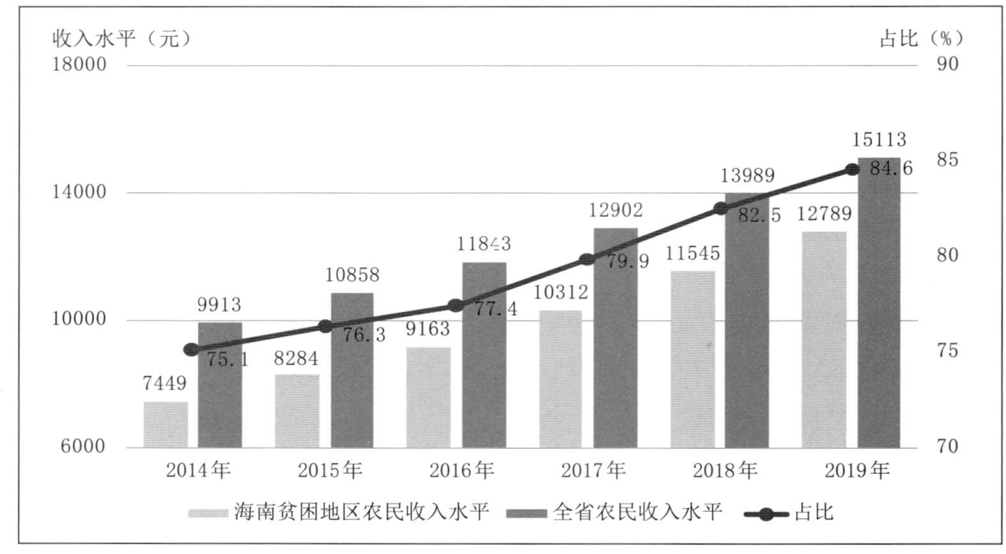

图 2　2014-2019 年海南贫困地区农村居民与全省农民收入对比情况

（五）海南省贫困地区农村居民收入水平高于全国平均水平。

2019 年海南省贫困地区农村居民人均可支配收入 12789 元，同比增长 10.8%，收入水平比全国贫困地区平均水平高 1222 元，但增速比全国贫困地区平均水平低 0.7 个百分点。

二、四大项收入全面上涨，工资性收入、转移净收入是贫困地区农村居民增收的两大驱动力

从收入来源看，四大项收入全面上涨，其中工资性收入、财产净收入和转移净收入增速保持两位数增长；从贡献率看，工资性收入快速增长是贫困地区农村居民增收的主要驱动力，对农民增收的贡献率为 64.1%。从收入结构看，工资性收入、经营净收入仍是贫困地区农村居民收入的主要来源，分别占人均可支配收入比重为 44.9%、33.6%，位居前两位。

（一）工资性收入增长较快，对增收的贡献率最大。

2019 年，贫困地区农村居民人均工资性收入达到 5743 元，比上年增加 796 元，同比增长 16.1%，增速较上年同期提高 2.8 个百分点；对可支配收入增长的贡献率为 64.1%，贡献率居四大项收入之首；拉动可支配收入增长 6.9 个百分点。工资性收入增长的主要原因：一是就业扶持政策落实到位，贫困地区农村居民就业机会增多，外出务工人员增加，同时近年农民工工资呈上升态势。据农民工调查数据，2019 年本地就业农民工同比增长 5.8%，外出农民工同比增长 4.5%，人均月收入 3243 元，同比增长 9.2%；二是村干部、乡村教师等工资标准提升较快。

（二）转移净收入较快增长，贡献率仅次于工资性收入。

2019 年贫困地区人均转移净收入为 2682 元，同比增长 10.0%，增速较上年同期回落 19.2 个百分点；对可支配收入增长的贡献率为 19.5%。主要增长原因一是农民

务工人数增多，家庭外出从业人员寄带回收入同比增长较快；二是 2018 年下半年新型农村基础养老金标准提升至 178 元 / 月的翘尾因素影响，加上农村 60 岁以上老人增多，使得贫困地区农村居民来自养老金或离退休金收入增长显著。

（三）经营净收入小幅增长，橡胶保险政策和牧业产品价格上涨是影响的主要因素。

2019 年贫困地区人均经营净收入为 4293 元，同比增长 4.0%，增速较上年同期提高 1.9 个百分点。分产业看，第一、三产业净收入同比分别增长 4.6%、2.0%，第二产业净收入同比下降 12.9%。主要增长原因：一是橡胶价格保险制度的实施促胶农回流割胶，橡胶出售数量和收入均出现大幅增长，调查数据显示，农户人均出售橡胶数量同比增长 60.3%，人均橡胶出售收入同比增长 59.8%；二是受“非洲猪瘟”疫情影响，牧业产品价格快速上涨，其中农产品生产者价格调查显示，2019 年生猪出栏价同比增长 57.2%，家禽、牛、羊价格分别上涨 11.3%、7.9% 和 3.3%。

（四）财产净收入倍增，但占比低影响小。

2019 年贫困地区人均财产净收入为 71 元，同比增长 122.7%，占可支配收入比重仅为 0.5%。财产净收入高速增长主要原因是农村土地流转加快，使得农民转让土地承包经营权收入快速增加，促进了财产性收入大幅增长。

三、贫困地区农村居民生活水平持续提高

（一）生活消费支出增长快于全省和全国平均水平，人均消费支出突破万元关口。

据国家统计局海南调查总队农村贫困监测调查，2019 年，海南省贫困地区农村居民人均消费支出突破万元关口，达到 10407 元，同比增加 1248 元，增长 13.6%，增速快于全省农村居民平均水平 0.3 个百分点。消费水平比全国农村居民平均水平高 396 元，排第 8 位；增幅比全国农村居民高 1.8 个百分点，排第 8 位。

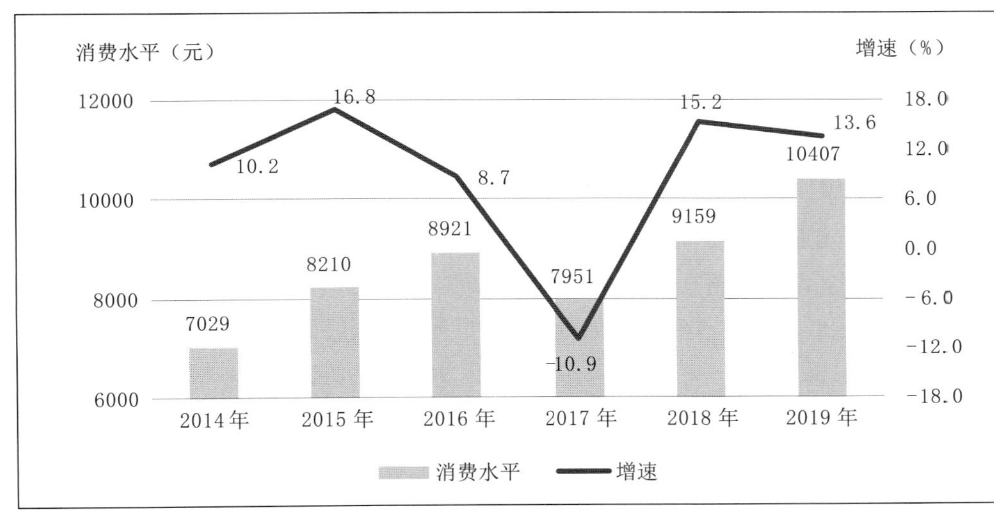

图 3 2014-2019 年海南贫困地区农村居民消费支出情况

（二）食品烟酒类消费支出仍是海南贫困地区农村居民最大的支出项目。

按消费类别分，2019年，食品烟酒类消费仍是贫困地区农村居民最大的支出项目，人均支出4262元，占消费支出的比重（恩格尔系数）为40.9%，居住、教育文化娱乐、交通通信方面的消费支出位居二至四位，人均分别支出1875元、1221元和1037元，占生活消费支出的比重依次为18.0%、11.7%和10.0%。

表2　2019年海南贫困地区农村居民消费支出情况

指　标	本年		上年		比上年±	
	金额（元）	比重（%）	金额（元）	比重（%）	金额（元）	增幅（%）
人均生活消费支出	10407	100	9159	100	1248	13.6
1. 食品烟酒	4262	40.9	3764	41.1	497	13.2
2. 衣着	389	3.7	328	3.6	61	18.5
3. 居住	1875	18.0	1608	17.6	267	16.6
4. 生活用品及服务	501	4.8	428	4.7	73	17.2
5. 交通通信	1037	10.0	1004	11	34	3.3
6. 教育文化娱乐	1221	11.7	1057	11.5	164	15.5
7. 医疗保健	1005	9.7	901	9.8	104	11.6
8. 其他用品和服务	117	1.1	69	0.8	48	68.7

（三）服务性消费支出快速增长。

2019年，贫困地区农村居民人均服务性消费支出3866元，同比增长17.7%。其中，人均居住服务和教育文化娱乐服务比重最大，分别占服务性消费支出的28.9%、27.0%；生活用品及服务、衣着类服务增长最快，同比分别增长73.4%、59.8%。

服务性消费支出快速增长的主要原因是随着收入水平不断提高，贫困地区农村居民消费观念提升，更加注重发展型、享受型消费，尤其更加注重教育和健康方面的投入。

四、巩固贫困地区农村居民脱贫成果的几点建议

虽然海南省脱贫攻坚取得显著成效，贫困地区农村居民收入也持续较快增长，但巩固脱贫攻坚成果仍存在许多难点和不足，特别是扶贫产业结构不优，农民增收稳定性存在隐忧，贫困户自我造血功能有待加强等，巩固脱贫攻坚成果和防止返贫任务还十分艰巨。因此，坚决克服松劲懈怠思想，高质量巩固脱贫攻坚成果，奋力夺取脱贫攻坚战的最终胜利。

（一）加强技能培训，优化就业服务，进一步促进农民就业，稳步提升工资性收入。

一是加大职业技能培训力度，提升农村劳动力综合素质。多渠道多层次做好农民职业技能培训，进一步提升农村劳动力的就业能力，扩大就业选择范围。

二是发展本地特色产业，促进农民就近充分就业。因地制宜发展本地特色产业，巩固提升和创新发展产业扶贫，加大对农村周边企业的扶持力度，为农村劳动力提供更多的就业机会，吸纳更多农村富余劳动力实现就近就业。

三是优化就业服务，进一步完善农民就业保障机制。加强劳动力需求信息收集对接，有组织地开展农村劳动力转移输出，加强就业政策及相关法制知识的宣传教育，鼓励农民积极创业，进一步改善农民的就业环境，提高就业质量和工资收入水平。

（二）创新和推广涉农保险产品和服务方式，扩大农业保险范围。

针对我省台风等天气灾害频繁现状，政策性农业保险无疑能对贫困地区农村居民收入起到很好的保护作用。

一是加大宣传力度。目前政策性农业保险普及面还不广，知晓率还不高，应在农村加大宣传推广力度，用农民容易理解和接受的形式进行解释，提高知晓率和参保率。

二是建立健全保险制度。积极研究出台符合实际的保险办法，加强政策性农业保险和商业性农业保险的互补作用，积极开展种植大户、养殖大户的保险试点，尽可能实现减轻农民负担、减少农民因灾损失的目标，推动政策性农业保险高质量发展，提高产业扶贫抗风险能力。

（国家统计局海南调查总队 云宇）

重庆农村减贫情况

2019年重庆认真学习贯彻习近平总书记关于扶贫工作的重要论述，全面落实党中央国务院决策部署，统筹推进脱贫攻坚和乡村振兴，紧盯“两不愁三保障”突出问题，不断提升脱贫攻坚工作质量，持续巩固脱贫攻坚成效，带动14个国家扶贫开发工作重点区县（以下简称贫困地区）①农村常住居民生产生活不断改善。

一、重庆农村贫困人口持续减少

按现行国家农村贫困标准测算，重庆农村贫困人口继续减少，2019年末绝对贫困已基本消除。

二、贫困地区农村常住居民收入实现较快增长

据国家统计局重庆调查总队农村贫困监测调查显示，2019年重庆贫困地区农村常住居民人均可支配收入达13832元，同比增加1362元，增长10.9%，增幅比全市农村高1.1个百分点；其绝对额已达全市农村常住居民人均可支配收入的91.4%，比上年提高0.9个百分点。其中，四大项收入呈现如下特点：

一是工资性收入增长最快。2019年重庆加快推进乡村振兴战略，新增本地阶段性就业岗位30万个，其中乡村保洁、村社公路维护等公益性岗位4万个，为贫困地区农村劳动力就近务工增收创造了条件。此外，从2019年1月1日起，重庆最低月工资标准上调300元，非全日制职工最低小时工资标准上调3元，为重庆贫困地区农村常住居民人均可支配收入增长带来充足动力。2019年重庆贫困地区农村常住居民人均工资性收入达4228元，同比增加475元，增长12.7%，对可支配收入增长的贡献率达34.9%，拉动可支配收入增长3.8个百分点。此外，工资性收入占可支配收入的比重达30.6%，比上年提高0.5个百分点。

二是经营净收入贡献最大。近年来，重庆着力推动“三产”融合，乡村休闲旅游快速发展，特色种养业、特色经果林产业持续发力，不断将生态资源优势转变为农民增收致富优势，同时积极打造“巴味渝珍”全市农产品区域公共品牌，逐步提升品牌知晓度，进一步提高特色农产品溢价能力，贫困地区农村常住居民人均经营净收入实现较快增长。2019年重庆贫困地区农村常住居民人均经营净收入达5298元，同比增加491元，增长10.2%，对可支配收入增长的贡献率最大，达36.1%，拉动可支配收入增长3.9个百分点，占可支配收入的比重也是最大的，达38.3%，仅比

①重庆贫困地区包括14个国家扶贫开发工作重点区县，有万州区、黔江区、开州区、武隆区、城口县、丰都县、云阳县、奉节县、巫山县、巫溪县、石柱土家族自治县、秀山土家族苗族自治县、酉阳土家族苗族自治县、彭水苗族土家族自治县。下同。

上年下降 0.3 个百分点。其中，非农经营净收入达 1137 元，同比增加 127 元，增长 12.5%，而受畜牧产品价格上涨拉动，同期人均牧业经营净收入达 1253 元，同比增加 238 元，增长 23.5%。

三是转移净收入实现平稳增长。2019 年重庆聚焦深度贫困地区，积极巩固拓展脱贫成果，开展农村低保专项治理、加强社会救助家庭经济状况核查、进行社会救助综合改革试点等多项举措，有效保障困难群众的基本生活，带动贫困地区农村常住居民转移净收入实现平稳增长。2019 年贫困地区农村常住居民人均转移净收入达 4088 元，同比增加 374 元，增长 10.1%，对可支配收入增长的贡献率达 27.4%，拉动可支配收入增长 3.0 个百分点，占可支配收入的比重达 29.6%，仅比上年下降 0.2 个百分点。其中，人均政策性可支配收入①达 1696 元，同比增加 186 元，增长 12.3%。

四是财产净收入助力可支配收入增长。2019 年重庆市下达村级集体经济发展专项资金 2.275 亿元，支持 455 个村开展集体经济发展试点，各区县分别安排扶持资金用于支持集体经济发展。加之，重庆全面实施农村产权制度，不断扩大“三变”试点范围，农民财产性收入增长较快。2019 年重庆贫困地区农村常住居民人均财产净收入达 218 元，同比增加 22 元，增长 11.2%，对可支配收入增长的贡献率达 1.6%，拉动可支配收入增长 0.2 个百分点，占可支配收入的比重达 1.6%。其中，利息净收入、红利收入、转让承包土地经营权租金净收入分别为 87、21、47 元，同比分别增长 18.8%、23.4%、50.5%。

表 1　2019 年重庆贫困地区农村常住居民人均可支配收入简况

指　标	2019 年（元）	2018 年（元）	增加（元）	增幅（%）	占比（%）	增长贡献率（%）
人均可支配收入	13832	12470	1362	10.9	100.0	100.0
1. 工资性收入	4228	3752	475	12.7	30.6	34.9
2. 经营净收入	5298	4807	491	10.2	38.3	36.1
3. 财产净收入	218	196	22	11.2	1.6	1.6
4. 转移净收入	4088	3715	374	10.1	29.6	27.4

三、贫困地区农村常住居民生活消费水平不断提高

随着重庆贫困地区农村常住居民人均可支配收入水平持续增长，贫困地区农村常住居民消费潜力不断释放，生活消费支出不断提高，生活品质持续改善。2019 年重庆贫困地区农村常住居民人均消费支出达 12145 元，同比增加 1087 元，增长 9.8%，绝对额仅比全市农村常住居民少 967 元，已达全市农村平均水平的 92.6%，比上年提高 0.3 个百分点。

①政策性可支配收入包括：养老金或离退休金、社会救济和补助、政策性生活补贴、报销医疗费、现金政策性惠农补贴等。

表 2　2019 年重庆贫困地区农村常住居民生活消费支出简况

指　标	2019 年（元）	2018 年（元）	增幅（%）	占比（%）	增长贡献率（%）
人均消费支出	12145	11058	9.8	100.0	100.0
1. 食品烟酒	4119	3843	7.2	33.9	25.4
2. 衣着	673	624	7.8	5.5	4.5
3. 居住	2388	2162	10.4	19.7	20.7
4. 生活用品及服务	765	718	6.5	6.3	4.3
5. 交通通信	1451	1317	10.2	11.9	12.4
6. 教育文化娱乐	1480	1306	13.3	12.2	16.0
7. 医疗保健	1073	930	15.4	8.8	13.2
8. 其他用品和服务	196	158	24.4	1.6	3.5

一是八项生活消费支出齐增长。教育文化娱乐、医疗保健、其他用品和服务等消费支出实现快速增长，人均支出分别为 1480、1073、196 元，同比分别增长 13.3%、15.4%、24.4%；居住、交通通信等消费支出实现平稳增长，人均支出分别为 2388、1451 元，同比分别增长 10.4、10.2%；生活用品及服务、食品烟酒、衣着等消费支出的增长比生活消费支出稍慢，人均支出分别为 765、4119、673 元，同比分别增长 6.5%、7.2%、7.8%，增速分别比生活消费支出低 3.3、2.6、2.0 个百分点。

二是生活消费支出结构更加优化。食品烟酒、生活用品及服务、衣着消费支出占生活消费支出的比重有所下降，其中，恩格尔系数（食品烟酒消费支出占生活消费支出的比重）达 33.9%，比上年低 0.9 个百分点；衣着、生活用品及服务消费支出占生活消费支出的比重分别为 5.5%、6.3%，分别比上年低 0.1、0.2 个百分点。交通通信消费支出占生活消费支出的比重达 11.9%，与上年持平。而医疗保健、教育文化娱乐、居住等消费支出占生活消费支出的比重均有不同程度的提高，其占比分别为 8.8%、12.2%、19.7%，分别比上年提高 0.4、0.4、0.1 个百分点。

三是食品烟酒、居住等消费支出增长贡献大。居住、食品烟酒等消费支出对生活消费支出增长的贡献较大，分别为 20.7%、25.4%，分别拉动生活消费支出增长 2.0、2.5 个百分点；交通通信、医疗保健、教育文化娱乐消费支出对生活消费支出增长的贡献率分别为 12.4%、13.2%、16.0%，分别拉动生活消费支出增长 1.2、1.3、1.6 个百分点；而其他用品及消费、生活用品及服务、衣着消费支出对生活消费支出增长的贡献率分别为 3.5%、4.3%、4.5%，分别拉动生活消费支出增长 0.3、0.4、0.4 个百分点。

四是服务性消费支出实现较快增长。2019 年重庆贫困地区农村常住居民人均服务性消费支出达 4624 元，同比增加 557 元，增长 13.7%，实现较快增长。其中，教育文化娱乐、交通通信、医疗保健服务性分别为 1268、748、704 元，同比分别增长 10.0%、14.9%、24.3%。

五是耐用消费品拥有量增加。随着收入水平提高，消费潜力不断释放，贫困地区农村常住居民在耐用消费品的花费逐步增加，耐用消费品拥有量不断增加，品质也不断提升。2019 年贫困地区农村常住居民每百户拥有家用车辆为 16.7 辆，同比增加 14.4%；每百户洗衣机、电冰箱（柜）拥有量分别为 94.5、105.6 台，同比分别增长 3.0%、3.6%；移动电话、计算机每百户拥有量分别为 274.0 部、25.4 台，同比分别增长 2.7%、12.2%。

表 3　2019 年重庆贫困地区农民耐用消费品拥有量

指　标	2019 年	2018 年	增加	增长（%）
汽车（辆 / 百户）	16.7	14.6	2.1	14.4
洗衣机（台 / 百户）	94.5	91.8	2.7	3.0
电冰箱（台 / 百户）	105.6	102.0	3.6	3.6
移动电话（部 / 百户）	274.0	266.8	7.2	2.7
计算机（台 / 百户）	25.4	22.6	2.8	12.2

四、贫困地区农村常住居民生产生活环境持续改善

2019 年，重庆不断聚焦“精准”二字，下足“绣花”功夫，重点解决“两不愁三保障”突出问题，瞄准教育医疗、住房及饮水安全等薄弱环节查漏补缺、补齐短板，贫困地区农村常住居民生产生活条件持续改善。

（一）交通通讯条件不断改善。

近年来，重庆在畅通农村交通的同时不断支持运营通讯商在农村地区进一步提速降费，推进光纤网络由行政村向有条件的自然村延伸覆盖，加速贫困地区实现互联互通。2019 年，贫困地区农村常住居民所在自然村通公路的农户比重、所在自然村进村主干道路硬化的农户比重均接近全覆盖；通客运班车的自然村比重、主干道路面经过硬化处理的自然村比重分别为 57.4%、93.0%，分别比上年提高 6.0、7.7 个百分点；所在自然村能便利乘坐公共汽车的农户比重为 76.3%，比上年提高 14.2 个百分点。

贫困地区通电话的自然村比重接近全覆盖，所在自然村通过宽带的农户比重为 99.2%，比上年提高 3.6 个百分点。使用互联网的农户比重为 76.1%，比上年提高 8.2 个百分点；无电话（含手机）的农户比重、无电视机的农户比重仅分别为 0.1%、1.1%，分别比上年下降 0.1、0.7 个百分点。

（二）教育条件不断改善。

重庆实施义务教育薄弱环节与能力提升工程，不断改善教育教学条件，有力推动贫困地区农村教育事业发展。据调查，2019 年贫困地区 16 岁以上成员均未完成初

中教育农户的比重为 14.5%，比上年下降 0.7 个百分点；劳动力平均受教育年限为 8.1 年，与上年持平。有文化活动的村比重为 99.9%，比上年提高 0.6 个百分点。所在自然村上小学不便利的农户比重为 6.4%，比上年下降 5.9 个百分点；所在自然村上幼儿园便利的农户比重为 90.8%，比上年湜高 9.5 个百分点。

（三）医疗卫生条件不断改善。

重庆采取多项政策措施做好健康扶贫，不断改善医疗服务条件，不断夯实健康扶贫进程。据调查，2019 年贫困地区拥有合法行医证或卫生员的村比重为 99.9%，比上年提高 2.1 个百分点；所在自然村有卫生站的农户比重为 99.9%，比上年提高 1.3 个百分点；参加医保人口比重接近 100%，均能够及时就医。

（四）居住条件不断改善。

近年来，重庆积极主动改造贫困地区农村常住居民住房条件及基础设施，居住条件得到进一步改善。据调查，2019 年贫困地区通电的自然村接近全覆盖；使用照明电的农户比重接近 100%，比上年提高 0.4 个百分点；居住竹草土坯房的农户比重为 0.1%，比上年下降 0.7 个百分点；炊用柴草的农户比重为 41.9%，比上年下降 2.3 个百分点；炊用清洁能源的农户比重为 54.8%，比上年提高 3.0 个百分点；所在自然村垃圾能集中处理的农户比重为 94.4%，比上年提高 9.2 个百分点；无厕所农户比重为 10.9%，比上年下降 9.2 个百分点。

（五）饮用水条件不断改善。

近年来重庆持续加强农村饮用水水源保护，加强改厕与农村生活污水治理的有效衔接，着力解决养殖业污染，贫困地区农村常住居民饮水环境不断改善。据调查，2019 年贫困地区饮用水经过集中净化处理的自然村比重为 73.6%，比上年提高 5.9 个百分点；使用经过净化处理自来水的农户比重为 68.4%，比上年提高 16.6 个百分点；拥有畜禽集中饲养区的村比重为 53.9%，比上年提高 1.6 个百分点。

五、巩固脱贫攻坚成果的几点建议

（一）强化能力培养，将着力抓好扶贫与扶智、扶志的结合放在突出位置，进一步激发贫困主体摆脱贫困的内生动力和主观能动性，为脱贫攻坚打下坚实基础。

巩固脱贫成果、实现稳定脱贫，关键在于激发贫困户内生动力，增强自我发展的能力，根本在于贫困人口立志。适当增加奖勤罚懒的激励措施，完善脱贫退出荣誉机制。同时着力抓好教育扶贫，重点抓好基础教育，解决适龄儿童就读就学问题，坚决阻断贫困代际传递。此外，要结合实际、因地制宜要继续加强职业技能技术培训，增强就业创业和增收能力。

（二）做实兜底保障，将政策针对性、可行性、连续性和落实问题放在突出位置，不断为脱贫攻坚提供强有力保障。

坚持"摘帽不摘责任、不摘政策、不摘帮扶、不摘监管"，在一定时期内保持现有扶贫政策的稳定性和连续性，把贫困户"扶上马再送一程"，同时以问题为导向优化完善现有扶贫政策，逐步推动扶贫政策由精准"滴灌式"少数特惠制和覆盖全体农村的"漫灌式"的均等普惠结合。此外，通过加强管理、压实责任、强化监督检查促进落实，还应将资助政策宣传到户，做到人人知晓，确保精准扶贫有关政策落地稳、扎根深，千方百计确保扶贫政策的落实。

（三）强化产业支撑，将发展壮大集体经济和主导产业放在突出位置，为巩固脱贫成果增强后劲。

结合乡村振兴战略，整合资源禀赋，坚持"宜农则农、宜游则游、宜工则工、宜商则商"的原则，以科技为支撑，以市场为导向，以效益为优先，因地制宜发展壮大集体经济和产业，强化利益联结机制，确保贫困人口分享到产业发展的成果和效益。通过合作社等方式不断壮大集体经济实力，增加财产性收入，继续因地制宜推进"一乡一业""一村一品"产业发展，积极培育扶持龙头企业，持续巩固脱贫攻坚成果，不断壮大脱贫攻坚成果后劲。

（国家统计局重庆调查总队 王帅）

专栏

重庆巫山扶残助困圆特殊群体脱贫梦

2014 年底，巫山县有各类残疾人 1.88 万名，其中建卡贫困残疾户 3620 户、3920 人，占全县贫困人口的 4.3%。为解决这部分特殊群体脱贫难题，巫山县积极探索创新扶贫新模式，助推困难残疾群体稳定脱贫，目前已脱贫 3266 户、3531 人，脱贫率 90.1%。

一、优化政策兜底保障，实现残疾人群体生活“无虑”

（一）打破限制，低保兜底实现全覆盖。巫山县现有一、二级残疾人 7436 名，其中建卡贫困户 1469 人，拥有独立户口的仅 107 人，占比 7.3%。根据重庆最新低保条例规定，认定享受低保政策时必须计算家庭收入，因此剩余 1362 名残疾人中仅 43.6% 的贫困残疾人群体可享受政策。对此，巫山县创新实施“分户”计算法，将依靠家庭供养且无法单独立户的 768 名贫困残疾人纳入低保兜底范围，每月为贫困残疾人发放低保金 80 余万元。

（二）提高补助，住房安全实现全覆盖。整合易地扶贫搬迁、农村危房改造等政策，将贫困残疾人家庭直接作为深度贫困户对象进行资助，按照 D 级危房拆房重建或搬迁 1 人户按 2.1 万元 / 户补助、2 人及以上户按 1.3 万元 / 人补助，在原有基础上提高相应补助标准，实现贫困残疾人群体住房安全保障覆盖率 100%。脱贫攻坚以来，累计整合发放资金 1.6 亿元，1200 余户残疾人住房安全得到保障。

（三）放宽范围，“一户两残”救助实现全覆盖。整合残疾人康复、托养等政策，累计自筹资金 245.6 万元，将“一户三残”及以上专项帮扶放宽至“一户两残”，按每户家庭不低于 4000 元的标准予以补助，实现 614 户“一户两残”家庭全覆盖。在规定政策兜底基础上，为贫困残疾人群体购买“精准脱贫保”“惠民济困”商业补充保险和“巨灾保险”。

二、创新健康扶贫模式，实现残疾人群体看病“无忧”

（一）实施“四个一点”救助模式。设立扶贫济困医疗基金，坚持每年投入 6500 余万元，针对患病残疾人家庭，按照先住院、后付费原则，探索“医保报销一点、医院减免一点、政府补助一点、患者自付一点”模式解决贫困残疾人住院治疗费用问题。脱贫攻坚以来，救助残疾贫困患者 1802 人次，支出医疗费用 1152.3 万元，综合解决 1126.95 万元，患者自费 25.35 万元，人均自付 140.68 元。

（二）实施“团队签约”服务模式。针对残疾人群体医疗需求，成立由专业护理、理疗、全科医生等 303 人组成的 101 个服务团队，实现对 3500 名贫困残疾人和 637 名一、二级重度残疾人签约服务全覆盖，坚持每周上门服务 2—3 次，动态管理覆盖率 100%。

（三）实施“医保双向”补贴模式。对贫困残疾对象在原有规定医保报销起付线和比例基础上，实施降低医保起付线和提高医保报销比例“双向”补贴，即在区域内县级医院居民医保住院报销起付线降低 50%、住院报销比例提高 10%，大病保险起付标准降低 50%、自付费用在起付标准至 10 万元内的报销比例提高 10%。

三、畅通创业就业渠道，实现残疾人群体增收“无碍”

（一）“对接”培训，提高技能水平。根据残疾人群体培训和市场就业需求，开设残疾人技能培训专班，构建下乡进村培训团体，依托残疾人大数据平台，对不同类型的残疾人开展“点对点”针对性就业培训。脱贫攻坚以来，开设贫困残疾人群体技能培训 46 班次，开展乡镇集中培训 23 期，累计培训残疾人 2300 余人次。如特殊学校与职教中心创新开展“对接”循环培训模式，根据需求开设特殊技能培训专班，将小学至初中九年义务教育拓展至职中（高中）“一站式”教育。自 2016 年实施以来，累计输送各类残疾儿童 18 名，开展电商、汽修、美发等技能培训 9 班次，2 名残疾儿童获全市职业技能竞赛一等奖、16 名贫困残疾人稳定就业创业。

（二）“定向”招聘，拓宽就业岗位。坚持每周通过电视台、信息网等媒体定期发布残疾人岗位招聘信息，每月召开残疾人群体专项招聘会，将适合残疾人的岗位信息及时送到有就业意愿的残疾人手中。全县 20 多家企业提供残疾人专职岗位 150 余个，兜底安置公益性岗位 48 个，6 个扶贫车间安置残疾人 6 名，累计实现 328 名贫困残疾人就业，人均年收入达 9200 元。

（三）“量身”定策，减轻创业负担。依托乡镇街劳动就业和社会保障服务机构，分类建立创业管理平台。根据创业类别为贫困残疾人群体量身制定帮扶政策，并给予政府贴息和补贴扶持。脱贫攻坚以来，累计发放产业和创业贷款 200 余万元，政府贴息 20 余万元、补贴 5 万元，发展农村贫困残疾人种养业大户 16 户、阳光扶贫基地 1 个，培育创新创业微型企业 13 个，辐射带动 890 余户贫困残疾人家庭稳定脱贫。

（国家统计局巫山调查队 闫龙）

地区篇

四川农村减贫情况

2019 年，在以习近平总书记为核心的党中央坚强领导下，四川各级党委和政府深入学习贯彻习近平总书记关于扶贫工作的重要论述，认真落实党中央、国务院决策部署，扎实推进精准扶贫、精准脱贫，在消除农村绝对贫困方面取得了决定性进展，为打赢脱贫攻坚战奠定了坚实基础。

一、脱贫攻坚成效显著

（一）收入实现较快增长。

据国家统计局四川调查总队农村贫困监测调查，2019 年，四川贫困地区农村居民人均可支配收入 12127 元，比上年增加 1290 元，同比增长 11.9%，高于全省农村居民人均可支配收入增速 1.9 个百分点，高于全国贫困地区农村居民人均可支配收入增速 0.4 个百分点。2016-2019 年，四川贫困地区农村居民人均可支配收入增速分别为 10.5%、10.9%、11.0%、11.9%，“十三五”规划期间连续四年保持较快增长。

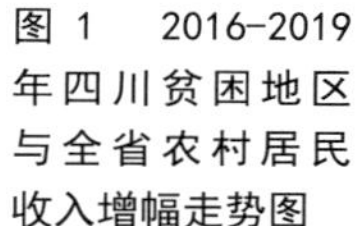
图 1　2016-2019 年四川贫困地区与全省农村居民收入增幅走势图

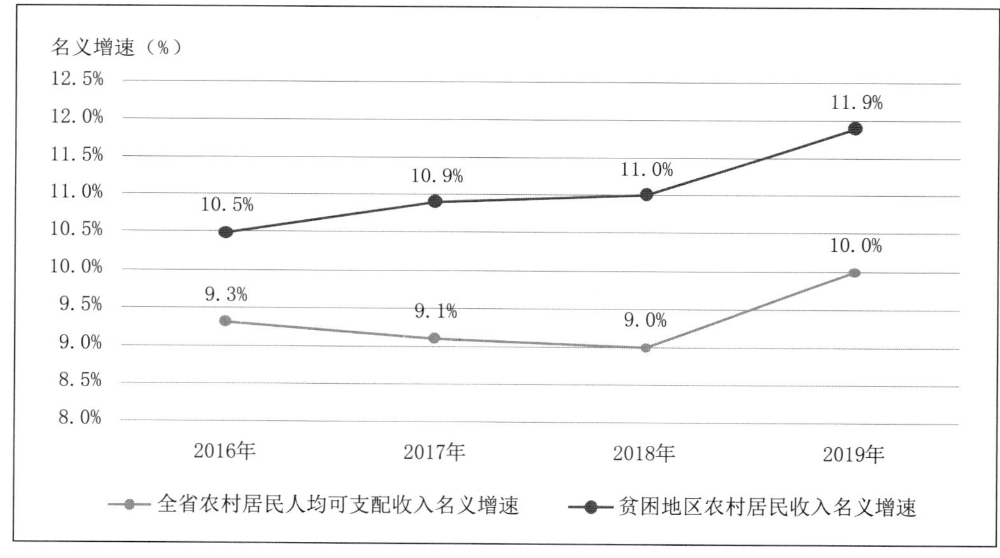

（二）收入相对差距进一步缩小。

2019 年，四川贫困地区农村居民人均可支配收入已达全省农村居民收入平均水平的 82.6%，比 2016 年提高了 4.1 个百分点。2016-2019 年，四川贫困地区农村居民人均可支配收入增速分别比全省农村居民人均可支配收入增速高 0.5、1.8、2.0、1.9 个百分点，收入相对差距不断缩小。

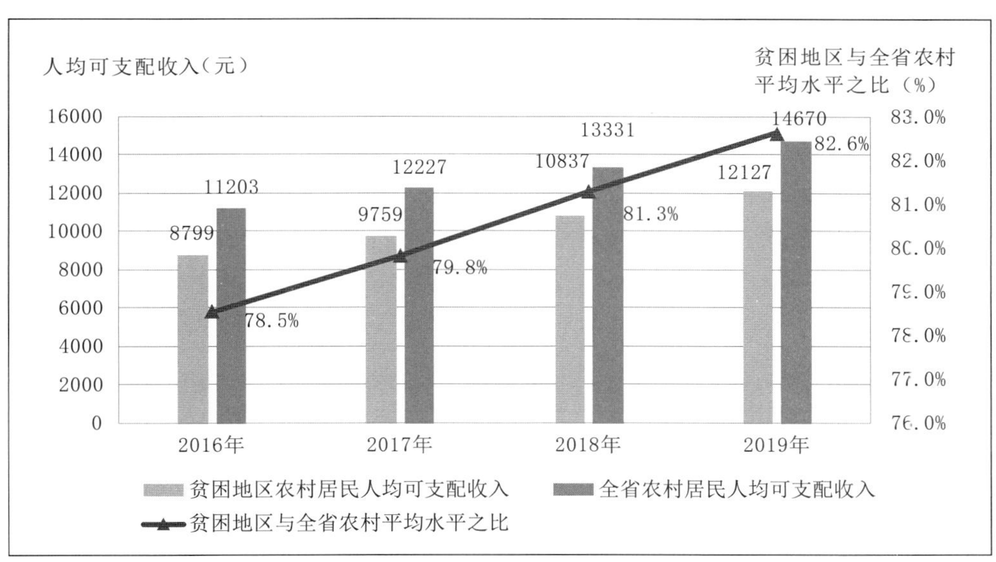

图 2　2016-2019 年四川贫困地区与全省农村居民收入差距走势图

（三）贫困人口减少 46 万人。

按现行国家农村贫困标准测算，2019 年末，四川省农村贫困人口为 52 万人，比 2018 年末减少 46 万人；2019 年末，四川省农村贫困发生率为 0.7%，比 2018 年末下降 0.7 个百分点；“十三五”时期，四川省农村贫困人口从 2015 年末的 400 万人减少至 2019 年末的 52 万人，累计减少 348 万人；“十三五”时期，农村贫困发生率从 2015 年末的 5.7% 下降至 2019 年末的 0.7%，累计下降 5.0 个百分点。

表 1　四川“十三五”时期农村贫困人口变化情况

年　份	贫困人口（万人）	比上年下降（万人）	贫困发生率（%）	比上年下降（个百分点）
2016	306	94	4.4	1.3
2017	212	94	3.1	1.3
2018	98	114	1.4	1.7
2019	52	46	0.7	0.7

二、贫困地区农村居民收入稳步增长

据国家统计局四川调查总队农村贫困监测调查，从收入构成看，2019 年四川贫困地区农村居民四大项收入全面增长，转移净收入增长最快，对贫困地区农村居民增收的贡献率位居首位。

表 2　2018-2019 年四川贫困地区农村居民可支配收入总体情况

指　标	2019 年（元）	2018 年（元）	增幅（%）	增长贡献率（%）	拉动增长（个百分点）
人均可支配收入	12127	10837	11.9	—	—
1. 工资性收入	3968	3630	9.3	26.2	3.1
2. 经营净收入	4243	4004	6.0	18.6	2.2
3. 财产净收入	241	228	5.6	1.0	0.1
4. 转移净收入	3675	2976	23.5	54.2	6.5

（一）工资性收入增幅上涨。

2019 年，四川贫困地区农村居民人均工资性收入达到 3968 元，同比增加 338 元，增长 9.3%，增幅较上年同期上涨 2.5 个百分点，对可支配收入增长的贡献率为 26.2%，拉动贫困地区农村居民人均可支配收入增长 3.1 个百分点。工资性收入增长较快，一是国家大力实施减税降费政策，四川省内企业减税降费年内已基本兑现到位，中小企业负担大大减轻，经营状况逐渐改善，效益提高，务工人员工资水平继续保持一定幅度的上涨；二是 2019 年国务院成立了根治拖欠农民工工资工作领导小组，在全国范围内开展 2019 年度根治欠薪冬季攻坚行动，四川各地多部门协作共同施策，在 2018 年保障农民工工资支付工作的成果基础上，进一步抓好根治欠薪工作，拖欠农民工工资现象得到了有效遏制。

（二）经营净收入稳定增长。

2019 年四川贫困地区农村居民人均经营净收入 4243 元，同比增加 240 元，增长 6.0%，比去年同期下降 1.0 个百分点，对贫困地区农村居民收入增长的贡献率为 18.6%，拉动贫困地区农村居民人均可支配收入增长 2.2 个百分点。

（三）财产净收入增速放缓。

2019 年四川贫困地区农村居民人均财产净收入为 241 元，同比增加 13 元，增长 5.6%，比去年同期下降 4.8 个百分点，对贫困地区农村居民收入增长的贡献率为 1.0%，拉动贫困地区农村居民人均可支配收入增长 0.1 个百分点。

（四）转移净收入贡献最大。

2019 年，四川贫困地区农村居民人均转移净收入 3675 元，同比增加 699 元，增长 23.5%，对贫困地区农村居民增收贡献率达 54.2%，较上年提高 1.8 个百分点，拉动贫困地区农村居民收入增长 6.5 个百分点，已经成为贫困地区农村居民持续增收的主要动力。其中，人均报销医疗费 233 元，同比增长 22.4%；人均赡养收入 499 元，同比增长 22.6%。

三、消费持续升级，生活质量稳步提升

据国家统计局四川调查总队农村贫困监测调查，2019 年，四川贫困地区农村居民人均消费支出 10760 元，首次突破万元，比上年增加 1107 元，同比增长 11.5%，增幅较上年同期上涨 1.1 个百分点。

（一）生活消费支出全面增长。

从构成看，八大类消费均实现稳步增长。其中交通通信、医疗保健、教育文化娱乐增速较快，分别达 23.3%、20.3%、14.8%；居住、衣着、其他用品和服务、食品烟酒和生活用品及服务五大类，增速分别为 11.6%、9.0%、8.7%、7.6%、7.0%。从八大类消费对生活消费增长的贡献来看，主要得益于食品烟酒、居住、交通通信和医疗保健的支撑，贡献率分别为 27.3%、19.7%、19.7% 和 13.5%，各拉动增长 3.1、2.3、2.3、1.6 个百分点。

表 3　2018-2019 年四川贫困地区农村居民人均消费支出总体情况

指　标	2019 年（元）	2018 年（元）	增幅（%）	增长贡献率（%）	拉动增长（个百分点）
人均消费支出	10760	9652	11.5	—	—
1. 食品烟酒	4259	3957	7.6	27.3	3.1
2. 衣着	587	538	9.0	4.4	0.5
3. 居住	2109	1891	11.6	19.7	2.3
4. 生活用品及服务	725	677	7.0	4.3	0.5
5. 交通通信	1158	940	23.3	19.7	2.3
6. 教育文化娱乐	817	712	14.8	9.5	1.1
7. 医疗保健	887	737	20.3	13.5	1.6
8. 其他用品和服务	219	201	8.7	1.6	0.2

（二）恩格尔系数进一步降低。

2019 年，四川贫困地区农村居民的食品烟酒消费支出比重（恩格尔系数）为 40.0%，比上年下降 1.0 个百分点。贫困地区农村居民人均谷物、奶类、酒类消费量下降，水产品、干鲜瓜果类、禽类消费量增加。其中，人均谷物、奶类、酒类消费支出 793 元，同比下降 2.8%；人均水产类消费支出 69 元，同比增长 46.4%；人均干鲜瓜果类消费支出 182 元，同比增长 23.0%；人均禽类消费支出 181 元，同比增长 20.0%。此外，农村居民人均饮食服务支出 497 元，同比增长 14.7%，其中在外饮食支出 361 元，同比增长 23.9%。

（三）发展型消费支出比重不断提高。

四川贫困地区农村居民消费结构进一步优化，生存型消费支出比重继续下降，发展型消费支出比重不断提高。其中，吃、穿、住等生存型消费人均支出6955元，占生活消费支出的比重为64.6%，同比下降1.6个百分点；教育、交通通信、医疗保健等发展型生活消费支出2862元，占生活消费支出的比重为27.0%，同比提高2.0个百分点。

（四）医疗保健消费持续增长。

2019年，四川贫困地区农村居民人均医疗保健支出887元，比上年增加150元，增长20.3%。其中，医疗服务消费支出620元，比上年增加197元，增长46.6%。2019年四川进一步完善贫困地区基本医疗保险、大病保险、医疗救助、医疗费用兜底“四重保障”，确保贫困患者县域内住院和慢性病门诊位置治疗医疗费用个人支付占比均控制在10%以内，政策措施的全面落实，促进贫困地区农村居民医疗保健支出持续增长。

（五）耐用消费品拥有量明显增加。

2019年，全省贫困地区农村居民家庭年末拥有的中低档耐用消费品基本普及，高档耐用消费品需求较旺。一是交通工具类耐用消费品需求稳定。每百户拥有摩托车47.4辆，比上年增加1.2辆，二是家用电器类耐用消费品稳定增长。每百户拥有电冰箱（柜）90.7台、洗衣机88.9台、热水器67.7台、空调35.7台、接入互联网的计算机12.7台，分别比上年增加8.5台、7.1台、8.1台、8.9台、6.8台。三是移动电话拥有量快速增长。每百户拥有移动电话267.0部，比上年增加22.3部。

四、贫困地区农村环境持续改善

（一）基础设施条件持续改善。

2019年四川贫困地区基础条件明显改善，瞄准贫困发展瓶颈问题，新改建农村公路12.3万公里，义务教育学校“全面改薄”1227万平方米，对7586个贫困村实施电网改造，11308个贫困村通光纤，有效解决行路难、上学难、就医难、用电难等问题，有效破解城乡发展不均衡的矛盾，贫困地区农村面貌发生深刻变化。调查显示，四川贫困地区已基本实现通电、通电话、电视信号全覆盖。所在自然村通宽带的农户比重为97.1%，较上年提高3.8个百分点；所在自然村进村主干道路硬化的农户比重为99.6%，较上年提高1.9个百分点；所在自然村能便利乘坐公共汽车的农户比重为62.2%，较上年提高0.4个百分点；饮用水经过集中净化处理的自然村比重为59.0%，较上年提高13.8个百分点。

（二）生活居住条件持续改善。

“十三五”规划的116万人搬迁任务已基本完成，新增的20万人搬迁任务正有序推进。调查显示，2019年，四川贫困地区农村居民使用经过净化处理自来水的农户为41.1%，比上年提高9.8个百分点；炊用清洁能源的农户比重43.4%，比上年提高8.8个百分点；而炊用柴草的农户比重为52.6%，比上年下降7.2个百分点；居住竹草土坯结构住房的农户比重为3.0%，比上年下降2.9个百分点；独用卫生厕所农户比重为98.3%，比上年提高4.6个百分点。

（三）公共服务条件持续改善。

调查显示，2019年四川贫困地区农村有卫生站（室）的村比重为98.1%，比上年提高4.4个百分点；所在自然村垃圾能集中处理的农户比重为83.7%，比上年提高个14.7百分点；有文化活动室的村比重已达96.5%，比上年提高3.0个百分点；所在自然村上幼儿园便利的农户比重达91.9%，比上年提高4.4个百分点；小学便利的农户比重达89.3%，比上年提高4.6个百分点。

（国家统计局四川调查总队 李菡）

贵州农村减贫情况

2019 年，贵州坚持以习近平新时代中国特色社会主义思想为指导，深入学习贯彻落实习近平总书记关于扶贫工作的重要论述和对脱贫攻坚工作的最新指示精神，坚持把脱贫攻坚作为头等大事和第一民生工程，以脱贫攻坚统揽经济社会发展全局，深入推进“大扶贫”战略行动，始终把按时高质量打赢脱贫攻坚战作为全面建成小康社会的硬任务，突出急中之急、重中之重，举全省之力、集全省之智全力以赴推进脱贫攻坚各项工作。2019 年，贵州脱贫攻坚成效显著，农村贫困人口持续减少，贫困发生率不断下降，贫困地区农村居民收支实现较快增长，农村基础设施和居民生活条件持续改善。

一、农村贫困人口持续减少，贫困发生率不断下降

按现行国家农村贫困标准测算，2019 年末贵州农村贫困人口 53 万人，比上年末减少 120 万人。党的十八大以来，贵州农村贫困人口累计减少 870 万人，平均每年减贫人口 120 万人以上。

2019 年末，贵州农村贫困发生率 1.5%，比上年末下降 3.5 个百分点。党的十八大以来，贵州农村贫困发生率累计下降 25.3 个百分点，平均每年下降 3.6 个百分点。

表 1　2012-2019 年贵州农村贫困人口和贫困发生率

年　份	贫困人口		贫困发生率	
	数量（万人）	下降（万人）	水平（%）	下降（百分点）
2012	923	—	26.8	—
2013	745	178	21.3	5.5
2014	623	122	18.0	3.3
2015	507	116	14.7	3.3
2016	402	105	11.6	3.1
2017	295	107	8.5	3.1
2018	173	122	5.0	3.5
2019	53	120	1.5	3.5

二、贫困地区农村居民收入持续较快增长

据国家统计局贵州调查总队农村贫困监测调查，2019 年贵州贫困地区农村居民

人均可支配收入突破万元大关达到10580元，比上年增加1052元，增长11.0%，继续呈现较快增长态势。

（一）贫困地区农村居民收入连续多年保持较快速度增长。

自2013年以来，贵州贫困地区农村居民人均可支配收入增速已连续7年高于全省农村平均水平，2019年同比增长11.0%，高于全省农村居民收入增长速度0.3个百分点。

（二）四大项收入呈现全面增长态势。

1. 工资性收入稳定增长。2019年，贵州贫困地区农村居民人均工资性收入4528元，同比增长13.2%，增速高于上年1.6个百分点，拉动可支配收入增长5.5个百分点，对增收贡献最大，贡献率达到50.2%，是贫困地区农村居民增收的主力军。工资性收入加快增长主要得益于以下因素的共同作用：2019年贵州着力推动就业扶贫，确保有劳动力的贫困家庭至少1人熟练掌握一门实用技能，全省累计促进贫困劳动力就业创业190.89万人；共举办劳务协作培训2500期，培训贫困人口23.03万人次；帮助48.77万贫困人口实现就业；引进对口帮扶城市资源到贵州贫困村、易地扶贫搬迁安置点设立扶贫车间（工厂）540个，吸纳就业3.17万人（贫困人口1.2万）。

表2　2019年贵州贫困地区农村居民人均可支配收入情况

指　标	2018年（元）	2019年（元）	增幅（%）	比重（%）	增长贡献率（%）
人均可支配收入	9528	10580	11.0	—	—
1. 工资性收入	4000	4528	13.2	42.8	50.2
2. 经营净收入	3457	3719	7.6	35.1	24.9
3. 财产净收入	85	103	21.7	1.0	1.8
4. 转移净收入	1987	2230	12.3	21.1	23.1

2. 经营净收入增长加快。2019年，贵州贫困地区农村居民人均经营净收入3719元，同比增长7.6%，增速高于上年3.3个百分点，拉动可支配收入增长2.7个百分点，对增收的贡献率为24.9%，是贫困地区农村居民增收的有力补充。贵州持续纵深推进农村产业革命，2019年以500亩以上坝区农业结构调整为重点，实行12位省领导领衔推进12个特色优势产业，推广“龙头企业+合作社+农户”组织方式，推进消费扶贫、电商扶贫，有效推动农村经济结构从自给自足向参与现代市场经济转变、从主要种植低效玉米向种植高效经济作物转变、从粗放量小向集约规模转变、从“提篮小卖”向现代商贸物流转变、从村民“户自为战”向形成紧密相连的产业发展共同体转变、从单一种植养殖向一二三产业融合发展转变，促进了贫困地区农村居民经营净收入增长。

3. 财产净收入快速增长。2019年，贵州贫困地区农村居民人均财产净收入103元，同比增长 21.7%，但由于在可支配收入中的比重较小，仅为 1.0%，导致对增收的贡献率仅为 1.8%。

4. 转移净收入持续增长。2019 年，贵州贫困地区农村居民人均转移净收入 2230 元，同比增长 12.3%，拉动可支配收入增长 2.6 个百分点，对增收的贡献率为 23.1%，是贫困地区农村居民增收的重要补充。

（三）三大集中连片特困地区农村居民收入增幅相对接近。

2019 年，贵州武陵山片区、乌蒙山片区、滇桂黔石漠化片区农村居民人均可支配收入分别达到 10762 元、10374 元、10610 元，同比分别增长 11.0%、11.2%、10.9%。

三、贫困地区农村居民生活质量不断提高

2019 年贵州贫困地区农村居民人均消费支出 9509 元，同比增长 6.9%。

（一）八大类消费支出均呈增长态势。

从消费结构看，八大类消费支出均呈增长态势，其中交通通信和教育文化娱乐支出是促进贵州贫困地区农村居民消费增长的主要因素，两大类增长贡献率合计接近 50%。2019 年，贵州贫困地区农村居民人均交通通信和教育文化娱乐支出分别为 1449 元和 1384 元，同比分别增长 10.6% 和 13.7%，对消费支出的贡献率分别为 22.6% 和 27.1%，分别拉动消费支出增长 1.6 个和 1.9 个百分点。此外衣着和医疗保健支出较快增长，2019 年贵州贫困地区农村居民人均衣着和医疗保健支出分别为 497 元和 810 元，同比分别增长 8.6% 和 8.3%。

表 3　2019 年贵州贫困地区农村居民人均消费情况

指　标	2018 年（元）	2019 年（元）	增幅（%）	增长贡献率（%）
人均消费支出	8895	9509	6.9	—
1. 食品烟酒	2484	2620	5.5	22.2
2. 衣着	458	497	8.6	6.4
3. 居住	2006	2059	2.6	8.6
4. 生活用品及服务	531	547	3.0	2.6
5. 交通通信	1310	1449	10.6	22.6
6. 教育文化娱乐	1217	1384	13.7	27.1
7. 医疗保健	748	810	8.3	10.1
8. 其他用品和服务	141	143	1.5	0.3

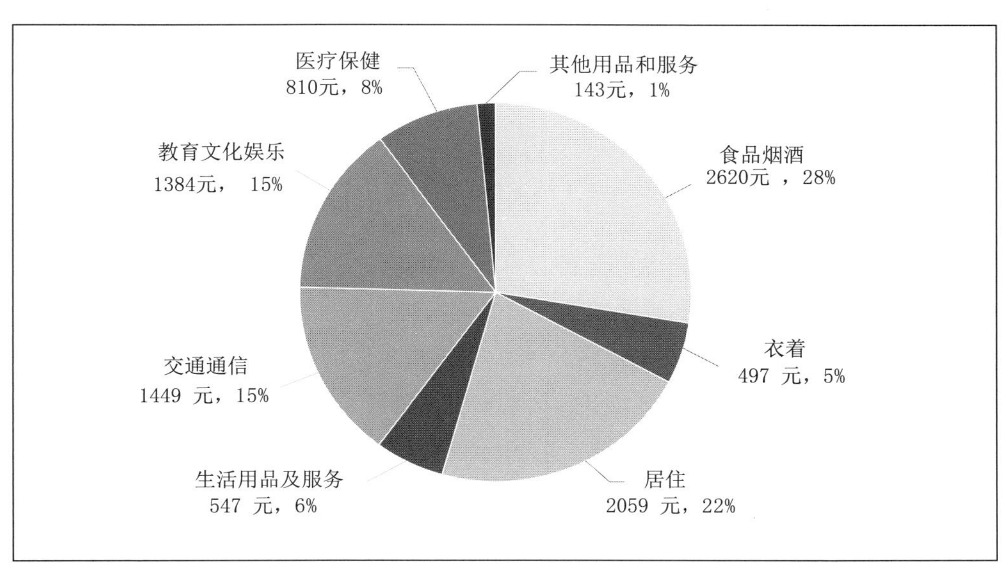

图1 2019 年贵州贫困地区农村居民人均消费支出构成

（二）主要生活耐用消费品拥有量增加。

2019 年，贵州贫困地区每百户农村居民家庭拥有洗衣机 97.0 台、电冰箱 92.0 台、热水器 64.1 台、彩色电视机 101.5 台、移动电话 308.1 部、计算机 14.4 台，比上年分别增加 2.5 台、5.3 台、8.4 台、0.8 台、11.1 部、0.7 台。

（三）居住条件和家庭设施显著提升。

2019 年，贵州贫困地区农村居民人均住房建筑面积 44.2 平方米，比上年增加 1.3 平方米；居住竹草土坯房的农户比重为 0.8%，比上年下降 0.3 个百分点；使用管道供水的农户比重为 93.6%，比上年提高 2.8 个百分点；独用厕所的农户比重为 96.9%，比上年提高 1.0 个百分点。

四、贫困地区基础设施不断完善

2019 年，贵州贫困地区所在自然村通公路的农户比重和所在自然村通电话的农户比重基本接近全覆盖；所在自然村能接收有线电视信号的农户比重为 99.5%，比上年提高 1.5 个百分点；所在自然村能便利乘坐公共汽车的农户比重为 70.3%，比上年提高 2.6 个百分点；所在自然村通宽带的农户比重为 97.6%，比上年提高 4.8 个百分点；所在自然村垃圾能集中处理的农户比重为 81.0%，比上年提高 9.1 个百分点；所在自然村有卫生站的农户比重为 98.0%，比上年提高 1.7 个百分点；所在自然村上幼儿园便利的农户比重为 91.2%，比上年提高 0.3 个百分点。

（国家统计局贵州调查总队 徐锋 王远平 赵世玲 杨伯云）

云南农村减贫情况

2019 年是打赢脱贫攻坚战的关键之年。云南深入贯彻习近平总书记关于扶贫工作的重要论述，坚持以脱贫攻坚统揽经济社会发展全局，聚焦“两不愁三保障”，坚决攻克深度贫困堡垒，着力巩固拓展脱贫成果，确保高质量打赢脱贫攻坚战。2019 年全省农村贫困人口大幅减少，贫困发生率持续下降；贫困地区农村居民收入突破万元，生活消费水平显著提高，基础设施和公共服务进一步提升，生产生活条件明显改善。

一、党的十八大以来农村贫困人口大幅减少，贫困发生率持续下降

（一）农村贫困人口大幅减少。

1. 全省农村年均减贫超 100 万。按现行国家农村贫困标准测算，党的十八大以来，云南农村贫困人口规模从 2012 年末的 804 万减少到 2019 年末的 66 万人，累计减贫 738 万人，年均减贫 105 万人。

2. 贫困地区农村年均减贫人口占全省农村减贫人口的 93.3%。云南贫困地区农村贫困人口规模从 2012 年末的 744 万减少到 2019 年末的 56 万人，累计减贫 688 万人，年均减贫 98 万人，占全省农村年均减贫人口 93.3%。

图 1　2012-2019 年云南农村减贫情况

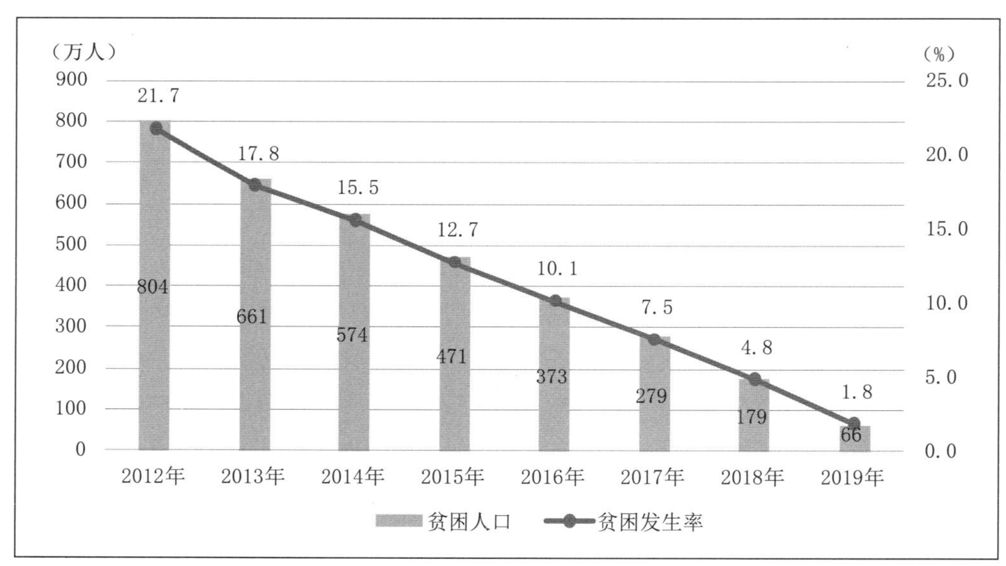

（二）农村贫困发生率下降至 1.8%。

1. 云南农村贫困发生率持续下降。全国农村贫困发生率从 2012 年末的 10.2% 持续下降到 2019 年末的 0.6%，累计下降 9.6 个百分点，年均下降 1.4 个百分点；云南

农村贫困发生率从 2012 年末的 21.7% 持续下降到 2019 年末的 1.8%，累计下降 19.9 个百分点，年均下降 2.8 个百分点。

2. 云南贫困地区农村贫困发生率持续下降。云南农村贫困地区农村贫困发生率从 2012 年末的 26.7% 持续下降到 2019 年末的 2.2%，累计下降 24.5 个百分点，年均下降 3.5 个百分点。

二、贫困地区农村居民收入突破万元，生活消费水平显著提高

（一）贫困地区农村居民人均可支配收入突破万元。

据国家统计局云南调查总队农村贫困监测调查：2019 年云南贫困地区农村居民人均可支配收入 10771 元，比上年增加 1176 元，增长 12.3%，增速比上年加快 1.9 个百分点，比全省农村高 1.8 个百分点。贫困地区与全省农村收入之比从 2018 年的 1.122：1（以贫困地区为 1）缩小到 2019 年的 1.105:1，缩小 0.017。

其中，73 个扶贫开发重点县农村居民人均可支配收入 10802 元，增长 12.9%，比全省贫困地区农村居民增速高 0.6 个百分点；85 个集中连片特困地区县农村居民人均可支配收入 10843元，增长 12.7%，比全省贫困地区农村居民增速高 0.4个百分点。

1. 党的十八大以来贫困地区农村居民收入增速持续高于全省农村。2019 年云南贫困地区农村常住居民收入 10771 元，是 2013 年的 1.9 倍，年均增速 11.5%，比全省农村平均增速高 1.5 个百分点。

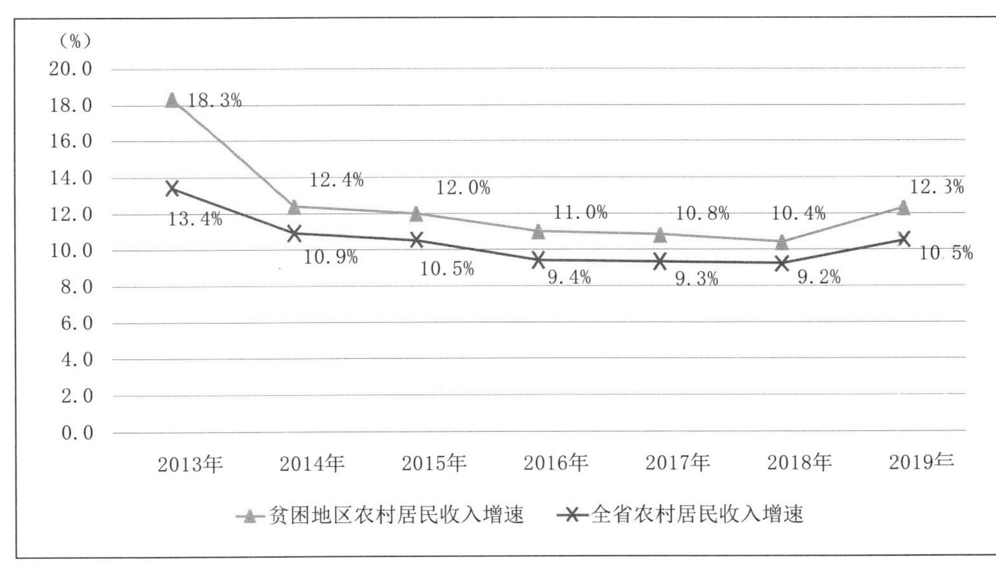

图 2　贫困地区农村居民收入增速与全省农村对比

2. 工资性收入高速增长。贫困地区农村居民人均工资性收入 3582 元，占可支配收入的 33.3%，比上年增加 523 元，增速 17.1%，对收入的贡献率高达 44.5%，拉动收入增长 5.5 个百分点。这主要得益于沪滇和粤滇东西扶贫劳务输出、扶贫车间和乡村公益岗位等就业扶贫，2019 年全省农村贫困家庭劳动力累计转移就业达 197.2

万人。

3. 经营净收入增速明显加快。贫困地区农村居民人均经营净收入 5031 元，占可支配收入的 46.7%，比上年增加 374 元，增速 8.0%，比上年加快 4.2 个百分点，对收入增长的贡献率 31.8%，拉动收入增长 3.9 个百分点。其中，人均第一产业经营净收入 4170 元，增长 10.4%，尤其是牧业收入快速增长，全年产业扶贫覆盖 169 万户贫困户，2.95 万个新型农业经营主体与 165.7 万户贫困户建立有效利益联结，加上以猪肉为代表的畜牧产品价格上涨较快助推经营收入增速明显加快。

4. 转移净收入快速增加。贫困地区农村居民人均转移净收入 2077 元，占可支配收入的 19.3%，比上年增加 278 元，增速 15.5%，对收入增长的贡献率 23.6%，拉动收入增长 2.9 个百分点。

表 1　2019 年云南贫困地区农村居民人均可支配收入及构成

指　标	本年（元）	上年（元）	增幅（%）	增收贡献率（%）
人均可支配收入	10771	9595	12.3	-
1、工资性收入	3582	3059	17.1	44.5%
2、经营净收入	5031	4657	8.0	31.8%
3、财产净收入	80	79	0.7	0.0%
4、转移净收入	2077	1799	15.5	23.6%

数据来源：全国农村贫困监测调查

（二）贫困地区农村居民消费水平显著提高。

2019 年云南贫困地区农村居民人均消费支出 8844 元，比上年增加 1167 元，增长 15.2%，增速比上年加快 2.5 个百分点，比全省农村高 2.7 个百分点。生活消费支出占人均可支配收入比重为 82.1%，比上年高 2.1 个百分点。从生活消费支出结构八大类主要特点看，贫困地区农村居民人均教育文化娱乐、医疗保健和交通通信支出分别为 1084 元、839 元、1242 元，增长 16.0%、16.7%、23.0%，比生活消费支出增速分别高 0.8、1.5、7.8 个百分点。人均居住支出 1700 元，增长 5.7%，在脱贫攻坚期前期快速增长后呈现平稳增长态势。

表 2　2019 年云南贫困地区农村居民人均消费支出及构成

指　标	本年（元）	上年（元）	增幅（%）	贡献率（%）
人均生活消费支出	8844	7677	15.2	-
1. 食品烟酒	3037	2597	16.9	37.7%
2. 衣着	372	312	19.4	5.2%
3. 居住	1700	1608	5.7	7.9%
4. 生活用品及服务	460	404	13.7	4.8%
5. 交通通信	1242	1010	23.0	19.9%
6. 教育文化娱乐	1084	934	16.0	12.8%
7. 医疗保健	839	719	16.7	10.3%
8. 其他用品和服务	110	93	17.7	1.4%

数据来源：全国农村贫困监测调查

三、贫困地区基础设施和公共服务水平较快提高

1. 教育扶贫覆盖面积扩大，就学便利程度提高。2019 年云南贫困地区农村所在自然村上幼儿园便利的农户比重 86.9%，比 2018 年增加 4.3 个百分点；所在自然村上小学便利的农户比重 92.2%，比 2018 年增加 2.1 个百分点。

2. 易地扶贫搬迁和危房改造助推住房安全巩固提升。2019 年云南继续推进建档立卡贫困人口易地扶贫搬迁和 “4 类重点对象”农村危房改造任务，贫困地区农村居民住房面积平稳增加，住房安全明显改善，竹草土坯房屋基本消除，人均住房建筑面积 37.1 平方米，比 2018 年增加 2.2 平方米；居住砖混、钢混结构住房的农户比重 61.5%，比 2018 年增加 4.2 个百分点。

3. 交通、网络和人居环境稳步改善。2019 年云南贫困地区农村所在自然村进村主干道路硬化的农户比重 97.6%，比 2018 年增加 4.2 个百分点；所在自然村能便利乘坐公共汽车的农户比重 59.6%，比 2018 年增加 8.0 个百分点；所在自然村通宽带的农户比重 93.9%，比 2018 年增加 5.6 个百分点；所在自然村垃圾能集中处理的农户比重 75.9%，比 2018 年增加 10.1 个百分点。

4. 居住条件和家庭设施显著提升。2019 年云南贫困地区农村使用管道供水的农户比重 87.8%，比 2018 年提高 0.9 个百分点；使用经过净化处理自来水的农户比重 47.3%，比 2018 年提高 5.1 个百分点；独用厕所农户比重 90.3%，比 2018 年提高 4.1 个百分点；炊用柴草的农户比重 32.2%，比 2018 年减少 7.3 个百分点。

5. 耐用消费品拥有量快速提高。2019 年云南贫困地区农村每百户汽车拥有量 22.2 辆，比 2018 年增加 0.9 辆；百户洗衣机拥有 88.9 台，比 2018 年增加 6.2 台；百户电冰箱拥有量 81.1 台，比 2018 年增加 7.9 台；百户移动电话拥有量 295.6 部，比 2018 年增加 20.8 部。

（国家统计局云南调查总队 曾祥文）

专栏

昭通靖安新区：多措并举确保易地扶贫搬迁群众充分就业

昭通市总面积2.3万平方公里，山区半山区占总面积的97%。这里的大部分贫困群众生活在深山区、石山区、高寒冷凉地区，由于居住分散、偏远，交通条件差，很多贫困群众一生都没有走出过深山。环境改造难、修路成本高，项目无法实施等问题造成了“一方水土养不活一方人”的现状。

为啃下脱贫攻坚战中这块最硬“骨头”，昭通市委市政府决定实施36.24万人易地扶贫搬迁，把那些不具备发展条件的贫困山区和生态脆弱地区的群众搬出大山，其中，91%搬迁到中心城区和县城，9%留在乡镇。为实现“搬得出，稳得住，能致富”的目标，昭通靖安新区超前谋划，在市人社局积极支持下，统筹市县人社力量，提前在施工区工棚建立人社扶贫工作站，全力抓实易迁劳动力就业服务，有效形成纵向有联动、横向有互通的工作局面。

组机构。靖安安置区党工委（管委会）依托昭通市人社局靖安就业创业扶贫工作站，在迁出的6个县区中利用公益性岗位招聘30名文化程度较高、服务意识较强的搬迁群众，组建劳动力转移就业中心，通过电话拉家常、谈感受的方式与易迁群众建立情感基础，然后向其宣传易迁及就业扶贫政策，推介省内外优质企业岗位，收集更新易迁群众的就业状况、就业意愿、就学需求、身体状况、患有病种等相关信息，为向搬迁群众提供“保姆式”服务开好头，起好步。

细分类。根据进驻人员的学历、经历、沟通能力等情况，分类组建了易迁群众联系电话采集组、未就业劳动力服务组和信息数据更新维护组三个大组，下设数据汇总分析组、老人服务组、在校学生及婴幼儿服务组、已就业服务组4个小组。

采信息。电话信息采集组与各村（社区）就业扶贫信息员协同配合，多渠道收集易迁群众的联系电话并及时更新。各小组开展工作，了解男60岁、女55岁及以上人群的就业愿望，摸清老弱病残群体的健康状况、所患病种、残疾等级，核实在校生就读学校及年级专业情况、迁后意愿就学地等，掌握婴幼儿人群的基本情况，并分类建立台账，为劳动力就业帮扶措施的制定提供可行决策参考。

送服务。将未就业劳动力就业意愿、务工技能与用工企业招聘条件进行双向匹配，利用电话、短信（云MAS平台）、现场招聘等方式每周送岗不低于

500个，目前累计精准发送岗位信息10783个，通过电话联系易迁群众8709户38345人，确保每个未就业劳动力在搬迁之前均可得到3次以上精准送岗服务。

拓渠道。一是积极与广东、上海、福建、浙江等地企业、人力资源公司对接，确保易迁劳动力迁入后能够有序向长三角、珠三角等就业岗位较多、薪资待遇较好的地方企业输送，目前已收集省外岗位40324个。二是积极与本地用工区域签订用工协议，可受益2916人；三是新建3万平方米标准化厂房引进劳动密集型企业，可吸纳劳动力3000人，6万平方米底商可吸纳劳动力600个，物业管理用工需求714个，合理开发公益岗417个进行兜底安置。

强保障。靖安就业创业扶贫工作站为此多次召集建筑施工企业、劳务公司参加农民工服务保障专题工作会议，就农民工工资支付、农民工权益保障等工作进行安排部署，建立来访接待制度，积极搭建协调、上报机制。截止目前，已协调处理农民工工资问题15起，涉及人员150余人，农民工工伤事故3件。

在靖安新区，无数贫困家庭走出大山，被阳光温暖，被希望照亮，成为新时代"楼上"的幸福人群。

（云南省邵通市靖安新区 董程鹏 李安林）

西藏农村减贫情况

西藏是全国唯一的省级集中连片特殊贫困地区，是典型的贫中之贫、困中之困、坚中之坚，位列全国深度贫困地区“三区三州”之首。西藏自治区各级党委、政府坚持把打赢脱贫攻坚战作为首要政治任务，作为增强“四个意识”、坚定“四个自信”、做到“两个维护”的政治检验，作为“不忘初心、牢记使命”主题教育活动的重要实践，以海拔高、难度大，但脱贫攻坚的决心更大，氧气少、挑战多，但脱贫攻坚的办法更多，底子薄、条件差，但脱贫攻坚成绩更好的昂扬斗志，真抓实干、尽锐出战，脱贫攻坚取得了重大决定性进展和历史性成就。

一、西藏农村贫困人口和贫困发生率持续下降

脱贫攻坚战打响以来，实施精准扶贫精准脱贫基本方略，西藏脱贫攻坚工作取得了决定性的进展。按现行国家农村贫困标准测算，2019 年末，西藏农村贫困人口为 4 万人，比上年末减少 9 万人；农村贫困发生率 1.4%，比上年末下降 3.7 个百分点。

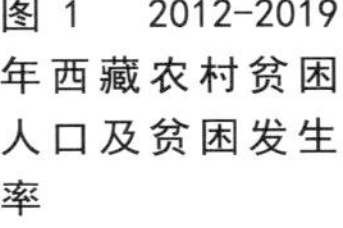
图 1　2012-2019 年西藏农村贫困人口及贫困发生率

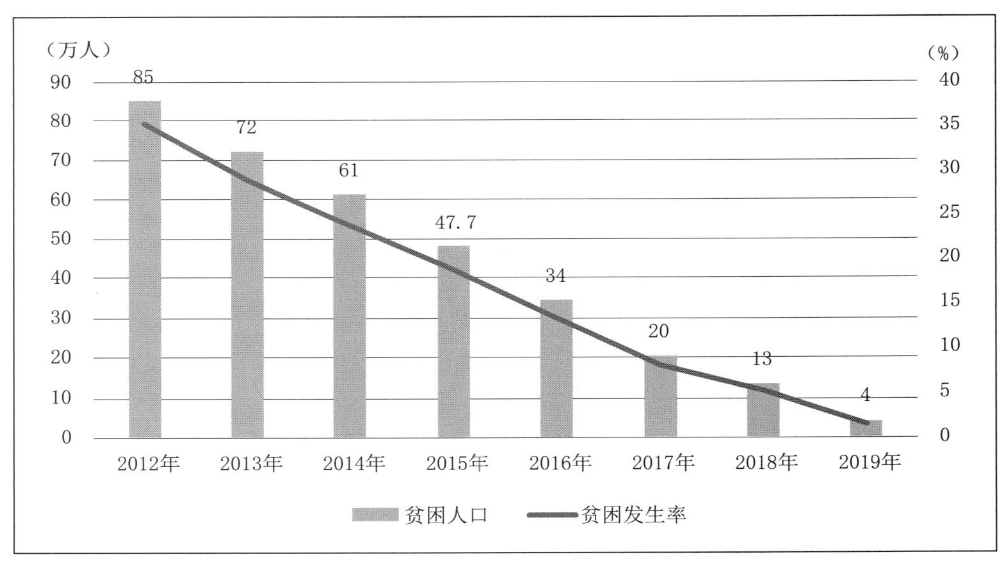

二、西藏贫困地区农村居民收支水平同步增长

（一）贫困地区农村居民收入增长明显。

2019 年，西藏贫困地区农村居民人均可支配收入 12951 元，同比增加 1501 元，增长 13.1%，增速比上年同期加快 2.3 个百分点，居全国第一，高出全国农村居民增速 3.5 个百分点。

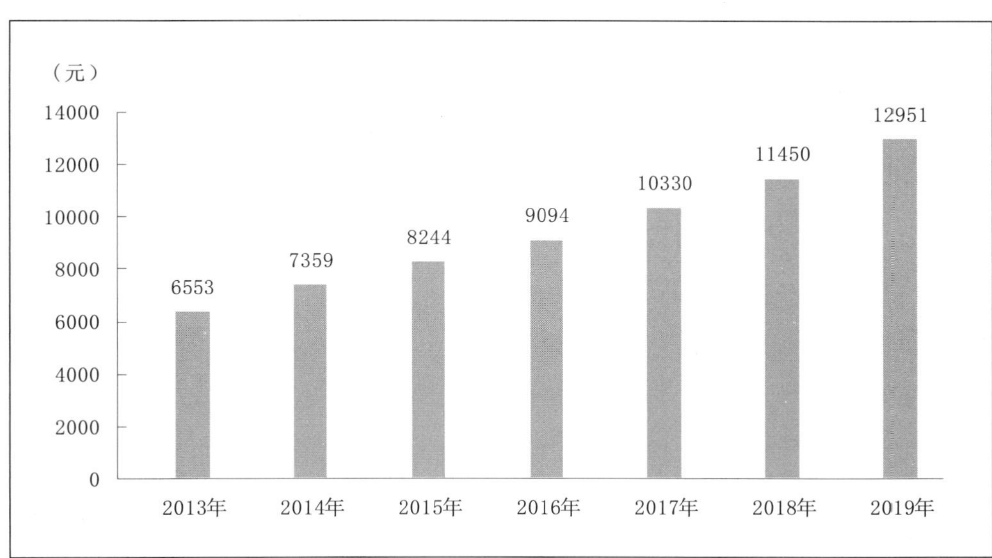

图 2　2013-2019 年农村居民可支配收入

1. 工资性收入：2019 年，西藏贫困地区农村居民人均工资性收入 3907 元增长 28.6%，占贫困地区农村居民人均可支配收入的比重为 30.2%，拉动贫困地区农村居民人均可支配收入增长 7.6 个百分点，对收入增长的贡献率达 57.9%。工资性收入快速增长，是拉动贫困地区农村居民可支配收入增长的重要因素。

主要因为：一是各地市出台的“本地农民工建筑队就近就便务工”政策给农牧民提供了农村居民本地就近就业的平台，本地就近务工人数明显增加，务工工资也较上年有所增加，不仅拉动了工资性收入，也拓宽了增收渠道；二是按照“发展产业增就业、推动创业带就业、加强培训促就业”的思路，精心组织开展转移就业培训工作，各类技能培训力度不断加大，与基地互动、与贫困户对接、企业订单培训等方式，促进本地劳动力就业转移，为就业者营造良好条件，加大了转移就业力度，推动工资性收入高速增长；三是全区农牧民生态保护政策性岗位及岗位工作标准的不断提高有力地促进了工资性收入的增收；四是拉林铁路、拉萨至那曲高速公路、拉萨至山南高速公路、拉萨至日喀则高速公路等大型项目吸纳了较多当地务工，拓宽了劳动力的就业渠道，拉动了工资性收入的增长。

2. 经营净收入：2019 年，西藏贫困地区农村居民人均经营净收入 6364.5 元，同比增长 8.1%，占贫困地区农村居民人均可支配收入的比重为 49.1%，拉动收入增长 4.2 个百分点，贡献率为 31.7%。

主要是一系列的旅游优惠政策使农家乐、藏家乐、藏式家庭旅馆等服务行业生意红火；拉林铁路、拉萨至那曲高速公路、拉萨至山南、拉萨至日喀则高速公路等大型项目的建设吸纳了较多的当地务工及设备，三产经营净收入增长 29.6%。

3. 财产净收入：2019 年，西藏贫困地区农村居民人均财产净收入 436.5 元，同比增加 9.3 元，增长 2.2%，占贫困地区农村居民人均可支配收入的比重为 3.4%，拉动收入增长 0.1 个百分点，贡献率为 0.6%。主要是因为：上年同期农村土地流转、乡村集体合作社等红利收入迅猛增长，至使今年财产净收入缺少连续增长支撑点，增速缓慢。

4. 转移净收入：2019 年，西藏贫困地区农村居民人均转移净收入 2243 元，同比增加 146.5 元，增长 7.0%，占贫困地区农村居民人均可支配收入的比重为 17.3%，拉动收入增长 1.3 个百分点，贡献率为 9.8%。

（二）西藏贫困地区农村居民消费支出平稳增长。

随着收入水平的稳步增长和社会保障体系的不断完善，2019 年，西藏贫困地区农村居民生活消费能力逐步增强，生活质量稳步提升，生活消费支出增长明显。2019 年，西藏贫困地区农村居民人均消费支出 8418 元，同比增加 966 元，增长 13.0%。

图 3 西藏农村居民消费支出变化情况

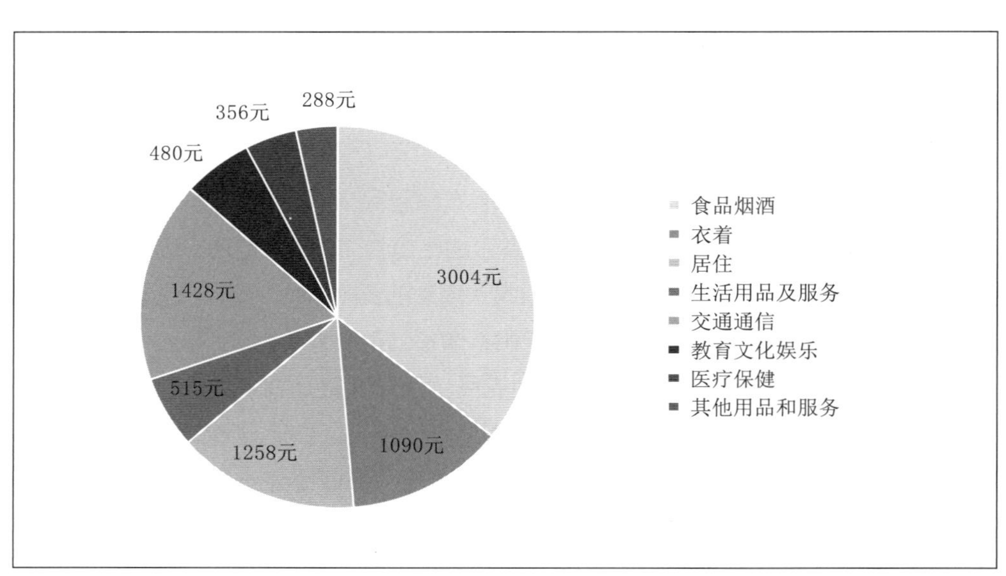

从构成看，八大类消费均实现稳步增长。其中人均食品烟酒、衣着、居住、交通通信、教育文化娱乐、医疗保健支出增速分别为 11.7%、12.0%、7.0%、2.2%、17.3、13.0%。

三、西藏贫困地区农村居民生产生活条件不断改善

西藏自治区党委、政府始终致力于农牧区的基础设施建设和基本公共服务改善，不断加大对农牧区尤其是贫困地区的投入力度，农牧民生活条件和生活环境明显改善，享有的公共服务水平不断提高，生活质量得到全面提高。

（一）主要耐用消费品拥有量平稳增加。

2019 年，西藏贫困地区农村居民每百户洗衣机拥有量 78.8 台，比上年增加 1.8 台；每百户电冰箱拥有量 77.8 台，比上年增加 6.3 台；每百户移动电话拥有量 258 部，比上年增加 4.7 部；每百户计算机拥有量 4.6 台，比上年增加 1.2 台。

（二）基础设施和公共服务明显改善。

2019 年，西藏贫困地区农村所在自然村通公路的农户比重达 100.0%，所在自然

村通电话的农户比重 100%，所在自然村能接收有线电视信号、自然村进村主干道路硬化、便利乘坐公共汽车、垃圾能集中处理、自然村有卫生站、上幼儿园便利、自然村上小学便利的农户比重分别为 85.4%、99.5%、72.5%、84.3%、82.8%、98.7%、98.4% 分别比上年提高 3.1、1.5、6.1、6.0、10.3、7.1、8.0 个百分点。

（三）生活设施和卫生环境进一步改善。

2019 年，西藏贫困地区农村居住钢筋混凝土材料、砖混材料、砖瓦材料、竹草土坯材料、其他材料住房的农户比重分别为 24.0%、30.5%、36.6%，0.9%、0.8%；使用管道供水和经过净化处理自来水的农户比重分别达到 68.8% 和 39.4%；独用厕所的农户比重达 81.3%。

（四）医疗服务能力不断提高。

西藏自治区始终坚持新时期卫生与健康方针，以群众需求为出发点，继续深化公立医院改革，完善行业队伍和基层医疗卫生设施建设，推动全区基层医疗卫生服务能力不断提高，2019 年，西藏贫困地区农村所有行政村在实现卫生站全覆盖的基础，进一步有所扩大，所在自然村有卫生站的农户比重达 82.8%。

四、西藏脱贫攻坚工作经验和做法

西藏脱贫攻坚取得了重大决定性进展和历史性成就、积累了丰富经验。一是全方位推动攻坚。党委领导、政府主导、“五级书记”抓扶贫的工作机制得到有效落实，各级脱贫攻坚指挥部发挥集中统筹协调作用，彻底改变了以往扶贫资源多头分散、统筹调动难、协调配合难的问题。二是全要素投入抓攻坚。充分发挥社会主义集中力量办大事的制度优势，在自治区层面统筹整合资金，健全了攻坚需求与资金供给相匹配的投入保障机制。持续开展驻村帮扶工作，实现贫困村（居）驻村工作队和结对帮扶全覆盖。三是全系统规划谋攻坚。坚持以打赢脱贫攻坚战决定的实施意见为统领，以脱贫攻坚三年行动计划为抓手，根据脱贫攻坚形势任务变化，不断完善政策保障体系，为脱贫攻坚提供了强有力的保障。四是全维度保障促攻坚。正确处理好生态保护与富民利民的关系，安排有劳动能力的贫困人口从事生态管护，既保护了环境，又让贫困群众吃上了“生态饭”，保证了贫困群众持续增收、稳定脱贫。大力实施边境小康村建设，不断改善基础设施和公共服务配套，积极引导群众参与戍边固边，边境地区贫困群众在参与戍边固边中依托边民补助政策实现了稳定脱贫。完善教育、医疗和特困人员救助等全方位社会保障体系，织牢了社会保障网。五是全社会动员助攻坚。调动各方面力量参与脱贫攻坚，形成了专项扶贫、行业扶贫、社会扶贫、金融扶贫、援藏扶贫“五位一体”的大扶贫格局。六是全天候监督保攻坚。坚持督查巡查和严格的考核评估制度，统筹人大、政协、纪检、审计和巡视巡查，较真碰硬抓考核、抓整改，持续开展扶贫领域腐败和作风问题专项治理、脱贫攻坚专项巡视巡查等工作，实现脱贫攻坚领域监督全天候无死角。

（国家统计局西藏调查总队 洛桑卓玛）

陕西农村减贫情况

党的十八大以来，陕西脱贫攻坚力度之大、进展之快、成效之好前所未有。2019 年，陕西省委、省政府认真贯彻落实习近平总书记在陕甘宁革命老区脱贫致富座谈会上的重要讲话和一系列扶贫工作重要论述，将脱贫攻坚作为头等大事和第一民生工程，五级书记一起抓、全省上下总动员、社会各方齐参与，将最硬举措、最优资源、最强力量投入到脱贫攻坚战中。聚焦深度贫困地区，着力解决“两不愁三保障”突出问题，落实精准扶贫方略，广泛凝聚各方合力，不断提高脱贫质量，实现了贫困地区经济平稳发展，贫困县全部脱贫摘帽，贫困人口持续减少，贫困地区居民收入不断提升，生活条件不断改善，为打赢脱贫攻坚战，全面建成小康社会奠定了坚实基础。

一、农村贫困人口持续减少、贫困发生率不断下降

（一）陕西农村贫困人口规模减少 66 万。

按现行国家农村贫困标准测算，2019 年末，陕西农村贫困人口为 17 万人，比上年末减少 66 万人；贫困发生率 0.6%，比上年末下降 2.5 个百分点。

（二）党的十八大以来，陕西脱贫攻坚成效显著。

党的十八大以来，陕西农村贫困人口从 2012 年末的 483 万人减少至 2019 年末的 17 万人，累计减少 466 万人，占 2012 年末我省农村贫困人口的 96.5%；贫困发生率由 2012 年末的 17.5% 下降至 2019 年末的 0.6%，累计下降 16.9 个百分点。2019 年底，剩余 29 个贫困县全部退出，全省 56 个贫困县全部摘帽，区域性整体贫困基本解决，脱贫攻坚取得决定性成就。

图 1　2012-2019 年陕西农村贫困人口变化情况

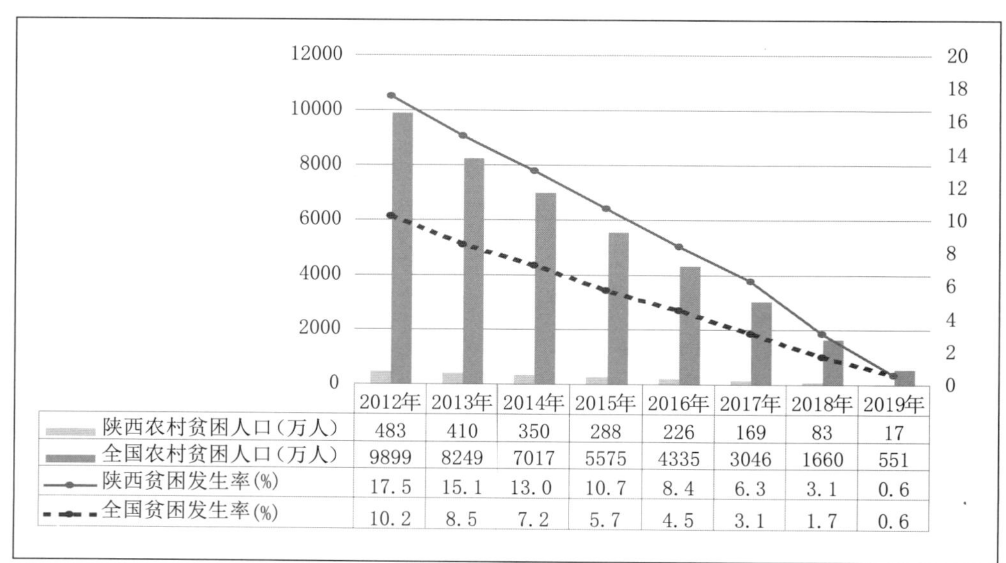

	2012年	2013年	2014年	2015年	2016年	2017年	2018年	2019年
陕西农村贫困人口（万人）	483	410	350	288	226	169	83	17
全国农村贫困人口（万人）	9899	8249	7017	5575	4335	3046	1660	551
陕西贫困发生率(%)	17.5	15.1	13.0	10.7	8.4	6.3	3.1	0.6
全国贫困发生率(%)	10.2	8.5	7.2	5.7	4.5	3.1	1.7	0.6

二、2019年陕西贫困地区农村居民收入持续增长

（一）贫困地区农村居民收入增速快于全省农民平均水平。

陕西贫困地区农村居民人均可支配收入增长较快，增幅高于全国贫困地区和全省农村增长水平。2019年，陕西贫困地区农村居民人均可支配收入11421元，增长11.2%（以下如无特别说明，均为同比名义增长），增速比全省农村高1.3个百分点；扣除价格因素，实际增长8.1%。贫困地区农村居民人均可支配收入达到全省农村平均水平的92.7%，占比较上年提高1.1个百分点，与全省农村居民的收入差距进一步缩小。

表1　2019年陕西不同区域农村居民人均可支配收入及构成

指　标	全省贫困地区农村		扶贫重点县		连片特困地区	
	水平（元）	增幅（%）	水平（元）	增幅（%）	水平（元）	增幅（%）
人均可支配收入	11421	11.2	11484	11.0	11596	10.8
1. 工资性收入	4987	11.5	4986	8.7	4999	9.6
2. 经营净收入	3242	5.3	3309	2.6	3115	5.1
3. 财产净收入	146	1.5	154	4.3	152	8.2
4. 转移净收入	3046	18.4	3035	27.1	3331	19.1

（二）脱贫攻坚成效显著，四项收入全面增长。

随着精准扶贫工作的深入推进，2019年陕西贫困地区农村居民四项收入全面增长，其中，工资性收入、经营净收入、转移净收入三项增长较快。

1. 多渠道拓展就业，助力工资性收入继续较快增长。2019年我省贫困地区农村居民人均工资性收入4987元，增长11.5%，是陕西贫困地区农村居民收入的主要来源。陕西持续完善企业吸纳、公益性岗位安置、有组织劳务输出等多元就业扶贫体系，探索推广“村级劳务公司+用工企业主体+贫困劳动力”、培训就业“二合一”等模式。根据扶贫部门资料显示，2019年以来，全省已有42.97万名贫困群众实现就业。

2. 产业扶贫稳步推进，助力经营性收入平稳增长。2019年陕西贫困地区农村居民人均经营净收入3242元，增长5.3%。陕西把产业就业扶贫作为拔穷根、开富源的治本之策，壮大以苹果为代表的果业、以奶山羊为代表的畜牧业、以棚室栽培为代表的设施农业，发展区域特色产业，实施“3+X”产业扶贫工程，制定56个贫困县优势特色产业菜单、指导贫困村普遍建立集体经济组织，总结推广22种模式35个范例，全省1.4万家新型经营主体把贫困户嵌入产业发展链条，有效存进贫因地区农村居民经营性收入的增长。

3. 六张保障网兜牢基本民生底线，助力转型性收入高速增长。2019年陕西贫困

地区农村居民人均转移净收入 3046 元，在收入各项来源中增幅最高，达到 18.4%，比上年增速提高 5.6 个百分点，成为助推陕西贫困地区农村居民收入增长的重要动力。陕西强化特殊困难群体的政策保障，推进农村低保制度与扶贫开发政策有效衔接，将农村低保标准提高到每人每年 4310 元；将符合条件的贫困人口按规定程序全部纳入农村低保或特困人员救助供养范围；组织卫生健康、残联、民政等部门深入开展特殊困难群体帮扶行动，采取帮扶与救助相结合的办法，帮助病、残等特殊困难群体摆脱困境，以高点起步，高质量高标准推进民政脱贫攻坚兜底保障体系建设，筑牢了“最后一道防线”，确保小康路上“不漏一户、不少一人”。

4. “三变”改革发展集体经济，助力财产性收入持续增长。2019 年陕西贫困地区农村居民人均财产净收入 146 元，增长 1.5%。陕西以“资源变资产、资金变股金、农民变股东”为主要内容的三变改革工程，近年来在陕西全面部署和推进，支持和引导了农村集体盘活资源资产，解放和发展农村社会生产力，有效促进了财产性收入的增长。

（三）党的十八大以来，陕西贫困地区的贫困状况不断改善。

党的十八大以来，党中央提出“精准扶贫”方略，针对不同贫困区域环境、不同贫困农户状况，运用科学有效程序对扶贫对象实施精确识别、精确帮扶、精确管理，实行“一村一策，一户一法”，贫困地区的贫困状况得到显著改善，居民收入水平不断提高。从 2013 年到 2019 年，陕西贫困地区农村居民人均可支配收入由 6162 元增长到 11421 元，累计增长 5259 元，年均增长 877 元，累计增幅达到 85.3%，年均名义增速 10.8%，增速比同期全省农村平均水平快 1.1 个百分点。

贫困地区农村居民与全省农村居民的收入差距不断缩小。2013 年陕西贫困地区农村居民人均收入相当于全省农村居民人均收入的 86.9%，2019 年提高为 92.7%，占比提高了 5.8 个百分点。与全国平均水平相比，陕西贫困地区农村居民收入已接近全国水平。

图 2　2013-2019 年贫困地区农村居民收入情况

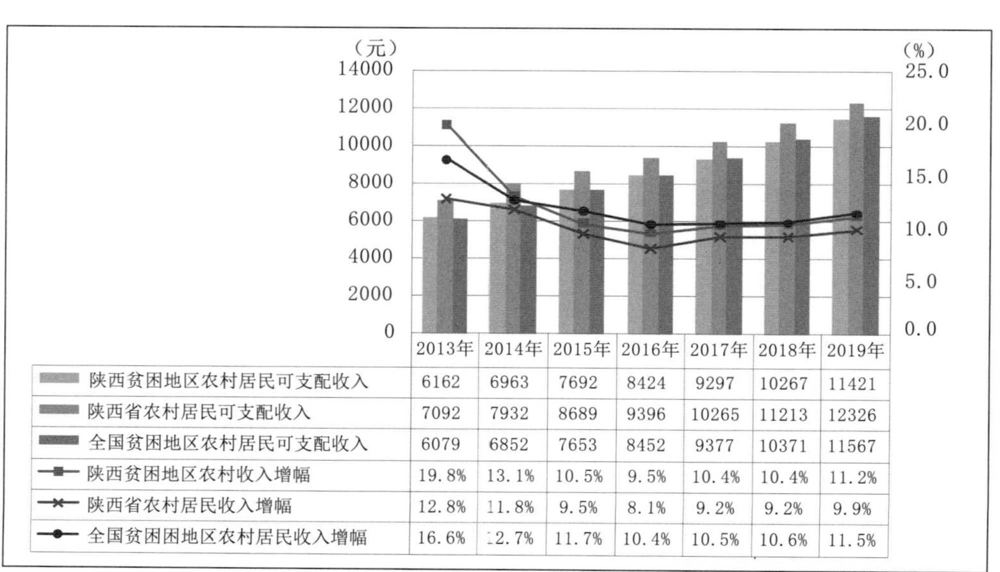

	2013年	2014年	2015年	2016年	2017年	2018年	2019年
陕西贫困地区农村居民可支配收入	6162	6963	7692	8424	9297	10267	11421
陕西省农村居民可支配收入	7092	7932	8689	9396	10265	11213	12326
全国贫困地区农村居民可支配收入	6079	6852	7653	8452	9377	10371	11567
陕西贫困地区农村收入增幅	19.8%	13.1%	10.5%	9.5%	10.4%	10.4%	11.2%
陕西省农村居民收入增幅	12.8%	11.8%	9.5%	8.1%	9.2%	9.2%	9.9%
全国贫困困地区农村居民收入增幅	16.6%	12.7%	11.7%	10.4%	10.5%	10.6%	11.5%

三、贫困地区农村居民生活水平稳步提升

随着收入的持续增长，贫困地区农村居民的消费观念逐渐转变，消费领域不断拓展，生活消费水平明显提升。

（一）贫困地区农村居民消费水平不断提高。

2019 年，我省贫困地区农村居民人均生活消费支出 10033 元，同比增长 8.5%，八大类消费呈全面增长态势。其中，人均食品烟酒类消费支出 2696 元，增长 14.3%；人均衣着类消费支出 575 元，增长 10.5%；人均居住类消费支出 2538 元，增长 7.3%；人均生活用品及服务支出 644 元，增长 8.1%；人均交通通信类消费支出 1088 元，增长 4.2%；人均教育文化娱乐类消费支出 1152 元，增长 8.2%；人均医疗保健类支出 1193 元，增长 2.3%；人均其他用品及服务类支出 147 元，增长 10.3%。

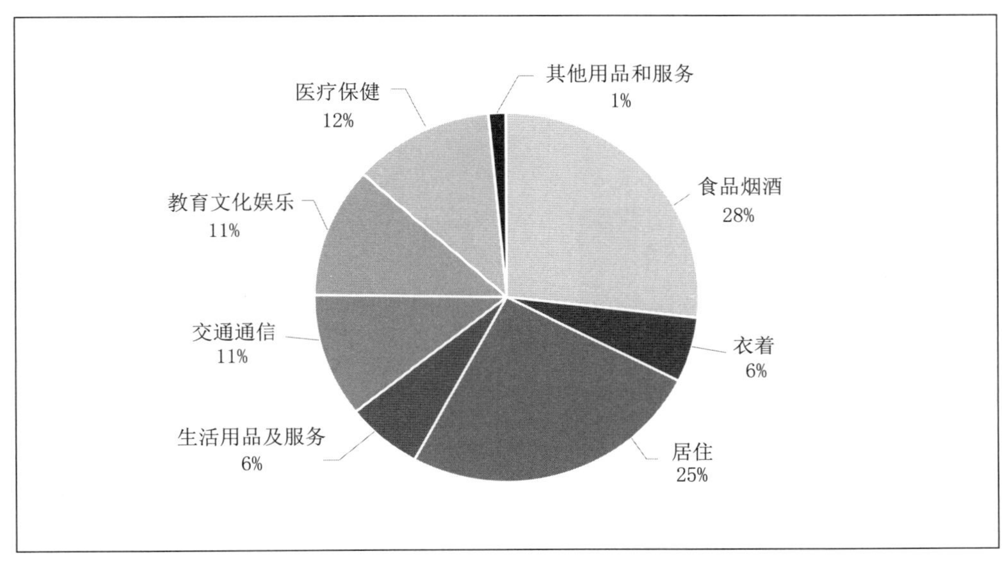

图 3　2019 年陕西贫困地区消费结构图

2019 年我省集中连片特困地区和扶贫开发工作重点县农村居民人均消费支出分别为 10108 元和 10077 元，分别增长 10.8% 和 10.6%。食品烟酒、衣着、居住、交通通信、教育文化娱乐、医疗保健等基本生活支出均保持增长，当地农村居民生活质量进一步提升。

（二）党的十八大以来，陕西贫困地区农村居民消费结构升级，生活品质不断提升。

一是贫困地区农村居民消费支出保持快速增长。陕西贫困地区农村居民生活消费支出由 2012 年的 4908 元增长到 2019 年的 10033 元，累计增长了 5125 元，年均增长 732 元，累计增幅达到 104.4%，年均增速 10.8%。贫困地区农村居民生活消费水平与收入同步提升，均达到了两位数的平均增速，且支出水平在 2019 年已达到全省农村平均水平的 91.8%。

二是人民生活明显改善，恩格尔系数持续走低，生存型消费支出比例不断下降。生活消费的八大类支出呈全面增长态势，医疗保健、家庭设备用品及服务、居住、文化教育娱乐用品及服务这四类消费支出在 2013-2019 年，年均增速分别达到 14.4%、13.2%、11.2% 和 11.1%。

三是耐用消费品拥有量加速增长，享受型消费品成为新时代的新追求。随着经济的不断发展和扶贫政策的有效落实，陕西贫困地区农村居民生活水平不断提高，消费结构开始升级，享受型消费品拥有量连年增长，以住房、交通、通讯为代表的新消费热点逐步形成，每百户拥有量分别从 2012 年的家用汽车 2.5 辆、洗衣机 63.9 台、电冰箱 35.8 台、移动电话 193.6 部、计算机 9.9 台，增加到 2019 年底的 15.0 辆、92.8 台、82.1 台、254.4 部和 14.9 台。

图 4　2012 年与 2019 年陕西贫困地区农村住户拥有耐用消费品情况

	汽车（辆/百户）	洗衣机（台/百户）	电冰箱（台/百户）	移动电话（部/百户）	计算机（台/百户）
2012年	2.5	63.9	35.8	193.6	9.9
2019年	15.0	92.8	82.1	254.4	14.9

三、贫困地区农村生活状况不断改善

陕西扎实推进易地扶贫搬迁，积极推进后续帮扶“1+7”政策体系，帮助贫困群众挪穷窝、立新业、融入新生活。同时坚持把基础设施建设作为脱贫攻坚硬件提升的主要抓手，围绕群众便捷出行、安全住房、安全饮水、环境整治不断加大投入，持续改善群众生产生活条件。2019 年，贫困地区发展能力进一步提升，长期制约贫困地区发展的基础设施短板基本补齐。

一是贫困群众“两不愁”问题全面解决，“三保障”和饮水安全问题基本解决。2019 年，陕西贫困地区农村居住竹草土坯房的农户比重为 3.7%，炊用柴草的农户比重为 59.5%，分别比 2018 年下降了 1.0 和 0.8 个百分点。使用管道供水的农户比重为 91.9%，使用经过净化处理自来水的农户比重 58.5%，独用厕所的农户比重为 98.2%，分别比 2018 年提高了 7.9、7.0、0.2 个百分点。

二是交通、信息等条件越来越便利。2019 年，陕西贫困地区农村所在自然村通公路的农户比重达到 100%，进村主干道路硬化的农户比重达 99.4%，乘坐公共汽车便利的农户比重达 78.1%。通电话的农户比重达到 100%；能接收有线电视信号的农户比重达到 99. 7%；通宽带的农户比重达到 94. 8%。

三是贫困地区农村文化教育卫生情况得到改善。2019 年，陕西贫困地区农村所在自然村有卫生站的农户比重达到 98. 1%，所在自然村上幼儿园便利的农户比重为 81. 8%，上小学便利的农户比重为 85. 1%，所在自然村垃圾能集中处理的农户比重达到 85. 7%。

四、陕西面临的形势、挑战和对策

2019 年以来，陕西在全力抓好脱贫攻坚工作的同时，对已脱贫摘帽县实行“四个不摘”，继续加大产业就业、健康扶贫、消费扶贫和保障性扶贫等方面的支持力度，但是，在巩固脱贫质量、防止返贫和出现新贫困群体等方面仍面临诸多挑战。

（一）陕西地跨六盘山、秦巴山、吕梁山集中连片贫困带，山区群众大多居住在地质条件差，易引发山洪、滑坡、泥石流等地质灾害地区，自然条件差，基础设施薄弱，因灾返贫现象突出，巩固脱贫成果难度大。

扶贫产业发展程度低，特色优势产业开发不足，加之一些脱贫户自身发展能力不强，抵御风险能力弱，返贫风险大；扶志扶智工作有待进一步深化，易地扶贫搬迁后续工作不够有力，一些群众缺乏稳定增收的产业就业路子，可持续脱贫能力有待增强。

（二）我省大部分贫困人口仍集中在贫困地区，减贫难度加大。2019 年，陕西贫困地区农村贫困人口为 14 万人，占陕西省农村贫困人口的 82. 4%。随着脱贫攻坚的扎实推进，陕西贫困人口规模明显减小，但是剩余贫困人口的扶持难度也随之显著增加。一是剩余贫困人口多为无劳动能力人口，兜底保障任务重。二是从分布构成来看，剩余的贫困人口大多集中在山大沟深、交通不便、信息闭塞的地区，基础设施和公共服务历史欠账多、建设成本高，脱贫难度大。三是受“等、靠、要”思想制约，安于现状，激发内生动力、提高发展能力的难度大。

（三）为确保 2020 年圆满完成脱贫攻坚任务，避免低质量脱贫情况发生，针对陕西脱贫攻坚面临现状，提出以下几方面对策建议。一是进一步改善基础设施条件，筑牢群众脱贫之基。交通、医疗、教育、生产等基础设施建设是解决贫困问题的基础条件，同时，基础设施建设也是一个长期工程，目前贫困村退出、贫困县摘帽所遵循的标准只是满足了基础设施建设的基本条件，贫困地区的进一步发展还需要持续改善基础设施建设水平。二是提升贫困户就业能力，增强群众“造血”功能。农村贫困户的文化水平相对更低，这极大地制约了贫困人员的就业能力。一方面，相关部门要加大培训力度，适当的拓宽农民工技能培训范围，扩大技能培训的覆盖面。另一方面，在技能培训的内容上，要凸显针对性和实用性，要让技能培训产生实质的就业效果，就必须要让培训内容贴近用工市场需求。三是织密扎牢保障网，兜底保障夺全胜。对于因残因病致贫，无劳动能力的贫困户，要给予更多的关怀。这一部分困难群众，应是政府制度性安排的对象，要及时、准确掌握其动态变化情况，切实做好兜底保障工作。

（国家统计局陕西调查总队 艾宁 张新权 丰俊妍）

专栏

三产协同发展　壮大集体经济

城关镇李家台村位于陕西旬阳县城以东 3 公里，紧邻县城城区和汉江，316 国道穿境而过。2014 年以来，李家台村先后被确定为国家级重点扶贫村、旬阳县精准扶贫与美丽乡村建设示范村、安康市统筹农村发展创新试点村、安康市美丽家园示范村。

全村有 8 个村民小组，388 户 1265 人。土地总面积 5123 亩，其中，耕地 2323 亩，林地 2800 亩，以山地为主。下辖 8 个村民小组，388 户 1265 人，其中建档立卡贫困户 117 户、417 人。2016 年前，该村集体没有任何经营收入，属于典型的集体经济“空壳村”。

近年来，李家台村利用交通条件优越、旅游资源丰富的区位优势，充分发挥村党支部的引领作用，在定点帮扶单位中核集团的大力支持下，积极探索实践，逐步形成了独具特色的一二三产业协同发展的村集体经济发展壮大之路。

一、盘活土地资源，入股合作分红利

2018 年初，该村率先启动农村集体产权制度改革，按照规范程序，成立了李家台村股份经济合作社（村级集体经济组织）。针对本村大量零星土地资源闲置的实际，在充分征求集体成员意见的基础上，村集体把全村 193 户长期闲置的零星耕地 753 亩、林地 132 亩，统一流转到村集体。在此基础上，引进 3 家农业企业投资 2800 余万元，将集体统一流转的土地入股到农业企业，主要用于该企业在本村建设牡丹园、樱桃园、桃园 3 个现代农业园区。采取保底收益 + 效益分红模式进行收益分配，其中耕地保底收益为 360 元 / 年 / 亩，林地保底收益 80 元 / 年 / 亩，效益分红根据企业当年经营情况逐年上升。村集体经济组织实行土地入股总收益的 80% 归农户，20% 土地入股收益归村集体的方式进行分配。2018 年以来，村集体土地入股企业年获得分红收入为 27.11 万元，农户年分红收入 22.59 万元，集体年积累 4.52 万元。同时，110 名村民到土地入股的园区就近务工，在享有土地入股红利的同时，又获得了稳定的务工收入。

二、领办农业园区，强化一产建基地

按照“党支部 + 集体经济组织 + 公司 + 合作社 +X”的模式，村集体出资成立了李家台旬核乡振生态农业有限公司和李家台旬核红农民专业合作社。由

中核集团牵头，整合中核工程、苏陕协作和农业产业建设等项资金612万元，建设李家台旬核乡振生态农业产业园。占地面积60亩，共有1个连体温室棚和44个标准化大棚。该产业园以辣椒育苗为主营业务，同时发展瓜果蔬菜和乡村旅游业。今年春季，已培育优质辣椒苗1300万株，仅此一项集体经济可获净收益60万元以上，该园区已成为旬阳县6000亩辣椒育苗基地、农村集体经济实培基地、精准扶贫和乡村振兴示范园区。

三、建设光伏电站，培植产业稳增收

由村集体牵头领办，成立旬阳县康路新能源农民专业合作社，在村内闲置土地上建设了140KW的分布式光伏发电站。2019年，新能源合作社实现光伏发电收益10万元，其中70%收益进入合作社用于村公益岗支出，30%用于贫困户分红。同时，在村易地搬迁集中安置小区，新建了一个420平方米的社区扶贫工厂，带动60余名贫困户在李家台安置小区社区工厂就业。

四、发展乡村旅游，培育三产创特色

各方筹集资金，先后在本村建成了三国文化园、乡村运动公园、赏花踏青园、林果采摘园等核心文旅项目。2019年5月，该村举办了首届乡村旅游文化节，先后开展了桃树认领、桃花观赏、抖音大赛、乡村越野跑、乡村音乐节等系列活动，旅游节当天，共迎接来自全国各地的游客1.5万人，村民餐饮和土特产销售额超过30万元，村集体获得旅游纯收入5万元。旅游节后的周末和暑期，每天到李家台村的旅游人数约500人。目前，正在积极申报国家级AAA旅游景区，李家台村独具特色的旅游品牌已初步形成。

（中核集团驻李家台村第一书记 杨才明；旬阳县农业农村局 李宝）

甘肃农村减贫情况

2019 年甘肃省委、省政府以习近平新时代中国特色社会主义思想为指导，全面落实习近平总书记视察甘肃重要讲话和“八个着力”重要指示精神，紧盯“两不愁三保障”目标和深度贫困地区，全面夯实精准帮扶、产业扶贫、各方责任、基层队伍、工作作风“五个基础”，举全省之力打好精准脱贫攻坚战，脱贫攻坚取得了决定性进展。

一、甘肃贫困地区基本状况

（一）2019 年甘肃农村减贫成效显著。

按现行国家农村贫困标准测算，2019 年末，甘肃省农村贫困人口为 46 万人，农村贫困发生率为 2.2%，较上年末减少 75 万人。

（二）党的十八大以来甘肃农村贫困人口持续减少。

甘肃农村贫困人口由 2012 年末的 596 万人减少至 2019 年末的 46 万人，累计减少 550 万人， 下降幅度为 92.3%，平均每年减少 78.6 万人；贫困发生率由 2012 年末的 28.5% 下降至 2019 年末的 2.2%，累计下降 26.3 个百分点，平均每年下降 4.0 个百分点。

图 1　2012-2019 年甘肃省贫困人口变化情况

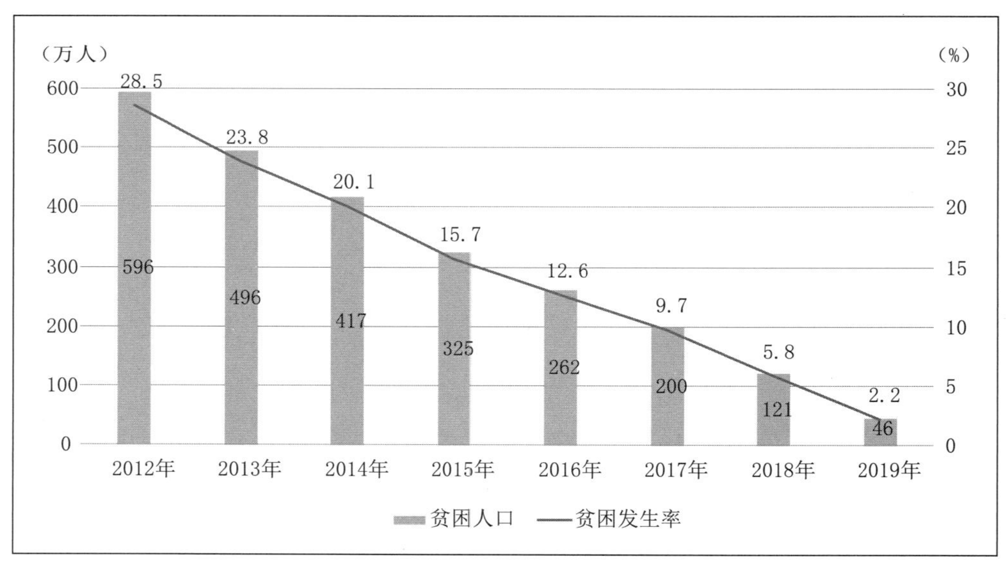

二、贫困地区农村居民收入和消费稳步增长

（一）贫困地区农村居民收入增速快于全国、全省农村居民收入增速。

2019年，甘肃贫困地区农村居民人均可支配收入为8592元，比上年增加904元，增长11.8%，比全国农村居民人均可支配收入增速高2.2个百分点，比全省农村居民人均可支配收入增速高2.4个百分点。

表1　2019年甘肃省贫困地区与全省农村居民收入对比情况

指　标	贫困地区			全省		
	水平（元）	构成（%）	增速（%）	水平（元）	构成（%）	增速（%）
人均可支配收入	8592	100.0	11.8	9629	100	9.4
1. 工资性收入	2656	30.9	10.9	2769	28.8	9.3
2. 经营净收入	3428	39.9	11.9	4322	44.9	13.0
3. 财产净收入	101	1.2	0.0	130	1.4	-38.8
4. 转移净收入	2407	28.0	13.1	2408	25.0	7.8

1. 工资性收入成为农村居民收入的重要组成部分。随着各部门产业扶贫、就业扶贫等扶贫力度的不断加大，道路硬化、水利设施建设、危房改造、易地搬迁等项目推进实施，对劳动力的需求明显增加，农村居民的务工机会增多，工资水平逐步提高，由此拉动了贫困地区农村居民务工收入的增长。2019年甘肃贫困地区农村居民人均工资性收入2656元，同比增长10.9%，占人均可支配收入的30.9%，是贫困地区农村居民收入增长的重要来源。

2. 经营净收入保持稳定增长。甘肃紧紧扭住贫困人口持续稳定增收这个关键，实施“一户一策”精准扶贫精准脱贫重大举措，大力发展“牛羊菜果薯药”六大特色产业和“五小”产业（小庭院、小家禽、小手工、小买卖、小作坊），拉开架势构建扶贫产业生产组织、投入保障、产销对接、风险防范“四大体系”，全省产业扶贫取得决定性进展，促进了贫困地区农村居民经营性收入的增长。截至2019年底，全省共引进培育龙头企业594家，累计达到2746家，基本实现了贫困县每个脱贫产业都有龙头企业带动。2019年甘肃贫困地区农村居民人均经营净收入3428元，同比增长11.9%，占人均可支配收入的比重为39.9%，成为拉动贫困地区农村居民收入增长的主要动力。

3. 财产净收入与上年持平。2019年甘肃贫困地区农村居民人均财产净收入101元，与上年持平，占人均可支配收入的比重为1.2%。

4. 转移净收入稳步增长。随着扶贫开发工作的不断深入，扶贫政策成效的逐步凸显，以及农村各项政策性补贴、社会保障等惠农政策的不断实施，贫困地区农村

居民从中得到更多实惠。2019 年甘肃贫困地区农村居民人均转移净收入 2407 元，同比增长 13.1%，占人均可支配收入的比重为 28.0%。

（二）贫困地区农村居民生活消费水平稳步提高。

2019 年，甘肃贫困地区农村居民人均消费支出 8184 元，比上年增加 944 元，增长 13.0%。贫困地区农村居民人均消费支出达到全省农村居民人均消费支出的 84.4%，同比增加 4.6 个百分点。

表 2　2019 年甘肃省贫困地区农村居民生活消费支出情况

指　标	2018 年（元）	2019 年（元）	增幅（%）	占比（%）	增长贡献（%）
人均消费支出	7241	8184	13.0	100.0	100.0
1. 食品烟酒	2172	2389	10.0	29.2	23.0
2. 衣着	457	495	8.3	6.0	4.0
3. 居住	1484	1669	12.5	20.4	19.7
4. 生活用品及服务	458	500	9.1	6.1	4.4
5. 交通通信	846	1035	22.3	12.6	20.0
6. 教育文化娱乐	851	947	11.4	11.6	10.3
7. 医疗保健	856	1020	19.1	12.5	17.4
8. 其他用品和服务	118	129	10.1	1.6	1.3

1. 恩格尔系数显著下降，“不愁吃”已经实现。改革开放以来，我国通过实施一系列强有力的农村扶贫开发政策，促使包括贫困地区在内的农村人口食品等物质消费水平不断提高、生活条件显著改善，基本解决了农村贫困人口的温饱问题。特别是党的十八大来，从食品支出总额占生活消费支出总额的比重来看，甘肃贫困地区农村居民这一比例由 2012 年的 38.4% 下降到 2019 年的 29.2%，这意味着甘肃贫困地区农村居民的食品消费状况正在发生巨大变化，“不愁吃”目标已经实现，并向小康富裕水平稳步迈进。

2. 衣着支出显著增加，“不愁穿”得到保障。在相关政策的积极作用下，甘肃贫困地区农村居民实现了衣食无忧。贫困地区农村居民人均衣着消费支出从 2012 年的 275 元增加到 2019 年的 495 元，是 2012 年的 1.8 倍，年均增长 8.8%。绝大多数贫困户家中一年四季都有换洗衣服，一人一年最少也能买 2 套衣服，深度贫困地区农村居民“不愁穿”得到保障。

3. 生活消费更加注重享受。2019 年，甘肃贫困地区农村居民人均居住支出 1669 元，增幅为 12.5%，占消费总支出的比重为 20.4%；人均生活用品及服务支出 500 元，增幅为 9.1%，占消费总支出的比重为 6.1%；人均交通通信支出 1035 元，增幅为 22.3%，占消费总支出的比重为 12.6%；人均教育文化娱乐支出 947 元，增幅为 11.4%，占消费总支出的比重为 11.6%；人均医疗保健支出 1020 元，增幅为 19.1%，占消费总支出的比重为 12.5%；人均其他用品和服务支出 129 元，增幅 10%，占消费总支出的比重为 1.6%。

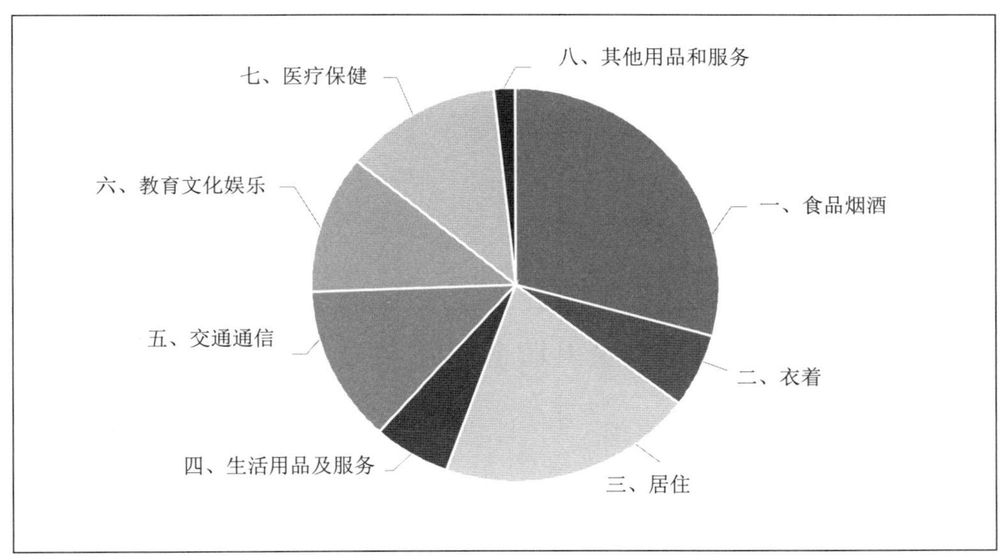

图 2　2019 年甘肃省贫困地区消费结构图

三、贫困地区农村居民生活质量进一步提升

随着收入水平的持续增长和社会保障体系的日趋完善，甘肃贫困地区农村居民住房及生活设施状况明显改善，生活质量稳步提升。

（一）居民居住条件持续改善。

通过实施危房改造、易地搬迁，甘肃贫困地区农村居民居住条件进一步改善。2019 年，甘肃贫困地区农村居住竹草土坯房的农户比重降至 2.6%，比 2018 年下降 0.7 个百分点。

（二）生活环境持续优化。

2019 年，甘肃贫困地区 87.1% 的农户家庭管道供水入户，比上年提高 5.5 个百分点；从饮水来源看，78.6% 的农户使用经过净化处理的自来水，比上年提高 10.4 个百分点；炊用柴草的农户比重为 33.4%，比上年下降 6.4 个百分点。

（三）耐用消费品拥有量不断增加。

2019 年，甘肃贫困地区农村居民家庭主要耐用消费品拥有量比上年有所增加，新型耐用消费品需求较旺，中低端耐用消费品基本普及。一是交通类耐用消费品增加。每百户平均拥有汽车 20 辆，比上年增加 1 辆；二是移动电话、计算机等信息通讯工具成为农民的“新农具”。每百户平均拥有移动电话 294 部，增加 7 部，每百户平均拥有计算机 16 台，增加 2 台；三是洗衣机和电冰箱的普及率明显提高。每百户平均拥有洗衣机 97 台、电冰箱 84 台，分别增加 3、6 台。

表 3　2019 年甘肃省贫困地区农村耐用品拥有量

指　标	2018 年	2019 年	增加（%）
汽车（辆 / 百户）	19	20	5.3
洗衣机（台 / 百户）	94	97	3.2
电冰箱（台 / 百户）	78	84	7.7
移动电话（部 / 百户）	287	294	2.4
计算机（台 / 百户）	14	16	14.3

四、贫困地区基础设施与公共服务不断完善

（一）基础设施不断完善。

2019 年末，甘肃省贫困地区农村全部通上了公路且基本实现进村主干道路硬化。通电话的自然村比重为 100%；通有线电视信号的自然村比重 100%；自然村通电话、有线电视信号基本实现全覆盖，比上年提高 1.9 个百分点。

（二）公共服务持续改善。

2019 年，甘肃持续加大对公共服务领域投入，为贫困地区农村居民生活提供便利。2019 年，甘肃贫困地区农村所在自然村垃圾能集中处理的农户比重为 83.1%，比上年提高 4.1 个百分点；所在自然村上幼儿园便利的农户比重为 90.5%，比上年提高 4.1 个百分点；所在自然村上小学便利的农户比重为 92%，比上年提高 1.9 个百分点。

表 4　甘肃省贫困地区自然村基础建设情况

指　标	单位	2018 年	2019 年	增加
所在自然村通公路的农户比重	%	100.0	100.0	0
所在自然村通电话的农户比重	%	100.0	100.0	0
所在自然村能接收有线电视信号的农户比重	%	99.8	100.0	0.2
所在自然村进村主干道路硬化的农户比重	%	94.6	98.0	3.4
所在自然村能便利乘坐公共汽车的农户比重	%	76.6	80.4	3.8
所在自然村通宽带的农户比重	%	94.6	96.5	1.9
所在自然村垃圾能集中处理的农户比重	%	79.0	83.1	4.1
所在自然村有卫生站的农户比重	%	93.0	96.8	3.8
所在自然村上幼儿园便利的农户比重	%	86.4	90.5	4.1
所在自然村上小学便利的农户比重	%	90.1	92.0	1.9

（国家统计局甘肃调查总队 李东臻）

青海农村减贫情况

2019年，青海省委省政府深入学习领会习近平总书记关于扶贫工作的重要论述，各部门、各地区全面贯彻落实党中央国务院和省委省政府脱贫攻坚重大决策部署，聚焦深度贫困地区，坚持精准扶贫方略，突出深度攻坚，强化民生保障，加快补齐短板，脱贫攻坚取得了决定性进展，为全面建成小康社会打下了坚实基础。据国家统计局青海调查总队住户收支与生活状况调查和农村贫困监测调查，青海农村贫困人口减少、贫困发生率显著下降，贫困地区农村居民收支保持快速增长、生活水平进一步提高，贫困地区基础设施持续改善、公共服务水平不断提高。

一、青海农村减贫成效显著

（一）农村贫困人口减少，贫困发生率下降到2%以下。

按现行国家农村贫困标准测算，2019年末，青海农村贫困人口5万人，比上年末减少5万人，下降50.5%；贫困发生率1.2%，比上年末下降1.4个百分点，比全国农村贫困发生率高0.6个百分点。

（二）党的十八大以来，青海农村贫困人口累计减少77万人。

青海农村贫困人口从2012年末的82万人减少至2019年末的5万人，累计减少77万人，年均减少11万人；贫困发生率从2012年末的21.6%下降至2019年末的1.2%，累计下降20.4个百分点。党的十八大以来，青海农村贫困人口大幅减少，减贫成效显著。如图1：

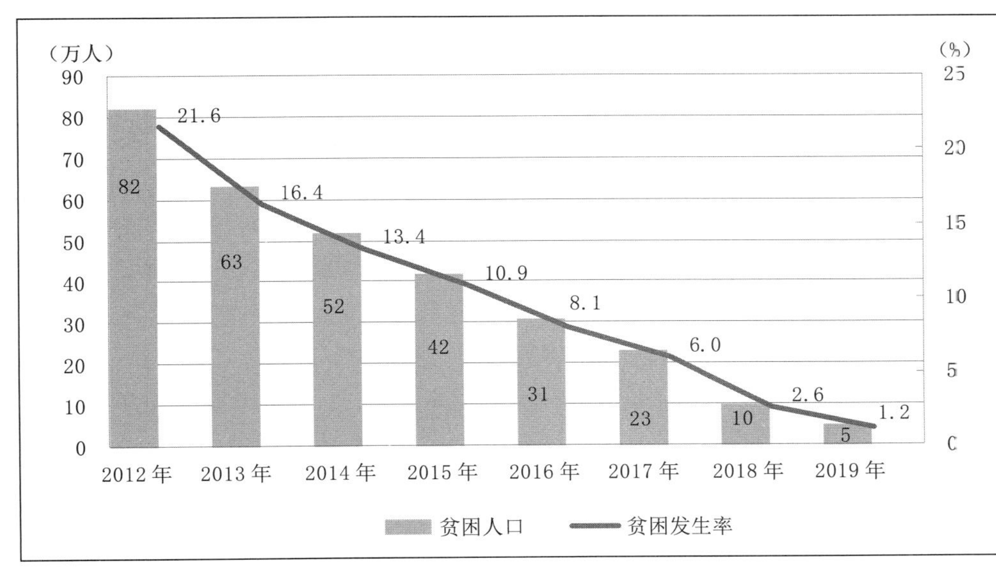

图1　青海农村贫困人口变动情况

二、青海贫困地区农村居民收入较快增长

青海贫困地区农村居民人均可支配收入增长 10.6%。2019 年，青海贫困地区农村居民人均可支配收入 11499 元，同比增长 10.6%，增速比上年加快 0.8 个百分点，收入构成分别呈现以下特点：

（一）工资性收入快速增长。2019 年，青海贫困地区农村居民人均工资性收入 3617 元，增长 18.7%，增速比上年加快 6.0 个百分点。人均工资性收入占人均可支配收入的比重为 31.5%，比上年提高 2.2 个百分点，对全年人均可支配收入增长的贡献率为 51.5%，拉动收入增长 5.4 个百分点，成为拉动收入增长的主动力。工资性收入增长主要是得益于全省各地强力推进脱贫攻坚、乡村振兴战略和农村人居环境整治，通过加强就业服务和职业技能培训、落实就业帮扶政策、有针对性开发各类公益性岗位优先安置贫困家庭人员等就业政策共同作用，使得农村居民增收取得明显成效。

（二）经营净收入增长明显加快。2019 年，青海贫困地区农村居民人均经营净收入 4297 元，增长 10.0%，增速比上年加快 6.3 个百分点。人均经营净收入占人均可支配收入的比重为 37.4%，比上年降低 0.2 个百分点，对收入增长的贡献率为 35.4%，拉动收入增长 3.8 个百分点。经营净收入增长主要是农畜产品市场供需关系变化，牛、羊肉价格恢复性上涨再加上替代效应凸显，猪、牛、羊肉价格都大幅上涨，强力拉动牧业收入高速增长，交通运输和批发零售业收入保持较快增长，有力支撑了经营净收入的增长。

（三）财产净收入减少。2019 年，青海贫困地区农村居民人均财产净收入 410 元，下降 11.5%。主要是转让承包土地经营权租金和出租机械收入减少，对财产净收入造成了下拉影响。人均财产净收入占人均可支配收入的比重为 3.6%。

（四）转移净收入平稳增长。2019 年，青海贫困地区农村居民人均转移净收入 3175 元，增长 6.6%。人均转移净收入占人均可支配收入的比重为 27.6%，对收入增长的贡献率为 17.8%，拉动收入增长 1.9 个百分点。随着全省脱贫攻坚工作进一步抓紧实施，大量政府专项扶贫资金投入和扶持力度的不断加大，以及各项农村政策性补贴，同时外出务工寄回带回也有一定增长，在多因素共同作用下实现了转移净收入的较快增长。

党的十八大以来，青海贫困地区农村居民人均可支配收入由 2012 年 5594 元增加到 2019 年的 11499 元，累计增加 5905 元，累计增长 1.06 倍，年均增长 10.8%，高于全国农村平均水平 1.1 个百分点。2019 年，青海贫困地区农村居民收入占全国农村居民收入的比重由 2012 年的 66.7% 提高到 71.8%，占比上升 5.1 个百分点，与全国农村居民收入差距继续缩小。

三、青海贫困地区农村居民消费水平稳步提高

青海贫困地区农村居民人均消费支出增长 9.6%。2019 年，青海贫困地区农村居民人均消费支出 11343 元，比上年增长 9.6%。其中，食品烟酒支出人均 3373 元，

增长 10.5%，占消费支出的比重为 29.7%；衣着支出人均 783 元，增长 8.7%，占 6.9%；居住支出人均 1965 元，增长 9.8%，占 17.3%；生活用品及服务支出人均 541 元，增长 1.4%，占 4.8%；交通通信支出人均 1886 元，增长 6.9%，占 16.6%；教育文化娱乐支出人均 1033 元，增长 9.4%，占 9.1%；医疗保健支出人均 1486 元，增长 11.5%，占 13.1%；其他用品和服务支出人均 276 元，增长 10%，占 2.5%。

党的十八大以来，青海贫困地区农村居民人均消费支出由 2012 年的 6613 元增加到 2019 年的 11343 元，年均增长 8%。消费支出中生存型消费（食品、衣着、居住）占比下降 6.2 个百分点，发展及享受型消费（交通通讯、教育文化娱乐、医疗保健和生活用品服务）占比上升 6.2 个百分点。数据表明，青海农村居民消费结构持续优化升级，生存型消费占比下降，发展及享受型消费占比提高，生活水平不断提高。见表 2

表 2　2019 年青海农村居民消费情况

指　标	全省农村支出额（元）
人均消费支出	11343
1. 食品烟酒	3373
2. 衣着	783
3. 居住	1965
4. 生活用品及服务	541
5. 交通通信	1886
6. 教育文化娱乐	1033
7. 医疗保健	1486
8. 其他	276

四、青海贫困地区农村居民生活和基础设施公共服务持续改善。

2019 年，青海聚焦深度贫困地区，统筹推进脱贫攻坚和乡村振兴，加快实施易地扶贫搬迁和农村人居环境整治和美丽乡村建设，贫困地区农村居民生活条件和基础设施公共服务持续改善。

（一）贫困地区农村居民生活环境舒适宜居。

1. 居住条件不断改善。得益于农牧民危旧房改造及居住条件综合改善工程项目的大力实施，贫困地区农村居民住房面积和居住质量都得到极大改善。据农村贫困监测调查显示，2019 年，青海贫困地区农村居民人均住房面积为 30.9 平方米，比 2012 年增加 8.1 平方米；居住在钢筋混凝土结构和砖混材料结构的农户比重比 2012 年分别增加 3.2 个、32.2 个百分点。见表 3。

表 3　2019 年青海贫困地区农村居民住房和生活设施情况

指　标	2012 年	2019 年	增加
人均住房建筑面积（平方米 / 人）	22.8	30.9	8.1
居住在钢筋混凝土结构的农户比重（%）	7.4	10.6	3.2
居住在砖混材料结构的农户比重（%）	12.4	44.6	32.2
使用管道供水的农户比重（%）	48.6	84.2	35.6
使用经过净化处理自来水的农户比重（%）	27.5	63.6	36.1
炊用清洁能源的农户比重（%）	5.5	34.5	29
有洗澡设施的农户比重（%）	4.7	35.5	30.8
炊用清洁能源的农户比重（%）	5.5	23.5	18.0

2. 饮水和能源使用状况持续改善。2019 年，青海贫困地区农村居民使用管道供水的农户比重达 84.2%，比 2012 年提高 35.6 个百分点；使用经过净化处理自来水的农户比重达 63.6%，比 2012 年提高 36.1 个百分点。贫困地区农村居民饮用水安全性和方便性进一步提高。

从能源使用情况看，2019 年，青海贫困地区农村炊用清洁能源的农户比重为 34.5%，比 2012 年提高 29.0 个百分点。炊用柴草的农户比重为 8.0%，比 2012 年下降 20.4 个百分点。

3. 卫生状况快速改善。根据青海省“厕所革命”三年行动计划，继续推进新建、改扩建农村居民卫生厕所项目。2019 年，青海贫困地区农村居民使用水冲式卫生厕所和卫生旱厕的农户比重分别为 14.8% 和 21.1%，比 2017 年分别提高 13.2 个百分点和 6 个百分点；使用普通旱厕的占 40.9%，比 2017 年下降 36.9 个百分点；没有厕所的农户比重占 6.3%，比 2017 年下降 1.2 个百分点。

4. 家庭耐用品拥有量不断增加。2019 年，青海贫困地区每百户居民家庭耐用品拥有量进一步增加，贫困地区人民生活品质不断提升。每百户汽车拥有量达到 45.3 辆，比上年增加 4.9 辆；每百户洗衣机拥有量为 97.9 台，比上年增加 2.9 台；每百户电冰箱（柜）拥有量为 102.2 台，比上年增加 6.3 台；每百户热水器拥有量达到 42.8 台，比上年增加 5.4 台；每百户彩色电视机拥有量 99.4 台，比上年增加 3.9 台；每百户移动电话拥有量达到 291.8 部，比上年增加 9.4 部。见表 4。

表 4　2019 年青海贫困地区农村居民耐用消费品拥有情况

指　标	2018 年	2019 年	增　加
百户汽车拥有量（辆）	40.4	45.3	4.9
百户洗衣机拥有量（台）	95	97.9	2.9
百户电冰箱（柜）拥有量（台）	95.9	102.2	6.3
百户移动电话拥有量（部）	282.4	291.8	9.4

（二）贫困地区基础设施和公共服务持续改善。

1. 教育文化卫生事业快速发展。党的十八大以来，青海不断优化教育资源布局工程和全民健康工程，新建、改扩建多所义务教育学校和幼儿园，提高教师和保育员补助，调整城乡居民医保筹资标准，促进贫困地区教育文化和卫生事业快速发展。见表 5。

表 5　2019 年青海贫困地区农村居民教育和卫生状况

指　　标	2018 年	2019 年	增　加
1、文化教育情况	—	—	—
所在自然村上幼儿园便利的农户比重（%）	81.2	85.6	7.7
所在自然村上小学便利的农户比重（%）	83.6	86.1	2.5
劳动力平均受教育年限（年）	6.4	6.5	0.1
有文化活动室的村比重（%）	87.7	90.9	3.2
2、医疗卫生情况	—	—	—
所在自然村有卫生站的农户比重（%）	90.6	95.0	4.4
拥有合法行医证医生／卫生员的村比重（%）	84.8	86.9	2.1
所在自然村垃圾能集中处理的农户比重（%）	69.9	79.9	10

2019 年，贫困地区农村所在自然村上幼儿园便利的农户比重 85.6%，比上年提高 4.4 个百分点；所在自然村上小学便利的农户比重 86.1%，比上年提高 2.5 个百分点。2019 年底，16 岁以上成员均未完成初中教育农户占 28.7%，比上年下降 3 个百分点。

2019 年，贫困地区所在自然村有卫生站的农户占 95.0%，比上年提高 4.4 个百分点。

2. 贫困地区基础设施建设不断加强。随着扶贫项目的实施，青海贫困地区农村基础设施得到进一步提升，农村道路通达情况和电力通讯设施状况不断改善。2019 年末，通电、通电话、通有线电视信号和通宽带的自然村比重分别为 96.2%、94.3%、82.5%、87.2%，分别比 2012 年增加 20.8、20.3、26.5、46.7 个百分点；主干道路经过硬化处理和通客运班车自然村比重分别为 90.6% 和 73.0%，比 2012 年分别提高 24 和 11.6 个百分点。贫困地区农村生产、生活的基础设施持续改善。见表 6。

表 6　2019 年青海贫困地区农村基础设施状况

指　　标	2012 年	2019 年	增加
通电的自然村比重（%）	75.4	96.2	20.8
通电话的自然村比重（%）	74	94.3	20.3
通有线电视信号的自然村比重（%）	56	82.5	26.5
通宽带的自然村比重（%）	40.5	87.2	46.7
主干道路面经过硬化处理的自然村比重（%）	66.6	90.6	24
通客运班车的自然村比重（%）	61.4	73	11.6

（国家统计局青海调查总队 郭增福 诺日措）

宁夏农村减贫情况

近年来，宁夏各级党委、政府坚决贯彻落实中央脱贫攻坚重大决策部署，紧紧围绕“两不愁 三保障”，坚持精准扶贫、精准脱贫基本方略，出台落实就业扶贫、产业扶贫等政策，有效促进了贫困地区农村居民收入的增长和生活质量的提高。

一、全区脱贫攻坚成效显著

（一）农村贫困人口大幅减少，贫困发生率持续下降。

按现行国家农村贫困标准测算，2019 年末，宁夏贫困地区农村贫困人口为 3 万人，比上年下降 4 万人，减幅达到 57.1%。贫困地区农村贫困发生率 1.4%，比上年下降 2 个百分点，与全国贫困地区平均贫困发生率持平，贫困地区农村贫困发生率呈现连年下降趋势。

（二）贫困地区贫困居民收入保持较快增长，增速快于全区平均水平。

据国家统计局宁夏调查总队贫困监测调查显示，2019 年，贫困地区农村居民人均可支配收入 10804 元，同比增加 1060 元，增长 10.9%，高于全区农村平均水平 1.1 个百分点，呈现良好发展的态势。

从收入来源看，贫困地区农村居民人均工资性收入 3859 元，同比增加 354 元，增长 10.1%，对收入增长的贡献率为 33.4%；人均经营净收入 3913 元，同比增加 373 元，增长 10.5%，贡献率为 35.2%；人均转移净收入 2963 元，同比增加 366 元，增长 14.1%，贡献率为 34.6%；人均财产净收入 69 元，同比减少 33 元，下降 32.7%。

表 1　2019 年贫困地区与全区农村居民收入的对比

指　标	贫困地区农村			全区农村		
	水平（元）	增幅（%）	占比（%）	水平（元）	增幅（%）	占比（%）
人均可支配收入	10804	10.9	-	12858	9.8	-
1. 工资性收入	3859	10.1	35.7	4963	9.1	38.6
2. 经营净收入	3913	10.5	36.2	4976	7.3	38.7
3. 财产净收入	69	-32.7	0.6	388	7	3
4. 转移净收入	2963	14.1	27.4	2532	17.3	19.7

近五年来，全区贫困地区农村居民收入保持快速增长，贫困地区农村居民收入水平从 2015 年的 7255 元提高到 2019 年的 10804 元，突破万元大关，累计增加 3549 元，年均增长 10.5%，高于同期全区农村居民人均可支配收入增速 1.5 个百分点，2019 年贫困地区农村居民可支配收入水平相当于全区农村居民收入水平的 84%，比 2015 年提升了 4.4 个百分点。

表 2　2015-2019 年宁夏贫困地区与全区农村居民收入情况

年　份	贫困地区农村居民人均可支配收入（元）	增速（%）	农村居民人均可支配收入（元）	增速（%）
2015	7255	10.7	9119	8.4
2016	7937	9.4	9852	8.0
2017	8809	11.0	10738	9.0
2018	9744	10.6	11708	9.0
2019	10804	10.9	12858	9.8

（三）贫困地区农村居民消费稳步增长。

伴随收入的增长，农村居民消费水平也稳步提升。据国家统计局宁夏调查总队贫困监测调查显示，近五年来，全区贫困地区农村居民生活消费支出水平从 2015 年的 7060 元提高到 2019 年的 9580 元，年均增长 7.9%，与全区农村居民消费同步增长。贫困地区农村居民生活消费支出占全区农村居民消费支出的 83.6%，说明受收入水平较低影响，贫困地区农村居民生活消费支出与全区农村居民还存在一定差距，生活质量相对较低。

表 3　2015-2019 年宁夏贫困地区与全区农村居民生活消费支出情况

年　份	贫困地区农村居民（元）	增速（%）	全区农村居民（元）	增速（%）
2015	7060	15	8415	9.6
2016	7728	9.5	9138	8.6
2017	8079	4.5	9982	9.2
2018	8904	10.2	10790	8.1
2019	9580	7.6	11465	6.3

（四）贫困地区农民居住和生活条件不断改善，公共服务水平提升。

随着脱贫攻坚工程持续深入稳步发展，惠及民生的效果逐步体现，集中表现在贫困地区农民生活条件显著改善。据国家统计局宁夏调查总队贫困监测调查显示，2019 年全区贫困地区农村居民人均住房建筑面积 27.5 平方米，比 2018 年的 25.6 平方米增加 1.9 平方米。2019 年，贫困地区农户使用净化自来水的比重为 91.7%，比 2018 年提高了 10.8 个百分点。居住竹草土坯房及使用炊用柴草的农户比重分别为 2.6% 和 5.9%，比 2018 年下降 0.5 和 7.7 个百分点。

表 4　2018-2019 年宁夏贫困地区农户居住及生活条件

指　标	单位	2019 年	2018 年	增加
居住竹草土坯房的农户比重	%	2.6	3.1	-0.5
使用照明电的农户比重	%	100.0	100.0	0.0
使用经过净化处理自来水的农户比重	%	91.7	80.9	10.8
独用厕所的农户比重	%	98.5	98.6	-0.1
炊用柴草的农户比重	%	5.9	13.6	-7.7

收入水平的提高也进一步激发了贫困地区农民购买耐用消费品的热情。2019 年贫困地区每百户汽车、洗衣机、电冰箱、移动电话、计算机拥有量分别为 29.7 辆、100.4 台、93.7 台、312.2 部、21.9 台，分别比 2018 年增加了 0.3 辆、2.6 台、4.4 台、14.5 部、3.8 台。

表 5　2018-2019 年宁夏贫困地区农户每百户耐用消费品拥有量

指　标	单位	2019 年	2018 年	增加
汽车	辆	29.7	29.4	0.3
洗衣机	台	100.4	97.8	2.6
电冰箱	台	93.7	89.3	4.4
移动电话	部	312.2	297.7	14.5
计算机	台	21.9	18.1	3.8

近几年，脱贫攻坚工程持续深入稳步发展，贫困地区农民公共服务便利程度大幅提高。2019 年，贫困地区所在自然村能便利乘坐公共汽车的农户比重、上幼儿园便利的农户比重、垃圾能集中处理的农户比重和有卫生站的农户比重分别是 96.0%、78.9%、79.8% 和 100%，分别比 2018 年高 6.0、12.7、1.7 和 2.6 个百分点。

表 6　2018-2019 年宁夏贫困地区农户基础设施及公共服务情况

指　标	单位	2019 年	2018 年	增加
所在自然村进村主干道路硬化的农户比重	%	100.0	100.0	0.0
所在自然村能便利乘坐公共汽车的农户比重	%	96.0	90.0	6.0
所在自然村上幼儿园便利的农户比重	%	78.9	66.1	12.7
所在自然村垃圾能集中处理的农户比重	%	79.8	78.1	1.7
所在自然村有卫生站的农户比重	%	100.0	97.4	2.6

二、影响贫困地区农民增收的主要问题

（一）劳动力素质低。

精准扶贫工作使贫困地区“两不愁、三保障”问题基本得到解决，农村的硬件设施也得到了全面提升，但要实现持续发展，用活资源，关键点还是在人。贫困地区农民科学文化素质普遍偏低、劳动技能差、市场意识淡薄成为农民增收的瓶颈。

（二）部分农户存在“等靠要”“不愿脱贫”思想。

部分农户自主脱贫意识不足，仍有“要低保”、不愿脱贫的想法，这些依赖政策支撑脱贫的农户一旦遭遇大病、残疾、子女教育等问题，将面临返贫风险。“等靠要”“不愿脱贫”心理的滋生，表明农户内生动力不足，成为制约农民增收的不稳定因素。

（三）脱贫产业发展层次较低。

贫困地区产业扶贫项目较多，但是产业扶持普遍存在“重前段、轻后端”的现象，加大种养殖规模投入多，产品加工、研发、市场拓展等方面扶持力度小。以养殖业为例，贫困户扶持以肉牛、肉羊为主，目前贫困地区牛羊养殖已初具规模，但产业发展层次较低，仍停留在养殖育肥阶段，农户牧业收入主要来自出售活牛、活羊，产业发展缺少大型龙头企业的带动引领，精深加工转化率低，产业链条短，产品附加值低，效益扩张后劲不足，抵御市场风险能力较弱。

三、对当前贫困地区农民增收的建议

（一）强化农民工技能培训，拓宽农民就业渠道。

一是以新生代农民工为重点，加大技能培训力度，加强与工业园区、建筑工地等农民工输入地对接，提高职业培训的针对性和有效性；二是大力发展农产品加工、休闲农业和乡村旅游等劳动密集型产业项目，推进贫困地区农业“一二三”产融合发展；三是鼓励工商资本投资农业，积极发展种养业和农业多种经营，多方位吸纳农民工就业。

（二）促进农户内生动力，激发精神扶贫新动力。

一是进一步办好新时代农民“讲习所”，重点讲思想、讲政策、讲方针、讲技术，引导群众知晓政策、用好政策，把新时代农民“讲习所”运行情况纳入基层党建考核主要内容，力争把“讲习所”办成农村党员群众教育培训的主阵地，办成群众的精神家园。二是要树立“谁先脱贫谁光荣”理念，每年评选表彰一批“脱贫光荣户”，宣传报道脱贫先进典型和好经验、好做法，激发贫困户脱贫内生动力，弘扬正能量，消除贫困户“等靠要”思想，促使贫困户主动脱贫、主动致富。三是要深入推进移风易俗和民风建设，以社会主义核心价值观为导向，充分发挥村级“红白理事会”

的监督作用，促进群众转变观念、提高思想认识，尤其是要抵制高额彩礼形成的不正之风。

（三）壮大村集体经济，培育多方位收入增长点。

一是着力提高农村党支部班子的加强和干部队伍素质，从文化程度高、经营大户、科技致富带头人中选配村干部，提高村级班子发展集体经济的能力。二是充分利用本村现有资源，因地制宜，支持村集体组织专业队伍承包农村公路建设养护、绿化管理、农田复垦、垃圾清运填埋、水利设施维修服务等项目获得收入，推动村集体经济多渠道、多类型、多元化发展。三是加强对村级集体经济的监督管理，提高镇村两级干部对村级集体经济管理服务上的责任意识。

（四）对标乡村振兴，科学推进产业扶贫。

一是根据市场需求变化科学制定产业规划，避免产业扶贫项目低端化、功利化、福利化和同质化。二是着力培育一批贫困户参股的或能带动贫困户增收的示范家庭农场、示范合作社、重点龙头企业、社会化服务组织、示范农业产业化联合体等新型经营主体，改善目前农业经营主体规模小、效益低的问题，同时要充分重视小农户的切身利益，既要发挥多种形式适度规模经营的引领作用，又要注重稳定小农户家庭经营这个基本面。三是在延伸产业链条上下功夫，出售农牧业初级产品竞争大、利润低，农民增收存在“天花板”，只有引进农牧业产品加工企业，大力发展农产品加工业，依托县域形成农产品加工产业集群，做到“粮头食尾”、“农头工尾”，尽可能把产业链留在县区，增强农村市场活力，促进一二三产业融合发展。四是加强农业科技投入，重点研发节本增效、优质安全、绿色环保技术，加大对畜牧粪便等牧业副产品的综合开发、循环利用，缩减成本、提高效益。

（国家统计局宁夏调查总队 宋晓捷）

因地制宜　多向发展　村民乐享脱贫红利

一、背景情况

宁夏固原市隆德县观庄乡前庄村，地处六盘山腹地，海拔2200米至2400米，山大沟深，高寒阴湿，年平均气温度5.6度，无霜期120天。该村辖5个村民小组，户籍人口290户1072人，常住人口216户863人，土地总面积4460亩，耕地面积2660亩，人均旱作耕地2.45亩。2014年，前庄村因基础条件差、产业单一、贫困程度深等原因，被自治区确定为重点贫困村，共有建档立卡贫困户92户367人，贫困发生率高达32.2%。

党的十八大以来，在中央、自治区脱贫攻坚政策大力支持下，前庄村“两委”坚持精准扶贫精准脱贫基本方略，依托隆张公路旅游环线优势资源，调整发展思路，规划发展蓝图，带领群众因地制宜实施“旅游+”产业，因户因人配套脱贫措施，开展整村推进脱贫攻坚。2016年底，前庄村脱贫出列。近3年来，隆德县委、县政府按照“脱贫不脱责任、脱贫不脱政策、脱贫不脱帮扶、脱贫不脱监管”的要求，带领前庄村广大群众重装出发，继续踏上了巩固提升之路，为实现乡村振兴奠定坚实基础。截止2018年底，全村共脱贫90户360人，剩余2户7人未脱贫，贫困发生下降到0.73%，人均可支配收入由2014年的3100元增加到8960元。

二、主要做法

（一）因势利导兴产业。前庄村积极推动特色农业、乡村旅游、民俗文化等产业深度融合，进一步拓宽贫困群众增收渠道。

一是乡村旅游助力脱贫攻坚驶上快车道。依托北联池、伏羲崖两个毗邻旅游景点和隆张公路旅游环线区位优势，按照“旅游+农副产品加工、特色种养、务工”产业发展思路，结合闽宁示范村，全力打造旅游示范村，并通过旅游观光有效带动了当地住宿、餐饮、农副产品等产业发展。先后成功举办环六盘山国际自行车邀请赛、六盘山山花旅游节等活动，扩大了旅游产业知名度。2018年销售蜂蜜、中药材、野蕨菜等特色农副产品，年累计增收36万元，户均增收1667元以上。全村133户农户种植1900亩油菜花，辐射带动大庄等村集中连片种植油菜花7000亩，成功打造六盘山山花观光带，盛花期吸引了大批游客参观游玩。发展农家乐、民宿客栈、旅游商店等18家（其中建档立卡贫困户2家），利用村集体资金建成生态餐厅300平方米，稳定就业11人，年获利 10 万元以上。

二是扶贫车间为百姓增收装上了助推器。依托闽宁协作，利用隆德人造花艺有限公司资源，采取“政府投资 + 社会帮扶 + 企业自筹”和“村建、企用、乡管、县补”的模式，建成村级人造花扶贫车间 600 平方米，吸纳 69 名留守妇女和老人稳定就业，其中建档立卡贫困人口 28 人，实现年产值 78 万元，人均月收入 1500 元以上，实现了老百姓挣钱顾家两不误。

三是特色种养业让百姓吃上定心丸。累计为 82 户建档立卡贫困户发放金融扶贫贷款 336 万元，户均贷款 4 万元以上；扶持 27 户建档户养牛 96 头，年均出栏 38 头，户均净增收 1.2 万元以上；积极引导 57 户农户通过土地股份制改革流转土地 350 亩，户均获得租金 2400 元以上。26 户易地扶贫搬迁户由养殖大户带领养殖梅花鹿，年户均分红达 1500 元。培育合作社 6 个、致富带头人 8 人、选育村级后备干部 3 名，培养了一批懂政策、懂法律、懂技术的明白人，带动群众发展产业的队伍进一步壮大。

（二）因地制宜强基础。结合旅游示范村建设、美丽乡村建设等项目，前庄村持续改善基础设施建设，为老百姓打造生态宜居、环境优美、乡风文明的新时代农村。围绕“两不愁三保障”，抓重点、补短板、强弱项、控风险，累计改造危房 153 户、自来水入户 216 户；大力推行农村环境治理网格化管理，实施农村生活垃圾清理、河道治理等项目，累计硬化巷道 6.4 公里、绿化 2.8 万平方米、配套地坑式垃圾箱 5 个、安排护林员和公益岗位保洁人员 11 名，实现了水、电、路、房、老年幸福院、老饭桌等基本公共服务全覆盖，有效解决了老百姓住房危、出行难等问题。去年以来，作为全县 12 个改厕示范村之一，科学制定改厕计划，推进行政村厕所改造一次到位、一户不落，目前已完成 202 户水冲式厕所改造，改厕成效得到了老百姓一致好评。

（三）靶向精准强素质。前庄村虽然已经脱贫销号，但始终把增强贫困农户发展能力，作为巩固提升脱贫成效的有效手段。

一是教育扶贫彻底斩断穷根。大力实施控辍保学，全面落实各学段教育扶贫政策，通过义务教育阶段“三免一补”、高中阶段免除学杂费、中职学生“两免一补”、高职及以上学生“雨露计划”、燕宝基金、生源地贷款等途径，实现 149 名贫困学生教育资助全覆盖，有效减轻了贫困家庭教育负担，全村适龄儿童义务教育入学率和巩固率均达到 100%，无义务教育阶段辍学学生，有效阻断了贫困代际传递。

二是技能培训锤炼致富本领。充分尊重劳动力意愿和各行业用工要求，通过现场培训、以工代训等方式，累计培训劳动力 420 人次、转移就业 260 人（其中县内就业 143 人、县外就业 117 人），实现了培训一人、就业一人、脱贫一家的目标。

三是志智双扶激发内生动力。充分发挥第一书记“五大员”职能，扎实开展一约四会、扫黑除恶、法治扶贫、农民讲习、新时代文明实践等活动，开展文明家庭、身边好人、“好公婆好媳妇”等评选表彰活动，树立光荣脱贫户和致富光荣户典型，广泛宣传他们助人为乐、孝老爱亲、自强不息的先进事迹，引导群众健康向上、积极进取的良好风气，不断激发贫困户自力更生、自主脱贫的内生动力。

（国家统计局隆德调查队 杜 娟）

新疆农村减贫情况

2019年，自治区上下坚决贯彻落实习近平总书记关于扶贫工作的重要论述和重要指示批示精神，贯彻落实以习近平同志为核心的党中央治疆方略，聚焦社会稳定和长治久安总目标，坚决扛起脱贫攻坚政治责任，围绕“两不愁三保障”，落实“六个精准”，坚持“一个紧密结合”，推进“七个一批”，做到“三个加大力度”，新疆贫困地区贫困人口持续减少，贫困发生率明显下降，贫困地区农民收入快速增长，生活质量和环境稳步改善。

一、新疆农村减贫成效显著

（一）新疆农村贫困人口及贫困发生率持续降低。

据国家统计局新疆调查总队居民收支与生活状况调查，按现行国家农村贫困标准，2019年末，新疆农村贫困人口20万人，较2018年减少44万人。农村贫困发生率为1.7%，较2018年下降4.0个百分点。党的十八大以来，新疆农村贫困人口由2012年末的273万人减少至2019年末的20万人，累计脱贫253万人，贫困发生率由2012年末的25.4%下降至2019年末的1.7%，累计下降23.7个百分点。

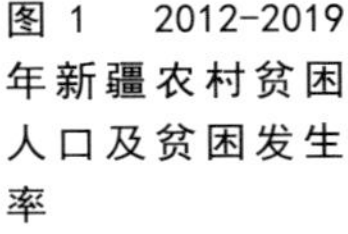
图1　2012-2019年新疆农村贫困人口及贫困发生率

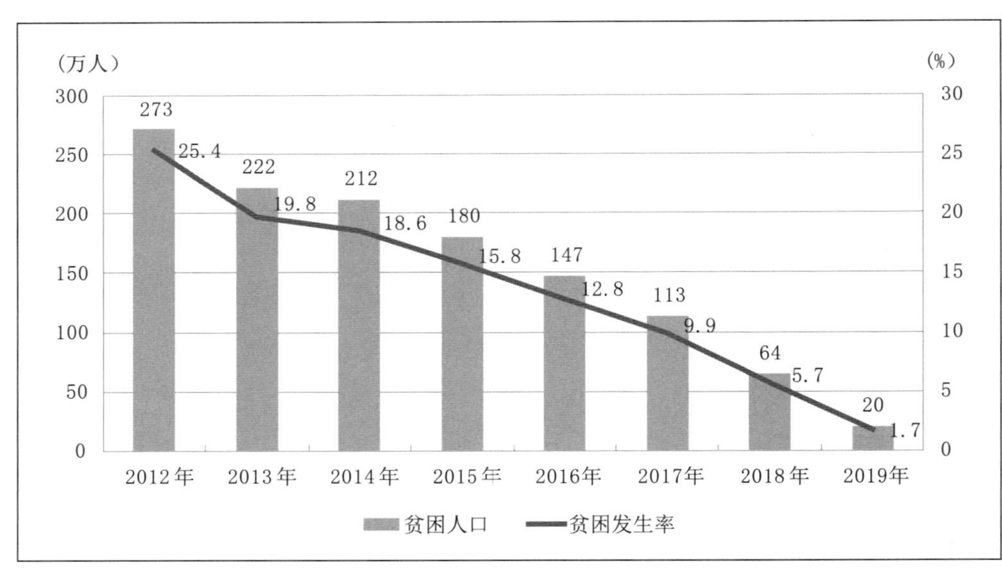

（二）贫困地区及南疆四地州贫困人口及贫困发生率稳步缩小。

2019年末，新疆贫困地区农村贫困人口为12万人，较2018年减少31万人，下降幅度为72.1%，贫困发生率为1.7%。其中，南疆四地州农村贫困人口为12万人，较 2018 年减少 30 万人，下降幅度为 71.4%，贫困发生率为 1.7%。

二、贫困地区农村居民收入稳步增长，增幅高于新疆平均水平

2019 年，新疆贫困地区农村居民人均可支配收入 12035 元，较 2018 年增加 1128 元，同比增长 10.3%，增幅高于新疆农村居民平均水平 0.7 个百分点，新疆贫困地区农村居民收入稳步增长。2019 年，新疆贫困地区农民收入与全区平均水平的差距为 1087 元。

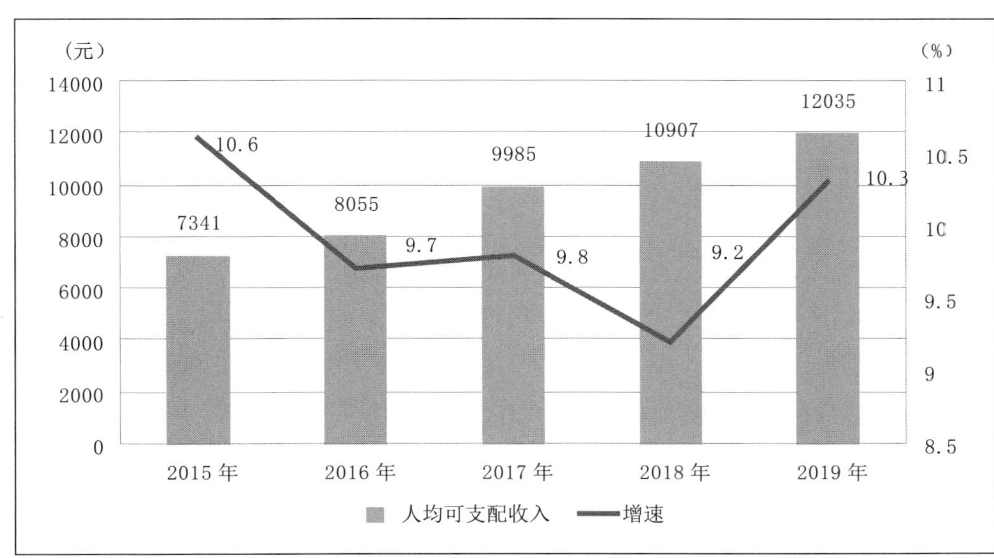

图 2 2015-2019 年新疆农村贫困地区收入增长变化图

（一）从收入分项来看，工资性收入和转移净收入增速提高。

2019 年，新疆贫困地区农村居民人均工资性收入 3399 元，增加 412 元，增长 13.8%，增速较上年增加 2.4 个百分点；经营净收入 5553 元，增加 185 元，增长 3.4%，增速下降 1.6 个百分点；转移净收入 2853 元，增加 392 元，增长 15.9%。

（二）从收入构成来看，收入结构稳中向优。

2019 年，随着农村富余劳动力转移工作力度不断加大，贫困地区农村居民工资性收入占贫困地区农村居民人均可支配收入比重为 28.2%，较 2018 年提高 0.8 个百分点；经营净收入比重由 49.2% 下降到 46.1%，减少 3.1 百分点，但经营净收入仍是农民收入的主要来源；财产净收入占比 1.9%，增加 1.1 个百分点；转移净收入比重继续增大，由 22.6% 提高到 23.7%。

（三）从地区来看，南疆四地州农村居民人均可支配收入增速高于新疆贫困地区。

2019 年，南疆四地州农村居民人均可支配收入 12009 元，较 2018 年增加 1247 元，增长 11.6%，增速高于新疆贫困地区农村居民平均水平 1.3 个百分点。其中，人均工资性收入 3329 元，增长 14.8%；经营净收入 5527 元，增长 4.9%；财产净收入 234 元，

增长 203.9%；转移净收入 2919 元，增长 16.2%。

三、贫困地区农村居民生活消费明显提高，消费结构进一步优化

（一）生活消费明显提高。

2019 年，新疆贫困地区农村居民人均消费支出 8162 元，较 2018 年增加 1106 元，同比增幅达 15.7%，较 2018 年增幅扩大 2.3 个百分点，贫困地区农村居民生活消费支出明显提高。

（二）消费结构进一步优化。

1. 生存类消费占比降低，食品烟酒类支出占比下降是主因。2019 年，新疆贫困地区农村居民吃穿用等生存型消费支出共 3772 元，占生活消费支出比重的 46.2%，较 2018 年占比缩小 2.7 个百分点，说明贫困地区农村居民生活质量得到进一步提高。其中，人均食品烟酒消费支出 2509 元，同比增长 11.3%，占人均消费支出的比重为 30.7%，较 2018 年缩小 1.2 个百分点；衣着消费支出为 682 元，与上年基本持平，占人均消费支出的比重为 8.4%，下降 1.3 个百分点；生活用品及服务消费支出 581 元，增长 13.7%，占人均消费支出的 7.1%，缩小 0.2 个百分点。

2. 居住、教育文化娱乐消费增加明显。随着易地搬迁及危房改造等工作进一步推进，2019 年，新疆贫困地区农村居民人均居住消费支出 1765 元，较 2018 年增加 259 元，同比增长 17.2%；教育文化娱乐消费支出 1023 元，较 2018 年增加 264 元，同比增长 34.8%。

（三）农村基础设施及公共服务不断改善，居民生活质量进一步提升。

1. 基础设施建设成效明显

2019 年，新疆贫困地区农村通公路、通电话、所在自然村接收有线电视信号、通宽带、有卫生站、所在自然村上幼儿园便利及所在自然村进村主干道路硬化等基础设施建设均已基本实现全面覆盖。所在自然村能便利乘坐公共汽车的农户比重占 92.4%，较 2018 年扩大 14.0 个百分点；所在自然村垃圾能集中处理的农户比重占 81.3%，较 2018 年扩大 6.6 个百分点；所在自然村上小学便利的农户占 99.0%，扩大 1.8 个百分点。

2. 居住环境持续改善

2019 年，新疆贫困地区农村居民住房建筑面积户均 112.9 平方米，均为砖混、砖瓦砖木以及钢筋混凝土材料住房。独用厕所的农户比重占 98.9%。

3. 饮水条件不断提升

2019 年，新疆贫困地区农村居民中，使用管道供水的农户比重为 93.7%，较 2018 年提高 3.9 个百分点。

（国家统计局新疆调查总队 王鹏）

统计资料篇

资料使用说明

一、数据来源

本报告的数据主要有四个来源：

（一）全国住户收支与生活状况调查：该调查由国家统计局住户调查办公室负责组织实施，按照分层随机抽样方法在全国共抽取约16万调查户开展抽样调查。样本规模和分布经过科学测算，抽样结果经过严格评估，对全国、分省有代表性。统计资料第一部分全国农村统计资料主要来自该调查。

（二）国家农村贫困监测调查：该调查由国家统计局住户调查办公室负责组织实施。抽样方法同全国住户收支与生活状况调查，样本覆盖我国贫困地区的592个扶贫重点县及14个连片特困地区县，调查村委会5000多个，约6万户，抽样结果对全国贫困地区、连片特困地区和扶贫重点县有代表性。统计资料第二部分贫困地区统计资料、第三部分连片特困地区统计资料、第四部分扶贫重点县统计资料主要来自该调查。

（三）县（市）社会经济基本情况统计：该项统计由国家统计局农村司负责组织实施。统计资料第二部分贫困地区统计资料、第三部分连片特困地区统计资料、第四部分扶贫重点县统计资料中的综合资料来自该项统计。

（四）部门统计调查。

二、其他说明

（一）本报告中的全国数据未包括香港、澳门特别行政区和台湾省；

（二）空栏代表数据缺失，使用“--”表示；

（三）由于小数点原因，部分分项数据加总与汇总数据不完全一致，本报告未做调整。

一、全国农村

表 1-1　历年全国农村贫困状况

年　份	1978 年标准		2008 年标准		2010 年标准	
	贫困人口（万人）	贫困发生率(%)	贫困人口（万人）	贫困发生率(%)	贫困人口（万人）	贫困发生率(%)
1978	25000	30.7			77039	97.5
1980	22000	26.8			76542	96.2
1981	15200	18.5				
1982	14500	17.5				
1983	13500	16.2				
1984	12800	15.1				
1985	12500	14.8			66101	78.3
1986	13100	15.5				
1987	12200	14.3				
1988	9600	11.1				
1989	10200	11.6				
1990	8500	9.4			65849	73.5
1991	9400	10.4				
1992	8000	8.8				
1994	7000	7.7				
1995	6540	7.1			55463	60.5
1997	4962	5.4				
1998	4210	4.6				
1999	3412	3.7				
2000	3209	3.5	9422	10.2	46224	49.8
2001	2927	3.2	9029	9.8		
2002	2820	3.0	8645	9.2		
2003	2900	3.1	8517	9.1		
2004	2610	2.8	7587	8.1		
2005	2365	2.5	6432	6.8	28662	30.2
2006	2148	2.3	5698	6.0		
2007	1479	1.6	4320	4.6		
2008			4007	4.2		
2009			3597	3.8		
2010			2688	2.8	16567	17.2
2011					12238	12.7
2012					9899	10.2
2013					8249	8.5
2014					7017	7.2
2015					5575	5.7
2016					4335	4.5
2017					3046	3.1
2018					1660	1.7
2019					551	0.6

数据来源：国家统计局农村住户调查和住户收支与生活状况调查

注：① 1978 年标准：1978—1999 年称为农村贫困标准，2000—2007 年称为农村绝对贫困标准。

② 2008 年标准：2000—2007 年称为农村低收入标准，2008—2010 年称为农村贫困标准。

③ 2010 年标准：即现行农村贫困标准，于 2011 年确定。

表 1-2 2010-2019 年全国分地区农村贫困人口规模

单位：万人

地 区	2010 年	2011 年	2012 年	2013 年	2014 年	2015 年	2016 年	2017 年	2018 年	2019 年
全 国	16567	12238	9899	8249	7017	5575	4335	3046	1660	551
北 京	1	2	1	.	.	.	.	.	.	.
天 津	8	5	1	.	.	.	.	.	.	.
河 北	872	561	437	366	320	241	188	124	63	.
山 西	574	444	359	299	269	223	186	133	74	16
内蒙古	258	160	139	114	98	76	53	37	14	.
辽 宁	213	157	146	126	117	86	59	39	24	.
吉 林	216	140	103	89	81	69	57	41	26	9
黑龙江	239	155	130	111	96	86	69	50	27	.
上 海	.	.	.	.	.	.	.	.	.	.
江 苏	187	123	106	95	61	.	.	.	.	.
浙 江	148	94	83	72	45	.	.	.	.	.
安 徽	839	710	543	440	371	309	237	158	67	.
福 建	167	114	87	73	50	36	23	.	.	.
江 西	538	438	385	328	276	208	155	107	63	.
山 东	544	345	313	264	231	172	140	60	.	.
河 南	1461	955	764	639	565	463	371	277	163	51
湖 北	678	488	395	323	271	216	176	114	67	.
湖 南	1006	908	767	640	532	434	343	232	105	42
广 东	314	166	128	115	82	47	.	.	.	.
广 西	1012	950	755	634	540	452	341	246	140	51
海 南	133	88	65	60	50	41	32	23	7	.
重 庆	363	202	162	139	119	88	45	21	13	.
四 川	1409	912	724	602	509	400	306	212	98	52
贵 州	1521	1149	923	745	623	507	402	295	173	53
云 南	1468	1014	804	661	574	471	373	279	179	66
西 藏	117	106	85	72	61	48	34	20	13	4
陕 西	756	592	483	410	350	288	226	169	83	17
甘 肃	862	722	596	496	417	325	262	200	121	46
青 海	118	108	82	63	52	42	31	23	10	5
宁 夏	77	77	60	51	45	37	30	19	9	4
新 疆	469	353	273	222	212	180	147	113	54	20

数据来源：国家统计局农村住户调查和住户收支与生活状况调查

注："."表示数值较小，统计上不显著，下同。

表 1-3 2010-2019 年全国分地区农村贫困发生率

单位：%

地 区	2010 年	2011 年	2012 年	2013 年	2014 年	2015 年	2016 年	2017 年	2018 年	2019 年
全 国	17.2	12.7	10.2	8.5	7.2	5.7	4.5	3.1	1.7	0.6
北 京	0.3	0.3	0.2	.	.	.	.	.	.	.
天 津	2.0	1.2	0.2	.	.	.	.	.	.	.
河 北	15.8	10.1	7.8	6.5	5.6	4.3	3.3	2.2	1.1	.
山 西	24.1	18.6	15.0	12.4	11.1	9.2	7.7	5.5	3.0	0.6
内蒙古	19.7	12.2	10.6	8.5	7.3	5.6	3.9	2.7	1.0	.
辽 宁	9.1	6.8	6.3	5.4	5.1	3.8	2.6	1.7	1.1	.
吉 林	14.7	9.5	7.0	5.9	5.4	4.6	3.8	2.7	1.8	0.6
黑龙江	12.7	8.3	6.9	5.9	5.1	4.6	3.7	2.7	1.4	.
上 海	.	.	.	.	.	.	.	.	.	.
江 苏	3.8	2.5	2.1	2.0	1.3	.	.	.	.	.
浙 江	3.9	2.5	2.2	1.9	1.1	.	.	.	.	.
安 徽	15.7	13.2	10.1	8.2	6.9	5.8	4.4	3.0	1.3	.
福 建	6.2	4.2	3.2	2.6	1.8	1.3	0.8	.	.	.
江 西	15.8	12.6	11.1	9.2	7.7	5.8	4.3	3.0	1.8	.
山 东	7.6	4.8	4.4	3.7	3.2	2.4	1.9	0.8	.	.
河 南	18.1	11.8	9.4	7.9	7.0	5.8	4.6	3.4	2.1	0.6
湖 北	16.9	12.1	9.8	8.0	6.6	5.3	4.3	2.8	1.6	.
湖 南	17.9	16.0	13.5	11.2	9.3	7.6	6.0	4.1	1.8	0.7
广 东	4.6	2.4	1.9	1.7	1.2	0.7	.	.	.	.
广 西	24.3	22.6	18.0	14.9	12.6	10.5	7.9	5.7	3.3	1.2
海 南	23.8	15.5	11.4	10.3	8.5	6.9	5.5	3.9	1.3	.
重 庆	15.1	8.5	6.8	6.0	5.3	3.9	2.0	0.9	0.6	.
四 川	20.2	13.0	10.3	8.6	7.3	5.7	4.4	3.1	1.4	0.7
贵 州	45.1	33.4	26.8	21.3	18.0	14.7	11.6	8.5	5.0	1.5
云 南	40.0	27.3	21.7	17.8	15.5	12.7	10.1	7.5	4.8	1.8
西 藏	49.2	43.9	35.2	28.8	23.7	18.6	13.2	7.9	5.1	1.4
陕 西	27.3	21.4	17.5	15.1	13.0	10.7	8.4	6.3	3.1	0.6
甘 肃	41.3	34.6	28.5	23.8	20.1	15.7	12.6	9.7	5.8	2.2
青 海	31.5	28.5	21.6	16.4	13.4	10.9	8.1	6.0	2.6	1.2
宁 夏	18.3	18.3	14.2	12.5	10.8	8.9	7.1	4.5	2.2	1.0
新 疆	44.6	32.9	25.4	19.8	18.6	15.8	12.8	9.9	5.7	1.7

数据来源：国家统计局农村住户调查和住户收支与生活状况调查

表 1-4　2013-2019 年全国分地区农村常住居民人均可支配收入

单位：元

地　区	2013 年	2014 年	2015 年	2016 年	2017 年	2018 年	2019 年
全　国	9430	10489	11422	12363	13432	14617	16021
北　京	17101	18867	20569	22310	24240	26490	28928
天　津	15353	17014	18482	20076	21754	23065	24804
河　北	9188	10186	11051	11919	12881	14031	15373
山　西	7949	8809	9454	10082	10788	11750	12902
内蒙古	8985	9976	10776	11609	12584	13803	15283
辽　宁	10161	11191	12057	12881	13747	14656	16108
吉　林	9781	10780	11326	12123	12950	13748	14936
黑龙江	9369	10453	11095	11832	12665	13804	14982
上　海	19208	21192	23205	25520	27825	30375	33195
江　苏	13521	14958	16257	17606	19158	20845	22675
浙　江	17494	19373	21125	22866	24956	27302	29876
安　徽	8850	9916	10821	11720	12758	13996	15416
福　建	11405	12650	13793	14999	16335	17821	19568
江　西	9089	10117	11139	12138	13242	14460	15796
山　东	10687	11882	12930	13954	15118	16297	17775
河　南	8969	9966	10853	11697	12719	13831	15164
湖　北	9692	10849	11844	12725	13812	14978	16391
湖　南	9029	10060	10993	11930	12936	14093	15395
广　东	11068	12246	13360	14512	15780	17168	18818
广　西	7793	8683	9467	10359	11325	12435	13676
海　南	8802	9913	10858	11843	12902	13989	15113
重　庆	8493	9490	10505	11549	12638	13781	15133
四　川	8381	9348	10247	11203	12227	13331	14670
贵　州	5898	6671	7387	8090	8869	9716	10756
云　南	6724	7456	8242	9020	9862	10768	11902
西　藏	6553	7359	8244	9094	10330	11450	12951
陕　西	7092	7932	8689	9396	10265	11213	12326
甘　肃	5589	6277	6936	7457	8076	8804	9629
青　海	6462	7283	7933	8664	9462	10393	11499
宁　夏	7599	8410	9119	9852	10738	11708	12858
新　疆	7847	8724	9425	10183	11045	11975	13122

数据来源：国家统计局住户收支与生活状况调查

表 1-5　2013-2019 年全国分地区农村常住居民人均消费支出

单位：元

地　区	2013 年	2014 年	2015 年	2016 年	2017 年	2018 年	2019 年
全　国	7485	8383	9223	10130	10955	12124	13328
北　京	13564	14535	15811	17329	18810	20195	21881
天　津	12491	13739	14739	15912	16386	16863	17843
河　北	7377	8248	9023	9798	10536	11383	12372
山　西	6458	6992	7421	8029	8424	9172	9728
内蒙古	9080	9972	10637	11463	12184	12661	13816
辽　宁	7032	7801	8873	9953	10787	11455	12030
吉　林	7523	8140	8783	9521	10279	10826	11457
黑龙江	7192	7830	8391	9424	10524	11417	12495
上　海	13016	14820	16152	17071	18090	19965	22449
江　苏	10759	11820	12883	14428	15612	16567	17716
浙　江	12803	14498	16108	17359	18093	19707	21352
安　徽	7200	7981	8975	10287	11106	12748	14546
福　建	9986	11056	11961	12911	14003	14943	16281
江　西	6807	7548	8486	9128	9870	10885	12497
山　东	6877	7962	8748	9519	10342	11270	12309
河　南	6359	7277	7887	8587	9212	10392	11546
湖　北	7850	8681	9803	10938	11633	13946	15328
湖　南	7833	9025	9691	10630	11534	12721	13969
广　东	8938	10043	11103	12415	13200	15411	16949
广　西	6035	6675	7582	8351	9437	10617	12045
海　南	6376	7029	8210	8921	9599	10956	12418
重　庆	6971	7983	8938	9954	10936	11977	13112
四　川	7365	8301	9251	10192	11397	12723	14056
贵　州	5291	5970	6645	7533	8299	9170	10222
云　南	5247	6030	6830	7331	8027	9123	10260
西　藏	4102	4822	5580	6070	6691	7452	8418
陕　西	6488	7252	7901	8568	9306	10071	10935
甘　肃	5654	6148	6830	7487	8030	9065	9694
青　海	7506	8235	8566	9222	9903	10352	11343
宁　夏	6740	7676	8415	9138	9982	10790	11465
新　疆	7103	7365	7698	8277	8713	9421	10318

数据来源：国家统计局住户收支与生活状况调查

表 1-6　2013-2019 年全国农村常住居民收入消费增长情况

单位：%

年 份	人均可支配收入名义增速	人均可支配收入实际增速	人均消费支出名义增速	人均消费支出实际增速
2013	12.4	9.3	12.3	9.2
2014	11.2	9.2	12.0	10.0
2015	8.9	7.5	10.0	8.6
2016	8.2	6.2	9.8	7.8
2017	8.6	7.3	8.1	6.8
2018	8.8	6.6	10.7	8.4
2019	9.6	6.2	9.9	6.5

数据来源：国家统计局住户收支与生活状况调查

表 1-7　2013-2019 年全国农村常住居民人均可支配收入及构成

指 标	收入水平（元/人）							构成（%）						
	2013年	2014年	2015年	2016年	2017年	2018年	2019年	2013年	2014年	2015年	2016年	2017年	2018年	2019年
人均可支配收入	9430	10489	11422	12363	13432	14617	16021	100.0	100.0	100.0	100.0	100.0	100.0	100.0
一、工资性收入	3653	4152	4600	5022	5498	5996	6583	38.7	39.6	40.3	40.6	40.9	41.0	41.1
二、经营净收入	3935	4237	4504	4741	5028	5358	5762	41.7	40.4	39.4	38.3	37.4	36.7	36.0
（一）第一产业经营净收入	2840	2999	3154	3270	3391	3489	3730	30.1	28.6	27.6	26.4	25.2	23.9	23.3
1. 农业	2160	2307	2412	2440	2524	2608	2740	22.9	22.0	21.1	19.7	18.8	17.8	17.1
2. 牧业	460	443	489	574	586	575	657	4.9	4.2	4.3	4.6	4.4	3.9	4.1
（二）第二产业经营净收入	253	259	276	288	319	378	413	2.7	2.5	2.4	2.3	2.4	2.6	2.6
（三）第三产业经营净收入	843	980	1074	1184	1318	1491	1619	8.9	9.3	9.4	9.6	9.8	10.2	10.1
三、财产净收入	195	222	252	272	303	342	377	2.1	2.1	2.2	2.2	2.3	2.3	2.4
四、转移净收入	1648	1877	2066	2328	2603	2920	3298	17.5	17.9	18.1	18.8	19.4	20.0	20.6

数据来源：国家统计局住户收支与生活状况调查

表 1-8　2013-2019 年全国农村常住居民消费支出及构成

指　标	水平（元／人）							构成（%）						
	2013年	2014年	2015年	2016年	2017年	2018年	2019年	2013年	2014年	2015年	2016年	2017年	2018年	2019年
人均消费支出	7485	8383	9223	10130	10955	12124	13328	100.0	100.0	100.0	100.0	100.0	100.0	100.0
1. 食品烟酒	2554	2814	3048	3266	3415	3646	3998	34.1	33.6	33.0	32.2	31.2	30.1	30.0
2. 衣着	454	510	550	575	612	648	713	6.1	6.1	6.0	5.7	5.6	5.3	5.4
3. 居住	1580	1763	1926	2147	2354	2661	2871	21.1	21.0	20.9	21.2	21.5	21.9	21.5
4. 生活用品及服务	455	506	546	596	634	720	764	6.1	6.0	5.9	5.9	5.8	5.9	5.7
5. 交通通信	875	1013	1163	1360	1509	1690	1837	11.7	12.1	12.6	13.4	13.8	13.9	13.8
6. 教育文化娱乐	755	860	969	1070	1171	1302	1482	10.1	10.3	10.5	10.6	10.7	10.7	11.1
7. 医疗保健	668	754	846	929	1059	1240	1421	8.9	9.0	9.2	9.2	9.7	10.2	10.7
8. 其他用品及服务	144	163	174	186	201	218	241	1.9	1.9	1.9	1.8	1.8	1.8	1.8

数据来源：国家统计局住户收支与生活状况调查

表 1-9　2013-2019 年农村居民年末每百户主要耐用消费品拥有量

指　标	单 位	2013 年	2014 年	2015 年	2016 年	2017 年	2018 年	2019 年
家用汽车	辆	9.9	11.0	13.3	17.4	19.3	22.3	24.7
摩托车	辆	61.1	67.6	67.5	65.1	64.1	57.4	55.1
洗衣机	台	71.2	74.8	78.8	84.0	86.3	88.5	91.6
电冰箱（柜）	台	72.9	77.6	82.6	89.5	91.7	95.9	98.6
彩色电视机	台	112.9	115.6	116.9	118.8	120.0	116.6	117.6
空调	台	29.8	34.2	38.8	47.6	52.6	65.2	71.3
热水器	台	43.6	48.2	52.5	59.7	62.5	68.7	71.7
移动电话	部	199.5	215.0	226.1	240.7	246.1	257.0	261.2
计算机	台	20.0	23.5	25.7	27.9	29.2	26.9	27.5

数据来源：国家统计局住户收支与生活状况调查

二、贫困地区

（一）2011–2018 年贫困地区综合资料

表 2-1　贫困地区经济社会发展情况

指　标	单位	2011 年	2012 年	2013 年	2014 年	2015 年	2016 年	2017 年	2018 年
一、基本情况									
行政区域面积	万平方公里	--	--	--	--	464	452	450	450
乡个数	个	6917	6920	6796	6515	6046	5656	5484	5333
镇个数	个	5271	5347	5554	5671	5729	5965	6130	6274
户籍人口	万人	--	--	--	30469	30517	30590	30777	30808
二、经济资料									
地区生产总值	亿元	36637	42491	47773	52357	55607	60214	64605	69560
#第一产业增加值	亿元	8979	10197	11108	11910	12668	13347	13451	14168
第二产业增加值	亿元	16019	18804	21082	22560	22463	23776	25256	26501
第三产业增加值	亿元	11641	13490	15583	17887	20477	23091	25897	28891

数据来源：国家统计局县（市）社会经济基本情况统计

注：2011—2015 年贫困地区综合资料包括贫困地区共 812 个县（旗、县级市）数据，不包括 20 个县改区的区数据。由于河北省宣化县被分割合并到了不同区，故 2016 年贫困地区综合资料包括贫困地区共 811 个县（旗、县级市）数据，不包括 21 个县改区的区数据。

表 2-2　贫困地区文化教育、医疗保健情况

指　标	单位	2011年	2012年	2013年	2014年	2015年	2016年	2017年	2018年
一、文化教育情况									
普通中学在校学生数	万人	1660	1577	1474	1460	1440	1444	1453	1490
小学在校学生数	万人	2512	2523	2222	2198	2194	2191	2226	2237
二、医疗保健									
医疗卫生机构床位数	万床	67	76	86	96	104	111	121	128
各种社会福利收养性单位数	个	9239	9385	9372	10202	10421	10314	10169	10167
各种社会福利收养性单位床位数	万床	58	60	69	78	81	82	80	82

数据来源：国家统计局县（市）社会经济基本情况统计

（二）2019年贫困地区贫困状况

表2-3　2019年贫困地区农村贫困人口情况

地区	贫困人口（万人）	贫困发生率（%）
合计	362	1.4
河北	10	0.7
山西	7	1.3
内蒙古	6	0.8
吉林	2	1.6
黑龙江	3	0.6
安徽	16	0.8
江西	11	0.9
河南	38	1.3
湖北	14	1.2
湖南	33	1.6
广西	17	1.6
海南	.	.
重庆	.	.
四川	25	1.5
贵州	46	1.6
云南	56	2.2
西藏	4	1.4
陕西	14	1.1
甘肃	41	2.5
青海	5	1.2
宁夏	3	1.4
新疆	12	1.7

数据来源：国家统计局农村贫困监测调查

表 2-4　2019 年贫困地区农村常住居民收入情况

地　区	人均可支配收入（元）	名义增速（%）
合　计	11567	11.5
河　北	11684	12.4
山　西	9379	13.7
内蒙古	12272	11.9
吉　林	10494	12.5
黑龙江	10815	12.4
安　徽	13485	11.7
江　西	11767	10.6
河　南	13252	11.3
湖　北	12874	11.4
湖　南	10938	10.8
广　西	11958	11.1
海　南	12789	10.8
重　庆	13832	10.9
四　川	12127	11.9
贵　州	10580	11.0
云　南	10771	12.3
西　藏	12951	13.1
陕　西	11421	11.2
甘　肃	8592	11.8
青　海	11499	10.6
宁　夏	10804	10.9
新　疆	12035	10.3

数据来源：国家统计局农村贫困监测调查

表 2-5　2019 年贫困地区农村常住居民消费支出情况

地　区	人均消费支出（元）	名义增速（%）
合　计	10011	11.8
河　北	10053	12.8
山　西	8000	14.2
内蒙古	11376	11.5
吉　林	9878	14.2
黑龙江	9409	15.7
安　徽	12797	14.2
江　西	10254	14.1
河　南	9572	10.4
湖　北	12029	13.0
湖　南	10686	10.8
广　西	10368	10.9
海　南	10407	13.6
重　庆	12145	9.8
四　川	10760	11.5
贵　州	9509	6.9
云　南	8844	15.2
西　藏	8418	13.0
陕　西	10033	8.5
甘　肃	8184	13.0
青　海	11343	9.6
宁　夏	9580	7.6
新　疆	8162	15.7

数据来源：国家统计局农村贫困监测调查

表 2-6　2019 年贫困地区农村常住居民收入消费结构

指　标	水平（元）	构成（%）	增长（%）
一、人均可支配收入	11567	100.0	11.5
1. 工资性收入	4082	35.3	12.5
2. 经营净收入	4163	36.0	7.1
（1）一产净收入	2986	25.8	6.9
#农业	2045	17.7	1.8
牧业	711	6.1	23.2
（2）二、三产净收入	1177	10.2	7.6
3. 财产净收入	159	1.4	16.5
4. 转移净收入	3163	27.3	16.3
二、人均消费支出	10011	100.0	11.8
1. 食品烟酒	3121	31.2	11.2
2. 衣着	549	5.5	12.4
3. 居住	2173	21.7	8.9
4. 生活用品及服务	585	5.8	9.0
5. 交通通信	1200	12.0	14.8
6. 教育文化娱乐	1163	11.6	14.3
7. 医疗保健	1054	10.5	14.7
8. 其他用品和服务	166	1.7	12.9

数据来源：国家统计局农村贫困监测调查

表 2-7　2019 年贫困地区农户住房及家庭设施状况

单位：%

地　区	1. 居住竹草土坯房的农户比重	2. 使用管道供水的农户比重	3. 使用经过净化处理自来水的农户比重
合　计	1.2	89.5	60.9
河　北	1.3	81.0	57.2
山　西	1.2	93.2	72.9
内蒙古	2.8	68.1	50.6
吉　林	0.4	99.3	99.4
黑龙江	6.4	93.6	85.7
安　徽	0.0	92.6	80.7
江　西	0.1	79.4	49.5
河　南	0.1	93.6	71.3
湖　北	1.4	97.4	60.8
湖　南	0.2	89.4	48.6
广　西	0.0	91.8	42.4
海　南	0.0	92.0	64.2
重　庆	0.1	88.2	68.4
四　川	3.0	92.7	41.1
贵　州	0.8	93.6	56.8
云　南	0.9	87.8	47.3
西　藏	0.9	68.8	39.4
陕　西	3.7	91.9	58.5
甘　肃	2.6	87.1	78.6
青　海	0.4	84.2	63.6
宁　夏	2.6	92.5	91.7
新　疆	0.0	93.7	89.0

数据来源：国家统计局农村贫困监测调查

表 2-7　2019 年贫困地区农户住房及家庭设施状况（续）

单位：%

地　区	4. 独用厕所的农户比重	5. 炊用柴草的农户比重
合　计	96.6	34.8
河　北	99.2	23.8
山　西	96.6	14.5
内蒙古	95.2	46.1
吉　林	100.0	75.6
黑龙江	99.6	81.4
安　徽	95.9	33.9
江　西	93.6	38.1
河　南	98.4	25.1
湖　北	98.5	52.0
湖　南	96.5	30.1
广　西	97.2	34.3
海　南	88.2	19.1
重　庆	99.7	41.9
四　川	98.3	52.6
贵　州	96.9	12.4
云　南	90.3	32.2
西　藏	81.3	55.5
陕　西	98.2	59.5
甘　肃	98.1	33.4
青　海	93.9	8.0
宁　夏	98.5	5.9
新　疆	98.9	40.8

数据来源：国家统计局农村贫困监测调查

表 2-8　2019 年贫困地区农村每百户耐用消费品拥有量

地　区	1. 汽车 （辆）	2. 洗衣机 （台）	3. 电冰箱 （台）	4. 移动电话 （部）	5. 计算机 （台）
合　计	20.2	90.6	92.0	267.6	17.7
河　北	27.3	93.4	93.1	229.5	24.5
山　西	12.9	85.5	74.4	201.1	21.4
内蒙古	25.7	93.3	97.8	237.1	23.0
吉　林	21.6	90.5	91.2	202.5	31.3
黑龙江	14.0	92.3	92.5	210.5	11.3
安　徽	26.2	88.7	101.0	271.3	22.7
江　西	18.7	64.5	92.8	277.3	20.8
河　南	20.9	96.4	93.4	259.8	19.6
湖　北	22.0	88.9	101.7	261.8	28.9
湖　南	15.9	88.6	99.6	282.2	22.5
广　西	17.8	83.0	98.4	286.6	13.5
海　南	9.4	52.1	77.1	283.4	12.0
重　庆	16.7	94.5	105.6	274.0	25.4
四　川	13.4	88.9	90.7	267.0	12.7
贵　州	21.5	97.0	92.0	308.1	14.4
云　南	22.2	88.9	81.1	295.6	7.8
西　藏	32.5	78.8	77.8	258.0	4.6
陕　西	15.0	92.8	82.1	254.4	14.9
甘　肃	20.2	96.9	83.5	294.4	15.6
青　海	45.3	97.9	102.2	291.8	19.1
宁　夏	29.7	100.4	93.7	312.2	21.9
新　疆	12.3	96.2	99.8	206.4	3.6

数据来源：国家统计局农村贫困监测调查

表 2-9　2019 年贫困地区农村基础设施和公共服务状况

单位：%

地　区	1. 所在自然村通公路的农户比重	2. 所在自然村通电话的农户比重	3. 所在自然村能接收有线电视信号的农户比重	4. 所在自然村进村主干道路硬化的农户比重	5. 所在自然村能便利乘坐公共汽车的农户比重
合　计	100.0	100.0	99.1	99.5	76.5
河　北	100.0	100.0	98.1	99.8	88.4
山　西	100.0	100.0	97.2	100.0	93.1
内蒙古	100.0	100.0	100.0	100.0	77.7
吉　林	98.2	100.0	100.0	100.0	93.0
黑龙江	100.0	100.0	100.0	100.0	91.1
安　徽	100.0	100.0	99.5	100.0	74.2
江　西	100.0	100.0	97.2	100.0	67.3
河　南	100.0	100.0	100.0	99.8	89.1
湖　北	100.0	100.0	98.5	99.9	82.0
湖　南	100.0	100.0	99.0	100.0	78.8
广　西	100.0	100.0	100.0	99.7	55.0
海　南	100.0	100.0	95.4	100.0	60.4
重　庆	100.0	100.0	100.0	100.0	76.3
四　川	100.0	100.0	100.0	99.6	62.2
贵　州	100.0	100.0	99.6	100.0	70.3
云　南	100.0	100.0	99.1	97.6	59.6
西　藏	100.0	100.0	85.4	99.5	72.5
陕　西	100.0	100.0	99.7	99.4	78.1
甘　肃	100.0	100.0	100.0	98.0	80.4
青　海	99.5	96.7	88.7	97.0	77.0
宁　夏	100.0	100.0	100.0	100.0	96.0
新　疆	100.0	100.0	100.0	100.0	92.4

数据来源：国家统计局农村贫困监测调查

表 2-9　2019 年贫困地区农村基础设施和公共服务状况（续）

单位：%

地　区	6. 所在自然村通宽带的农户比重	7. 所在自然村垃圾能集中处理的农户比重	8. 所在自然村有卫生站的农户比重	9. 所在自然村上幼儿园便利的农户比重	10. 所在自然村上小学便利的农户比重
合　计	97.3	86.4	96.1	89.8	91.9
河　北	99.8	94.1	99.8	93.1	96.1
山　西	98.2	88.5	97.2	78.4	81.2
内蒙古	97.0	72.9	98.3	74.4	79.5
吉　林	100.0	88.8	99.0	92.7	96.7
黑龙江	100.0	52.0	96.6	86.0	84.7
安　徽	99.2	95.2	93.8	95.7	98.8
江　西	98.8	98.6	93.4	90.7	93.9
河　南	97.8	95.5	97.9	98.2	99.3
湖　北	100.0	90.6	96.8	91.3	92.4
湖　南	98.6	88.2	96.8	86.3	88.3
广　西	96.1	89.1	90.5	86.2	89.7
海　南	94.9	97.1	81.5	87.6	90.8
重　庆	99.2	94.4	99.9	90.8	93.6
四　川	97.1	83.7	98.1	91.9	89.3
贵　州	97.6	81.0	98.0	91.2	91.0
云　南	93.9	75.9	89.1	86.9	92.2
西　藏	78.9	84.3	82.8	98.7	98.4
陕　西	94.8	85.7	98.1	81.8	85.1
甘　肃	96.5	83.1	96.8	90.5	92.0
青　海	86.0	79.9	95.0	85.6	86.1
宁　夏	99.0	79.8	100.0	78.9	91.7
新　疆	100.0	81.3	100.0	100.0	99.0

数据来源：国家统计局农村贫困监测调查

（三）2019年贫困地区分组收入消费情况

表2-10 按人均可支配收入五等份分组的贫困地区农村常住居民收入消费

单位：元

指标	合计	低收入组	中低收入组	中等收入组	中高收入组	高收入组
一、人均可支配收入	11567	3410	7272	9833	13208	24113
1. 工资性收入	4082	1630	2805	3807	5055	7112
2. 经营净收入	4163	175	1962	2896	4398	11385
3. 财产净收入	159	56	82	128	160	368
4. 转移净收入	3163	1548	2422	3002	3595	5246
二、人均消费支出	10011	7916	8158	9250	10697	14031
1. 食品烟酒	3121	2497	2620	2907	3334	4246
2. 衣着	549	436	445	508	595	759
3. 居住	2173	1735	1806	2012	2316	2996
4. 生活用品及服务	585	438	469	537	634	849
5. 交通通信	1200	904	871	1032	1289	1902
6. 教育文化娱乐	1163	967	1006	1180	1295	1365
7. 医疗保健	1054	807	812	926	1074	1651
8. 其他用品和服务	166	132	128	149	160	264

数据来源：国家统计局农村贫困监测调查

表 2-11　按家庭规模分组的贫困地区农村常住居民收入消费

单位：元

指　标	合计	1 人户	2 人户	3 人户	4 人户	5 人户	6 人以上户
一、人均可支配收入	11567	17464	14248	12235	10868	9874	9322
1. 工资性收入	4082	4418	3917	4335	4180	3836	3952
2. 经营净收入	4163	4893	4934	4110	4019	3817	3804
3. 财产净收入	159	396	282	153	121	106	104
4. 转移净收入	3163	7756	5114	3637	2547	2115	1462
二、人均消费支出	10011	16386	11990	11029	9544	8427	7452
1. 食品烟酒	3121	5922	4200	3354	2801	2469	2232
2. 衣着	549	790	536	599	558	508	471
3. 居住	2173	4386	2904	2402	1972	1677	1437
4. 生活用品及服务	585	1009	717	657	550	474	425
5. 交通通信	1200	1527	1251	1302	1205	1077	1048
6. 教育文化娱乐	1163	512	596	1358	1480	1230	1022
7. 医疗保健	1054	1946	1584	1170	817	859	698
8. 其他用品和服务	166	294	201	187	159	133	119

数据来源：国家统计局农村贫困监测调查

表 2-12　按照地势分组的贫困地区农村常住居民收入消费

单位：元

指　标	合计	平原	丘陵	山地
一、人均可支配收入	11567	12495	11427	11162
1. 工资性收入	4082	4049	4154	4058
2. 经营净收入	4163	4816	3731	4072
3. 财产净收入	159	208	163	131
4. 转移净收入	3163	3422	3379	2901
二、人均消费支出	10011	10039	10351	9798
1. 食品烟酒	3121	3008	3238	3112
2. 衣着	549	639	524	515
3. 居住	2173	2276	2317	2035
4. 生活用品及服务	585	614	587	569
5. 交通通信	1200	1058	1219	1262
6. 教育文化娱乐	1163	1141	1210	1146
7. 医疗保健	1054	1120	1090	999
8. 其他用品和服务	166	182	165	159

数据来源：国家统计局农村贫困监测调查

表 2-13　按家庭成员最高文化程度分组的贫困地区农村常住居民收入消费

单位：元

指　标	合计	未上学	小学	初中	高中	大学专科	本科及以上
一、人均可支配收入	11567	12217	10458	10984	11651	13002	13024
1. 工资性收入	4082	2640	2812	3780	4201	5094	5077
2. 经营净收入	4163	4296	3724	3959	4101	4754	4853
3. 财产净收入	159	261	233	130	158	169	193
4. 转移净收入	3163	5020	3689	3114	3191	2985	2901
二、人均消费支出	10011	9202	8709	9329	10218	11439	11845
1. 食品烟酒	3121	3971	3406	3085	3075	3193	2972
2. 衣着	549	511	434	540	564	611	579
3. 居住	2173	1984	1928	2095	2208	2414	2356
4. 生活用品及服务	585	537	459	579	581	663	651
5. 交通通信	1200	762	852	1186	1223	1392	1315
6. 教育文化娱乐	1163	112	328	677	1350	1898	2565
7. 医疗保健	1054	1186	1175	1013	1036	1078	1119
8. 其他用品和服务	166	138	127	154	182	191	188

数据来源：国家统计局农村贫困监测调查

表 2-14　按照东中西分组的贫困地区农村常住居民收入消费

单位：元

指　标	合计	东部	中部	西部
一、人均可支配收入	11567	11742	12212	11136
1. 工资性收入	4082	5835	4215	3802
2. 经营净收入	4163	3138	3957	4409
3. 财产净收入	159	179	174	148
4. 转移净收入	3163	2590	3866	2777
二、人均消费支出	10011	10072	10626	9610
1. 食品烟酒	3121	3115	3272	3025
2. 衣着	549	632	574	523
3. 居住	2173	2046	2500	1978
4. 生活用品及服务	585	588	617	565
5. 交通通信	1200	1135	1107	1266
6. 教育文化娱乐	1163	1098	1207	1141
7. 医疗保健	1054	1289	1159	961
8. 其他用品和服务	166	167	188	152

数据来源：国家统计局农村贫困监测调查

注：东部贫困地区包括河北、海南的贫困地区；中部贫困地区包括山西、吉林、黑龙江、安徽、江西、河南、湖北、湖南的贫困地区；西部贫困地区包括内蒙古、广西、重庆、四川、贵州、云南、西藏、陕西、甘肃、青海、宁夏、新疆的贫困地区。

表 2-15 按不同类型县分组的贫困地区农村常住居民收入消费

单位：元

指 标	合计	民族地区县	陆地边境县	沙漠化县	较少民族聚集村所在县
一、人均可支配收入	11567	11319	11417	11558	11001
1. 工资性收入	4082	3650	3442	4052	3295
2. 经营净收入	4163	4826	5479	4582	5214
3. 财产净收入	159	151	218	176	208
4. 转移净收入	3163	2693	2278	2748	2283
二、人均消费支出	10011	9510	8994	9368	9011
1. 食品烟酒	3121	3008	2968	2827	2751
2. 衣着	549	521	464	624	483
3. 居住	2173	1913	1714	1851	1881
4. 生活用品及服务	585	543	509	530	497
5. 交通通信	1200	1321	1361	1190	1335
6. 教育文化娱乐	1163	1129	960	1071	995
7. 医疗保健	1054	919	850	1120	935
8. 其他用品和服务	166	157	168	155	136

数据来源：国家统计局农村贫困监测调查

表 2-16 2019 年贫困地区分地区收入结构

单位：元

地 区	人均可支配收入	1. 工资性收入	2. 经营净收入	3. 财产净收入	4. 转移净收入
合 计	11567	4082	4163	159	3163
河 北	11684	5840	3074	185	2585
山 西	9379	3575	2544	102	3158
内蒙古	12272	2364	5924	209	3775
吉 林	10494	2266	5731	348	2150
黑龙江	10815	1186	5161	844	3623
安 徽	13485	4345	5031	178	3931
江 西	11767	5588	2625	52	3501
河 南	13252	4172	4518	139	4422
湖 北	12874	4212	4163	142	4357
湖 南	10938	4484	2920	129	3405
广 西	11958	3377	4901	145	3535
海 南	12789	5743	4293	71	2682
重 庆	13832	4228	5298	218	4088
四 川	12127	3968	4243	241	3675
贵 州	10580	4528	3719	103	2230
云 南	10771	3582	5031	80	2077
西 藏	12951	3907	6364	436	2243
陕 西	11421	4987	3242	146	3046
甘 肃	8592	2656	3428	101	2407
青 海	11499	3617	4297	410	3175
宁 夏	10804	3859	3913	69	2963
新 疆	12035	3399	5553	231	2853

数据来源：国家统计局农村贫困监测调查

表 2-17　2019 年贫困地区分地区消费结构

单位：元 / 人

地 区	消费支出	1. 食品烟酒	2. 衣着	3. 居住	4. 生活用品及服务
合 计	10011	3121	549	2173	585
河 北	10053	3052	646	2056	593
山 西	8000	2565	484	1529	356
内蒙古	11376	3183	607	1842	471
吉 林	9878	3021	580	1606	401
黑龙江	9409	2640	600	1705	353
安 徽	12797	3936	613	3295	783
江 西	10254	3338	413	2848	547
河 南	9572	2809	712	2149	646
湖 北	12029	3667	652	2575	712
湖 南	10686	3434	433	2571	585
广 西	10368	3212	359	2336	589
海 南	10407	4262	389	1875	501
重 庆	12145	4119	673	2388	765
四 川	10760	4259	587	2109	725
贵 州	9509	2620	497	2059	547
云 南	8844	3037	372	1700	460
西 藏	8418	3004	1090	1258	515
陕 西	10033	2696	575	2538	644
甘 肃	8184	2389	495	1669	500
青 海	11343	3373	783	1965	541
宁 夏	9580	2669	603	1773	568
新 疆	8162	2509	682	1765	581

数据来源：国家统计局农村贫困监测调查

表 2-17　2019 年贫困地区分地区消费结构（续）

单位：元 / 人

地　区	5. 交通通信	6. 教育文化娱乐	7. 医疗保健	8. 其他用品及服务
合　计	1200	1163	1054	166
河　北	1140	1092	1305	170
山　西	877	886	1161	142
内蒙古	1867	1489	1673	245
吉　林	1389	1109	1625	148
黑龙江	1197	1148	1571	194
安　徽	1254	1386	1275	256
江　西	945	1041	1008	114
河　南	984	1117	990	165
湖　北	1436	1244	1458	285
湖　南	1078	1353	1067	166
广　西	1307	1355	1067	143
海　南	1037	1221	1005	117
重　庆	1451	1480	1073	196
四　川	1158	817	887	219
贵　州	1449	1384	810	143
云　南	1242	1084	839	110
西　藏	1428	480	356	288
陕　西	1088	1152	1193	147
甘　肃	1035	947	1020	129
青　海	1886	1033	1486	276
宁　夏	1468	1226	1103	171
新　疆	808	1023	697	97

数据来源：国家统计局农村贫困监测调查

（四）2012—2019 年贫困地区发展情况

表 2-18　2012-2019 年贫困地区贫困人口情况

年　份	贫困人口（万人）	贫困发生率（%）
2012	6039	23.2
2013	5070	19.3
2014	4317	16.6
2015	3490	13.3
2016	2654	10.1
2017	1900	7.2
2018	1115	4.2
2019	362	1.4

数据来源：国家统计局农村贫困监测调查

表 2-19　2013-2019 年贫困地区农村常住居民收入增长情况

年　份	农村常住居民人均可支配收入（元）	名义增速（%）	实际增速（%）
2013	6079	16.6	13.4
2014	6852	12.7	10.7
2015	7653	11.7	10.3
2016	8452	10.4	8.4
2017	9377	10.5	9.1
2018	10371	10.6	8.3
2019	11567	11.5	8.0

数据来源：国家统计局农村贫困监测调查

表 2-20　2013-2019 年贫困地区农村常住居民消费增长情况

年　份	农村常住居民人均消费支出（元）	名义增速（%）	实际增速（%）
2013	5404	14.9	11.8
2014	6007	11.2	9.2
2015	6656	10.8	9.4
2016	7331	10.1	8.1
2017	7998	9.2	7.8
2018	8956	12.0	9.7
2019	10011	11.8	8.3

数据来源：国家统计局农村贫困监测调查

表 2-21 2012-2019 年贫困地区分地区农村贫困人口

单位：万人

地 区	2012 年	2013 年	2014 年	2015 年	2016 年	2017 年	2018 年	2019 年
合 计	6039	5070	4317	3490	2654	1900	1115	362
河 北	354	304	265	197	147	97	56	10
山 西	157	126	107	83	67	49	28	7
内蒙古	134	110	95	66	46	34	13	6
吉 林	16	15	14	12	10	8	4	2
黑龙江	104	89	82	68	53	38	22	3
安 徽	333	301	252	209	155	108	57	16
江 西	255	215	176	141	103	71	38	11
河 南	444	370	328	287	221	158	96	38
湖 北	286	216	180	148	117	79	48	14
湖 南	501	423	343	279	205	139	82	33
广 西	249	196	164	135	100	77	46	17
海 南	10	9	12	11	9	6	3	.
重 庆	103	97	83	68	35	17	11	.
四 川	399	331	273	203	150	103	56	25
贵 州	756	654	545	444	346	252	155	46
云 南	744	607	536	448	352	264	166	56
西 藏	85	72	61	48	34	20	13	4
陕 西	312	271	227	180	140	102	56	14
甘 肃	540	451	381	296	235	175	106	41
青 海	82	63	52	42	31	23	10	5
宁 夏	36	33	30	23	18	13	7	3
新 疆	138	117	111	101	80	67	43	12

数据来源：国家统计局农村贫困监测调查

表 2-22　2012-2019 年贫困地区分地区农村贫困发生率

单位：%

地　区	2012 年	2013 年	2014 年	2015 年	2016 年	2017 年	2018 年	2019 年
合　计	23.2	19.3	16.6	13.3	10.1	7.2	4.2	1.4
河　北	23.8	20.4	19.0	14.2	10.6	7.0	4.0	0.7
山　西	27.3	21.7	18.9	14.6	11.9	8.6	5.0	1.3
内蒙古	19.7	16.1	13.4	9.3	6.6	4.8	1.9	0.8
吉　林	14.6	13.6	12.9	10.8	9.0	6.8	4.1	1.6
黑龙江	20.4	17.3	15.5	12.7	10.0	7.0	4.1	0.6
安　徽	18.7	15.6	12.9	10.7	7.9	5.5	2.9	0.8
江　西	22.0	18.1	14.9	11.6	8.5	5.9	3.1	0.9
河　南	15.9	13.3	11.3	9.5	7.3	5.2	3.2	1.3
湖　北	23.5	17.7	14.9	12.2	9.6	6.5	4.0	1.2
湖　南	24.8	20.8	18.3	14.0	10.3	7.0	4.1	1.6
广　西	24.4	19.1	15.7	13.1	9.7	7.5	4.4	1.6
海　南	12.2	12.5	15.9	14.4	11.2	8.1	3.7	.
重　庆	12.3	10.3	9.7	7.9	4.0	2.0	1.3	.
四　川	22.5	19.7	16.3	12.1	9.0	6.1	3.3	1.5
贵　州	27.2	23.6	19.0	15.3	11.9	8.7	5.4	1.6
云　南	26.7	21.9	20.3	17.4	13.7	10.2	6.4	2.2
西　藏	35.2	28.8	23.7	18.6	13.2	7.9	5.1	1.4
陕　西	22.1	19.4	17.2	13.6	10.6	7.7	4.2	1.1
甘　肃	32.8	27.5	23.4	18.3	14.5	10.8	6.5	2.5
青　海	21.6	16.4	13.4	10.9	8.1	6.0	2.6	1.2
宁　夏	17.4	16.1	14.4	11.1	8.7	6.5	3.4	1.4
新　疆	24.5	20.0	18.7	15.8	12.8	8.7	5.8	1.7

数据来源：国家统计局农村贫困监测调查

表 2-23　2013-2019 年贫困地区分地区农村常住居民人均可支配收入

单位：元

地　区	2013 年	2014 年	2015 年	2016 年	2017 年	2018 年	2019 年
合　计	6079	6852	7653	8452	9377	10371	11567
河　北	6150	6886	7575	8382	9331	10393	11684
山　西	4875	5430	6078	6623	7330	8250	9379
内蒙古	6545	7375	8201	9005	9852	10965	12272
吉　林	5798	6414	7045	7669	8361	9330	10494
黑龙江	5896	6450	7174	7828	8572	9621	10815
安　徽	7119	8062	8952	9890	10931	12078	13485
江　西	6053	6830	7759	8643	9602	10635	11767
河　南	7070	7983	8865	9735	10789	11911	13252
湖　北	6971	7831	8682	9502	10471	11552	12874
湖　南	5715	6461	7222	8029	8908	9875	10938
广　西	6252	7044	7927	8800	9719	10761	11958
海　南	7145	7449	8284	9163	10312	11545	12789
重　庆	7131	8044	9120	10244	11273	12470	13832
四　川	6282	7091	7966	8799	9759	10837	12127
贵　州	5557	6381	7171	7894	8677	9528	10580
云　南	5616	6314	7070	7847	8695	9595	10771
西　藏	6553	7359	8244	9094	10330	11450	12951
陕　西	6162	6963	7692	8424	9297	10267	11421
甘　肃	4487	5106	5782	6323	6968	7687	8592
青　海	6462	7283	7933	8664	9462	10393	11499
宁　夏	5840	6555	7255	7937	8809	9744	10804
新　疆	5986	6635	7341	8055	9985	10907	12035

数据来源：国家统计局农村贫困监测调查

表 2-24　2013-2019 年贫困地区分地区农村常住居民人均消费支出

单位：元

地区	2013 年	2014 年	2015 年	2016 年	2017 年	2018 年	2019 年
合　计	5404	6007	6656	7331	7998	8956	10011
河　北	5767	6210	6738	7171	7846	8913	10053
山　西	4630	5080	5455	5841	6274	7006	8000
内蒙古	6467	7232	7886	8377	9112	10206	11376
吉　林	5344	5948	6607	7272	7647	8652	9878
黑龙江	5005	5612	5930	6471	7283	8132	9409
安　徽	6375	7159	8227	9178	10092	11210	12797
江　西	5443	6035	6763	7330	8074	8984	10254
河　南	5296	5845	6529	7157	7782	8669	9572
湖　北	6507	7249	7798	8499	9457	10647	12029
湖　南	5633	6355	7054	7825	8735	9644	10686
广　西	5764	6517	6991	7755	8279	9352	10368
海　南	6319	6626	7091	7697	7951	9159	10407
重　庆	6442	7345	8170	9119	10098	11058	12145
四　川	5527	6100	6903	7757	8746	9652	10760
贵　州	5327	5897	6498	7327	7852	8895	9509
云　南	4413	4958	5686	6275	6809	7677	8344
西　藏	4102	4822	5580	6070	6691	7452	8418
陕　西	5840	6406	6934	7615	8200	9250	10333
甘　肃	4313	4912	5452	5857	6365	7241	8184
青　海	7506	8235	8566	9222	9903	10352	11343
宁　夏	5616	6132	7060	7728	8079	8904	9580
新　疆	4925	5203	5434	5633	6222	7056	8162

数据来源：国家统计局农村贫困监测调查

表 2-25　2013-2019 年贫困地区农户生产生活条件

指　标	单位	2013 年	2014 年	2015 年	2016 年	2017 年	2018 年	2019 年
一、农户生产生活条件								
1. 居住竹草土坯房的农户比重	%	7.0	6.6	5.7	4.5	4.1	1.9	1.2
2. 使用管道供水的农户比重	%	53.6	55.9	61.5	67.4	70.1	79.8	89.5
3. 使用经过净化处理自来水的农户比重	%	30.6	33.1	36.4	40.8	43.7	56.4	60.9
4. 独用厕所的农户比重	%	92.7	93.1	93.6	94.2	94.5	95.9	96.6
5. 炊用柴草的农户比重	%	58.6	57.8	54.9	51.4	49.7	39.2	34.8
二、农户耐用消费品拥有情况								
1. 百户汽车拥有量	辆	5.5	6.7	8.3	11.1	13.1	19.9	20.2
2. 百户洗衣机拥有量	台	65.8	71.1	75.6	80.7	83.5	86.9	90.6
3. 百户电冰箱拥有量	台	52.6	60.9	67.9	75.3	78.9	87.1	92.0
4. 百户移动电话拥有量	部	172.9	194.8	208.9	225.1	234.6	257.8	267.6
5. 百户计算机拥有量	台	7.9	11.1	13.2	15.1	16.8	17.1	17.7

数据来源：国家统计局农村贫困监测调查

表 2-26　2013-2019 年贫困地区农村基础设施和公共服务情况

单位：%

指　标	2013 年	2014 年	2015 年	2016 年	2017 年	2018 年	2019 年
1. 所在自然村通公路的农户比重	97.8	99.1	99.7	99.8	99.9	100.0	100.0
2. 所在自然村通电话的农户比重	98.3	99.2	99.7	99.9	99.8	99.9	100.0
3. 所在自然村能接收有线电视信号的农户比重	79.6	88.7	92.2	94.2	96.9	98.3	99.1
4. 所在自然村进村主干道路硬化的农户比重	88.9	90.8	94.1	96.0	97.6	98.3	99.5
5. 所在自然村能便利乘坐公共汽车的农户比重	56.1	58.5	60.9	63.9	67.5	71.6	76.5
6. 所在自然村通宽带的农户比重	--	--	71.8	79.8	87.4	94.4	97.3
7. 所在自然村垃圾能集中处理的农户比重	29.9	35.2	43.3	50.9	61.4	78.9	86.4
8. 所在自然村有卫生站的农户比重	84.4	86.8	90.4	91.4	92.2	93.2	96.1
9. 所在自然村上幼儿园便利的农户比重	71.4	74.5	76.1	79.7	84.7	87.1	89.8
10. 所在自然村上小学便利的农户比重	79.8	81.2	81.7	84.9	88.0	89.8	91.9

数据来源：国家统计局农村贫困监测调查

三、连片特困地区

（一）2011-2018 年连片特困地区综合资料

表 3-1　连片特困地区经济社会发展情况

指　标	单位	2011 年	2012 年	2013 年	2014 年	2015 年	2016 年	2017 年	2018 年
一、连片特困地区基本情况									
行政区域面积	万平方公里	--	--	--	--	402	390	389	389
乡个数	个	5991	5996	5845	5622	5197	4835	4678	4550
镇个数	个	4218	4279	4460	4557	4626	4852	4999	5122
户籍人口	万人	--	--	--	24243	24287	24357	24503	24530
二、经济资料									
地区生产总值	亿元	26763	31212	35300	38968	41808	45469	49431	53480
# 第一产业增加值	亿元	6757	7696	8403	9035	9664	10232	10331	10879
第二产业增加值	亿元	11099	13142	14841	16077	16240	17304	18804	20019
第三产业增加值	亿元	8908	10374	12056	13856	15904	17934	20295	22582

数据来源：国家统计局县（市）社会经济基本情况统计

表 3-2　连片特困地区文化教育、医疗保健情况

指标名称	单位	2011年	2012年	2013年	2014年	2015年	2016年	2017年	2018年
一、文化教育情况									
普通中学在校学生数	万人	1325	1264	1189	1185	1164	1176	1184	1210
小学在校学生数	万人	2022	2053	1796	1772	1763	1764	1789	1797
二、医疗保健									
医疗卫生机构床位数	万床	53	61	69	77	84	90	97	103
各种社会福利收养性单位数	个	7357	7402	7520	8233	8372	8335	8093	8090
各种社会福利收养性单位床位数	万床	44	46	51	58	60	62	60	61

数据来源：国家统计局县（市）社会经济基本情况统计

（二）2019 年连片特困地区统计资料

表 3-3　2019 年连片特困地区农村贫困人口情况

片区名称	贫困人口数量（万人）	贫困发生率（%）
全部片区	313	1.5
1. 六盘山区	45	2.6
2. 秦巴山区	27	1.0
3. 武陵山区	49	1.7
4. 乌蒙山区	41	2.0
5. 滇黔桂石漠化区	36	1.4
6. 滇西边境山区	28	2.3
7. 大兴安岭南麓山区	4	0.7
8. 燕山－太行山区	11	1.2
9. 吕梁山区	5	1.4
10. 大别山区	32	1.0
11. 罗霄山区	9	1.0
12. 西藏	4	1.4
13. 四省涉藏州县	10	1.8
14. 南疆四地州	12	1.7

数据来源：国家统计局农村贫困监测调查

表 3-4　2019 年连片特困地区农村常住居民收入情况

片区名称	人均可支配收入（元）	名义增速（%）
全部片区	11443	11.5
1. 六盘山区	9370	11.2
2. 秦巴山区	11934	11.0
3. 武陵山区	11544	11.0
4. 乌蒙山区	10684	10.7
5. 滇黔桂石漠化区	11262	11.8
6. 滇西边境山区	10931	14.3
7. 大兴安岭南麓山区	11876	10.8
8. 燕山－太行山区	10797	11.3
9. 吕梁山区	10229	15.1
10. 大别山区	13341	11.4
11. 罗霄山区	11746	10.4
12. 西藏	12951	13.1
13. 四省涉藏州县	10458	14.2
14. 南疆四地州	12009	11.6

数据来源：国家统计局农村贫困监测调查

注：2012 年国家统计局实施了城乡住户调查一体化改革，连片特困地区开始使用农村常住居民人均可支配收入。

表 3-5　2019 年连片特困地区农村常住居民消费情况

片区名称	人均消费支出（元）	名义增速（%）
全部片区	9898	11.8
1. 六盘山区	8446	10.8
2. 秦巴山区	10568	12.2
3. 武陵山区	11079	8.7
4. 乌蒙山区	8987	11.6
5. 滇黔桂石漠化区	9657	10.8
6. 滇西边境山区	8936	13.9
7. 大兴安岭南麓山区	10096	20.2
8. 燕山 - 太行山区	9696	13.5
9. 吕梁山区	8401	11.6
10. 大别山区	11393	12.0
11. 罗霄山区	10123	11.4
12. 西藏	8418	13.0
13. 四省涉藏州县	9309	12.9
14. 南疆四地州	8138	17.2

数据来源：国家统计局农村贫困监测调查

注：2012 年国家统计局实施了城乡住户调查一体化改革，连片特困地区开始使用农村常住居民人均消费支出。

统计资料篇

表 3-6　2019 年连片特困地区农村常住居民收入消费结构

指标名称	水平（元）	构成（%）	名义增速（%）
一、人均可支配收入	11443	100.0	11.5
1. 工资性收入	3990	34.9	12.4
2. 经营净收入	4226	36.9	8.0
（1）一产净收入	2986	26.1	7.9
#农业	1973	17.2	2.0
牧业	748	6.5	26.7
（2）二、三产净收入	1240	10.8	8.0
3. 财产净收入	152	1.3	18.0
4. 转移净收入	3076	26.9	15.4
二、人均消费支出	9898	100.0	11.8
1. 食品烟酒	3089	31.2	10.7
2. 衣着	532	5.4	11.7
3. 居住	2163	21.9	9.0
4. 生活用品及服务	579	5.8	9.3
5. 交通通信	1210	12.2	17.1
6. 教育文化娱乐	1160	11.7	14.6
7. 医疗保健	1002	10.1	14.0
8. 其他用品及服务	163	1.6	11.3

数据来源：国家统计局农村贫困监测调查

表 3-7　2019 年连片特困地区农户住房及家庭设施状况

单位：%

片区名称	1. 居住竹草土坯房的农户比重	2. 使用管道供水的农户比重	3. 使用经过净化处理自来水的农户比重
全部片区	1.3	90.0	58.2
1. 六盘山区	2.8	90.0	79.4
2. 秦巴山区	2.6	93.1	50.3
3. 武陵山区	0.3	91.5	55.3
4. 乌蒙山区	2.6	91.2	37.0
5. 滇黔桂石漠化区	0.1	91.5	57.5
6. 滇西边境山区	0.7	88.0	51.3
7. 大兴安岭南麓山区	4.5	85.1	73.9
8. 燕山 - 太行山区	1.7	82.4	48.1
9. 吕梁山区	1.4	91.2	60.6
10. 大别山区	0.0	92.9	74.9
11. 罗霄山区	0.2	80.7	47.4
12. 西藏	0.9	68.8	39.4
13. 四省涉藏州县	3.3	78.8	40.9
14. 南疆四地州	0.0	94.1	89.3

数据来源：国家统计局农村贫困监测调查

表 3-7　2019 年连片特困地区农户住房及家庭设施状况（续）

单位：%

片区名称	4. 独用厕所的农户比重	5. 炊用柴草的农户比重
全部片区	96.5	35.7
1. 六盘山区	98.7	30.2
2. 秦巴山区	98.4	52.3
3. 武陵山区	98.0	36.3
4. 乌蒙山区	92.9	13.4
5. 滇黔桂石漠化区	97.0	24.6
6. 滇西边境山区	89.5	43.7
7. 大兴安岭南麓山区	99.6	74.4
8. 燕山－太行山区	98.7	23.1
9. 吕梁山区	95.6	20.7
10. 大别山区	96.9	35.0
11. 罗霄山区	94.4	36.6
12. 西藏	81.3	55.5
13. 四省涉藏州县	90.2	36.6
14. 南疆四地州	99.0	43.5

数据来源：国家统计局农村贫困监测调查

表 3-8　2019 年连片特困地区每百户农户耐用消费品拥有量

片区名称	1. 汽车（辆）	2. 洗衣机（台）	3. 电冰箱（台）	4. 移动电话（部）	5. 计算机（台）
全部片区	19.6	90.8	91.5	272.0	16.5
1. 六盘山区	23.0	97.8	86.0	295.7	17.4
2. 秦巴山区	15.7	93.5	90.0	265.9	17.5
3. 武陵山区	18.5	92.7	99.9	283.1	22.7
4. 乌蒙山区	14.8	92.3	68.7	281.1	6.7
5. 滇黔桂石漠化区	24.2	93.1	98.3	311.1	15.6
6. 滇西边境山区	22.6	83.6	87.9	295.8	8.8
7. 大兴安岭南麓山区	20.0	92.9	93.7	219.5	15.4
8. 燕山－太行山区	21.0	90.8	90.0	216.0	19.6
9. 吕梁山区	12.3	85.8	77.6	210.7	14.4
10. 大别山区	21.1	88.9	99.2	263.5	21.4
11. 罗霄山区	19.9	71.0	96.4	284.7	22.0
12. 西藏	32.5	78.8	77.8	258.0	4.6
13. 四省涉藏州县	36.2	89.5	86.0	266.2	9.4
14. 南疆四地州	11.6	96.2	98.9	203.6	2.8

数据来源：国家统计局农村贫困监测调查

表 3-9　2019 年连片特困地区农村基础设施和公共服务状况

单位：%

片区名称	1. 所在自然村通公路的农户比重	2. 所在自然村通电话的农户比重	3. 所在自然村能接收有线电视信号的农户比重	4. 所在自然村进村主干道路硬化的农户比重	5. 所在自然村能便利乘坐公共汽车的农户比重
全部片区	100.0	100.0	99.0	99.4	75.7
1. 六盘山区	100.0	100.0	100.0	99.0	86.9
2. 秦巴山区	100.0	100.0	99.7	99.3	74.3
3. 武陵山区	100.0	100.0	99.0	99.9	79.1
4. 乌蒙山区	100.0	100.0	100.0	98.6	62.2
5. 滇黔桂石漠化区	100.0	100.0	98.9	98.6	63.3
6. 滇西边境山区	100.0	100.0	99.5	98.8	57.5
7. 大兴安岭南麓山区	99.5	100.0	100.0	100.0	92.5
8. 燕山－太行山区	100.0	100.0	99.0	100.0	88.6
9. 吕梁山区	100.0	100.0	95.7	100.0	90.0
10. 大别山区	100.0	100.0	99.7	99.8	81.7
11. 罗霄山区	100.0	100.0	96.6	100.0	76.1
12. 西藏	100.0	100.0	85.4	99.5	72.5
13. 四省涉藏州县	99.5	96.2	87.3	95.8	51.7
14. 南疆四地州	100.0	100.0	100.0	100.0	92.5

数据来源：国家统计局农村贫困监测调查

表 3-9　2019 年连片特困地区农村基础设施和公共服务状况（续）

单位：%

片区名称	6. 所在自然村通宽带的农户比重	7. 所在自然村垃圾能集中处理的农户比重	8. 所在自然村有卫生站的农户比重	9. 所在自然村上幼儿园便利的农户比重	10. 所在自然村上小学便利的农户比重
全部片区	97.2	85.1	96.1	90.1	92.3
1. 六盘山区	97.1	85.5	98.1	90.6	93.4
2. 秦巴山区	98.6	88.2	99.0	89.4	91.7
3. 武陵山区	98.3	83.6	97.4	89.3	90.4
4. 乌蒙山区	95.0	75.2	94.6	90.0	92.3
5. 滇黔桂石漠化区	95.9	86.7	92.3	88.6	91.2
6. 滇西边境山区	95.4	76.3	89.7	87.7	91.5
7. 大兴安岭南麓山区	100.0	61.2	96.5	88.9	86.4
8. 燕山－太行山区	98.8	91.7	99.5	85.0	88.6
9. 吕梁山区	96.9	76.6	93.7	71.4	72.2
10. 大别山区	98.4	94.2	96.4	96.9	98.6
11. 罗霄山区	98.5	97.8	96.9	92.0	97.4
12. 西藏	78.9	84.3	82.8	98.7	98.4
13. 四省涉藏州县	75.2	75.6	87.9	81.3	86.1
14. 南疆四地州	100.0	80.7	100.0	100.0	99.0

数据来源：国家统计局农村贫困监测调查

（三）2011–2019 年连片特困地区统计资料

表 3-10　2011-2019 年连片特困地区农村贫困人口

单位：万人

片区名称	2011 年	2012 年	2013 年	2014 年	2015 年	2016 年	2017 年	2018 年	2019 年
全部片区	6035	5067	4141	3518	2875	2182	1540	935	313
1. 六盘山区	642	532	439	349	280	215	152	96	45
2. 秦巴山区	815	684	559	444	346	256	172	101	27
3. 武陵山区	793	671	543	475	379	285	188	111	49
4. 乌蒙山区	765	664	507	442	373	272	199	124	41
5. 滇黔桂石漠化区	816	685	574	488	398	312	221	140	36
6. 滇西边境山区	424	335	274	240	192	152	115	72	28
7. 大兴安岭南麓山区	129	108	85	74	59	46	35	19	4
8. 燕山 - 太行山区	223	192	165	150	122	99	71	40	11
9. 吕梁山区	104	87	76	67	57	47	29	16	5
10. 大别山区	647	566	477	392	341	252	173	99	32
11. 罗霄山区	206	175	149	134	102	73	49	31	9
12. 西藏	106	85	72	61	48	34	20	13	4
13. 四省涉藏州县	206	161	117	103	88	68	51	30	10
14. 南疆四地州	159	122	104	99	90	73	64	42	12

数据来源：国家统计局农村贫困监测调查

表 3-11　2011-2019 年连片特困地区农村贫困发生率

单位：%

片区名称	2011 年	2012 年	2013 年	2014 年	2015 年	2016 年	2017 年	2018 年	2019 年
全部片区	29.0	24.4	20.0	17.1	13.9	10.5	7.4	4.5	1.5
1. 六盘山区	35.0	28.9	24.1	19.2	16.2	12.4	8.8	5.6	2.6
2. 秦巴山区	27.6	23.1	19.5	16.4	12.3	9.1	6.1	3.6	1.0
3. 武陵山区	26.3	22.3	18.0	16.9	12.9	9.7	6.4	3.8	1.7
4. 乌蒙山区	38.2	33.0	25.2	21.5	18.5	13.5	9.9	6.2	2.0
5. 滇黔桂石漠化区	31.5	26.3	21.9	18.5	15.1	11.9	8.4	5.3	1.4
6. 滇西边境山区	31.6	24.8	20.5	19.1	15.5	12.2	9.3	5.8	2.3
7. 大兴安岭南麓山区	24.1	21.1	16.6	14.0	11.1	8.7	6.6	3.5	0.7
8. 燕山－太行山区	24.3	20.9	17.9	16.8	13.5	11.0	7.9	4.5	1.2
9. 吕梁山区	30.5	24.9	21.7	19.5	16.4	13.4	8.4	4.6	1.4
10. 大别山区	20.7	18.2	15.2	12.0	10.4	7.6	5.3	3.0	1.0
11. 罗霄山区	22.0	18.8	15.6	14.3	10.4	7.5	5.0	3.2	1.0
12. 西藏	43.9	35.2	28.8	23.7	18.6	13.2	7.9	5.1	1.4
13. 四省涉藏州县	42.8	38.6	27.6	24.2	16.5	12.7	9.5	5.6	1.8
14. 南疆四地州	38.7	33.6	20.0	18.8	15.7	12.7	9.1	5.9	1.7

数据来源：国家统计局农村贫困监测调查

表 3-12　2013-2019 年连片特困地区农村常住居民人均可支配收入

片区名称	人均可支配收入（元）						
	2013 年	2014 年	2015 年	2016 年	2017 年	2018 年	2019 年
全部片区	5956	6724	7525	8348	9264	10260	11443
1. 六盘山区	4930	5616	6371	6915	7593	8429	9370
2. 秦巴山区	6219	7055	7967	8769	9721	10751	11934
3. 武陵山区	6084	6743	7579	8504	9384	10397	11544
4. 乌蒙山区	5238	6114	6992	7994	8776	9650	10684
5. 滇黔桂石漠化区	5907	6640	7485	8212	9109	10073	1[illegible]262
6. 滇西边境山区	5775	6471	6943	7754	8629	9560	10931
7. 大兴安岭南麓山区	6244	6801	7484	8399	9346	10721	11876
8. 燕山－太行山区	5680	6260	7164	7906	8593	9701	10797
9. 吕梁山区	5259	5589	6317	6884	7782	8890	10229
10. 大别山区	7201	8241	9029	9804	10776	11974	13341
11. 罗霄山区	5987	6776	7700	8579	9598	10637	11746
12. 西藏	6553	7359	8244	9094	10330	11450	[illegible]2951
13. 四省涉藏州县	4962	5726	6457	7288	8018	9160	10458
14. 南疆四地州	5692	6403	7053	7868	9845	10762	12009

数据来源：国家统计局农村贫困监测调查

表 3-13　2013-2019 连片特困地区农村常住居民人均可支配收入增长情况

片区名称	名义增速（%）						
	2013 年	2014 年	2015 年	2016 年	2017 年	2018 年	2019 年
全部片区	15.4	12.9	11.9	10.9	10.5	10.7	11.5
1. 六盘山区	11.8	13.9	13.4	8.5	9.8	11.0	11.2
2. 秦巴山区	15.9	13.4	12.9	10.1	10.8	10.6	11.0
3. 武陵山区	21.0	10.8	12.4	12.2	10.3	10.8	11.0
4. 乌蒙山区	13.5	16.7	14.4	14.3	9.8	10.0	10.7
5. 滇黔桂石漠化区	15.3	12.4	12.7	9.7	10.9	10.6	11.8
6. 滇西边境山区	18.4	12.1	7.3	11.7	11.3	10.8	14.3
7. 大兴安岭南麓山区	15.1	8.9	10.0	12.2	11.3	14.7	10.8
8. 燕山－太行山区	14.2	10.2	14.4	10.4	8.7	12.9	11.3
9. 吕梁山区	14.5	6.3	13.0	9.0	13.1	14.2	15.1
10. 大别山区	14.9	14.4	9.6	8.6	9.9	11.1	11.4
11. 罗霄山区	12.2	13.2	13.6	11.4	11.9	10.8	10.4
12. 西藏	15.0	12.3	12.0	10.3	13.6	10.8	13.1
13. 四省涉藏州县	12.9	15.4	12.8	12.9	10.0	14.3	14.2
14. 南疆四地州	14.5	12.5	10.2	11.6	9.7	9.3	11.6

数据来源：国家统计局农村贫困监测调查

表 3-14　2013-2019 年连片特困地区农村常住居民人均消费支出

片区名称	人均消费支出（元）						
	2013 年	2014 年	2015 年	2016 年	2017 年	2018 年	2019 年
全部片区	5956	5898	6573	7273	7915	8854	9898
1. 六盘山区	4930	5362	5875	6395	6884	7623	8446
2. 秦巴山区	6219	6229	7057	7678	8450	9421	10568
3. 武陵山区	6084	6353	6994	7832	8721	10192	11079
4. 乌蒙山区	5238	5298	6077	6795	7659	8053	8987
5. 滇黔桂石漠化区	5907	5788	6508	7284	7730	8712	9657
6. 滇西边境山区	5775	5131	5848	6385	6706	7844	8936
7. 大兴安岭南麓山区	6244	5958	6373	7208	7492	8396	10096
8. 燕山－太行山区	5680	6181	6538	6875	7572	8540	9696
9. 吕梁山区	5259	5315	5800	6178	6637	7528	8401
10. 大别山区	7201	6799	7631	8518	9309	10169	11393
11. 罗霄山区	5987	6140	6909	7642	8470	9087	10123
12. 西藏	6553	4822	5580	6070	6691	7452	8418
13. 四省涉藏州县	4962	5010	5437	6186	6586	8246	9309
14. 南疆四地州	5692	5033	5207	5512	5999	6942	8138

数据来源：国家统计局农村贫困监测调查

表 3-15　2013-2019 年连片特困地区农村常住居民人均消费支出增长情况

片区名称	名义增速（%）						
	2013 年	2014 年	2015 年	2016 年	2017 年	2018 年	2019 年
全部片区	14.2	10.7	11.4	10.7	9.0	11.9	11.8
1. 六盘山区	8.7	14.6	9.6	8.9	7.6	10.7	10.8
2. 秦巴山区	12.4	8.5	13.3	8.8	10.0	11.5	12.2
3. 武陵山区	14.6	11.4	10.1	12.0	11.3	16.9	8.7
4. 乌蒙山区	17.6	12.3	14.7	11.8	12.7	5.1	11.6
5. 滇黔桂石漠化区	20.8	11.6	12.4	11.9	6.1	12.7	10.8
6. 滇西边境山区	15.5	12.8	14.0	9.2	5.0	17.0	13.9
7. 大兴安岭南麓山区	7.7	14.8	7.0	13.1	3.9	12.1	20.2
8. 燕山 - 太行山区	9.0	4.9	5.8	5.2	10.1	12.8	13.5
9. 吕梁山区	30.6	-4.0	9.1	6.5	7.4	13.4	11.6
10. 大别山区	14.9	11.3	12.2	11.6	9.3	9.2	12.0
11. 罗霄山区	14.5	11.4	12.5	10.6	10.8	7.3	11.4
12. 西藏	20.4	17.6	15.7	8.8	10.2	11.4	13.0
13. 四省涉藏州县	12.5	6.8	8.5	13.8	6.5	25.2	12.9
14. 南疆四地州	18.7	4.8	3.5	5.8	6.4	15.7	17.2

数据来源：国家统计局农村贫困监测调查

表 3-16　2013-2019 年连片特困地区农户生产生活条件

指　标	单位	2013年	2014年	2015年	2016年	2017年	2018年	2019年
一、农户生产生活条件								
1. 居住竹草土坯房的农户比重	%	7.5	7.0	6.1	4.8	4.4	2.0	1.3
2. 使用管道供水的农户比重	%	53.6	55.9	61.2	67.4	70.5	80.4	90.0
3. 使用经过净化处理自来水的农户比重	%	29.3	31.7	34.7	38.5	41.8	53.5	58.2
4. 独用厕所的农户比重	%	92.0	92.5	93.0	93.9	94.1	95.5	96.5
5. 炊用柴草的农户比重	%	59.6	58.8	55.5	52.0	50.3	40.7	35.7
二、农户耐用消费品拥有情况								
1. 百户汽车拥有量	辆	5.3	6.2	7.9	10.6	12.4	18.9	19.6
2. 百户洗衣机拥有量	台	65.1	70.1	75.0	80.4	83.3	87.0	90.8
3. 百户电冰箱拥有量	台	52.3	58.5	65.8	73.8	77.6	85.2	91.5
4. 百户移动电话拥有量	部	175.3	196.0	210.5	226.1	235.6	261.6	272.0
5. 百户计算机拥有量	台	7.7	9.8	12.0	13.6	15.3	15.9	16.5

数据来源：国家统计局农村贫困监测调查

表 3-17　2013-2019 年连片特困地区农村基础设施和公共服务情况

单位：%

指　标	2013年	2014年	2015年	2016年	2017年	2018年	2019年
1. 所在自然村通公路的农户比重	98.0	98.9	99.7	99.8	99.9	100.0	100.0
2. 所在自然村通电话的农户比重	98.1	99.2	99.7	99.9	99.9	99.9	100.0
3. 所在自然村能接收有线电视信号的农户比重	76.8	86.5	90.4	93.4	96.3	97.9	99.0
4. 所在自然村进村主干道路硬化的农户比重	88.4	90.1	93.7	95.6	97.3	98.0	99.4
5. 所在自然村能便利乘坐公共汽车的农户比重	53.5	55.4	58.3	61.2	65.7	70.9	75.7
6. 所在自然村通宽带的农户比重	—	—	70.0	77.4	85.6	93.8	97.2
7. 所在自然村垃圾能集中处理的农户比重	30.3	34.8	43.1	49.5	59.1	76.9	85.1
8. 所在自然村有卫生站的农户比重	83.6	86.2	89.2	90.6	91.3	92.7	96.1
9. 所在自然村上幼儿园便利的农户比重	70.8	74.2	75.3	79.6	84.7	86.9	90.1
10. 所在自然村上小学便利的农户比重	79.5	81.2	81.2	85.2	88.0	90.1	92.3

数据来源：国家统计局农村贫困监测调查

四、扶贫重点县

（一）2011—2018 年扶贫重点县综合资料

表 4-1　扶贫重点县经济社会发展情况

指　标	单位	2011年	2012年	2013年	2014年	2015年	2016年	2017年	2018年
一、贫困地区基本情况									
行政区域面积	万平方公里	250	250	249	251	251	251	250	250
乡个数	个	4964	4976	4869	4668	4347	4049	3897	3777
镇个数	个	4165	4226	4410	4502	4524	4712	4860	4974
户籍人口	万人	—	—	—	24505	24528	24642	24794	24822
二、经济资料									
地区生产总值	亿元	28599	33095	37097	40702	43115	46733	50044	53802
#第一产业增加值	亿元	7080	8036	8743	9354	9912	10469	10603	11203
第二产业增加值	亿元	12550	14692	16410	17628	17493	18494	19560	20342
第三产业增加值	亿元	8969	10366	11944	13720	15709	17770	19881	22257

数据来源：国家统计局县（市）社会经济基本情况统计

表 4-2　扶贫重点县文化教育、医疗保健情况

指　标	单位	2011年	2012年	2013年	2014年	2015年	2016年	2017年	2018年
一、文化教育情况									
普通中学在校学生数	万人	1344	1268	1182	1166	1152	1155	1163	1186
小学在校学生数	万人	2028	2060	1787	1770	1768	1757	1789	1791
二、医疗保健									
医疗卫生机构床位数	万床	52	60	67	74	80	86	94	100
各种社会福利收养性单位数	个	7536	7666	7557	8222	8526	8481	8376	8353
各种社会福利收养性单位床位数	万床	48	50	58	66	69	68	65	67

数据来源：国家统计局县（市）社会经济基本情况统计

（二）2019 年扶贫重点县统计资料

表 4-3　2019 年扶贫重点县农村常住居民收入增长情况

地　区	人均可支配收入（元）	名义增速（%）
合　计	11524	12.1
河　北	11824	13.5
山　西	9502	14.3
内蒙古	12272	11.9
吉　林	10494	12.5
黑龙江	10568	14.2
安　徽	13520	11.9
江　西	11701	10.7
河　南	13300	11.7
湖　北	12768	10.2
湖　南	10544	11.4
广　西	11876	11.7
海　南	12789	10.8
重　庆	13832	10.9
四　川	11998	12.7
贵　州	10347	10.9
云　南	10802	12.9
陕　西	11484	11.0
甘　肃	8419	14.7
青　海	10391	12.5
宁　夏	10804	10.9
新　疆	10846	14.1

数据来源：国家统计局农村贫困监测调查

注：2012 年国家统计局实施了城乡住户调查一体化改革，扶贫重点县开始使用农村常住居民人均可支配收入。

表 4-4　2019 年扶贫重点县农村常住居民消费支出增长情况

地　区	人均消费支出（元）	名义增速（%）
合　计	10028	12.2
河　北	10072	13.3
山　西	7939	13.3
内蒙古	11376	11.5
吉　林	9878	14.2
黑龙江	9432	21.7
安　徽	12756	14.6
江　西	10214	15.2
河　南	9696	10.4
湖　北	12052	11.7
湖　南	10760	10.4
广　西	10432	10.5
海　南	10407	13.6
重　庆	12145	9.8
四　川	10528	12.3
贵　州	9372	6.0
云　南	8696	16.3
陕　西	10077	10.6
甘　肃	8125	13.9
青　海	9477	14.2
宁　夏	9580	7.6
新　疆	7910	17.7

数据来源：国家统计局农村贫困监测调查

注：2012 年国家统计局实施了城乡住户调查一体化改革，扶贫重点县开始使用农村常住居民人均消费支出。

表 4-5　2019 年扶贫重点县农村常住居民收入消费结构

指标名称	水平（元）	构成（%）	名义增速（%）
一、人均可支配收入	11524	100.0	12.1
1. 工资性收入	4040	35.1	12.4
2. 经营净收入	4105	35.6	8.5
（1）一产净收入	2978	25.8	9.0
#农业	2044	17.7	4.0
牧业	719	6.2	26.2
（2）二、三产净收入	1127	9.8	7.3
3. 财产净收入	150	1.3	15.0
4. 转移净收入	3229	28.0	16.3
二、人均消费支出	10028	100.0	12.2
1. 食品烟酒	3139	31.3	11.3
2. 衣着	544	5.4	12.7
3. 居住	2165	21.6	9.8
4. 生活用品及服务	585	5.8	8.5
5. 交通通信	1189	11.9	14.2
6. 教育文化娱乐	1176	11.7	15.5
7. 医疗保健	1065	10.6	16.6
8. 其他用品及服务	165	1.6	10.7

数据来源：国家统计局农村贫困监测调查

表 4-6　2019 年扶贫重点县农户住房及家庭设施状况

单位：%

地区	1. 居住竹草土坯房的农户比重	2. 使用管道供水的农户比重	3. 使用经过净化处理自来水的农户比重
合　计	1.3	89.7	61.9
河　北	1.5	81.3	60.6
山　西	1.2	93.1	74.1
内蒙古	2.8	68.1	50.6
吉　林	0.4	99.3	99.4
黑龙江	6.4	97.3	90.8
安　徽	0.0	92.4	80.4
江　西	0.1	80.4	49.5
河　南	0.1	93.7	68.9
湖　北	1.3	97.5	62.8
湖　南	0.1	90.9	50.5
广　西	0.0	91.1	41.9
海　南	0.0	92.0	64.2
重　庆	0.1	88.2	68.4
四　川	3.4	94.5	39.4
贵　州	0.9	93.2	55.5
云　南	1.2	87.6	48.1
陕　西	3.8	90.7	58.3
甘　肃	2.7	87.1	79.7
青　海	0.1	85.0	69.5
宁　夏	2.6	92.5	91.7
新　疆	0.0	92.7	88.8

数据来源：国家统计局农村贫困监测调查

表 4-6　2019 年扶贫重点县农户住房及家庭设施状况（续）

单位：%

地　区	4. 饮水无困难的农户比重	5. 独用厕所的农户比重	6. 炊用柴草的农户比重
合　计	95.9	96.7	35.4
河　北	95.8	99.6	24.5
山　西	98.4	96.6	14.8
内蒙古	96.3	95.2	46.1
吉　林	100.0	100.0	75.6
黑龙江	87.4	99.7	87.8
安　徽	97.3	95.8	32.4
江　西	96.5	93.7	36.8
河　南	96.7	98.6	24.0
湖　北	96.4	98.5	52.2
湖　南	94.1	95.6	32.3
广　西	94.7	97.3	35.4
海　南	94.2	88.2	19.1
重　庆	96.9	99.7	41.9
四　川	98.2	98.0	51.6
贵　州	96.0	96.3	14.2
云　南	93.2	90.2	34.4
陕　西	94.3	97.9	60.7
甘　肃	96.4	98.1	33.3
青　海	96.1	93.3	8.5
宁　夏	99.2	98.5	5.9
新　疆	98.5	98.9	40.7

数据来源：国家统计局农村贫困监测调查

表 4-7　2019 年扶贫重点县农村每百户耐用消费品拥有量

地　区	1. 汽车（辆）	2. 洗衣机（台）	3. 电冰箱（台）	4. 移动电话（部）	5. 计算机（台）
合　计	19.9	90.4	91.6	266.8	18.0
河　北	26.0	92.8	92.0	230.0	25.8
山　西	12.9	85.6	74.5	202.4	21.5
内蒙古	25.7	93.3	97.8	237.1	23.0
吉　林	21.6	90.5	91.2	202.5	31.3
黑龙江	14.5	92.4	94.7	208.9	12.1
安　徽	25.3	89.6	101.1	269.7	22.9
江　西	18.7	62.9	92.0	276.1	20.8
河　南	21.5	95.4	93.4	260.7	19.2
湖　北	22.1	88.7	101.7	261.0	29.0
湖　南	17.4	93.9	100.4	285.5	24.7
广　西	17.8	84.6	98.5	288.9	12.7
海　南	9.4	52.1	77.1	283.4	12.0
重　庆	16.7	94.5	105.6	274.0	25.4
四　川	13.5	87.0	88.2	268.2	12.0
贵　州	20.7	96.4	92.0	309.3	14.3
云　南	20.6	88.1	80.0	296.4	7.2
陕　西	15.8	92.3	81.3	253.3	14.9
甘　肃	20.1	96.6	82.9	294.4	15.2
青　海	40.8	96.6	97.4	284.9	16.9
宁　夏	29.7	100.4	93.7	312.2	21.9
新　疆	10.7	95.7	99.2	207.4	3.8

数据来源：国家统计局农村贫困监测调查

表 4-8　2019 年扶贫重点县农村基础设施和公共服务状况

单位：%

地　区	1. 所在自然村通公路的农户比重	2. 所在自然村通电话的农户比重	3. 所在自然村能接收有线电视信号的农户比重	4. 所在自然村进村主干道路硬化的农户比重	5. 所在自然村能便利乘坐公共汽车的农户比重
合　计	100.0	100.0	99.2	99.4	75.8
河　北	100.0	100.0	98.4	99.7	88.2
山　西	100.0	100.0	97.2	100.0	92.9
内蒙古	100.0	100.0	100.0	100.0	77.7
吉　林	98.2	100.0	100.0	100.0	93.0
黑龙江	100.0	100.0	100.0	100.0	88.1
安　徽	100.0	100.0	99.5	100.0	74.5
江　西	100.0	100.0	96.9	100.0	66.1
河　南	100.0	100.0	100.0	100.0	89.4
湖　北	100.0	100.0	99.3	99.8	33.1
湖　南	100.0	100.0	97.9	100.0	77.9
广　西	100.0	100.0	100.0	99.6	53.4
海　南	100.0	100.0	95.4	100.0	60.4
重　庆	100.0	100.0	100.0	100.0	76.3
四　川	100.0	100.0	100.0	99.5	61.4
贵　州	100.0	100.0	99.6	100.0	66.0
云　南	100.0	100.0	99.7	97.0	58.4
陕　西	100.0	100.0	99.6	99.2	77.6
甘　肃	100.0	100.0	100.0	97.7	79.6
青　海	99.3	96.3	87.0	99.1	78.7
宁　夏	100.0	100.0	100.0	100.0	96.0
新　疆	100.0	100.0	100.0	100.0	92.5

数据来源：国家统计局农村贫困监测调查

表 4-8　2019 年扶贫重点县农村基础设施和公共服务状况（续）

单位：%

地　区	6. 所在自然村通宽带的农户比重	7. 所在自然村垃圾能集中处理的农户比重	8. 所在自然村有卫生站的农户比重	9. 所在自然村上幼儿园便利的农户比重	10. 所在自然村上小学便利的农户比重
合　计	97.3	86.3	96.1	89.4	91.7
河　北	99.8	94.7	99.7	92.3	96.0
山　西	98.2	88.3	97.1	79.2	82.1
内蒙古	97.0	72.9	98.3	74.4	79.5
吉　林	100.0	88.8	99.0	92.7	96.7
黑龙江	100.0	55.9	96.7	86.4	86.0
安　徽	99.1	95.1	93.6	95.5	98.7
江　西	98.6	98.4	92.5	89.5	93.3
河　南	97.9	97.7	97.6	98.2	99.2
湖　北	100.0	90.6	96.7	91.8	92.8
湖　南	97.7	86.6	97.1	84.4	86.8
广　西	95.7	89.0	89.4	87.6	90.4
海　南	94.9	97.1	81.5	87.6	90.8
重　庆	99.2	94.4	99.9	90.8	93.6
四　川	97.2	84.3	98.3	93.6	90.5
贵　州	97.5	77.1	98.3	89.1	89.4
云　南	93.5	72.7	88.7	86.9	92.6
陕　西	93.8	83.2	97.8	78.7	82.4
甘　肃	96.4	82.7	96.6	90.2	91.8
青　海	83.9	78.7	94.4	88.2	88.3
宁　夏	99.0	79.8	100.0	78.9	91.7
新　疆	100.0	85.9	100.0	100.0	98.8

数据来源：国家统计局农村贫困监测调查

（三）2013-2019 年扶贫重点县统计资料

表 4-9　2013-2019 年扶贫重点县农户生产生活条件

指标名称	单位	2013 年	2014 年	2015 年	2016 年	2017 年	2018 年	2019 年
一、农户生产生活条件								
1. 居住竹草土坯房的农户比重	%	7.7	7.0	6.2	4.9	4.4	2.0	1.3
2. 使用管道供水的农户比重	%	53.1	55.5	61.2	67.4	69.9	79.8	89.7
3. 使用经过净化处理自来水的农户比重	%	30.9	33.4	36.5	41.3	44.1	57.0	61.9
4. 独用厕所的农户比重	%	92.3	93.2	93.7	94.2	94.5	95.9	96.7
5. 炊用柴草的农户比重	%	61.1	59.4	56.5	52.8	51.3	39.7	35.4
二、农户耐用消费品拥有情况								
1. 百户汽车拥有量	辆	5.6	6.6	8.1	10.9	13.0	19.8	19.9
2. 百户洗衣机拥有量	台	65.8	70.6	75.3	80.5	83.3	86.6	90.4
3. 百户电冰箱拥有量	台	54.4	60.5	67.5	74.8	78.4	86.4	91.6
4. 百户移动电话拥有量	部	172.1	193.0	207.0	223.4	233.4	256.6	266.8
5. 百户计算机拥有量	台	8.9	11.4	13.3	15.0	16.8	17.4	18.0

数据来源：国家统计局农村贫困监测调查

表 4-10　2013-2019 年扶贫重点县农村基础设施和公共服务情况

单位：%

指标名称	2013 年	2014 年	2015 年	2016 年	2017 年	2018 年	2019 年
1. 所在自然村通公路的农户比重	97.8	99.1	99.7	99.9	99.9	100.0	100.0
2. 所在自然村通电话的农户比重	98.5	99.2	99.7	99.8	99.8	100.0	100.0
3. 所在自然村能接收有线电视信号的农户比重	80.0	89.1	92.4	94.6	97.3	98.6	99.2
4. 所在自然村进村主干道路硬化的农户比重	88.6	90.5	93.4	95.7	97.2	98.1	99.4
5. 所在自然村能便利乘坐公共汽车的农户比重	56.1	58.3	61.2	64.5	67.3	71.0	75.8
6. 所在自然村通宽带的农户比重	—	—	73.4	80.3	87.8	94.4	97.3
7. 所在自然村垃圾能集中处理的农户比重	29.1	35.0	43.2	50.2	61.2	78.7	86.3
8. 所在自然村有卫生站的农户比重	84.3	86.8	89.7	91.7	92.2	92.9	96.1
9. 所在自然村上幼儿园便利的农户比重	70.6	73.5	75.1	78.9	83.7	86.7	89.4
10. 所在自然村上小学便利的农户比重	79.1	80.3	80.8	84.4	87.5	89.5	91.7

数据来源：国家统计局农村贫困监测调查